EU法基本判例集

Leading Cases on the Law of the European Union

[第3版]

◆編著

中村民雄　須網隆夫
Tamio Nakamura　Takao Suami

日本評論社

第3版　はしがき

　リスボン条約発効（2009年12月）から10年。その間にいくつもの重要な判例の展開があった。それを取り込みつつも、単なる「最新」判例集ではなく「基本」判例集にするにはどうすればいいか。第3版を編集するにあたりこの点に苦心した。

　初版・第2版を世に送ったとき、編者は二兎を追っていた。一つは、法の発展の歴史を示すこと、二つは今の法を示すことである。EU 法は、基本条約（基本法規）や EU の立法（派生法規）だけでなく、EU 裁判所の判例法からもできており、その判例法がダイナミックに展開してきたところに一つの特徴がある。それゆえ歴史的に判例がどう展開してきたのか、その軌跡を示すことが重要だと編者は考え、いわば EU 法形成物語としての判例集を編みたかった。そして、その際に、EU 裁判所が、大陸法風の条文解釈の体裁をとりながらも、実は条文の裏にある原理原則を求め、それを根拠に英米のコモン・ロー（判例法）風の実践的な正義を求めて判例法理を創造する局面があることも編者は伝えたかった（実効的救済の法理、EU 法違反の構成国の賠償責任の法理など）。これらと同時に、現在の EU 法の到達点を示すこともまた重要であると考えた。

　この二兎は追いがたい。第3版ではさらに難しくなった。重要判例は時と共に蓄積され増える一方だが、紙幅には一定の制約があるからである。そこで今回は今の法の到達点に重心を移し、多くの新たな判例に差し替えた。とくに人権関連の判例については整理して新たに章を設けた（これはリスボン条約の発効とともに EU 基本権憲章に法的拘束力が生じ、新たな判例が次々と生じたからである）。もっとも歴史的な発展の軌跡を示す面も必要最小限で維持した。必要最小限にできたのは、初版・第2版があるからである。第3版はいわばその上に積まれていく判例の新たな地層である。第3版の解説文で、初版・第2版の解説や事件番号に少なからず言及しているのは、第3版が初版・第2版とセットになって歴史的軌跡を示す機能を

最大に発揮するという編者の思いからである。

　第3版から初めてEUの判例に接する読者も多いことであろう。もちろん本書だけでも二兎は追える。だが、どうか編者の、今の法に至るまでの歴史的なダイナミックな判例の展開をも伝えたいその思いを受け止めて、本書初版・第2版も厭わず参照していただきたい。そうすれば、EU法の動的な威力も懊悩もさらに感得できるものと思う。

　またEU法は、EUの構成各国の法との交錯において成り立ち、またときに国際法との交錯も見せる。この点は初版から第3版まで一貫して解説においてもち続けている視点である。とくに現代のEU各国においてEU法が共通法として国内法に組み込まれている現実についても、本書を通読して実感していただきたい。EU法を知らずしてEU加盟の各国法ももはや理解できないのである。

　今回の改訂にあたっては、日本評論社の鎌谷将司氏に大変お世話になった。判例索引・事項索引の作成は、西連寺隆行君（大阪大学）にご尽力いただいた。御礼申し上げる。

　　　　　　　　　　　　　　2019年1月

　　　　　　　　　　　　　　　編者を代表して　　中村民雄

第2版　はしがき

　リスボン条約（2007年12月署名）が2009年12月に発効した。これは既存のEU条約、EC条約などEUの基本法規を改正する条約である。内容的には、2004年に署名されながら、2005年にフランスとオランダの批准国民投票で否決され、未発効のまま頓挫した欧州憲法条約（以下、憲法条約）の企図した改革を大部分継承する。

　リスボン条約により、ECはEUに代替され継承される。従来のECとEUの法的区別はなくなり、制度として単一の法人格をもつEUに一本化される（EU条約1条）。EU条約・EU運営条約（旧EC条約）・EU基本権憲章の三

つが「同一の法的価値をもつ」基本法規となる（EU条約1条、6条1項、運営条約1条2項）。EU条約・EU運営条約（旧EC条約）の条文は適宜改正または統合され、全体に条文番号がふり直された。

　その新EUでは、かつてのECで用いられていた法制度が基本となる。ただし、外交・安全保障領域（防衛政策を含む）は「特別の準則と手続」に服する（EU条約24条）。ゆえに新たなEUにおいても、旧来の列柱方式（ECとEUを制度的に区別し、制度ごとに意思決定手続等を異にした方式）の弊害に類似した法的弊害は（新たな法制度文脈の中ながら）残るであろう。

　リスボン条約は憲法条約が企図した改革内容のほとんどを継承してはいる。しかし、憲法条約とリスボン条約とでは、条約全体がもつ精神とレトリックが異なる。憲法条約は、既存のEC/EU条約に代替し内容を継承する条約で、「ヨーロッパの諸人民と諸国」の両方が主体となって定めるEUの「憲法」を自称する体系的法規であった。EUはその顔となる「欧州理事会理事長」と「外務大臣」を擁し、権利章典（EU基本権憲章）を含む「憲法」をもち、EUの諸シンボル（旗・歌・モットー、通貨、記念日）も「憲法」に定め、EUと構成国の間で立法権を法的に配分することを定め、EUはその権限の範囲で、EU市民に直接に適用される「欧州法律」を欧州議会と閣僚理事会が共同して制定し、そういうEU法は公式に構成国の法に「優位」する。こうした立憲主義的な疑似連邦国家形成のレトリックに満ちていた。

　他方、リスボン条約は、「憲法」をもはや自称せず、シンボル規定は削除し、「外務大臣」も「上級代表」と穏便な現行職名に戻し、国家が締結主体となる「条約」の形式において既存のEC条約とEU条約を改正する。EU条約・運営条約・基本権憲章の三つを一本化することをやめ、別個の条約ながら「同一の法的価値をもつ」ものとして運用において一体的に扱うものとする。そして憲法条約よりも構成国の主権的権利を強調する明文を増やし、たとえば、明示的にEUに付与されていない権限は構成国に残存するとの規定や（EU条約5条2項末文）、構成国は条約改正によりEUの権限を「縮減」できるといった文言を追加している（EU条約48条2項）。体系性や立憲国家形成のレトリックは消え、形式的には国家間の条約締結のレトリックが復権している。

　とはいえ、リスボン条約を従来のEC/EU条約と比べるならば、格段とヨーロッパの諸人民のEU統治への参加を認め（たとえば相当数の構成諸国の合計百万人以上の諸国民による欧州委員会に対するEU立法案の提出要請権——市民発案的な制度の導入—— EU条約11条4項など）、各国議会についてもEU

立法過程への関与を公式に認め（リスボン条約付属議定書）、EU条約等の改正の提案を（構成国と欧州委員会以外に）新たに欧州議会もできるものと認め（EU条約48条2項）、「通常改正手続」による場合、各国議会と欧州議会の代表に各国政府・EU機関の代表を交えた「諮問会議」を開催し、政府間の条約交渉のみに委ねない点など（EU条約48条2～5項）、EUなりのやり方で統治の民主的な正統性を高める改革を進める点は注目に値する。基本権憲章に法的拘束力を公式に与え（EU条約6条1項）、EUとして欧州人権条約に加盟することを明言した点（EU条約6条2項）も大きな変化である。

　条約のレトリックに満ちながら、内容において憲法条約の立憲的改革精神をも継承するリスボン条約は、EUが経済共同体から政治同盟へと脱皮する歴史的な状況を体現する。それはEUなる越境的統治体の法秩序の全体的な法的性質の転換に実定法上の根拠を与えることになる点で（とくに基本権憲章の役割はこの点で大きいであろう）、これまでの諸条約以上にEU法形成史上大きな転換点となる可能性が高い。

　本書は、このような大局的把握の下に、リスボン条約に対応した改訂を加えた。初版以降に出された重要判決を加え、また初版の一部の判例については、より大きな歴史的意義をもつ判決に差し替えた。リスボン条約以後のEUは、まさに今後の実践にかかっている。EU法の発展に興味は尽きない。

　今回の改訂にあたっては、日本評論社の串崎浩氏と鎌谷将司氏に企画・原稿整理など多くの編集作業についてお世話になった。条文番号の新旧対照と事項索引の作成は西連寺隆行君（上智大学客員研究員）にご協力いただいた。御礼申し上げる。

2010年1月
編者を代表して　中村民雄

初版　はしがき（抄）

　EU法は、いまやヨーロッパ各国の法を学ぶものにとっても不可欠の共通科目である。…フランス法＋EU法、ドイツ法＋EU法、イギリス法＋EU法というように、「ポルトガルからポーランドまで」（クーデンホーフ＝カレルギー伯の汎ヨーロッパ運動での言葉）にわたる共同体の共通法として、国内法の上

位にたちつつも国内法の一部を同時になすのがEC法であり、EU法も次第にその色彩を強めている。EC法をふくめEU法は、もちろん国際法の一部でもある。だが、われわれが本書をここに公刊するのは、以上のような現代のヨーロッパ諸国法の共通法としてのEU法の現実の役割と法的性質を認識して、日本での国際法教育だけでなく、外国法・比較法教育においても貢献しようとするからである。

　本書の特徴は、第一に、EU法（とくにEC法）の類例を見ない独特の歴史的発展と独創的な法秩序形成の実践を伝える点である。第二に、これまでのヨーロッパ各国法の教育と研究の蓄積にさらに現代ヨーロッパ法の側面を追加し、それと連続させるものとしてEU法を捉えるところにある。EU法を外国法の一部として意識的に捉えるがゆえに、本書4番事件などドイツ連邦憲法裁判所の側からみたEU法認識も基本判例として取り上げる。また解説の随所で、構成国の法（各国法）の展開やEU法の各国法への影響（あるいはその逆）も指摘している。EU法をEU次元の法・制度だけとらえて論じ、その固有の論理や特徴を論じる研究や教科書はこれまでも多くあった。しかし我々は、EU法は構成国の法と複合して初めて完結すると考える。ゆえにEU法の独自性・法的独立性を強調しつつも、各国法との連続面をなおざりにする姿勢は、現代のヨーロッパの法を捉えるうえで不十分と考える。

　本書は、…EC法からEU法への歴史的な独創的な展開をも伝えるために、1960年代から90年代前半までの基本判例も収録し、それに現代EU法への成長とそれがどう関係しているかという観点から解説を施した。言い換えれば、EU法秩序が歴史的にどのように展開してきたかがわかるような代表的な重要判例を収録した。本書の各事件はそれだけで完結した読み切り記事である。しかし本書を通読していただけば、EUという統治組織が各構成国の法制度と複合して一体となる、独特な多元的な法秩序を形成してきたことが具体的に看取できるであろう。また欧州司法裁判所の、ときに応じた果敢な積極的司法が、その多元的複合法秩序の形成に多大な貢献をなしたことも実感できるであろう。

　地域統合への関心は、現代の日本においても東アジア諸国との協力関係の制度化をすすめるべきかどうか、すすめるならばどのような形態ですべきか、という実践的な問題関心の高まりもあり、次第に高まっている。ヨーロッパはヨーロッパ独自の工夫の一つとして、EC・EU、そしてその法制度・法秩序を形成してきた。それをヨーロッパに特殊なものとして頭ごなしに切り捨てず、ヨ

ーロッパの具体的な経験から学ぶところもあるのではないか、ヨーロッパの経験の普遍性はどこにあるのかということもまた、本書を通して考えていただければと願っている。…

2006年8月

編　者

EU法基本判例集（第3版）
目次

はしがき　　i
凡例・略語表　　xiii

第Ⅰ部　EUの統治法

第1章　EUと構成国、EUと市民の関係―――――3

1　**EEC条約規定の直接効果**　●ファン・ヘント・エン・ロース事件……3
　　Case 26/62, Van Gend en Loos v. Nederlandse Administratie der Belastingen [1963] ECR 1.

2　**EC法の国内法に対する優位性の原則**　●コスタ対エネル事件……14
　　Case 6/64, Costa v. ENEL [1964] ECR 585.

3　**統合の限界**――EU形成への各国憲法による制約
　　●ドイツ連邦憲法裁判所リスボン条約判決……23
　　Urteil des Bundesverfassungsgerichts vom 30 Juni 2009, BVerfGB 123, 267 (Lissabon).

4　**EEC条約の男女同一賃金原則の水平的直接効果**
　　●ドゥフレンヌ（第2）事件……33
　　Case 43/75, Gabrielle Defrenne v. Société Anonyme Belge de Navigation Aérienne (Sabena) [1976] ECR 455 (Defrenne II).

5　**EU指令の水平的直接効果の否定**　●マーシャル（第1）事件……41
　　Case 152/84, Marshall v. Southampton and South-West Hampshire Area Health Authority [1986] ECR 723.

6　**各国法のEU法適合的解釈義務とその限界**　●マーリーシング事件……48
　　Case C-106/89, Marleasing SA v. La Comercial Internacional de Alimentacion SA [1990] ECR I-4135.

7　**実効的救済の保障**　●ファクタテイム事件……56
　　Case C-213/89, Regina v. Secretary of State for Transport, ex parte Factortame [1990] ECR I-2433.

8　構成国機関によるEU法違反に対する損害賠償責任
　●ブラッスリ・デュ・ペシュール事件……62
　　　　Cases C-46/93 and C-48/93, Brasserie du Pêcheur SA v. Federal Republic of Germany and R. v. Secretary of State for Transport, ex parte Factortame Ltd [1996] ECR I-1029.

第2章　各国裁判所と欧州司法裁判所の関係―――69

9　**先決裁定の付託義務**　●チルフィット事件……69
　　　　Case 283/81, Srl CILFIT and Lanificio di Gavardo SpA v. Ministry of Health [1982] ECR 3415.

10　**先決裁定の付託義務**――EU派生法規の無効判断
　●フォト・フロスト事件……79
　　　　Case 314/85, Foto-Frost v. Hauptzollamt Lübeck-Ost [1987] ECR4199.

第3章　欧州司法裁判所による法令審査・司法統制―――87

11　**取消訴訟の私人の原告適格**――「自らに直接関係する規則的行為」
　●イヌイット事件……87
　　　　Case T-18/10, Inuit Tapiriit Kanatami v. European Parliament and Council, [2011] ECR II-5599.
　　　　Case C-583/11P, Inuit Tapiriit Kanatami v. European Parliament and Council, EU:C:2013:625.

12　**権限付与の原則**――立法根拠の適正な選択　●タバコ広告指令事件……96
　　　　Case C-376/98, Germany v. European Parliament and Council [2000] ECR I-8419.

13　**EU機関の損害賠償責任**　●シェッペンシュテッド事件……103
　　　　Case 5/71, Aktien-Zuckerfabrik Schöppenstedt v. Council of the European Communities [1971] ECR 975.

第4章　法の一般原則、人権保障―――109

14　**平等待遇原則**――年齢差別の正当化　●マンゴルト事件……109
　　　　Case C-144/04, Mangold v. Helm [2005] ECR I-9981.

15 **EU 基本権憲章の適用範囲** ●フランソン事件……117
   Case C-617/10, Åklagaren v. Åkerberg Fransson, EU:C:2013:105.

16 **欧州逮捕令状制度と人権尊重の要請** ●メローニ事件……125
   Case C-399/11, Melloni v Ministerio Fiscal, EU:C:2013:107.

17 **個人情報保護と削除請求権**——「忘れられる権利」
   ●グーグル事件……134
   Case C-131/12, Google Spain SL and Google Inc. v. AEPD and Mario Costeja González, EU:C:2014:317.

18 **会社設立の自由と労働基本権の調整**
   ●ヴァイキング事件……144
   Case C-438/05, International Transport Workers' Federation and the Finnish Seamen's Union v. Viking Line [2007] ECR I-10779.

第Ⅱ部　域内市場法

第 1 章　商品の自由移動 ───────────────155

19 **商品の自由移動**──数量制限と同等の効果の措置
   ●カシス・ド・ディジョン事件……155
   Case 120/78, Rewe-Zentral AG v. Bundesmonopolverwaltung für Branntwein [1979] ECR 649.

20 **商品の自由移動への制限と正当性の審査**
   ●ドイツ純粋ビール事件……161
   Case 178/84, Commission v. Germany [1987] ECR 1227.

21 **運営条約 34 条の適用範囲**──製品関連規制と販売態様規制の区別
   ●ケック事件……169
   Cases C-267 and 268/91, Criminal Proceeding against Bernard Keck and Daniel Mithouard [1993] ECR I-6097.

第 2 章　人・サービスの自由移動 ―――――――――――――――177

22　労働者の自由移動の原則　●レヴィン事件……177
　　　　　　　　　　　　　Case 53/81, Levin v. Staatssecretaris van Justitie [1982] ECR1035.

23　労働者の自由移動――スポーツ団体規約と選手の自由移動
　　●ボスマン事件……185
　Case C-415/93, Union Royale Belge des Sociétés de Football Association ASBL v. Bosman [1995] ECR I-4921.

24　EU 市民権の基本的地位と国籍差別禁止原則
　　●グルゼルチク事件……194
　Case C-184/99, Grzelczyk v. Centre public d'aide sociale d'Ottignies-Louvain-la-Neuve [2001] ECR I-6193.

25　EU 市民の自由移動――受入国での社会扶助受給権
　　●ダノー事件……202
　　　　　　　Case C-333/13, Elisabeta Dano and Florin Dano v. Jobcenter Leipzig, EU:C:2014:2358.

26　EU 市民たる地位（EU 市民権）の保護　●サンブラーノ事件……210
　　　　Case C-34/09, Gerardo Ruiz Zambrano v. Office national de l'emploi (ONEm) [2011] ECR I-1177.

27　「公序・公共の安全」―― EU 市民の国外退去処分　● I 事件……218
　　　　　　　　Case C-348/09, P. I. v. Oberbürgermeisterin der Stadt Remscheid, EU:C:2012:300.

第 3 章　競争法 ―――――――――――――――――――――――224

28　EU 運営条約 101 条と垂直的協定――絶対的地域保護の禁止
　　●コンスタン＆グルンディヒ事件……224
　　　　　　　　　Cases 56 and 58/64, Consten SA and Grundig GmbH v. Commission [1966] ECR 299.

29　EU 運営条約 101 条の「協調行為」および域外適用
　　● ICI（染料）事件……233
　　　　　　　　Case 48/69, ICI (Imperial Chemical Industries Ltd.) v. Commission [1972] ECR 619.

30 **EU 運営条約 101 条と垂直的協定**
――排他的ライセンスの評価と合理性の理論 　●ヌンゲッサー事件……244
　　　　　　　　　　　　Case 258/78, Nungesser KG and Kurt Eisele v. Commission [1982] ECR 2015.

31 **運営条約 102 条「支配的地位」** 　●ユナイテッド・ブランズ事件……254
　　　　　Case 27/76, United Brands Co. and United Brands Continentaal BV v. Commission [1978] ECR 207.

32 **運営条約 102 条「支配的地位」の「濫用」**
●ホフマン・ラロッシュ事件……264
　　　　　　　　　　　　Case 85/76, Hoffmann-La Roche & Co. AG v. Commission [1979] ECR 461.

33 **運営条約 102 条「支配的地位の濫用」**――マージン・スクイーズ
●テリアソネラ事件……272
　　　　　　　　　Case C-52/09, Konkurrensverket v TeliaSonera Sverige AB [2011] ECR I-527.

34 **EU 競争法の私的執行** 　●クレハン事件……280
　　　　　　　　　　　　　Case C-453/99, Courage Ltd. v Crehan [2001] ECR I-527.

第Ⅲ部　対外関係法

35 **EU の通商政策権限と WTO**――リスボン条約以前と以後の変化
● WTO 事件・第一三共事件……291
　　　　　　　　　　　　　　　　　　① Opinion 1/94, WTO [1994] ECR I-5267.
　　② Case C-414/11, Daiichi Sankyo and Sanofi-Aventis Deutschland v. DEMO, EU:C:2013:520.

36 **EU の条約締結権限（通商協定）**――意見 2/15
● EU シンガポール FTA 事件……300
　　　　　　　　　　　Opinion 2/15 (EU-Singapore Free Trade Agreement), EU:C:2017:376.

37 **国際法に照らした EU 立法の効力審査** 　● ATAA 事件……309
Case C-366/10, Air Transport Association of America and Others v. Secretary of State for Energy and Climate Change [2011] ECR I-13875.

38 **国連の法と EC 法の関係**──国連決議を実施する EC 措置の司法審査
　●カディ事件……317
　　　Joined Cases C-402/05P and C-415/05P, Kadi and Al Barakaat International Foundation v. Council [2008] ECR I-6351.

39 **EU 法の自律性と欧州人権条約**　●欧州人権条約加入事件……328
　　　Opinion 2/13 (EU Accession to the ECHR), EU:C:2014:2454.

判例索引　　338
事項索引　　352

凡例

EEC、EC、EU 等の表記について

- 本書では、EU の基本条約（EU 条約・EU 運営条約）については、事案当時の名称を用い、対応する現行の条文も併記した。そこで、1960年代の事案では EEC 条約30条〔運営条約34条〕、1990年代の事案では EC 条約28条〔運営条約34条〕といった表記となっている。旧 EEC（EC）条約の条文の大部分は、条文番号こそ異なれ、EU 運営条約にほぼ同内容のまま継承されている。
- 組織体の名称としての EC と EU は、とくに歴史的に厳密に区別すべき文脈でなければ、区別せず EU に統一して表記した。ゆえに歴史的な文脈が弱い部分では、厳密には EC 裁判所と書くべき場合も EU 裁判所と表記し、歴史的な文脈が強い部分では、EU（旧 EC）裁判所と表記した。
- なお旧版では、EU 裁判所は欧州司法裁判所と表記していたが、本書では簡明に EU 裁判所（歴史的文脈により EC 裁判所）とした。

記号について

- キッコー〔　〕：解説者が原典の翻訳や解説文で補足した語句。たとえば、「…この〔欧州経済〕共同体」など。
- 小カッコ（　）：原語の併記や出典注など注釈。なお原語は原文のニュアンスを伝えるべきと判断した場合に添えてある。このほか、各国語間の微妙な意味合いの違いを伝える場合、1950‐60年代の判例にある（英米法風ではない）大陸法風の独特の言い回しを伝える場合などには、複数の原語を対比的に併記した。
- 大カッコ［　］：初期 EC の判例で先決裁定や判決の段落番号がないものに、英語版にしたがってつけた段落番号を示す。たとえば、本書1番事件を参照。（なお、フランス語版やドイツ語版では段落の分け方が異なる場合がある。）
- …（三点リーダ）：中略の意味。

判例・法令、参考文献の表記について

- 代表的当事者名での簡略表記を原則とした。たとえば、Case 43/75, Defrenne [1976] ECR 455のように。当事者名の詳細表記は判例索引を参照されたい。
- 判例の出典表記は、2010年代から ECLI（European Case Law Identifier〔欧州判例統一表記法〕）が普及してきたこと、紙媒体の EU の公式判例集が出版されなくなったことから、本書では、[1976] ECR 455などの紙媒体表記と ECLI 表記（EU:C:1976:56）が混在している。解説本文では紙媒体表記を優先し、ECLI しかない場合のみそれを記した。判例索引ではすべての EU の判例に ECLI を併記している。
- ECLI は、国コード：裁判所コード：判決年：判決順番からなる。EU:C:1976:56

でいえば、EU の EU 裁判所の1976年の56番目の判決〔先決裁定〕という意味である。EU の裁判所コードの C は EU 裁判所、T は EU 一般裁判所（旧第一審裁判所）である。
- 構成国の判例・法令の表記は、関係国の法学での慣例に従った。
- 文献案内での文献表記は、イギリス法学で一般的な表記方法に従った。雑誌文献の場合、（発行年）巻数　雑誌名略号　開始頁（‐終了頁）という順番である。
- 略語（判例集、法令集、雑誌の略語）のフルタイトルは、略語表を参照のこと。

略語表

AC	Appeal Cases（英・貴族院の公式判例集）
AG	Advocate General（EU 裁判所の法務官）
All ER	All England Law Reports（英・判例集）
Am. J Comp. L	American Journal of Comparative Law（米・雑誌）
BVerGE	Entscheidungen des Bundesverfassungsgerichts（独・連邦憲法裁判所の公式判例集）
BvR	（独・連邦憲法裁判所の憲法異議申立事件を示す事件記号）
CA	Court of Appeal（英・控訴院）
Cam. YELS	Cambridge Yearbook of European Legal Studies（英・年刊論文集）
CDE（Cah. dr. eur.）	Cahiers de droit europe´en（ベルギー・雑誌）
CFI	Court of First Instance (EC)（欧州第一審裁判所）
CLJ	Cambridge Law Journal（英・雑誌）
CMLR	Common Market Law Reports（EC 法関係の判例集）
CMLRev.	Common Market Law Review（オランダ・雑誌）
EC	European Community（欧州共同体）
ECC	European Commercial Cases（英・判例集）
ECHR	European Convention on Human Rights（欧州人権条約）
ECJ	European Court of Justice (EC)（EC 裁判所）
ECLR	European Competition Law Review（英・雑誌）
ECR	European Court Reports（EU 裁判所の公式判例集）
ECSC	European Coal and Steel Community（欧州石炭鉄鋼共同体）
ECU	European Currency Units（ユーロ導入前の欧州通貨単位）
EEA	European Economic Area（欧州経済領域）
EEC	European Economic Community（欧州経済共同体）
EHRR	European Human Rights Reports（英・判例集）

ELJ	European Law Journal（英・雑誌）
ELRev.	European Law Review（英・雑誌）
EMU	European Monetary Union（欧州通貨同盟）
EP	European Parliament（欧州議会）
EPL	European Public Law（英・雑誌）
ERPL	European Review of Private Law（英・雑誌）
Euratom	European Atomic Energy Community（欧州原子力共同体）
EU	European Union（欧州連合）
EuLR	European Union Law Reporter（英・判例集）
EuR	Europarecht（独・雑誌）
EWCA Civ.	England and Wales Court of Appeal, Civil Division（英・控訴院民事部判決を意味する判決引用記号）
EWS	Europäisches Wirtschafts- und Steuerrecht（独・雑誌）
GATS	General Agreement on Trade in Services（サービス貿易に関する一般協定）
HL	House of Lords (UK)（英・貴族院）
JIEL	Journal of International Economic Law（イギリス・雑誌）
LIEI	Legal Issues of European Integration（オランダ・雑誌）
LS	Legal Studies（英・雑誌）
Mich. L. Rev.	Michigan Law Review（米・雑誌）
MLR	Modern Law Review（英・雑誌）
NJW	Neue Juristische Wochenschrift（独・雑誌）
OJ	Official Journal of the European Communities（EU官報）
PL	Public Law（英・雑誌）
S. Ct.	Supreme Court Reporter（米・合衆国最高裁判例の民間判例集）
TRIPs	Trade-Related Aspects of Intellectual Property Rights（知的財産権の貿易関連側面に関する協定）
UKHL	United Kingdom House of Lords（英・貴族院判決を意味する判決引用記号）
UKSC	United Kingdom Supreme Court（英・最高裁判決を意味する判決引用記号）
U.S.	United States Supreme Court Reports（米・合衆国最高裁判例の公式判例集）
Yale LJ	Yale Law Journal（米・雑誌）
YEL	Yearbook of European Law（英・年刊論文集）

第Ⅰ部
EUの統治法

第1章　EUと構成国、EUと市民の関係

1 ●ファン・ヘント・エン・ロース事件
EEC条約規定の直接効果

Case 26/62, Van Gend en Loos v. Nederlandse Administratie der Belastingen [1963] ECR 1.

◆事実・争点

　原告のオランダ商社ファン・ヘント・エン・ロースは、1960年9月に西ドイツからオランダに尿素ホルムアルデヒドを輸入した。1958年のEEC設立当時、その製品への関税は3％であった。ところが被告オランダ関税局は、1960年3月から実施されたベネルクス三国間の新関税協定の税率表に従って8％の関税を課した。原告はこの課税処分に不服を申し立てた。すなわちEEC条約*12条〔現在削除〕は、条約発効後、構成国間の輸出入の関税引き上げを禁止している。ゆえに本件の課税処分は同条に違反する無効な関税引き上げだという主張である。関税局は、新関税協定で課税対象品目の分類が変更されて本件製品の品目分類も変わったために関税率が変わったが、各分類の関税は以前と同じなので関税の引き上げではないと反論した。原告の不服申立は棄却された。そこで原告は被告の課税処分の取消訴訟をオランダの税務審判所に提起した。審判所は、EU（旧EC）裁判所に先決裁定（EEC条約177条〔運営条約267条〕）を求めた。なお、EC/EU裁判所での先決裁定審理には、当事者以外に、構成諸国とEC〔EU〕機関も参加できる（裁判所規程20・37条〔現23・40条〕）。本件ではオランダ、ベルギー、ドイツの諸政府、欧州委員会も参加した。

　＊　現在のEU運営条約（TFEU）は、1957年のEEC条約が1992年・1997年の改正でEC条約と改称されて条文番号が振り直されたものに2007年リスボン条約でさらに改正され改称もされたものである。条文番号こそ異なれ内容は連続する。

本書では、運営条約以前については、各事案の当時の条約名称EEC条約またはEC条約を用い、それに対応する現在の運営条約の条文番号を併記する。

　第一の争点は、EEC条約12条が構成国内に直接に適用されうるか、構成国の国民が同条を根拠にして国内裁判所で権利を主張できるかである。第二の争点は、本件の課税処分はEEC条約12条に反する域内関税の引き上げにあたるか。あたるとしても、例外的に引き上げが許容される余地はないかである。

　第一の争点をめぐり、原告と欧州委員会は、EEC条約が構成国を相互に拘束する通常の国際条約を超えていると主張した。すなわち独立の共同体制度と独立の共同体法を創設し、構成国とその機関だけでなく諸国民も拘束することを意図した条約である。ゆえに共同体法の国内法に対する効果は共同体法によって決定されねばならない。EEC条約12条違反は共同体の根本原則を否定する重大なもので、個人もそのような違反からは法的に実効的に保護されねばならない。EEC条約12条が構成国に課す義務は明確で一義的である。ゆえにEEC条約12条は構成国の国内裁判所で直接に適用可能であり、個人に（EEC条約違反の政府行為を受けない）権利を発生させると主張した。

　他方、被告と諸国政府は一致して、国内裁判所におけるEEC条約12条の直接の適用可能性と各国での個人への権利発生を否定した。たとえばオランダは次のように主張した。EEC条約と通常の国際条約とは異ならない。国際条約の規定に直接効果（direct effect）が認められるには、その前提として当該規定の国内効果（internal effect）が認められなければならない。国内効果が認められるかどうかは、締約国の意思と関連規定の文言による。しかるにEEC条約12条の文言は、構成国に義務を課すが、義務の履行方法は特定していない。これは義務の国内実施上の裁量を構成国に認める意思の現れである。義務に裁量が残り内容は不明確ゆえEEC条約12条には国内効果が認められない。まして直接効果も認められない、と。

　EU裁判所は、直接効果を肯定した。

◆先決裁定

〔[ ]の段落番号は編者が英語版先決裁定により付けたもの。〕

[8] 税務審判所の付託した第一問は、EEC条約12条〔現在削除〕が国内で直接に適用されるかどうかである。すなわち、構成国の国民が同条にもとづいて権利を主張し、国内裁判所がこれを保護しなければならないかどうかである。

[9] 国際条約の諸規定がそこまで及ぶ効果をもつかどうかを判断するためには、当該諸規定の精神〔目的〕、全体の構成、および文言を考慮する必要がある。

[10] EEC条約の目的は共同市場の設立であり、共同市場の運営は共同体の関係当事者の直接の利益である。ゆえに本条約の目的は、締約国間相互の義務を設けるだけの合意を超えていることが示唆される。それは条約の前文が、政府のみならず人々に言及することからも確認される。さらに、主権的権利を付与された機関（institutions endowed with sovereign rights）を設立し、その権利行使が構成国のみならず市民にも効果を及ぼすことからも具体的に確認される。しかも、共同体に集う諸国の国民が、欧州議会および経済社会評議会を通じて共同体の運営に協力するよう求められていることも特記しなければならない。

[11] 加えて、EEC条約177条〔運営条約267条〕によりEU裁判所に託された〔先決裁定の〕任務がある。これは各国の裁判所および審判所によるEEC条約解釈の統一性を保障することを目的とする。この任務からも、共同体法は各国内の裁判所および審判所において構成国の国民が行使できる権威をもつものと構成諸国が認めたことが示される。

[12] 以上から導かれることは次の通りである。この共同体は国際法の新しい法秩序（a new legal order of international law）を構築するものであり、構成国はその主権的権利を、限られた分野ながら、共同体との関係で制限したがゆえに、共同体の統治は、構成国のみならずその国民にも及ぶ。したがって、構成国の立法とは独立に、共同体法は個々人に義務を課し権利を付与するのであって、この権利は個々人の法的遺産（legal heritage）となる。このような権利は、本条約が明文で与えるところからのみならず、本条約が構成国、個人、および共同体の機関に明確に課した義務からも発生する。

[13] 関税および同等効果の賦課金に関するEEC条約の諸規定の全体の構成については、同条約9条〔≒運営条約28条〕が、共同体は関税同盟を基礎とすると定め、そこで〔域内〕関税および賦課金の禁止を本質的な内容としていることを強調しなければならない。この9条は「共同体の基礎

(Foundations of the Community)」を定める EEC 条約の〔第二〕部の冒頭に位置する。その応用と説明が同条約12条である。

[14] 同条約12条の文言は、明確かつ無条件の禁止を内容とする。これは積極的義務ではなく、消極的義務である。しかも構成諸国は、国内法に基づいた積極的な立法措置をとることを条件として当該義務を履行するであろうが、当該義務を限定する留保はなんつけていない。この禁止の性質そのものは、構成国と国民との法的関係において直接効果（direct effects）を発生させるのに理想的に適している。

[15] 同条約12条の実施は、構成諸国の立法的介入を全く必要としない。同条において消極的義務に服するのが構成国であるからといって、構成諸国の国民が当該義務からの恩恵を得られないということにはならない。

[16] しかも、〔審理手続で意見書面を提出した〕三か国政府の EEC 条約169・170条〔運営条約258・259条〕にもとづく主張は誤解にもとづく。両条によって欧州委員会と構成国が義務不履行構成国を EU 裁判所に訴えることができるからといって、個々人が、必要に応じて国内裁判所において当該義務を主張できないことにはならない。それはちょうど、EEC 条約が、その対象とする主体の負う諸義務の履行確保方法をいくつか欧州委員会に与えているからといって、ただちに国内裁判所での個人間の訴訟において個々人が当該諸義務の違反を主張できなくなるわけではないのと同様である。

[17] もしも構成国による EEC 条約12条違反を同条約169・170条の訴訟だけで是正しようとするなら、構成国民の個々の権利のあらゆる直接の法的保護が奪われかねない。EEC 条約の規定に反する各国内での決定が先に実施され、その後になって両条の訴訟に訴えても〔個人の権利保護の〕実効性に欠ける危険がある。

[18] 自分の権利を守ることに利害をもつ個々人の注意の目（vigilance）は、欧州委員会および構成国が EEC 条約169・170条で誠実に行う監督に加えて、実効的な監督となる。

[19] 以上、EEC 条約の精神、全体の構成、および文言を考慮して、同条約12条は、直接効果（direct effects）を発生させ、国内裁判所が保護しなければならない個人の権利を創設するものと解する。

〔続けて、EU 裁判所は、関税率表の改訂による品目の分類変更の結果、関係製品の関税が高くなった場合も、EEC 条約12条に違反する違法な関税引き上げにあたると述べ、以上の解釈にもとづいて同条約12条を事案に適用するのは国内裁判所であると述べた（[25-29] 段）。〕

◆解 説

本件の意義： 本件の直接の意義は、EU の基本条約（当初の EEC
直接効果の承認 設立条約≒現在の EU 運営条約および EU 条約）の規定について、それが明確かつ無条件の文言と内容で、構成国における実施措置を要しないものであれば、構成国内に直接に法的効果を及ぼし、国内裁判所で保護される権利を個人に発生させる効果をもつと初めて認めたことである。この効果を「直接効果（direct effect）」という。EC 法〔EU 法〕が、EU 各国法と関わりなく、各国内の個人（自然人および法人）に直接に権利を付与することを認めたことで、EU と構成国と個人を法主体とする EU 法秩序の原則的立場が成立した。本件裁定では、EEC 条約が構成国に課す消極的義務から直接効果が生じるとされたが、以後の事案で、構成国の積極的義務からも生じると認められた（Case 43/75, Defrenne [1976] ECR 455〔本書4番事件〕）。

本件以後、基本法規たる EEC 条約の規定に止まらず、EU 機関が採択する派生法規（規則、指令等）の規定についても直接効果が認められた（Case 43/71, Politi [1971] ECR 1039〔規則〕; Case 41/74, Van Duyn [1974] ECR 1337〔指令〕; Case 9/70, Grad [1970] ECR 825〔決定〕）。こうして EU 域内の個人は国内訴訟を通じて直接効果がある EU 法規を各国で強制できるようになり、EU 法規の実効性は飛躍的に高まった。その結果、EU の目標である共同市場の形成が確実に推進されることになり、EU と構成国の両法秩序の融合も徐々に進んだ。

1970年代からは、直接効果にも、私人対国の垂直関係で生じる「垂直的直接効果」と、私人対私人の水平関係で生じる「水平的直接効果」の区別があると論じられるようになり、EU 裁判所は指令の水平的直接効果を否定した（Case 152/84, Marshall [1986] ECR 723〔本書5番事件〕）。このため生じる実効性の欠如を補完するために、「間接効果」（国内法令の EU 法適合解釈義務、Case C-106/89 Marleasing [1990] ECR I-4135〔本書6番事件〕）や「付随的効果」（Case C-443/98, Unilever [2000] ECR I-7535〔本書5番事件解説〕）という判例法理も展開した。

直接効果の起源　EU法の直接効果の起源は、国際条約の自動執行（self-executing）性に求められる。たとえば、本件のレーマー（Roemer）法務官は、EEC条約12条の構成国内における法的効果を国際条約の自動執行性の問題として把握しており（[1963] ECR at 18-19）、本件の先決裁定も、「国際法の新しい法秩序」（[12]段）と述べて、EEC条約を通常の国際条約から区別することを躊躇している（この躊躇は、翌年のコスタ対エネル事件〔本書2番事件〕において「国際法の」が削除されて消えた）。これらの点や「明確かつ無条件」の規定という直接効果の要件は、EEC条約12条の効果を検討するにあたって、自動執行性理論が影響したことを窺わせる。

　他方、本件裁定は本質的な点で自動執行性と直接効果を区別している。第一に、国際条約の自動執行性であれば、通常、国際条約の締約国が独自にそれを判断する。しかし本件裁定は、EEC条約規定の直接効果の有無はEC（＝当時のEC裁判所）が一元的に判断するものとした。第二に、国際条約の自動執行性はしばしば直接適用可能性（direct applicability）と同義に使われるが、それらの概念は、国際条約が国内的効力をもつことを前提に、法規範として国内法の合法性審査の尺度や解釈基準となる効果をもつことをいうにとどまり、国内法秩序において個人に権利義務を創設する効果をもつことまでは意味しない（小寺彰・岩沢雄司・森田章夫編『講義国際法』（有斐閣、第2版2010年）114-115頁）。他方EU法にいう直接効果は、個人に権利義務を直接に創設する効果のことを指している。第三に、国際条約の自動執行性の概念は、国際条約の国内実施立法を要しないという意味をもつとされるが（小寺彰『パラダイム国際法——国際法の基本構成』（有斐閣、2004年）55-57頁）、EU法の直接効果はその点と無関係に発生する。総じてEU法の直接効果の概念は、国際条約の自動執行性・直接適用可能性の概念を基礎にしつつ、個人の権利実現の実効性を保障する内容に発展したものといえよう。

　ただし以上は概念的な区別であって、現実のEU裁判所の判例の中には、「直接効果」のことを「直接適用可能性」と表現しているものもある（ドゥフレンヌ（第2）事件〔本書4番事件〕など）。

**直接効果の　　**EUの基本条約規定の直接効果の承認は、本件当時、
画期性　　　画期的な出来事であった（もっとも本件以前に、EEC条約規定の直接効果を承認していた構成国の裁判所もごく一部にあった（【文献案内】の伊藤参照））。というのも、国際条約の解釈において締約国の意思は無視できないが、EEC条約の調印（1957年）から5年めの本件で、オランダ、ベルギー、ドイツの三か国とも同条約規定に直接効果を認めることを完全に否定していたのである（【事実・争点】参照）。さらには、本件のレーマー法務官もEEC条約12条の直接的国内効果を否定していた。法務官は、同条約を国際条約の一つとして扱い、同条約の構築する制度の全体構造、条約の規定の文言と内容や文脈も検討したが、EEC条約12条の直接的国内効果を否定した。すなわち、同条約中には国内法への組入れを意図した規定もあるが、内容と文脈からして、構成国に義務を課すだけの規定も少なくない。むしろ大部分の規定は、構成国の義務だけを規定し、直接的な国内効果を生じる規定を含んでいない。係争の同条約12条もその一つである。同条の内容からみても、同条を直接に適用することには多くの実務的な困難が伴う。さらに国際条約と国内法との優劣関係は、構成国ごとに扱いが一様ではなく、すべての構成国で国際条約の優位が認められているわけではないから、起草者らがEEC条約の直接適用を意図していたとは考えられない。ゆえに同条約12条の直接的国内効果は否定せざるをえない、というのであった。このような意見は、当時としては常識的であったろう。以上のように、直接効果否定論も有力であった。

大局的意義：　　この対比から本件の大局的意義がわかる。当時のEC
憲法像の提示　〔現EU〕裁判所が直接効果否定論を乗り越えるにあたってとったEC〔EU〕を独自の法秩序をもつものとして構築していこうとする積極姿勢こそ、本件を重要な先例とした。本件裁定の大局的意義は、「共同市場」形成を通した「ヨーロッパの人々の連合」（EEC条約前文）の行方について、法的なヴィジョン（憲法像）を示したところにある。すなわち、ECと各国の国民との間に直接の法的かつ政治的関係がある（人々が欧州議会・経済社会評議会を通してEC統治へ参加し、またEC法の適用などEC統治を直接に受ける関係に立つ）共同体制度である点を強調し（裁定[10-

11]段）、それゆえ各国がECとの関係で「主権的権利を制限」し、それと同時にECは、一定の事項範囲について各国から独立した「主権的権利」をもつ「新しい法秩序」として成立するという法制度秩序像を提示した（裁定[12]段）。これはEEC条約の起草者たちが明文化しなかった、ECと構成国の法秩序の関係をも演繹的に定めうる法秩序の全体像である。このEC法秩序像（憲法像）がその後のEU法の発展の礎石となった（本書2番・4番・8番事件などを参照）。

EU憲法秩序の構築　EEC条約の起草者たちは、EC法と構成国法の関係について明文をおかなかった。しかもその空白の埋め方は一つではなかった。理念型的にいえば、主権的国家の平等原則を基盤とする政府中心の組織秩序をもつ「政府間協力型（intergovernmental）」の法秩序としてECを理解する余地もあった。他方、国家の権限を法的に制限して越境的共同組織自体に独自の決定権限を認め構成国家と国民をも直接に拘束するような「超国家型（supranational）」の法秩序として理解する余地もあった。ゆえに空白を埋めてEC法秩序の全体像をどう描くかは、憲法創造に近い作業であった。EU裁判所は後者を選んだ。

しかし前者を選ぶことも当時可能であった。第一に、レーマー法務官は、EEC条約を国際条約としてみる立場をとった。第二に、EU裁判所は、EEC条約から論理必然的に一つの法秩序像が特定できるかのように裁定[10-12]段で議論するが、一面的ともいえた。たとえば当時のEEC条約では、EECの立法過程において閣僚理事会（構成国政府代表で構成）が採択権を独占していた（今日のEUでは欧州議会と閣僚理事会の共同決定による立法が大部分である）。ゆえに当時のEEC条約を根拠に欧州議会や経済社会評議会に構成国の国民が参加する点を指摘しても、それは閣僚理事会を拘束しない意見を表明する権利があるというだけであって、法的にみても参加は権利として微力であった。ゆえにEEC条約全体を総合的にみれば、構成国政府がEC形成・運営の両面で中心的な主体であって、在来の政府間協力型の国際組織と共通する部分がむしろ多いという主張もまた可能であった。

第三に、「主権的権利」を共同体がもつというEU裁判所の法的評価に

は誇張があったともいえる。構成国からみれば、ECは「条約」の産物である（ドイツ連邦憲法裁判所のリスボン条約判決〔本書3番事件〕等）。基本法規たるEEC条約の改正手続（当時のEEC条約236〔現EU条約48〕条）に現れているように、ECを設立し改廃する権力をもつのは構成諸国である。ゆえに構成国からすれば、ECが「主権的」な権利をもつと表現すること自体不適切である。たとえECに構成国の立法権を排除してまで自律的に立法できる領域があるとしても、それはEU裁判所が後に「排他的管轄権」と呼ぶようになった若干の事項についてであり、しかもそれは派生法規の立法権限である。もともとEC自体に基本法規を定立し改廃する権力があるかどうかが「主権的」かどうかの決め手である。ゆえにECに「主権的権利」があると評価するのは誇張であって、ECは在来の政府間協力型の国際組織と本質は同じだと全体像を示すこともできた。このように複数のEC法秩序像の描き方がありえた中で、EU裁判所が「新しい法秩序」なる超国家型の法秩序像を選択したことは、憲法創造に近い憲法原理の発見作業であった。

積極司法　しかし、本件裁定を、司法を踏み越え、EEC条約を実質的に改正したと評価するのは行き過ぎである。

第一に、EEC条約が、EU裁判所の指摘する諸点において、当時あった他の国際組織と決定的に異なる特徴をもっていたことは事実である。当時、私人に国際機関への恒常的な参加の権利を保障し、あるいは国際機関が派生法規を随時必要に応じて定立してそれを直接に私人に適用できるとするような超国家型の国際組織は、1951年発足の欧州石炭鉄鋼共同体（ECSC）と1949年発足のダニューヴ河委員会を除けば、存在しなかった。ゆえに「ヨーロッパの人々の連合」を目標とする「共同体」として、構成国の諸国民が恒常的にその統治制度に参加し、構成国の個別の承認を要せず直接に共同体の法（とくに派生法規）の支配を受ける超国家型の制度を、経済活動分野一般にわたり構築したことは、質的に大きな進展であったといえよう。この歴史的な視点に支えられた評価が、EU裁判所の解釈論の説得力を言外に支えていると思われる。

第二に、EU裁判所の解釈は、EEC条約の明文に反さず、解釈方法も当

時の構成諸国に受け入れ可能でもあった。EU裁判所はEEC条約の「精神、全体の構造、文言」を総合した解釈方法を採用すると述べ（裁定[9]段）、EEC条約12条の直接効果の有無を論じる際に、条約をあたかも（憲）法典に見立てて、全体の構成や特定条文の置かれた位置から、特定条文の内容の重要性が示されると論じた（裁定[13]段）。この解釈方法は、通常の国際条約の解釈方法（後にウィーン条約法条約31条で定めるような、目的に即した文言の通常の意味での文理解釈）からは離れていた。そのことは条文の目的に照らして条約の明文にない点を目的的解釈により積極的に補填している点から明白である。しかし当時のEC6か国は大陸法系の諸国であり、パンデクテン式の国内法典を体系的に目的的に解釈する方法は共通にあった。EEC条約を国内法典と同様の方法で解釈してよいという前提にたてば、EU裁判所の目的的解釈もさして奇異には映らなかったであろう。もちろんその前提をとることには疑問も出されよう。しかし、EEC条約は通常の条約ではなく、「主権的」な「新しい法秩序」を構築する独特の条約であるから許されるというのがEU裁判所の答えであったろう。「主権」のレトリックはEC法秩序を国内法秩序に類比して解釈する方法を正当化する役割も担っていた。

　そして第三に、明文と両立する諸解釈の中で、EEC条約前文が示す「ヨーロッパの人々の…連合の基礎を築く」という長期的目的に適合し、かつ法の実効性を最も高める解釈を選んだ。これはあらゆる条文に存在意義があるように解釈するという解釈原則や条約は守られるべし（"pacta sunt servanda"）との原則にたち、あえて越境的な共通立法の権限まで付与した共同体を設立し、その実現を確約した起草者意思を最も反映する最善の解釈としても正当化できるとEU裁判所は考えたことであろう。

　ゆえに立論を細切れに見れば粗く見える先決裁定であるが、二度の世界大戦の惨禍の反省にたったヨーロッパの人々が、20世紀後半を平和の時代として創造しようとした時代精神を見事に汲み取り、規範的にあるべき超国家型の法秩序像を実定の法制度と矛盾なく憲法的な原則として明言し、確実な実現を人々にも呼びかけたところに、この先決裁定の不滅の魅力と意義があるといえよう。

法による共同体形成　こうして EU 裁判所は、共同体の法規範像を定立し定着させる積極的な役割を担うことになった。直接効果の承認により、EEC 条約の機能も、伝統的な国際法上の手段を超えて、EU と構成国の間に統治権限が配分される連邦方式の統治体制を示す憲法の機能に変化した（もちろん EU がアメリカ合衆国のような国家になるという像まで描いたわけではない）。そして EU 法秩序における EU 法の「実効性」確保を EU 裁判所は強調するようになった（本書 4・5・7・8・22・24 番事件など）。

隠れた論点：優位性　なお、本件では EU 法の構成国法に対する優位も付随的な争点となりえた。というのは、本件課税処分は、オランダ法上は適法になされた処分であり、EEC 条約を根拠に原告が権利を主張する場合、オランダ法と EEC 条約の優劣が問題にならざるをえないからである。しかしオランダの税務審判所はこの争点を付託しなかった。オランダ憲法66〔現94〕条は、直接適用可能な国際条約規定の国内法に対する優位を認めていたからである（[1963] ECR at 23）。EC 法の優位性は、翌年のコスタ対エネル事件〔本書 2 番事件〕で正面から判断されることになった。

（須網隆夫・中村民雄）

✣文献案内

Joseph Weiler, 'The Transformation of Europe' (1991) 100 Yale LJ 2403-2483〔ジョセフ・H. H. ワイラー（南義清ほか訳著）『ヨーロッパの変容』（北樹出版、1998年）〕

Pierre Pescatore, 'The Doctrine of Direct Effect: An Infant Disease of Community Law' (1983) 8 ELRev. 155-177.

伊藤洋一「EC 条約規定の直接適用性」法学教室263号（2002年）106-112頁

2 ●コスタ対エネル事件
EC法の国内法に対する優位性の原則

Case 6/64, Costa v. ENEL [1964] ECR 585.

◆**事実・争点**

　本件は、イタリアがEC設立後の1962年に電力国有化法を制定して民間電力会社を国営電力公社（ENEL）としたことを、元民間電力会社の株主の原告コスタ氏がEEC条約違反と争った事案である。原告は国有化を違法と考え、被告エネルへの少額の電力料金（1925リラ〔約1000円〕）の支払いを拒否し、被告に対する債務不存在確認の訴えを少額裁判のみ扱う治安判事裁判所（Giudice Conciliatore）に提起した。

　原告のEC法上の主張は、1962年の電力国有化法がEEC条約102〔運営条約117〕、93〔同108〕、53〔現在削除〕、37〔同37〕条に反するから、エネルの存在が無効で電力料金債務も不存在というのであった。たとえばEEC条約37〔運営条約37〕条2項は、「商業的性格のいかなる国家独占」もEEC設立後は構成国は新たに導入してはならないと定めていた。原告は、こうしたEEC条約諸規定が直接に適用可能であって、国有化法はこれらに違反すると主張した。治安判事裁判所は、国有化法が当該条約諸規定に反するかについて、EU（旧EC）裁判所に先決裁定を請求した。

　被告エネルとイタリア政府（被告側に参加）は手続論で反論した。先決裁定手続は「EEC条約の解釈」について利用可能である（EEC条約177条〔運営条約267条〕）。ところが治安判事裁判所は、国内法がEEC条約に反するか、つまり国内法の効力を問う。これは裁定請求として不適法である。仮にEEC条約の解釈を問うものだとしても、本件に解釈問題は存在しない。イタリア憲法では、国際条約は憲法の下位にあって法律と同位である。現にEEC条約は1957年の批准法で国内実施された。そこで同位の法の抵触は「後法は前法を破る」の準則により解決されるから、EEC条約

と国有化法が抵触するなら、1962年の国有化法が1957年の EEC 条約と批准法を破る。したがってイタリアの国内裁判所は国有化法のみ適用する義務があり、本件に EEC 条約は適用されないので解釈問題も生じない。ゆえに本件について先決裁定管轄権はまったく生じない、と。

こうして本件では先決裁定管轄の存否が争点となった。しかし最も根本的で重要な争点は、①被告の反論の前提が正しいかどうかである。すなわち、EEC 条約と構成国法が抵触するとき、構成国法により優先関係を判断してよいか。よくないなら、②この優先関係はどう解すべきか。これらこそ争点であった。というのは、それらの点次第で本件での EC 法問題の存否が決まり、したがって先決裁定管轄の存否もまた決まるからである。

EU 裁判所は、①優先関係は EC 法が決め、② EC 法が抵触するあらゆる構成国法に優先すると答えた。

◆先決裁定

〔[ ]の段落番号は編者が英語版先決裁定によりつけたもの。〕

イタリア政府は、本件の先決裁定請求は受理不能と主張するが（[7]段）、受理可能である。

[8] 通常の国際条約と異なり、EEC 条約は独自の法制度を創り出した。同条約の発効と同時に、この法制度は構成国の法制度に統合される（integré; become an integral part）のであり、構成国の裁判所はこの法制度を適用しなければならない。

[9] 無期限に存続し、独自の機関、法人格、法的能力、国際面の代表能力および、とりわけ、主権の制限（limitation of sovereignty）あるいは構成国から共同体への諸権力の移譲（transfer of powers）から生じる現実の諸権力（real powers）を備えた共同体を創設することにより、構成諸国は、限られた分野ながら、その主権的権利を制限し、構成国の国民および構成諸国自らを拘束する法体系を創り出した。

[10] 共同体から生じる規定が各構成国の法に統合されること、より一般的には、EEC 条約の文言と精神からして、構成諸国が相互主義にもとづいて受け入れた法制度に対して、構成諸国が一方的な事後的措置を優先させえないことが当然に導かれる。そのような措置は当該法制度と両立しえない。共同体法の執行力が構成国ごとに事後的な国内法に応じて異なるということは許されないのであり、そうでなければ EEC 条約 5 条 2 段〔EU

条約4条3項3段〕に定める目的の達成が危うくなり、同条約7条〔運営条約18条〕が禁止する差別を生むことになるであろう。

[11]　かりに共同体設立条約において引き受けた義務を、署名国の事後的立法行為によって問い直すことができるならば、引き受けた義務は無条件ではなく条件付にすぎなくなるであろう。同条約は構成国に一方的行為権を与えるときは、つねにこれを明確な規定で行っている（たとえば15条〔現在削除〕、93条3項〔運営条約108条4項〕、223条〔同346条〕、224条〔同347条〕および225条〔同348条〕）。設立条約の適用免除の許可を構成国が申請するときは、特別の許可手続に従うものとしている（たとえば、8条4項〔現在削除〕、17条4項〔現在削除〕、25条〔現在削除〕、26条〔現在削除〕、73条〔現在削除〕、93条〔運営条約108条〕2項3段および226条〔現在削除〕）。もし構成国がその義務を〔国内の〕通常の法律によって放棄できるならば、申請は目的を失うであろう。

[12]　共同体法の優位性 (prééminence; precedence) は、同条約189条〔運営条約288条〕からも確認される。同条は、共同体規則は「拘束力をもち」「すべての構成国に直接に適用される」ものと定める。この規定は、なんの留保も伴っていないのであって、かりにある構成国が立法措置によって当該規則の効果を一方的に無効にでき、その立法措置が共同体法に優位できるとするならば、この規定は無意味となるであろう。

[13]　以上からして、同条約より生じる法は、独立の法源（an independent source of law）であり、その特別かつ独自の性質ゆえに、いかなる形の国内法規定も (un texte interne quel qu'il soit; domestic legal provisions, however framed)、これに対抗することはできない。そうでなければ共同体法はその性格を失い、共同体の法的基礎そのものが疑問視されるであろう。

[14]　同条約にもとづいて構成諸国が国内法制度から共同体法制度へその権利義務を譲渡（transfer）したことは、構成諸国の主権的権利の永久の制限 (une limitation définitive; a permanent limitation) を伴う。共同体の概念に合致しない事後的な一方的行為は、共同体法制度に優越することはできない。したがって、同条約177条〔運営条約267条〕は、いかなる国内法であれ、同条約の解釈に関する問題が生じるときは、つねに適用されるものと解すべきである。

　〔EU裁判所は、続いてEEC条約の諸規定のうち102条〔運営条約117条〕・93条〔同108条〕については直接効果を否定する一方、53条〔現在削除〕、37条〔同37条〕2項については直接効果を肯定した。〕

◆解　説

本件の意義　　本件は、EU 法の構成国法に対する優位性原則を初めて明確に示した先決裁定である。優位性原則は直接効果と並ぶ EU 法の基本原則である。

絶対的な優先性　　優位性原則は、第一に、狭い意味では、直接効果がある EU 法規と国内法規が抵触するとき EU 法規が優先適用されるという抵触解決準則である。本件では、直接効果のある EU 基本条約規定と事後的な国内の法律の抵触に関したが、本件先決裁定はきわめて一般的に、「いかなる形の国内法規定も〔EU 法〕に対抗することはできない」と示した（裁定 [13] 段）。この傍点部分は、制定の前後だけでなく、国内法秩序での上下階層も問わず、たとえ構成国内での最上位の憲法であれ、EU 法と抵触するときは、EU 法の適用範囲内ではつねに EU 法に絶対的に優先されるという意味であった。その点は 1970 年の国際商社事件〔本書 14 番事件解説、本書初版 16 番・第 2 版 15 番事件〕や 1978 年のシンメンタール事件（Case 106/77, Simmenthal [1978] ECR 629〔本書初版・第 2 版 3 番事件〕）が明瞭に示した。

一元的秩序構想　　第二に、この優先適用準則の正当化根拠として EU 法秩序の全体像があり、それが優位性原則の意味の一環をなしている。すなわち、EU 法は、EU 基本条約にもとづいて独立に発生し、共同法としての自律的な独自の性質をもちつづけたまま、自動的に各国法秩序の一部となるという意味である。これは EU 法と各国法を一元的に連続した法秩序とみる立場の表明である。本件裁定の意義は、優先適用準則を明言したことだけでなく、こうした一元的法秩序像を、法実証的手法で団体法の論理を用いて論証した点にもある。

ただし、この全体像は決して唯一の正しい法的見解というわけではなく、むしろ EU 裁判所の自己実現的予言（＝それに各国裁判所も従うなら EU 裁判所の望みが実現するような発言）であった。本件裁定の直後、EC 法学者シュタイン（Eric Stein）は、本件裁定の新たな法秩序構築的な本質を見抜き、本件について "Toward Supremacy of Treaty-Constitution by Judicial Fiat: On the Margin of the Costa Case" ((1965) 63 Mich. L. Rev.

491．下線は解説者付加）と題する論文を発表した。司法部勅命による条約－憲法の最高法規化が、コスタ事件の直接の争点（先決裁定管轄の存否）の余白で起きているという。その洞察は的確であった。後の判例によるEU 法秩序の形成は我々のよく知るところである。

先決裁定の読解　まずは EU（憲）法秩序構築的な側面を先決裁定から読み取ってみよう。そこには、①優先適用準則について先決裁定では、EU 基本条約規定よりも後にできた国内法律によって EU 基本条約規定を破ることはできないという特定的な言明（裁定[10]、[14]段）と、「いかなる形の国内法規定であれ、これ〔EU 法〕に対抗することはできない」という包括的な言明がある（裁定[13]段）。包括的な言明を〈EU 法上の抵触解決ルール〉と呼ぼう。他方、本件のイタリア政府は、自国憲法にもとづけば、EU 法を法律同位と位置づけることになり、「後法は前法を破る」準則で抵触問題を解決すると主張していた。これを〈各国法上の抵触解決ルール〉と呼ぼう。

EU 裁判所が〈EU 法上の抵触解決ルール〉を言明したとき、EU 法が適用される範囲においては、〈各国法上の抵触解決ルール〉を採用してはならないという意味も込める必要があった。なぜなら、本件のイタリア政府は、EU 法の適用がありうる本件についても、〈各国法上の抵触解決ルール〉を適用すれば「先決裁定問題は存在しない」と主張していたからである。そこで EU 裁判所も「いかなる国内法であれ、〔EU 基本〕条約の解釈に関する問題が生じるときは、つねに〔先決裁定手続が〕適用」されうると答えることになった（裁定[14]段）。つまり〈各国上の抵触解決ルール〉によって EU 法問題の存否を論じることが土台間違っていると応答したのである。

②そこで土台の理由づけが重要になる。これをたどると、構成国と国民を直接に拘束する現実の権力を備えた、独立かつ独自の EC 法制度は、構成諸国の「永久の」主権制限への同意から成立したという説明がでてくる（裁定[9]、[10]、[14]段）。構成諸国は、設立条約に定める範囲で、国家の権利義務を独立の法人格がある共同体に譲渡し、共同体によって当該権利義務が行使されることに同意した。もともと国内統治のための国家の権利

義務が共同体に譲渡されたのだから（裁定[14]段：「権利義務の譲渡」、裁定[9]段：「権力の移譲」）、共同体の権利義務の行使と履行は、国内統治のそれと同等である。ゆえに発効と同時に国内法と不可分一体になる（裁定[8]、[14]段）。だがそれとともに、共同体の法は自国だけでなく他の構成国の国内法秩序とも不可分一体化する（裁定[8]段）。つまり共同体が得た権力は、各国からみて自国の統治のみならず他国の統治のためにも使われる。このような共同体への同意の解除は、同意の付与と同様に、自国のみならず他国に同時に影響するのであり、諸国家の共同行為（設立条約の改廃）でなければできない。だから設立条約が有効な限りは、各国はそれに拘束され、一国の一方的措置はEC法の適用範囲では認められず、一国限りの特例措置は、あくまでも共同体として措置する場合に限られ、それは共同体の設立条約が明文で許す手続と条件に服する（裁定[11]段）。こういう論理である。

　注目すべきは、②の理由づけ部分で、EUと構成国の関係を不可分一体とし、かつEU法秩序の独立団体法としての自律的な性質から各国行為を規律しようとする点である。核心にあるのは、ひとたび共同体に一定範囲の統治権力を譲渡したからには、その範囲では共同体法に反する一方的な国家の法的行為は許されないという原理である。この原理からすれば、①の優先関係の言明は論理的な帰結にすぎない。かくしてEU（憲）法秩序は、各国法秩序に不可分に連続しつつも、つねに独自の性質を失わず（各国憲法を含む）各国法秩序を規律しうる自律的な法秩序として構想されることになった。

連邦的な機能の非国家法秩序　このEU法秩序の全体像は、アメリカ合衆国やドイツのような連邦国家の法秩序像に類比されがちである。EU法が連邦法、各国法が州法という類比である。それはEU裁判所のEU・構成国一元的法秩序論を理解するヒントではあるが、比喩にすぎない。連邦風の法秩序構想があるからといって、EUの「最終形態（Finalität）」は連邦「国家」だということには必ずしもならない。現に、コスタ事件のEU裁判所も、EEC条約が国際条約である基本を忘れていない。一元的自律性の理由づけにおいても、伝統的な国際条約の拘束

力の発生根拠である主権国家の同意に求めている（諸国が「創り出した」「受け入れた」「引き受けた」という言葉遣い）。畢竟、機能的には連邦的な法秩序であるが、法的には、各国法と不可分一体な国際的自律法というハイブリッドな性質の法秩序（「条約－憲法」）、これがEU（憲）法秩序である。これを今後どう育成するかはヨーロッパ諸人民の実践＝政治である。

優位性の帰結 EU法の優位性原則に込められたEU（憲）法秩序の全体像からは次のことが導かれる。これはEU裁判所の判例で次々と確認され、そのたびに優位性原則も確立していった。①EU法の適用範囲においては、各構成国での国内立法行為も、法解釈行為も、法適用・執行行為も、すべてEU法に適合的に行う義務が生じる（国内法のEU法適合解釈義務について本書6番事件。法適用・執行行為について、たとえばCase C-453/00, Kühne & Heitz [2004] ECR I-837）。この義務はEU条約4条3項の誠実協力義務からも実定的に補強される。EU法との適合性が求められる国内法は、憲法を含めて国内法全般であり、成立の前後を問わない（本件）。②構成国の行為がEU法に不適合であれば、欧州委員会が当該構成国を運営条約258条により訴える可能性がある（国家の司法行為のEU法違反も訴えられる。Case C-129/00, Commission v. Italy [2003] ECR I-14637）。③直接効果があるEU法規は抵触する国内立法（憲法を含む）に優先して直接に適用される（本件）。④EU法の定立や実現を妨げる国内法や国内実務を「排除」する義務を各構成国の機関は負う（Case 106/77, Simmenthal [1978] ECR 629）。⑤構成国、私人またはEU職員のEU法違反行為にはEU法上の賠償責任も生じうる（本書8番・13番・34番事件）。

各国裁判所の受容と抵抗 しかしこれらはEU側の自己実現的言説である。各国側がEU法と各国法の関係をどうみるかは別問題である。EU裁判所は共同体という団体法の論理に訴えて一元的法秩序を構想したが、構成諸国からすれば別の構想もありうる。各国こそEUの設立も改廃も決する権力をもつのだから、EU法の受容も各国法が認める範囲でしかありえないという秩序構想もまた成り立ちうる。ここにEU法の優位性原則をEU裁判所が言明するとおりに各国の裁判所が承認するとは限らない局面が生じうる。かくして、EU裁判所としても、EU法の直接効果

や優位性原則を EU 諸国において実現するには、各国の裁判所（とくに憲法裁判所や最上級裁判所）が何らかの国内法論理をもってこの原則を正統かつ妥当な法として受容する状態を探求しなければならないことになる。

　この両者の法的均衡点探しは、しばしば EU 裁判所と各国裁判所の「対話（dialogue）」と牧歌的に表現されるが、実際は法的対立の解決過程であり、長い時間がかかった。たとえばフランスの国務院（Conseil d'Etat　行政事件の最上級裁判所）は、1968年の判決で、フランスの法律（Loi）が憲法または国際条約に反していても、国務院自身に法律の憲法または国際条約への適合性を審査する権限がないから、結果的に国内立法を優先適用せざるをえないという立場をとり、EC 法の優位性を受け容れなかった（Syndicat Général de Fabricants des Semoules de France (Conseil d'État, 1 Mar.1968) [1970] CMLR 395）。以後これが先例として維持され、正面から変更されたのは1989年であった（Nicolo (Conseil d'État, 20 Oct. 1989) (1989) RFD Admin p.824; [1990] 1 CMLR 173）。また、イギリスの裁判所は、伝統的なコモン・ロー憲法原則では主権者たる国会の制定した法律の効力を審査する権限をもたないとされていた。ゆえに EU 加盟後の国会制定法が EU 法に反する場合、当該制定法を優先適用するかに予想されたが、実際には裁判所は制定法を EU 法適合的に解釈して抵触問題を回避し続けた。ついに1988年に EU 基本条約に適合解釈できない国会制定法に接したとき、貴族院上訴委員会（現在の最高裁判所に相当する機関）は1989年の判決で EU 法の優位性を原則的に受け容れる立場を表明した（R. v. Secretary of State for Transport ex parte Factortame [1990] 2 AC 85）。ただし国会が EU 法に反する意思を明示して法律を制定したときもなお EU 法の優先適用を認めるかについては判断を留保した。（ドイツについては連邦憲法裁判所のマーストリヒト条約判決〔本書初版・第2版4番事件〕参照。）こうして、主要国の裁判所において、EU 法の優位性が各国憲法以外の国内法との関係で原則的に承認される状態にいたったのは、1990年代初頭であった。

　残る問題は、各国憲法との関係である。この関係ではいまだに主要国の裁判所のいくつかが EU 法の優位性原則を全面的に受け入れてはいない（本書3番事件など）。しかも EU 基本条約自体も改正の結果、たとえば「自

国の憲法上の要件に従って」構成国がEUを一方的に脱退する権利を明文化した（EU条約50条）。さらにEU裁判所は、その一方的脱退通知の撤回もまた、自国の憲法上の要件に従って、EU法上の脱退効果が発生するまでは一方的にできると認めた（Case C-621/18, Wightman, EU:C:2018:999）。「ゆえに現在では、コスタ事件の法実証的手法の団体論理もまた貫徹できない。いまやEU裁判所の一元的EU法秩序構想も多々ある秩序構想の一つに相対化され、EU法秩序全体におけるEU法と各国憲法の法的関係については、いまだに明確な究極の理論的な収斂がみえない。

　これは現状では当然にも思える。なぜなら（憲）法秩序創造とは、単に権力体の創造（現実に誰が強制力をもって人々を支配しているか）だけでなく、その権力体の正統性調達も必要とするからである。民主主義的な正統性はいまだに国家単位の統治秩序で多く調達され、いまだにEU統治の民主的正統性の調達は（この点で他の国際組織に遥かにまさるとはいえ）国家のそれよりも相当に劣る。とはいえ、民主的であるだけが正統性の契機でもない。ここにEU法秩序の正統性の理論構築の難しさがある。コスタ事件の「司法部勅命」を超える実質論が、現在は問われている。

（中村民雄）

✤文献案内

Pierre Pescatore, *The Law of Integration* (Sijthoff, 1974)〔原著仏語：*Le droit de l'integration* (Sijthoff, 1972)、ピエール・ペスカトール（大谷良雄・最上敏樹訳）『EC法——ヨーロッパ統合の法構造』（有斐閣、1979年）〕

中村民雄・山元一編『ヨーロッパ「憲法」の形成と各国憲法の変化』（信山社、2012年）

Neil MacCormick, *Questioning Sovereignty* (Oxford U.P., 1999)

Julie Dickson and Pavlos Eleftheriadis (eds.), *Philosophical Foundations of European Union Law* (Oxford U.P., 2012)

3 ●ドイツ連邦憲法裁判所リスボン条約判決
統合の限界
―― EU 形成への各国憲法による制約

Urteil des Bundesverfassungsgerichts vom 30 Juni 2009, BVerfGB 123, 267 (Lissabon).

◆**事実・争点**

　本件はリスボン条約（2007年署名、2009年発効）批准のためのドイツ国内立法の基本法（＝ドイツ憲法）違反が争われた事案である。本件の事実・争点を述べる前に、背景となる1990年代以降の EU 基本条約（EU 条約・EU 運営条約）の改正史を瞥見する。

　EU を創設した EU 条約（マーストリヒト条約、1993年発効）は、既存の EC 条約・EC を残しつつ、EC と関係をもって運営されるが法的には別個の EU の二制度を設けた。当時の EU は、EC（第一の柱）、EU 外交安全保障協力制度（第二の柱）、EU 司法内務協力制度（第三の柱）の三列柱からなっていた（当時の EU は法人格を有さなかった）。

　EU に法人格を与え列柱の一本化を企てたのが2004年の憲法条約である（これがリスボン条約の原型となった）。EC/EU 史上初めて、各国政府や EC の代表だけでなく、各国議会と欧州議会の代表も加えた諮問会議（Convention）が草案を起草し、それをもとに政府間会議で正式に憲法条約を締結した。これは EU を抜本的に改革し、内容と体裁は一国の憲法に似ていた。冒頭で「この憲法は欧州の諸市民と諸国家の意思を反映してEU を設立」すると述べ（I-1条→リスボン条約では削除）、憲法条約が EC 条約・EU 条約を廃止して置き換わり（IV-437条→削除）、EU の旗・歌・通貨等を定め（I-8条→削除）、EU 版の人権章典（EU 基本権憲章）も本文に組み込む（II-61条以下→削除）。さらに EU と構成国の立法権を連邦風に配分し（I-12条以下＝運営条約2条以下）、欧州議会の立法や条約改正への関与権を強化し（III-396条＝運営294条、IV-443～445条＝EU 条約48条）、欧州理事会に常任議長の「理事長」を置き（I-22条＝EU 条約15条）、EU「外務大

臣」を設け（I-28条＝EU条約18条［上級代表に改称］）、民刑事司法協力分野の立法権を拡大し（III-269〜277条＝運営条約81〜89条）、EUの平和維持活動を含む共通防衛政策の具体的な規定（I-41条・III-309条以下＝EU条約42条以下）を初めて置くなどEUの立法・政策権限を拡大する。さらに政策分野全般についてEUの黙示的な立法権の規定も置いた（I-18条＝運営条約352条）。憲法条約に多くの人が欧州連邦国家の到来を予感した。他の政治的要因も重なり、2005年のフランスとオランダの国民投票で批准が否決され、憲法条約は葬り去られた。

　しかしEUは、2004年の東南欧拡大で大規模化し、運営の効率化・民主化等のためになお改革を要した。そこで政府間交渉によりリスボン条約が2007年に締結され、憲法条約の改革内容の大部分をEC条約とEU条約を改正する形で実現した。EUに法人格が付与されて列柱は一本化され（ECはEUに継承されて廃止され）、EC条約はEU運営条約と改称された。ただしこの際、連邦国家を連想させる規定等は削除された（「憲法」の言葉、市民と構成国の意思で憲法を作る旨の規定、EUの旗等の規定は削除。EU外務大臣は上級代表に改称。人権章典たるEU基本権憲章は条約本文に組み込まれずEU条約・運営条約と「同一の法的価値をもつ」ものとされた。）。

　さて本件である。ドイツでは、リスボン条約を批准するために、同条約同意法（以下、同意法）、基本法改正法、EU事項に関する連邦議会および連邦参議院の権利拡大強化法（以下、権利拡大法）の三法が制定された。本件原告らは三法を違憲だと訴えた。要点はこうである。基本法23条は民主主義の原則等に従うようなEUの発展のために連邦参議院の同意法により諸高権（Hoheitsrechte＝主権的諸権利）をEUに委譲できると定める。同時に基本法20条はドイツを民主的で社会的な連邦国家と定め、国家の全権は国民が選挙等を通じて行使すると規定し、20条は不可侵とされ改正が禁じられている（基本法79条3項）。さらに基本法38条は個人の連邦議会選挙権を定め、それは民主的決定の権利を実質とする。このたび同意法によって、ドイツは高権をさらに広範にEUに委譲するため、連邦議会の立法権の空洞化が進む。ところがEUの立法過程はリスボン条約のもとでも基本法が求める民主主義の要件を満たさない。しかも三法のもとで連邦議会

がEUの立法過程や条約改正を実効的に統制できるわけでもない。こうして三法により基本法が不可侵とする民主主義は空洞化され、個人がもつ連邦議会選挙権の実質も侵害される。ゆえに三法は違憲である、と。

　連邦憲法裁判所（以下、連邦憲法裁）は、三法の一部を違憲としたが大部分を合憲とした。判決の中心部分のみ要約し編集して示す（見出しは筆者）。

◆ドイツ連邦憲法裁判所の判決
主権国家結合体としてのEU
構成国の授権＝EUの権限付与原則
　基本法23条１項は、ドイツが主権国家結合体（Staatenverbund）として設計されたEUの発展に参加することを確認している。結合体（Verbund）の概念は、主権を保持する諸国家の長期的な緊密な連合に及ぶが、その結合体はあくまでも構成諸国の意思決定権に服し、構成諸国の国民がその結合体の民主的正統性の主体でありつづける（229段）。すなわち基本法は、EUへの高権の委譲を広範に行うことは認めているが、その委譲は権限付与原則〔EUは構成国から付与された権限の範囲内でのみ基本条約の掲げる目標の達成のために権限を行使する〕に従うことを条件とする。よってEUによる統合は、構成諸国の憲法アイデンティティ（verfassungsrechtliche Identität）を尊重し、構成諸国が立憲国家として主権的国家性を維持して国内の生活条件を自国の責任において政治的および社会的に形成できる能力を失わないことを条件としている（226段）。
　EUが行使する権力は、構成国からEUへの授権に由来し、構成国は永久に条約の主人である。EUの権威は、民主的憲法をもつ構成諸国のヨーロッパ諸国民に由来する。EUは、諸国の上にたって自らを構築する権威を正統化する独自の主体をもたないから、いわゆる「欧州憲法」なる国際条約も各国憲法に由来する法秩序である。基本法は、自らの権限を決める権限（「権限-権限」、Kompetenz-Kompetenz）をEUに譲渡することを禁じており、EUの権限拡大はすべて構成諸国の国民の民主的な自己決定による。それゆえ国民はこれを撤回もでき、構成国はEUから脱退もできる。以上から、権限付与原則（EU条約５条２項）ならびに構成国の国民アイデンティティ（nationale Identität）をEUが尊重する義務（EU条約４条２項）は、EU法上の原則であると同時に各国憲法の原則であるといえる。条約の主人たる構成国のEU形成権力を尊重するEU法上の義務

は、各国憲法の不可譲のアイデンティティに対応し、それは統合の対象外である（231-235段）。

議会の負う責任

EUへの統合計画は、権限付与原則からして、十分に明確でなければならない。国の立法・行政権が特定されずにEUの動的発展のために委譲されるなら、あるいはEU機関が自ら拡張的に権限範囲を再定義できるなら、統合計画において事前につけた限界の踰越が生じてしまう。EUへの公権力行使の白紙委任は憲法上認められない（236、238段）。

また基本法23条1項にもとづくEU統合に対する民主的正統化は、国民が直接に決定を求められない限り、各国議会を通してなされなければならない。そこで連邦政府だけでなく連邦の立法部にも特別の責任が課される。すなわちEU基本条約への同意法と国内関連立法は、EUによる「権限-権限」の奪取や構成国の憲法アイデンティティへの侵害を許してはならず、EU統合が権限付与原則に従って進むように保障しなければならない。さらに、動的な性質の条約規定についても、各国の統合責任を実効的に行使すべく国内的な防御策を立てなければならない。憲法上許容されるかどうかのボーダーライン事案では、ドイツ立法部は、必要に応じて基本条約への同意法に予防措置を盛り込まねばならない（236、238-239段）。

憲法裁判所の審査

以上に加え、ドイツの裁判所も基本法にもとづきEUに明白な権限踰越が生じていないかの審査〔権限踰越審査〕、さらには基本法23条1項、79条3項に照らして、憲法アイデンティティの不可侵の中核を守るための審査も行えなければならない〔アイデンティティ審査〕。EU条約4条2項はEUが構成国の「政治的憲法的基本構造を尊重する」と定める。また構成国もEU統合の進むなかで、主権的な構成国の「政治的憲法的基本構造」を守るには、アイデンティティ審査をするより他に手段がない（240段）。個々のドイツ国民は、憲法アイデンティティ審査のために連邦憲法裁判所に出訴できる（236、181-183段）。

以上に照らしてリスボン条約をみるに、EUと構成国の立法権配分も基本条約の改正手続も権限付与原則を守り（300-321段）、かつEUの黙示的立法権規定等も構成国の自己決定の余地を残しておりEUに「権限-権限」を付与するものではない（322-328段）。ただし、国際機関またはEUのもとの平和維持制度への統合は例外である。それは政治的任務に従って行動が拡大するなど制度が独立に発展する可能性をもち、その限界は政治的な出来事により画され、事前にすべてを決めることはできない。したがって、当該統合の権限を認める同意法が統合計画の概要しか示していなくと

も、それは容認できる（237段）。

―――――　○　―――――

EU形成と民主主義原則による限界

　第二次大戦の惨禍の後に作られた基本法は、諸国家間の平和的協力とヨーロッパの統合に対して主権国家を開放する方向を示し、統合されたヨーロッパにおける対等の一員としてドイツが世界平和に奉仕する意思を強調し、武力行使を禁止し、EU統合への参加、国連の集団的安全保障制度への参加を授権した（基本法23条1項、24条1項、26条）（220-222段）。基本法に定める民主主義原則は、ドイツを国際的およびヨーロッパの平和秩序に統合させる目標を許している。それゆえ国際的またはヨーロッパの新たな政治統治形態を、国内に適用される立憲国家の要件に画一的に服せしめることは妥当ではない（219段）。EUへの高権の委譲を認める基本法23条1項は、ヨーロッパ次元の政治組織の最終形態を述べておらず、ヨーロッパ次元で国家次元と同様の民主主義を義務づけているわけでもない（227段）。

EUの民主主義の要件

　とはいえEUの形成は、民主主義原則に即して行われなければならない。ゆえにまず、EUの公権力も民主主義の根本要件は満たさねばならない（244段）。EUに求められる民主主義の要件は、EUが独立独自に主権的権力をどれほど発揮できるかによって変わる。EUが権限付与原則による主権国家結合体にとどまる限りは、その民主的正統化は、各国議会と直接選挙の欧州議会により十分になされる（262段）。その限界を超えて連邦国家へ向かい各国が主権を捨てるなら、EU自体が国家としての民主的正統化を求められることになろう（263段）。

　これに照らしてみるに、現状のEUは権限付与原則によって成り立ち、構成国から派生する民主的正統性に依存する組織であって、国家としての民主的正統化を要するには及ばない（272-276段）。リスボン条約も、欧州連邦国家の国民代表機関として欧州議会が中心的役割を果たす欧州連邦憲法の考え方を退けた（277段）。一人一票原則は、国家の国民代表にのみ妥当するのであって、条約により結合された各国国民の代表、すなわちリスボン条約下の欧州議会には妥当しない（279段）。欧州議会の議員は、各国の人口に応じて逓減的に議席を配分する制度のもと比例選挙で選ばれるが、これは国家平等原則と選挙民平等原則の妥協である（284段）。

国内民主主義の維持

　EUの形成はまた、ドイツ国内の民主主義を損ねるものであってもならない（244段）。そこで、ドイツ国内の連邦制度とEU権力が交錯する中で

ドイツ国民を代表する連邦議会が中心的役割を果たすには、連邦議会とその支持する連邦政府が、国内政治を形成する影響力を及ぼす地位になければならない。すなわち連邦議会が「相当に政治的に重要な責任と権限」を保持し、または連邦政府がEUの意思決定に決定的な影響力を及ぼす地位になければならない（246段）。国内では連邦化が、ヨーロッパとの関係では超国家化が進んだため、国民には政治的決定の責任主体が不明確になった。「それゆえ民主主義原則は、高権の委譲に対して内容的限界を課す。この限界は憲法制定権力と国家主権の不可譲性から生じる限界とは異なる。」（247段） 主権をヨーロッパの統合と国際法に開放しつつ民主主義原則を擁護することは、国内において経済・文化・社会生活条件を政治的に形成する十分な余地を残すべきことを意味する（248-249段）。現在のところ、その余地を残すべきものとして、刑事法の形成、対内警察力および対外軍事力の行使の独占、基本的な財政収支決定、社会的国家の生活条件の形成と決定、家族法、学校・教育制度、宗教団体の扱いなど文化的に重要な決定が挙げられる（249、252段）。

これに照らしてリスボン条約の諸規定（とくに新たにEUに権限が付与された民事・刑事の司法協力事項、対外通商、共通防衛政策等）をみるに、それらは構成国が経済・文化・社会生活条件を政治的に形成する十分な余地を残している（351-400段）。よって同意法・基本法改正法は合憲である。

ただし、権利拡大法は別である。EUの黙示的立法権にもとづく立法およびリスボン条約が導入した簡易な条約改正手続は、いずれもドイツ基本法の観点からはEU基本条約の改正に相当すると評価されるから（312、314、328段）、連邦議会と連邦参議院の明確な同意が必要である。しかるに権利拡大法はその点が不明確なので、その点のみ基本法23条1項・38条1項違反である（406-419段）。〔本判決後、違憲の点を正す新法が直ちに制定された。〕

◆解 説

本件の意義　　本件は、自国憲法にもとづいてEU形成に一定の法的制約・限界を課そうとしたドイツ連邦憲法裁の近時の判決の一つである。連邦憲法裁は、すでに1993年のマーストリヒト条約判決においてEU形成に対するドイツ憲法にもとづく制約を課していた。すなわち、EUは主権国家結合体にとどまるから、ドイツからEUへ委譲され

る主権的権利は明確な限定のもとで行使されなければならない。EUへの主権的権利の白紙委任、「権限 - 権限」の付与は許されない。ゆえに連邦憲法裁はEUの権限付与原則（EUは付与された権限の範囲でのみ権限を行使するとの原則）にもとづく権限行使がなされているかどうかを審査でき（権限踰越審査）、EUの権限踰越行為についてはドイツ国内での法的効力が認められないと述べていた（本書初版・第2版4番事件参照）。

本件リスボン条約判決は、この立場を踏襲しつつ新機軸を追加した。すなわち、主権国家性と「権限 - 権限」の不可譲性からくる限界とは別に、基本法79条3項が改正不可として列挙した内容を憲法アイデンティティとし、その一つである民主主義原則からEUへの授権の「内容的限界」が生じると述べた。そして具体的には国内政治において「相当に政治的に重要な」事項の決定権はEUに委譲できないとし、その憲法アイデンティティを守るために連邦憲法裁は審査権を行使しうるとした（アイデンティティ審査）。

権限踰越審査　　マーストリヒト条約判決で表明されたEUに関する権限踰越審査は、実際には謙抑的になされている。たとえば連邦憲法裁は、2010年の決定（BVerfGE 126, 286〔本書14番事件解説〕）において、この審査はEU法親和的に行うべきもので、明白な踰越に限定して行うべきものと判断した。ユーロ危機救済措置のEU基本条約違反およびドイツ基本法違反を争った2013年の別件（2 BvR 2728/13）でも、連邦憲法裁はEU法に関してEU裁判所に先決裁定を求め、EU法違反がないとの裁定を受けて（Case C-62/14, Gauweiler, EU:C:2015:400）、違憲性なしとした（2016年。BVerfGE 142, 123）。

アイデンティティ審査　　自国「憲法アイデンティティ」を根拠としたEUの権限行使への法的制約と司法審査も、例外的・限定的なものだと本判決はいう（238、340段）。

本件では民主主義原則を憲法アイデンティティの一つとして、民主主義の空洞化を防ぐための「内容的限界」があるとしてリスボン条約の規定を審査し、大部分を合憲とした。もっとも「相当に政治的に重要な」事項を国内政治に留保して国内民主主義の実効を維持しようとするこの内容的限

界論は、法規範として現実政治を実効的に規律できるかには疑問がある。そもそも重要性の法的論証は多分に困難である。実際、本判決が列挙した五事項のうち三事項（刑事法、社会的国家の生活条件の形成と決定、文化的に重要な決定）の重要度は、社会事実や慣例を根拠にした論証にすぎない（253、257-260段）。現実には、重要か否かは連邦議会の政治判断にほぼゆだねられるであろう。

　例外的で限定的ながら、むしろ憲法アイデンティティ審査が効果を発揮しうるのは、基本法にもとづく人権保障の場面であろう。人権もまた基本法が改正を禁じる部分であるから（基本法1条、79条3項）、憲法アイデンティティをなす。連邦憲法裁は、リスボン条約発効以後、2015年に欧州逮捕令状に関わる事案で違憲判断を下した（Beschl. vom 15.12.2015, 2 BvR 2735/14）。そこでは、イタリアで欠席有罪判決を受けた被告人を欧州逮捕令状にもとづきイタリアへ引き渡す旨のドイツの裁判所の決定が、公判での新証拠提出の可能性を精査せずに出された点で、刑事責任を個々人について追求すべき原則を尽くさず、これが「人間の尊厳」（基本法1条1項）を害すると判断した（本書16番事件解説参照）。

受容と牽制　こうした自国憲法にもとづくEU法審査は、EUの統治を肯定しつつも、それを牽制して自国憲法の中核的原則や価値を防御する両面性をもつ。これはEU各国の上級裁判所にもほぼ共通する（【文献案内】Beneyto/Pernice, 中村・山元）。たとえばイタリア憲法裁判所の「対抗限界論」（本書15番事件解説のタリッコ事件）も憲法の中核部分をEU法に対抗して防御しつつEU法をイタリア法秩序に受容する立論である。また、ドイツ連邦憲法裁の立論は中東欧諸国の憲法裁判所に影響を与え（【文献案内】Tatham）、さらには成文憲法典のないイギリスの最高裁にも影響を与えている。同最高裁は傍論ながら、連邦憲法裁の判決をドイツ語のまま引用し、各国の憲法アイデンティティを損なう方向でEU裁判所の先決裁定を読むべきでないという当該判決は卓見だと評した（R. (HS2 Action Alliance Limited) v. Secretary of State for Transport [2014] UKSC 3, para. 111 per Lord Reed. 類　例：Pham v. Secretary of State for the Home Department [2015] UKSC 19, para. 91 per Lord Mance）。

未決のEU法秩序論　こうした各国上級裁判所のEU裁判所を意識した法的言説は、たしかにEU裁判所に影響することもあり（EU法上の人権保障の判例法形成〔本書14番事件解説〕や給付遍路批判による判例法修正〔本書24・25番事件解説〕等）、逆にEU裁判所の言説が各国裁判所に影響することもある（本書16番事件解説）。よって両者の「裁判官対話」により構成国とEU組織の両方を包摂したEU全体の法秩序が形成されるとしばしば説明される（本書16番事件解説）。

　しかし、対話の裏には構成国とEUの間の統治権力闘争が潜み、対話の不成立もある（年齢差別禁止原則の例〔本書14番事件解説〕）。本件にも緊張が残る。連邦憲法裁は、国民主権にもとづく主権国家秩序の伝統的な法的分析概念と方法をもってEU法秩序を説明し正統化する方法をとった（主権的権利、「権限‐権限」概念、統治体の権威を国民主権に求める方法等）。その方法のもとで、EU条約が実際には構成国の「国民アデンティティ」の尊重と定めるのを、各国「憲法アイデンティティ」の尊重と読み替え、これがEU法上の義務かつ各国憲法上の義務であると解釈した。しかし、EUは国家を超えた統治秩序であるから、その視点からした構成国の「国民アイデンティティ」の尊重は、各国の「憲法アイデンティティ」の尊重と必ずしも一致しない。「構成諸国の諸国民の歴史、文化および伝統を尊重しつつ、諸国民の連帯を深めることを希求」して締結されたリスボン条約のもとでは（EU条約前文6段）、「国民アイデンティティ」の尊重はEU市民の〈各国民としてのアイデンティティ〉を越境的社会の多様性として平等に尊重するヨーロッパ社会固有の義務に及ぶであろう。これはEU固有の倫理的価値であり、それが不戦共同体EUの存在正統性に結びつけられてきた。ゆえにEU法の視点からは、「国民アイデンティティ」を各国「憲法アイデンティティ」に置き換えるのは概念の矮小化である。とくにそれが主権的国民国家の古典的概念と組み合わせて用いられるなら、国民国家を超えた越境的不戦統治秩序としてのEUの最適の法的把握にもならない。こうして「対話」は生じず、緊張が残る。

　このように構成国の裁判所とEU裁判所の法律論の交差は、「裁判官対話」というよりも、ヨーロッパ統合を共に是認するから親善的ながらも、

権力闘争の緊張を残す法律論の「対抗試合（test match）」である。学界では、1990年代から国家としても国際組織としても十分に把握できない EU 法秩序について、主権概念を離れた説明や規範的な正統化が試みられてきた（【文献案内】Kumm、中村2009等）。ドイツ連邦憲法裁判所の立論はその流れに乗らない。しかしそれで最適でもない。より適切な EU 法秩序論は未決の課題である。

（中村民雄）

✥文献案内───────────────────────────────

門田孝「欧州統合とドイツ基本法──リスボン条約判決」ドイツ憲法判例研究会編『ドイツの憲法判例Ⅳ』（信山社、2018年）276-280頁

中村民雄・山元一編『ヨーロッパ「憲法」の形成と各国憲法の変化』（信山社、2012年）

José María Beneyto, Ingolf Pernice (eds.), *Europe's constitutional challenges in the light of the recent case law of national constitutional courts: Lisbon and beyond* (Nomos, 2011).

Alan F. Tatham, *Central European Constitutional Courts in the Face of EU Membership* (Nijhoff, 2013).

Mattias Kumm, "Beyond Golf Clubs and the Judicialization of Politics: Why Europe has a Constitution Properly so Called" (2006) 54 Am. J. Comp. L. 505-530.

中村民雄「EU 憲法論の困難・可能性・日本との関連」憲法理論研究会編『憲法学の最先端』（敬文堂、2009年）3-19頁

● ドゥフレンヌ（第2）事件

EEC条約の男女同一賃金原則の水平的直接効果

Case 43/75, Gabrielle Defrenne v. Société Anonyme Belge de Navigation Aérienne (Sabena) [1976] ECR 455 (Defrenne II).

◆事実・争点

　原告の女性は、被告（ベルギーの民間航空会社）の客室乗務員であったが、同一労働の男性よりも賃金が低かった。そこで男性の賃金との差額分の支払いを被告に訴求した。当時のEEC条約119条〔運営条約157条の前身〕は、「構成諸国は、同一労働に対する男女の同一賃金の原則の適用を、〔共同市場の完成までの各4年3段階にわたる過渡期間の〕第1段階〔1961年末まで〕において確保し、それ以後も維持する。」と定めていた。

　当時ベルギーにはEEC条約119条を国内法として承認する勅令しかなかった。原告はそこで同条を根拠にベルギーの裁判所に出訴した。ベルギーの裁判所はEU（旧EC）裁判所の先決裁定を求めて争点を付託した。

　主たる争点は、①EEC条約119条に直接効果が、とくに私人間の法的関係にも認められるか。②直接効果はいつから認められるかであった。

　直接効果の発生時点が争点になった背景には、同条の各国実施が一部国で遅延し、ECの諸措置で実施期限が次々と延長されてきた経緯があった。まず原加盟諸国は第1段階終了直前に実施期限を1964年末に延期する理事会決議を採択した。しかし状況は改善せず、1973年に新規加盟国（イギリス・アイルランド・デンマーク）を迎えた時点でも一部の原加盟国は実施を怠っていた。そこで1975年に同条の実施を促進するため構成諸国はEC同一賃金指令75/117号（[1975] OJ L 45/19）を採択し、「同一および同一価値の労働」に対する同一賃金原則の各国実施義務を確認し、指令の実施期限を1976年2月9日とした。他方、欧州委員会は1973年にEEC条約119条の実施遅延国に対して条約義務不履行確認訴訟（EEC条約169条〔運営条約258条〕）を提起する警告を発していたが、実際には提訴していなか

った。このような経緯があった。以下では、EEC 条約119条の直接効果の有無（争点①）に関する裁定部分を中心に紹介する。

◆先決裁定

　EEC 条約119条の直接効果の問題は、同一賃金原則の性質、同条の目的ならびに EEC 条約全体の体系における同条の位置に照らして考察しなければならない（裁定 7 段）。

　同条の目的は二つある。一つは、経済的目的であり、「同一賃金原則を実施した諸国の企業が、女性労働者の賃金差別を除去していない諸国の企業に比べて、EC 内での競争上の不利をこうむらないようにするという目的」である（裁定 9 段）。二つは、社会的目的であり、「EC 設立条約の前文が強調するように、EC は単なる経済同盟にとどまらず、共同行動を通して社会的進歩を確保し EC 内の人々の生活と労働の水準の持続的な向上も目指す。」実際、119条は社会目的の社会政策の章におかれている（裁定10-11段）。

　この二重目的は、同一賃金原則が EC の基礎となる部分であることを示し、ゆえに過渡期間の第 1 段階末までに完全に実施されるべきものと規定された。よってこの基本原則の実施を遅らせる一部の構成国の懈怠と抵抗を理由とした解釈論は採ることができない。また119条は労働条件の調和と持続的向上の文脈におかれているから、賃金引き上げ以外の他の方法でも同条の趣旨が達成できるといった抗弁も容れられない（裁定12-15段）。

「18　119条の実施においては、同条の適用領域に次の区別がなされなければならない。第一に、直接的かつ歴然とした差別（direct and overt discrimination）であって、これは同条に定める同一労働同一賃金の基準だけから差別が認定できるものである。第二に、間接的かつ偽装された差別（indirect and disguised discrimination）であって、これは EC または各国のいっそう明確な実施規定に照らして初めて差別が認定できるものである。

19　119条の目的は、個々の企業についてだけでなく、あらゆる産業部門において、いな経済制度全体において、男女労働者間の直接的または間接的なすべての差別を除去するというものであるから、この目的を完全に実施するには、一定の場合、〔差別認定の〕判断基準を詳細化し、それを EC または各国次元の適切な措置をとって実施することに及ぶ余地を認めないわけにはいかない。

20　このような〔間接的差別を含む広い〕解釈は、この問題に関する

ECの措置〔1975年同一賃金指令〕が、119条の実施にあたり、「同一労働」という狭い基準を拡大する見地から、ILOが締結した1951年の100号条約2条に定める「同一価値」労働に対する同一賃金の原則も含めて実施していることに照らしても、必要不可欠といえる。
21　119条に定める基準に照らすだけで認定できる直接的差別の形態としては、とりわけ立法規定や労働協約に由来するものなど、事実関係の純粋な法的分析から認定できるものなどがある。
22　とくにこれが妥当するのは、公的部門であれ民間部門であれ、男女が同一の事業者または役務のもとで同一労働に対して不平等の賃金を受けている場合である。
23　本件の付託元の裁判所の認定からもわかるように、このような場合、裁判所は、女性労働者が同一職務を行う男性労働者より低い賃金を受けているかどうかを判断するために必要なあらゆる事実を認定できる立場にある。
24　少なくとも、このような場合には、119条は直接適用可能（directly applicable）であり、ゆえに個人に権利を生じさせるのであって、裁判所はこれを保護しなければならない。」

以上の解釈を不当と論難できない。①同条が「原則」という言葉を使っているが、これは基本的な性質をもつ規定を示すために意図的に用いられている。このことはECの基礎を定めるEEC条約第一部の題名が「諸原則」とされていることからも示される（裁定28段）。②同条が「構成諸国」にしか言及していないから個人に権利は生じないということにはならない。119条の文言自体が示すように、それは一定期間内に具体的な結果が強行的に達成される（mandatorily achieved）よう行動する義務を構成諸国に課している（裁定32段）。一定数の構成諸国が十分熱心には履行していない事実があるからといって、その事実がこの規定の実効性に影響することがあってはならない。また119条が「構成諸国」に言及するのは、構成諸国に対して同一賃金原則の実施に貢献するようなあらゆる権限を行使するよう勧めているからである。同条は同一賃金原則の実施を単に構成国の立法部の権限に委ねたのではない。裁判所が介入することは排除されないのである（裁定30-37段）。

「38　構成国の裁判所が同一賃金原則を適用するならば私人間あるいは労使間で締結した個々の労働契約や労使の団体協約といった独立の合意を修正することになる〔ので119条の直接効果は認められない〕という抗弁も採ることができない。
39　なにより119条は強行的性質（mandatory in nature）であるから、

男女差別の禁止は、公的部門の行動に対してだけでなく、個人間の契約や賃金労働者を集団的に規律する目的のあらゆる合意に対しても及ぶのである。

40　以上から、第一問に対する回答は次のとおりである。119条の同一賃金原則は構成国の裁判所において行使でき、当該裁判所は、とりわけ立法規定や労働協約から直接に生じる差別の類型や、公的部門か民間部門かを問わず同一の事業者または役務において男女が同一労働に対して不平等賃金を受けている場合について、同条が個人に付与する権利の保護を確保する義務がある。」

〔なお、119条の直接効果の発生時点（争点②）については、次のように判断した。すなわち、ECの原加盟国については119条の規定どおり過渡期間第1段階の終了時（1962年1月1日）から、新規加盟国については加盟時（1973年1月1日）から、119条の直接効果が発生する。なぜなら、119条の文言が遅くとも第1段階終了時までに同一賃金原則を統一的に適用する義務を明示していた（裁定44段）。119条が定めた期限は正式の条約改正手続でしか変更できないので、実施期限の延長を決めた1961年の理事会決議は無効である（56-58段）。新規加盟国については特段の規定が加盟条約にないので、加盟時からと解する（59段）。1975年のEC指令は設立条約にもとづいて採択された二次法規であるから、一次法規たる設立条約の規定119条の定める期限を改正することはできない（60段）、と。

最後に、EU裁判所は、本件裁定の効果を原則として過去に遡及させないと判断した。いわく。119条の直接効果の発生時にさかのぼる請求が公的部門や民間部門で多数行われ、企業の財政は深刻な打撃を受けるといった実生活上の影響もありうるが、それをおそれて、法の客観性を縮減し、法の将来に向けての適用を曲げるようなことは認められない（69-71段）。とはいえ、本件では数か国の構成国の行動、欧州委員会の見解そしてその見解が何度も関係諸国当局にも通知されていたことなどから、関係当事者が長期にわたって119条に反する実務であっても違法ではないと信頼していた（72段）。また欧州委員会は、義務を履行しない構成国を訴える警告を発するだけで提訴していなかったので、119条の効果について誤った印象を定着させた可能性もあった（73段）。さらに今となってはあってしかるべきであった過去の賃金の一般水準を知ることもできない（74段）。これらからして法の安定性を重視して、119条の直接効果は、本件の判断日〔1976年4月8日〕より前の期間の賃金に関する請求の根拠として主張することはできない。ただし、すでに訴訟を提起し、またはそれと同等の請求をすでにしている労働者はこの限りでない（75段）、と。〕

◆解 説

本件の意義　本件は EU 法史における重要判決の一つである。第一に、1970年代に EU 裁判所は次々に EU 基本条約の原則規定に直接効果を認めたが〔本書19・22番事件も参照〕、本件も一環をなす。この1970年代の一連の判決を通して、石油ショックによるヨーロッパ経済の冷え込みの中で共同市場形成の意欲を失っていた各国に、条約本来の目的と合意内容を改めて思い出させ「合意は守られるべし」との鉄則に加え、可能な範囲では法を実効的に実現するという強いメッセージが EU 裁判所から放たれた。のちに EU の共同経済社会の形成は「法による統合 (Integration through Law)」と特徴づけられたが（【文献案内】の Weiler 参照）、本件はその一例である。しかも本件の EU 裁判所は、社会や政治の現実に屈せず規範的立場を堅持する姿勢をとりつつ（119条の直接効果の効力発生時の判断面にとくに現れている）、同時に法の安定性と具体的妥当性の両面を考慮する柔軟性もみせた（先決裁定の不遡及効を認めた点）。

　第二に、同一賃金原則が男女平等という基本原則に裏打ちされた、EU 法の中でも特に重要で基本的な普遍的法原則であり、それは民間部門か公的部門かを問わずあらゆる労働者に権利として実効的に保障されるべきだというメッセージも強く打ち出した。この先決裁定は、同一賃金という限られた場面ではあるが、EU 諸国のとくに女性労働者に賃金という最も切実な点で、EU 法の重要性と実効性、そしてなにより国内法の上位にたつ規範としての正当性を実感させた。本件裁定は、男女労働者の平等待遇をめぐる積極的な EU 判例展開の嚆矢となった（本書5番事件）。

水平的直接効果　EEC 条約119条に私人間での直接効果（水平的直接効果）も認めた理由づけは、同一賃金原則は「強行的性質」をもつこと（32、39段）、そして119条が経済的目的と社会的目的の「二重目的」をもち、基本的な原則と位置づけられ、重要で一般的な規定であること（8-12、28、32段）に置かれた。そこで同条は、「個々の企業についてだけでなく、あらゆる産業部門において、いな経済制度全体において、男女労働者間の直接的または間接的なすべての差別を除去する」（19段）包括的な目的と解すべきで、構成国への義務賦課の書きぶりであっても個

人の権利付与の解釈を妨げないから（31段）、119条は公的部門、民間部門の労働者を問わず個々の労働者に権利を発生させるという結論になった。

　なぜ119条が強行規範といえるのかは明快には説明されていないが、一つは、ECが単なる経済活動の自由化や競争条件の均等化といった経済的側面だけの共同体にとどまらず、経済活動に従事しない人々を含めた人々一般の生活水準の向上といった社会的側面も扱う共同体であって（10段）、119条はこの両方の側面に同時に触れる規範ゆえ（12段）、EC法秩序の内在論理としても強く保障するに値するという考慮である。二つには、同一賃金原則が「男女平等」というより大きな法の一般原則の派生法理であり、各国憲法や国際人権条約でも最も保護されるに値する基本権の一側面を示すという考慮であろう（裁定39段はこれを示唆するように読める）。

　なお、本件のEU裁判所は、「直接効果（direct effect）」と「直接適用可能（directly applicable）」を同義に用いる。学説では、国際法規範が国内法秩序において法として効力をもつことと、当該規範が個人に権利を発生させることとを区別し、前者を直接適用可能、後者を直接効果と区分するものがある。しかしEU裁判所はそこまで用語が厳密ではなく、EU法は（無効でない限り）当然に各国で法的効力をもつと考えている（本書1・2番事件を参照）。その前提で、特に国内実施措置を要せず、個人がその規定を請求の根拠にでき、各国裁判所も保護しなければならないだけの「明確かつ無条件」な文言と内容を係争の条約規定がもつかどうかを考察した。

直接効果の範囲　そこで「明確かつ無条件」という直接効果の発生要件と本件裁定の関係をみると、一見抽象的にみえる「同一労働同一賃金の原則」も、本件の具体的な事実関係では差別の存在を認定できるだけの具体性のある規範として働く。この点を「直接的」差別とEU裁判所は述べて、その範囲では119条の直接効果が生じるとした。ゆえに直接効果の発生要件は、ファン・ヘント・エン・ロース事件〔本書1番事件〕以来の「明確かつ無条件」の要件に従っているといえよう。

　ただし本件裁定のそういう「直接」「間接」の言葉遣いは誤解を招きうる。労働法では、男女労働者への差別の仕方が性別を区別基準とする直接的な形態か、性別以外の観点から区別するが実際には性別による区別と同

等の効果をもつ間接的な形態かという区別をする。その区別と本件の区別は異なる。本件での「直接的差別」と「間接的差別」の区別は直接効果が生じるかどうかの観点からの区別であって差別の仕方からの区別ではない。ゆえに、労働法にいう間接的形態の差別（いわゆる間接差別）の事案であっても、事実の法的分析から119条の規定だけで差別の有無を判断できる場合もあり（本件にいう直接的差別）、その場合は119条の直接効果を認めうる。現にEU裁判所は後のジェンキンズ事件（Case 96/80, Jenkins [1981] ECR 911）で、フルタイムとパートタイムの労働者という区別で賃金を別立てにしていたが、実際にはフルタイムは男性ばかり、パートタイムは女性ばかりの職場であったという間接的形態の差別の事案で、このような事案では事実に対する純粋な法的分析で差別が認定できるので、119条の直接効果が生じうると認めた。間接的形態の差別だから119条の直接効果がないということではない。

裁定効果の不遡及　本件のEU裁判所は一方で119条の直接効果の発生時を条約規定の文言どおりに解釈してEC法秩序における法の支配の徹底を強調しつつ、他方で閣僚理事会の名のもとでの構成諸国の遅延取り繕い行為や十分熱心に履行していない欧州委員会の態度から、各国の政府や人々に119条の直接効果発生時に関する誤った理解に対する信頼が生じてしまったことを重視して、先決裁定の効果を原則遡及させないという、各国の政府や企業にも受忍できる具体的な結果を導いた。

　一般にEU裁判所は、判決や先決裁定の効果を過去に遡らせない措置をとるとき、経済的影響だけを理由としてはそれを認めない。その点を実際は考慮しつつも、関係政府や欧州委員会が誤った法を法として信頼させる行動をしたとか、EU法規やEU判例が長期間曖昧で人々が誤った解釈の法を信頼しても無理からぬ事情があったなど、法の誤解への客観的な寄与要因を指摘して、あくまでも例外的な措置として、認めている（認めた例として、Case C-262/88, Barber [1990] ECR I-1889; Case C-415/93, Bosman [1995] ECR I-4921〔移籍金、本書23番事件〕。認めなかった例として、Case 811/79, Ariete [1980] ECR 2545; Case 24/86, Blaizot [1988] ECR 379; Case C-415/93, Bosman [1995] ECR I-4921〔選手国籍枠、本書23番事件〕）。

同一賃金原則のその後　本件以後の EU 裁判所の判例展開では、まず119条の「同一労働」は同一価値労働も含むことが再確認された（Case 96/80, Jenkins [1981] ECR 911）。次に、119条の「賃金」が雇用を契機として労働者に支払われるあらゆる現物または現金の給付と広く解された。その後は退職年金が賃金にあたるかが大きな争点となった。一方で国家の公的年金制度での年金は「賃金」ではないとされていた。なぜなら労働の対価としてではなく、一定要件を満たす人に一律に発生する給付だからである（Case 80/70, Defrenne [1971] ECR 445）。しかし EU 裁判所は「賃金」に企業からの給付を多く含める方向で判例を展開し、ついに1990年のバーバー事件で、国家の公的年金制度に代替する企業退職年金制度の年金は賃金にあたるとした（Case C-262/88, Barber [1990] ECR I-1889）。

なお、バーバー事件裁定はドゥフレンヌ事件裁定と同様に大きな経済的混乱を招きえたため、裁定の不遡及効が認められた。しかし EU 諸国はなお不十分とみて、1992年の EC 条約改正時に、企業年金を含め一切の「企業社会保障制度の給付」を、バーバー事件裁定日以前については119条の「賃金」とみなさない旨の付属議定書を採択して EC 条約と同じ効力と地位をもたせ、同裁定の過去への影響拡大を封じた。このように設立条約の司法部による解釈を政治部門が修正する緊張も一時あった。

（中村民雄）

✤文献案内

Joseph Weiler, "Transformation of Europe" in J. Weiler, *The Constitution of Europe* (Cambridge U.P., 1999) Chapter 2.〔ジョセフ・H. H. ワイラー（南義清ほか訳著）『ヨーロッパの変容』（北樹出版、1998年）〕

柴山恵美子・中曽根佐織編訳『EU 男女均等法・判例集』（日本評論社、2004年）

Evelyn Ellis and Philippa Watson, *EU Anti-Discrimination Law*, 2nd ed. (Oxford U.P., 2012).

Uladzislau Belavusau and Kristin Henrard (eds.), *EU Anti-discrimination Law Beyond Gender* (Hart, 2018).

5 ●マーシャル（第1）事件
EU 指令の水平的直接効果の否定

Case 152/84, Marshall v. Southampton and South-West Hampshire Area Health Authority [1986] ECR 723.

◆**事実・争点**

　原告の女性は、被告（国の機関である地域保健局）が運営する病院の栄養士であった。被告は女性60歳、男性65歳の定年退職制度をとっていたため、原告は男性よりも早い退職を強いられた。この定年は、イギリスの公的年金の受給開始年齢（女性60歳、男性65歳）に対応していた。原告は、本件の定年制度が違法な性差別であると主張し、被告に対して65歳までの勤務があれば得たであろう収入の賠償等を訴求した。

　原告の請求根拠は、イギリスの1975年性差別禁止法（Sex Discrimination Act 1975）と（当時のEC）平等待遇指令76/207号（[1976] OJ L 39/40）であった。性差別禁止法は、原則として性別による労働条件の区別を違法として禁止していたが、「退職に関する定め」の男女別扱いを例外として認めていた（同法6条4項）。他方、平等待遇指令は「解雇の条件を含めた労働条件」について男女労働者の平等待遇の保障を構成国に命じていた（指令5条1項）。もっとも平等待遇指令は社会保障制度に関する平等待遇を対象外とし（指令1条2項）、その点は（当時のEC）社会保障指令79/7号（[1979] OJ L 6/24）が別途扱ったが、そこでも社会保障給付の受給開始年齢については男女別扱いの例外を認めていた（指令7条1項）。そこで被告は、本件の退職制度がイギリス法上は性差別禁止法の例外規定に該当するので違法はないと抗弁し、またEC法上も、本件の定年制度は公的年金制度の受給開始年齢に連動しているので、EC平等待遇指令の対象外であり、かつEC社会保障指令もこれを許容するので違法はないと主張した。

　1審（労働審判所）は原告勝訴、2審（労働上訴審判所）は逆転敗訴、3審（控訴院）は、イギリス法について被告の抗弁を容れ、原告が勝訴でき

るとすれば指令を根拠とした主張だけだと判断した。そこで EU（旧 EC）裁判所に次の先決問題を付託した。第一に、本件の定年退職制度は平等待遇指令 5 条の男女平等待遇原則に反するものか。第二に、原告は被告に対する請求において平等待遇指令 5 条を直接に根拠にできるかである。

とくに第二点が争点となったのは、本件の被告が公権力行使には関わらない国の機関であって、雇用契約関係においては民間企業と同視されるため、本件での直接効果の有無の問いは、指令が私人対私人の水平関係においても直接効果をもつのかという未解決の論点に実質的に近かったからである。当時までの先例は、私人が国を訴える垂直関係において指令に直接効果を認めたものであった（Case 41/74, Van Duyn [1974] ECR 1337; Case 148/78, Ratti [1979] ECR 1629; Case 8/81, Becker [1982] ECR 53）。本件で指令の水平的直接効果の有無が正面から問われた。

◆**先決裁定**

〔第一問について、EU 裁判所は、本件の定年制度は平等待遇指令 5 条違反と認めた。すなわち、指令 5 条は男女平等待遇の原則を定めるもので、原則規定は広く、例外規定は狭く解釈すべきであるので、定年条件も「解雇の条件」に該当するというべきであるし、男女労働者の社会保障制度上の別扱いも、社会保障指令が定める明確な例外（公的年金の受給開始年齢）についてだけ許容されると狭く解釈すべきである（34-36 段）。しかるに本件は、年金の受給開始年齢の別扱いを争った事案ではなく、解雇の男女年齢区別を争った事案であるから、平等待遇指令 5 条が適用される事案である（37 段）。〕

第二問（指令の直接効果）について、EU 裁判所は次のように裁定した。

46　当裁判所の一連の判例によれば、構成国が指令を所定期限までに国内法において実施していないか正確には実施していないとき、指令の規定が、対象となる問題に関する限り、無条件かつ十分に明確であるときは、当該規定を私人は国に対する主張の根拠にすることができる。

47　この立場は、指令が課す義務を関係者が主張の根拠にできないとの原理的な判断をするならば、EEC 条約189条〔運営条約288条〕が指令に与える拘束的な性質と相容れないであろうという考慮に基づいていた。ここから当裁判所は、指令が義務づける措置を所定期間内に実施していない構成国は、私人に対して、自らの指令上の義務不履行を抗弁できないとの結

論を導いたのである。

48　指令を私人に対する主張の根拠にできない点についていえば、各国の裁判所で指令を主張の根拠にできるのは指令の拘束的な性質ゆえであるが、この拘束的な性質は EEC 条約189条によれば「名宛人たる各構成国」との関係でしか存在していない。すなわち、指令そのものは私人に対して義務を課すことはできない。ゆえに指令の規定を私人に対する主張の根拠とすることはできない。そこで本件の場合、被告が私人として行動したとみるべきかどうかを検討しなければならない。

49　この点でまず指摘すべきは、訴訟当事者が国に対して指令を主張の根拠とすることができるとき、当該者は、国が雇用主の資格で行動する場合であれ、公的機関の資格で行動する場合であれ、いずれをも問わず国に対して指令を主張の根拠にすることができる。いずれの場合も、EC 法の不遵守により国が自らを利することを防ぐ必要があるからである。

50　以上の考慮を個別の事案の事実に当てはめるのは各国の裁判所である。しかし、〔イギリスの〕控訴院は付託調書において、被告〔地域保健局〕は公的機関であると述べている。

51　イギリス政府は、本件の被告を国の機関と扱って指令の規定を根拠とした主張を認めるならば、国家公務員と民間被用者との権利の間に恣意的で不公平な区別が生じるであろうというが、それゆえに以上と異なる結論をとることはできない。そのような区別は、そもそも関係構成国が指令を国内で適切に実施していれば容易に回避できるからである。

52　最後に、〔平等待遇〕指令76/207号2条1項に定める平等待遇原則を実施する同指令5条1項の規定が、その実体内容について、無条件かつ十分に明確であって、私人が国に対して主張の根拠とすることができるかどうかの点についてであるが、まず当該規定は、それだけを見ても、解雇の条件を含めて労働条件について性別を理由とするあらゆる差別を一律かつ絶対的に禁止している。したがって、この規定は十分に明確であって、私人が主張の根拠とすることができ、各国の裁判所で適用されうる。

53　次に検討すべきは、当該指令の定める差別の禁止が無条件と解しうるかどうかである。というのは、同指令は例外規定をおいており、また同5条2項によれば、構成国は各国法において平等待遇原則の適用を確保するために必要な措置をとるものとされているからである。

54　まず、〔平等待遇〕指令1条2項が社会保障に関して平等待遇原則の適用対象から外している点については、この除外は当該指令の事物的適用範囲を制限するものであるが、同指令の、とくに同指令5条の、適用領域について平等待遇原則の適用に何ら条件を課すものではない。同様に、

〔平等待遇〕指令2条に定める例外は本件とは無関係である。
55　したがって、〔平等待遇〕指令5条は、同指令の適用領域において平等待遇原則の適用を限定する権限を構成国に与えているものでもなければ、その適用に条件を課しているものでもない。ゆえに〔平等待遇指令5条1項の〕規定は十分に明確かつ無条件であって、5条1項に適合しない各国法の規定の適用を阻止するために、私人が各国の裁判所において主張の根拠とすることができる。

◆解　説

本件の意義　本件はEUの指令の直接効果が、私人が構成国に対して権利を主張する関係（垂直関係）でしか認められないこと、私人が他の私人に権利を主張する関係（水平関係）では認められないことを再確認し、その理由を説明した先導的な先決裁定である。

水平効果否定の理由　EU裁判所は、1960年代に設立条約の規定に直接効果が生じることを認め〔本書1番事件〕、1970年代の判決で「決定」や「指令」にも垂直関係で直接効果が生じることを認めた（本書1番事件解説参照）。そして本件で指令の直接効果は垂直関係に限定され、水平関係には生じないものと確認した。

指令に水平関係での直接効果を認めない理由を、EU裁判所は次の通り説明する。①EU運営条約288条3段（＝旧EEC条約189条3段＝旧EC条約249条3段）の文言が、指令は構成国を名宛人としそれを拘束するものとしており、私人を名宛人として拘束する法形式ではないこと（本件裁定48段）。②構成国が指令の実施を約しつつ実施しないとき、自らの不履行から自らを利することは正義に反し認められないこと（禁反言法理（estoppel））（本件47段）。③EU基本条約が立法事項によりEUが「指令」しか立法できない事項と「規則」も立法できる事項とを区別していること。EUは基本条約に付与された権限を自ら拡張はできないから、「指令」に水平直接効果をみとめると、全面的に直接適用される「規則」と区別がつかなくなり、「指令」しか立法できない事項でのEU立法権を拡張することになるので許されないこと。理由③は、1994年のドリ事件（Case C-91/92, Dori [1994] ECR I-3325, para 24.）で追加された。以上三つの理由づけがその後も

繰り返されている（*E.g.,* Case C-201/02, Wells [2004] ECR I-723; Case C-441/14, DI, EU:C:2016:278; Case C-413/15, Farrell, EU:C:2017:745）。

国の機関の範囲　とはいえ、EU 裁判所は、EU 指令の実効的な実現をめざす。そこで構成国による指令の不実施や不完全な実施に対する三つの法的対応も試みてきた。

第一は、指令の（垂直的）直接効果が及ぶ「国の機関」を広く解釈する判例の展開である。本件マーシャル事件では「国の機関」か否かの判断は各国裁判所としたため（裁定50段）、判断基準の争いが続いた。1980年代のイギリスは国の業務の民営化を他国に先駆けて敢行したため、この点の紛争事案を抱え、ここから広い解釈を示す先決裁定が生まれた。

1990年のフォスター事件（Case C-188/89, Foster [1990] ECR I-3313）では、イギリスの国営ガス公社が完全に民営化される寸前、同社の男女別定年制度で早期退職を余儀なくされた女性が同社に対して平等待遇指令上の権利を主張した。イギリスの控訴院は、ガス公社は公権力行使に携わらないので「国の機関」ではないとしたが、EU 裁判所は広い「国の機関」の判断基準を示した。①政府省庁とその下部の組織もしくは団体、または②国家が採択した措置にしたがって国家の規律を受けながら公共サービスを提供する責務を担わされた団体もしくは者、または③私人間の関係に適用される通常の法規から生じる権限を超えるような特別の権限を有している者。これらが指令の直接効果を主張できる相手方たる「国の機関」である、と。これに照らして当該事件のガス会社も EU 法上は「国の機関」であると強く示唆した。

2017年のファレル事件（Case C-413/15, Farrell, EU:C:2017:745）では、フォスター事件の３基準は「または」とあるように選択的であることを EU 裁判所は確認し（裁定29段）、当該事件では、アイルランドの立法で設けられた自動車事故賠償責任の強制保険制度の保険団体について、その団体の業務の性質は自動車事故補償指令の実施機関という公益性があり（裁定36-38段）、かつ、すべての自動車運行供用者に保険に加入させる強制性を立法により持たされている点が基準③（「通常の私人間に適用される通常の法規から生じる権限を超える」）に該当するとして（裁定40段）、民間団体で

あっても「国」相当の公益活動機関であり、関連指令の垂直的直接効果をその団体に対して私人原告は主張できると判断した。

適合解釈義務　第二の実効性維持の方策は、国内法のEU法適合解釈義務の強調である。EU裁判所は各国の裁判所に対して、指令の実施準備期限後については、既存の国内関連法を各国の裁判所の権限内で最大限EU指令の求める結果に適合的に解釈する義務があると強調してきた（マーリーシング事件〔本書6番事件〕参照）。なお、EU指令の実施準備期間内については、構成国は指令の求める結果の達成を重大に妨げる行為をしない義務を負うと述べている（Case C-129/96, Inter-Environnement Wallonie [1997] ECR I-7411）。

国家賠償責任　第三の方策は、国家賠償責任法理の創造である。構成国によるEU指令の不実施や不完全実施のために損害を被った私人が当該国に対してEU法上の損害賠償責任を、一定要件のもとで、追求できるとEU裁判所は1991年に認めた（フランコヴィッチ事件〔本書8番事件解説〕）。以上の三つの方策のように、EU裁判所は、指令が直接に私人間の法律関係を変更はできないという点を守りつつ、指令の実施責任がある国やその機関に対しては重いEU法実現責任を課している。

EU指令違反国内法不適用の抗弁？　以上が指令の法的効果をめぐる判例法の概観である。しかし判例の中には、以上と合致せず、指令により私人間の法律関係を変更するに等しい結果をもたらすものもあった。

この特異な判例の発端は、EU技術規格指令であった。これは各国政府に対して、特定事項の技術規格や安全基準を定めて欧州委員会に通知する義務を課す指令である。その指令の定める通知手続に従わずに制定された国内の規制法があるとき、当該国内法をEU指令違反ゆえに不適用と判断するなら、私人間の訴訟の一方当事者に国内法上はできなかったはずの権利主張を認めたも同然の結果となる。たとえばユニリヴァー事件（Case C-443/98, Unilever Italia [2000] ECR I-7535）では、オリーブ油を製造者Uが消費者Cにイタリアで販売したが、Cは油のラベル表示がイタリア法に則していないことを理由に油の受領と代金支払を拒否した。Uは逆にイタリア法が技術規格指令の手続に則して制定されていないので、イタリア法違

反を理由にしたCの主張はUとの契約の履行を拒否する正当理由にならないと主張し、代金の支払を請求した。この事案でEU裁判所は、EU指令の手続に則していないイタリア法は不適用にすべきだと判断し、結果的にUの主張が通ることになった（Case C-443/98, Unilever Italia [2000] ECR I-7535）。たしかにこの事案の技術規格指令の規定そのものは、UやCに権利や義務を発生させない。また本件裁定も指令の規定がUのCに対する請求の根拠になると認めたわけでもない。しかし、国内法がEU指令の手続に則して制定されていない限りCは国内法にもとづく抗弁を否定され、EU法を楯に取るUから契約の履行を強制される結果となる（類例としてCase C-194/94, CIA Security [1996] ECR I-2201）。つまりEU指令があるがゆえに、結果的にはCとUの私人間の法律関係が変更される。これはマーシャル（第1）事件でEU裁判所が述べた、指令は私人に義務を課せず、私人間の法律関係を変更できないという論拠（裁定48段）と両立しがたい。

マーシャル事件の後日談 マーシャル事件の後日談にも触れておこう。本件（第1事件）の先決裁定の結果、原告は控訴院において請求を認められ、そこで賠償額の算定のために労働審判所に差し戻された。ところが今度は賠償額をめぐり別の法律問題が生じた。当時のイギリスの性差別禁止法は、労働審判所が与えうる賠償額に上限（£6250）を設けていたが、原告の損害はその3倍とみるのが妥当と労働審判所は算定した。この場合、労働審判所は、EU法上の権利の実効的な保障のために国内法の上限を無視して適切な額の賠償を被告に命じうるのか。先決裁定を求められたEU裁判所は、EU法上の権利の実効的な保障義務は、国内法上の上限の無視に及ぶと裁定した（Case C-271/91, Marshall (II) [1993] ECR I-4367。なお実効的救済保障義務については、本書7番事件も参照）。原告は1981年の提訴から苦節13年、ついに勝訴判決を手にした。

（中村民雄）

✤文献案内─────────────

Sacha Prechal, *Directives in EC Law* (Oxford U.P., 2nd revised ed. 2006).

6 各国法のEU法適合的解釈義務とその限界

●マーリーシング事件

Case C-106/89, Marleasing SA v. La Comercial Internacional de Alimentacion SA [1990] ECR I-4135.

◆事実・争点

　スペイン・ポルトガルとのEC加盟条約は、両国が加盟時（1986年）までに既存のEC指令を国内実施すべきことを定めていた。本件ではEC各国の会社法を調和するためにECが採択した一連の指令のうち、1968年の会社法第一次指令（指令68/151号。以下、第一次指令）が問題になった。これは、会社構成員および会社と取引する第三者の保護に関する各国法の調和を目的とし、各国会社法による会社設立の無効事由を列挙した一定の理由に限定していた（指令11条）。

　他方、スペイン公開有限会社法は、設立無効事由を規定せず、無効理由は民法の一般条項によると解釈されていた。スペイン民法は、債務に原因（cause）が存在することを契約の有効要件とし、「原因を欠く契約または原因が違法である契約」は効力を生じないとしていた（スペイン民法1261条・1275条）。スペインはEC加盟に伴い、第一次指令に従って限定的な設立無効事由を会社法に挿入する法改正をしたが、改正法の発効は1990年1月1日であり、それまでは従来の法が適用されていた。本件は、スペインのEC加盟以後（＝第一次指令の実施準備期限以後）で改正会社法の施行（1990年）以前の事案である。

　原告M社は、1987年9月スペインの裁判所に訴訟を提起し、「原因の欠如」を理由に被告C社の設立無効の確認を求めた。原告の主張では、被告C社は訴外B社が1987年4月に設立した公開有限会社であるが、原告ら債権者の追及から訴外B社の資産を隠匿する目的で設立されたという（被告C社の設立発起人の一人である訴外B社は、自己の資産を被告C社に現物出資していた）。そこで、原告M社はスペイン民法を根拠に、発起人間の設立

契約は見せかけだけの取引で、訴外B社の債権者を欺くためになされたこと、さらに訴外B社の設立手段は「原因を欠きまたは原因が違法」であることを理由に、被告C社設立の無効を主張した。被告C社は、第一次指令11条の無効事由には「原因の欠如」は含まれていないと反論して争った。スペインの裁判所はEU裁判所の先決裁定を求めた。

争点は、第一に、第一次指令11条は本件に直接適用可能かどうかであった。(EU裁判所は、指令の水平的(＝私人間の)直接効果を否定する先例〔本書5番事件〕にもとづき消極に回答した。)

第二に、第一次指令11条の列挙しない理由による公開有限会社の設立無効は認められるか否か。この質問をEU裁判所は、同条に「列挙する理由以外の理由で、公開有限会社の設立無効を宣言しないように各国法を同指令の文言・目的に照らして解釈することを義務づけられるか」と再構成して回答した(以下、第二点に焦点をあてる)。

◆先決裁定

フォン・コールソン事件裁定 (Case 14/83, Von Colson [1984] ECR 189, para. 26) で指摘したように、指令の求める結果を達成する構成国の指令上の義務(EEC条約189条〔運営条約288条〕3段)、および当該指令の義務履行を確保するために一般または個別のあらゆる適切な措置を取る構成国のEC条約5条〔EU条約4条3項〕上の義務は、構成国のあらゆる機関を拘束し、その国家機関には各国裁判所も含まれる。ゆえに各国法の解釈を求められた各国裁判所は、各国法の適用において、当該各国法規定が指令以前に制定されたか以後に制定されたかを問わず、可能な限り指令の求める結果を達成するよう指令の文言と目的に照らして各国法を解釈しなければならない(8段)。

この各国法を指令11条に適合的に解釈すべき義務にもとづき、当該指令11条に限定列挙された理由以外の理由により公開有限会社の設立無効が認められるような各国法規定の解釈は排除される(9段)。

〔続いてEU裁判所は、第一次指令11条2項b号の「会社の目的が違法であるか、公序に反する」という設立無効事由の解釈を検討する。この点、EU裁判所においては「会社の目的」の認定をめぐり欧州委員会と法務官の間に見解の対立があった。欧州委員会は、「会社の目的」は設立文書または定款に記載された会社の目的に限定されると主張した。他方、法務官は、第三者保護の観

点から無効理由は狭く解釈されるべきではあるが、当初から目的と異なる活動が会社によって現実に行われる場合にはそれを考慮する余地を認め（法務官意見14-20段）、各国裁判所が本件C社設立を無効にできる余地を認めた。
　しかしEU裁判所は、欧州委員会の見解を支持した。そこで、第一次指令の目的は、会社と第三者・会社構成員間の法的安定性を保障するために「無効が生じる場合」と「無効の遡及効」を制限することにあり、また第三者の保護は会社名義で負った債務の有効性を否定する理由を可能な限り制限する規定によって達成されるのだから、指令11条に列挙された無効事由は厳格に解釈すべきであって、「会社の目的」は設立文書または定款記載の目的をいうものと解すると判断した。〕

◆解　説

本件の意義　本件は、EU各国の裁判所には、各国のあらゆる各国法を可能な限り、EU指令などEU法に適合的に解釈する義務（「適合解釈義務」）があることを確認した点に意義がある。この義務は、関係各国法が、関連EU法よりも前に制定されたか後かを問わずつねに生じ（裁定8段）、また本件にもあるように、指令の実施法だけでなく各国の一般法（民法など）の解釈に対しても生じることから、広汎で一般的な義務である。

　本件では指令が問題になったため、適合解釈義務の根拠は、指令の結果達成義務（運営条約288条）と各国のEU誠実協力義務（EU条約4条3項）に求められた。しかし、各国法のEU法適合解釈義務は、指令などの派生法規との関係だけでなく基本法規（EU条約・運営条約等）を含めてEU法全般との関係で生じる（Case 157/86, Murphy v. Bord Telecom Eireann [1988] ECR 673, para. 11; Case C-165/91, Van Munster [1994] ECR I-4661, para. 34.）。ゆえに適合解釈義務の根拠としては、EU裁判所が初期から繰り返してきた、EU法は発効時から各国で実効的に実現されるべきとの原則（ファン・ヘント・エン・ロース事件〔本書1番事件〕、シンメンタール事件〔本書2番事件解説〕など）とその根拠たるEU法の優位性の原則（コスタ対エネル事件〔本書2番事件〕）もあるとみるべきであろう。なお、適合解釈義務は、関連EU法規定の直接効果の有無とは無関係に生じる（Case 14/83,

Von Colson [1984] ECR 1891 at 1909)（理由は後述をみよ）。

義務の背景　　各国法の EU 法適合解釈義務が強調されるようになった背景には、EU 指令の直接効果を私人対国家（垂直関係）に限定し、私人対私人（水平関係）には認めないとする判例法が確立したことがある（本書 5 番事件参照）。

しかし、水平的直接効果のない指令であっても構成国は指令の求める結果を達成する義務に拘束され続ける。そこで指令の拘束力がもたらす直接効果以外の効果の一つとして、各国裁判所の適合解釈義務が認められた（もう一つは、指令の不実施または不完全実施により私人に生じた損害を賠償する構成国の EU 法上の責任法理である。フランコヴィッチ事件〔本書 8 番事件解説〕）。すでに EU 裁判所は、1984年のフォン・コールソン事件裁定で、EU 指令の求める結果を達成するために、指令の目的と文言に照らして各国法を解釈すべき義務を各国裁判所が負う旨示していた（Case 14/83, Von Colson [1984] ECR 1891 at 1909）。この適合解釈義務は、直接に権利を生じさせる「直接効果」と異なり、各国法の適合解釈により間接的に指令の求める結果を達成するから「間接効果（indirect effect）」と呼ばれることもある。

適合解釈義務は、指令の水平的直接効果を否定した結果生じる不合理への対応策としての意義をもった。たとえば、男女労働者の平等待遇原則を定める指令（Directive 76/207, [1976] OJ L39/40）が各国において不実施の場合、公務員ならば当該指令の直接効果を使用者たる国家に主張できるが、民間企業の被用者はできない。ここに合理的な区別を認めることは困難である。とくにドゥフレンヌ事件〔本書 4 番事件〕で EU 裁判所が、EEC 条約119条〔≒運営条約157条〕の男女労働者の同一労働同一賃金原則は、男女平等という強行規範を賃金の場面で具現するものゆえ、私人間の雇用関係にも直接適用可能と判断していたことを想起すべきである。実質論からすれば、男女労働者の平等待遇原則が、賃金は条約本文が規定するから水平関係に直接効果があり、賃金以外は指令で定めているので水平関係に直接効果がないという結論は、強行規範という性質に反するのではないかと批判されうる。このような不合理を減じるには、既存の各国法を指

令の求める結果が達成されるように可能な限り適合解釈することが妥当である。そこで指令の水平的直接効果を否定する判例の確立と並行して、適合解釈義務が実効性の欠を補うものとして1980年代後半から強調されるようになった。

　以上を個人の視点からいえば、EU法に直接効果がある場面ではそれを主張でき（本書1番・4番・5番事件）、直接効果がない場面でも関連各国法のEU法適合解釈のために関連EU法を援用できる（本件）。さらにはEU指令の不実施などEU法違反の構成国の行為から生じた損害の賠償も構成国に請求できる（本書8番事件）。個人はEU法を実効的に実現できるのであり、適合解釈義務はその一役を担う。

義務の限界：適法な解釈　とはいえ、適合解釈義務にも限界がある。第一に、各国裁判所は、各国法上「可能な限り」を義務づけられるにとどまる。そこで、適合解釈義務は、各国裁判所が各国法上EU法に従って各国法を解釈する裁量をもつ範囲で認められる（Case 14/83, Von Colson [1984] ECR 1891 at 1909）。よって、各国法が指令と異なる内容を明確に規定している場合などに各国法の法文に反する解釈（interpretation contra legem）までは義務づけられない（Case C-334/92, Wagner Miret [1993] ECR I-6911）。この場合の個人の救済は、EU法違反の構成国の行為に対する損害賠償責任法理〔本書8番事件〕に頼るしかない。各国法解釈は、第一次的には各国裁判所の管轄事項であるから、解釈の余地があるか否かは各国裁判所が決定する。各国裁判所に対してEU指令の求める結果達成のために各国法全体を考慮しつつ各国法が許容する解釈方法を用いて出来る限りのことをしなければならないと判示し、国内訴訟の争点となった具体的な各国法規定をどう解釈すべきかまで示唆した裁定も存在するが（Case C-282/10, Dominguez, EU:C:2012:33, paras.27-29）、各国法の最終的な解釈権が各国裁判所に属する以上、最終的な判断は各国裁判所に委ねられる。

　とはいえ、適合解釈義務を軽視はできない。適合解釈の対象となった各国法（本件のスペイン民法など）の規定が抽象的で様々な解釈の余地がある場合は、指令と最も適合する解釈を選択することが各国裁判所に義務づけられる。このような場合、適合解釈義務は顕著な効果を発揮し、各国法の

解釈を通じて指令の水平的直接効果とほぼ同等の結果が生じうる。これを本件は示している。すなわち本件裁定は、指令に限定列挙された理由以外の理由による会社設立の無効を認める各国法解釈を排除するとともに、「会社の目的」を設立文書または定款に記載された目的と狭く解釈すべきことを判示した。したがって、本裁定を受け取った各国裁判所は、従前のスペイン民法の解釈に従えば被告Ｃ社の設立無効が認められる可能性が高いにもかかわらず、指令に適合して各国法を解釈するため、被告Ｃ社の設立が訴外Ｂ社に対する債権者の追及を回避する目的であることを考慮できず、さらに設立文書・定款に記載された被告Ｃ社の目的が違法ではない限り、被告Ｃ社の設立無効を宣言できないことになる。したがって、各国裁判所は原告の請求を棄却し、被告Ｃ社の存続を認める公算が高い。そのような結果は、指令の水平的直接効果が認められ、指令と矛盾する各国法の適用が排除されることと同様な結果を生じさせると評価できる。

義務の限界：
EU法の一般原則　　適合解釈義務の限界に戻ると、第二に、各国法に解釈の余地があり適合解釈が可能な場合であっても、適合解釈義務は、法的安定性の原則など不文の「EU法の一般原則」によって制約され、そのような一般原則に反する適合解釈は義務づけられない。たとえば、EU法適合的な各国法解釈は、主張される相手方の利益を不当に損なう可能性がある。相手方が、各国法の通常の解釈に従って行為した当時は適法に行動していたにもかかわらず、後に制定されたEU法に適合するよう各国法を解釈した結果、当該行為が事後的に違法と評価される危険もありうる。そこで1987年のコルピンハウス・ナイメーヘン事件（Case 80/86, Kolpinghuis Nijmegen [1987] ECR 3969）では、国内未実施のEU指令への国内法適合解釈を検察官が被告人に刑事手続で主張したが、EU裁判所は、指令に適合した各国法の解釈義務もEU法の一般原則（とくに法的安定性の原則、刑罰立法の不遡及原則）によって制限されると判示した（類例としてCases C-74/95 and C-129/95, Criminal Proceedings against X [1996] ECR I-6609, paras. 23-25）。

なお、1996年のアルカロ事件裁定（Case C-168/95, Arcaro [1996] ECR I-4705）では、刑事事件において、指令を実施していない現行法による処

分のほうが、指令の求める結果にしたがって適合解釈した処分よりも軽くなる場合であっても、各国法のEU指令への適合解釈が義務づけられるのかが争点になった。EU裁判所は、各国裁判所による適合解釈が国内的に未実施である指令の定める義務を個人に課すことになる場合はそのような適合解釈は義務づけられないと判示し、とりわけ指令への各国法の適合解釈が、指令の国内実施法がないにもかかわらず指令に違反する行為をした者の刑事責任を決定または加重する結果を生じるときには、そのような適合解釈は義務づけられないと判示した（裁定42段）。この先決裁定は適合解釈義務をさらに限定したものではないかとの議論もあったが、後のEU裁判所の事案では、マーリーシング事件裁定など先例が再確認されていることや（Cases C-74/95 and C-129/95, Criminal Proceedings against X [1996] ECR I-6609; Cases C-240/98 to C-244/98, Océano Grupo Editorial [2000] ECR I-4941; Case C-456/98, Centrosteel [2000] ECR I-6007)、アルカロ事件裁定も刑事事件に関する先例であるコルピンハウス・ナイメーヘン事件裁定を引用していることから、アルカロ事件の事実関係（適合解釈が刑事責任をより重くする事案）に限定して判示を理解すべきだとするジェイコブス（Jacobs）法務官の意見が妥当であろう（Case C-456/98, Centrosteel [2000] ECR I-6007、法務官意見33-35段）。換言すれば、民事上の責任を発生または加重する各国法適合解釈が義務づけられるか否かなどはなお議論の余地があろう。

適合解釈の開始時期　適合解釈の範囲に関する第三の論点は、国内未実施の指令への各国法適合解釈義務が、指令の実施期限が到来する以前にも生じるかどうかである（前述の先例はすべて指令の国内実施期限の到来後の適合解釈義務を論じていた）。この点につきかつてEU裁判所は、EU指令の実施期限以前は、構成国は指令の求める結果の達成を重大に妨げる行為をしない義務を負うと述べるにとどまっていた（Case C-129/96, Inter-Environnement Wallonie [1997] ECR I-7411)。ところが、2005年のマンゴルト事件裁定（Case C-144/04, Mangold [2005] ECR I-9981〔本書14番事件〕）は、雇用分野における平等待遇一般枠組指令2000/78号（[2000] OJ L 303/16）の実施期限の到来前であっても、平等待遇原則に反する各国

法の解釈や適用は許されないと判示した。これは実施期限の到来前の指令一般への適合解釈について述べたのか、平等原則の強行規範としての性質にもとづく判断をしたのかが明確ではなかった。しかし、2006年のアデネレル事件裁定は、各国裁判所の指令適合解釈義務は、指令の国内実施期限が徒過した時点から生じると判示して、この点の疑義を解消した。また指令が官報に掲載されて発効した時点から（実施期限の前であっても）実施期限徒過後の指令の目的達成を深刻に損なうような各国法の解釈は可能な限り控えなければならないとも判示している（Case C-212/04, Adeneler [2006] ECR I-6057, paras.115 and 123）。

（須網隆夫）

✣文献案内

Sacha Prechal, *Directives in EC Law*, 2nd ed. (Oxford U.P., 2005).

Gerrit Betlem, "The Principle of Indirect Effect of Community Law" (1995) 3 ERPL 1-19.

Paul Craig, "Directives: Direct Effect, Indirect Effect and the Construction of National Legislation" (1997) 22 ELRev. 519-538.

M. Fletcher, "Extending Indirect Effect to the Third Pillar" (2005) 30 ELRev. 862-877.

7 ●ファクタテイム事件
実効的救済の保障

Case C-213/89, Regina v. Secretary of State for Transport, ex parte Factortame [1990] ECR I-2433.

◆事実・争点

　ECは、北海の稀少漁業資源の保護措置として構成国別漁獲割当を設けた。1986年にECに加盟したスペインとポルトガルへの漁獲割当は当初少なかった。そこでスペイン漁民の中にはイギリスで会社を設立してイギリス籍の漁船を登録し、イギリスの漁獲割当分を用いるものも現れた。本件の原告ファクタテイム社も、スペイン人が100％株式を保有するイギリス設立会社であり、イギリス籍の漁船を登録し、北海で操業していた。ところがイギリスの地元漁民から、このような操業を許すとイギリスの漁獲割当が無意味になる（「割当破り（quota hopping）」）との批判が噴出し、法改正を強く求められたイギリス国会は1988年に法を改正し（1988年法）、イギリス漁船の登録資格者をイギリス定住のイギリス人か、そのようなイギリス人が75％以上の株式を保有する会社に限った。そのため原告会社は、漁船のイギリス籍登録ができなくなり、北海での操業もできなくなった。

　原告会社は、1988年法のEC法違反の確認を求める訴え（本案）と、同法の原告への適用の仮差止（仮処分）とを求めてイギリスの裁判所に出訴した。原告によれば、1988年法は、EC域内で国籍の差別なく自由に会社を設立できるEC法上の権利（EEC条約52条・58条〔運営条約49条・54条〕）を侵害するというのである。一審の高等法院は本案についてEU裁判所に先決裁定を求め、仮処分は認めなかった。仮処分の点が上訴され、終審の貴族院は、イギリス法上、裁判所はおよそ国王とその家臣の行為に対して差止めを命じえないとのコモン・ロー準則があるので、国王の名で公布される国会制定法についても一時的であれ適用拒否できないと述べて、原告の請求を退けた。ただし、EC法に反する構成国の立法の仮差止

めを構成国の裁判所が認めるべき EC 法上の義務はありうるとして、その存否を EU 裁判所に問うた。以下は、EC 法上の仮差止め義務に関する先決裁定である。本案については後に、1988年法の EC 法違反が認められた（Case C-221/89, Factortame [1991] ECR I-3905）。

◆先決裁定

17. …主たる問題は、国内裁判所が、EC 法に関係する事件において、仮の救済付与を阻害するものが唯一国内法上の準則であると考えるとき、国内裁判所は当該準則を不適用とすることができるかどうかである。

18. この問題に回答するためには、シンメンタール（Simmenthal）事件〔本書2番事件解説〕において当裁判所が裁定したことを指摘する必要がある。すなわち、直接適用可能な EC 法の規定は「すべての構成国において完全に統一的に発効日より、有効である限り、適用されなければならない」のであり、「設立条約および EC 機関の直接適用可能な措置と構成国の国内法との関係では、EC 法の優位性の原則により、EC の条約および法規の規定は、抵触するあらゆる…国内法を自動的に不適用とする。」

19. 当裁判所の判例法によれば、EEC 条約5条〔EU 条約4条3項2・3段〕に定める協力原則の適用において、EC 法の規定の直接効果から個人が受ける法的保護を確保するのは国内裁判所である…。

20. また当裁判所の判示したところによれば、適用時より EC 法が完全な効力をもつことを一時的にでも阻害しうる国内立法規定を排除するために必要なあらゆることを行う国内裁判所の権限が、なんらかの国内法制度の規定や立法、行政または司法の実務によって奪われ、そのために EC 法の実効性が損なわれうるならば、それらの規定や実務は EC 法の必須の要請に適合しない（シンメンタール事件22および23段）。

21. さらに付言すれば、EC 法が適用される争訟に関与する裁判所が EC 法上の権利を認めて下す判決の完全な実効性を確保するために仮の救済を与えようとするときに、国内法の準則がそれを阻害するならば、EC 法の完全な実効性はやはり損なわれることになる。したがって、このような場合においても、国内法の準則がなければ仮の救済を認めたであろう国内裁判所は、当該国内法準則を排除（set aside）する義務がある。

22. この解釈は、EEC 条約177条〔運営条約267条〕が設けた〔先決裁定〕制度からも支持される。もしも構成国の裁判所が手続を停止して問題を EU 裁判所の先決裁定を求めて付託して回答を待つとき、EU 裁判所の回答を受けて終局判決を下すまで、仮の救済を与えられないことになるなら

ば、そもそもその制度を設けた実効性は損なわれてしまうであろう。
23. したがって、出された質問への回答は次のとおりである。すなわち、EC法問題にかかわる事案が係属した構成国の裁判所が、仮の救済を付与する障害となるものが国内法上の準則だけであると考えるときは、当該準則を排除するEC法上の義務がある。

◆解　説

各国法制度を通した権利実現　　EU法上の権利の大部分は、構成国の法制度を通じて実施強行される。たしかにEU裁判所は、先決裁定や直接訴訟を通して、EU法の解釈や効力を判示するのであるが、法の実施強行は、各構成国の協力のもとで各国の司法制度を通して行われる。これがEU条約・運営条約の想定する制度像である（EU条約4条、運営条約267条・280条・299条など）。しかし、構成国の法制度、訴訟手続、救済手段などは各国で異なる。そこでEU裁判所は、各国の裁判手続の自律性を認めつつも、EU法上の権利の保障については、一定のEU法上の共通規律が各国の裁判所の権限行使に課されると判示してきた。

救済付与の無差別と実効性　　1980年代半ばまでは、この規律は次のように整理できた。①直接効果のあるEU法上の権利の実効的な実現は、それに関するEU統一法規がない間は、各国法におけるあらゆる訴訟手続を利用して実現されるべきであり、各国の裁判所はその実現を保障する義務を負う（EU条約4条、Case 33/76, Rewe [1976] ECR 1989など）。この義務には、直接効果のあるEU法上の権利の実現を妨げるあらゆる国内法・法実務の排除に及ぶ（Case 106/77, Simmenthal [1978] ECR 629, para.21）。これは排除にとどまり、EU法上の新たな救済を創造することではない。②直接効果のあるEU法上の権利の実効的実現における手続的および実体的な要件は、国内法上の類似の訴訟における救済手段の要件よりも不利であってはならず（無差別の要件）、かつ、いかなる場合も、EU法上の権利の行使を実際上不可能または著しく困難にしてはならない（最低限の実効性の要件）（Case 45/76, Comet [1976] ECR 2043; Case 199/82, San Giorgio [1983] ECR 3595など）。ただし、救済を認めることが不当利得となる場合は

この限りではない（Case 68/79, Just [1980] ECR 501）。

実効性の強調　1980年代半ば以降、EU 裁判所は、実効性の要件を引き上げていった。フォン・コールソン事件（Case 14/83, Von Colson [1984] ECR 1891）の EU 裁判所は、採用上の性差別の被害労働者が信頼利益（旅費等）しか回復できないドイツ法は実効的とはいえず、構成国の裁判所は「実効的かつ十分かつ抑止力となるような」救済を与え、「現実的で効果的な保護を保障」しなければならないと述べた（類例として、Case 222/84, Johnston [1986] ECR 1651）。これは、国内法上の類似の訴訟での救済措置では現実に実効性が確保されないとき、それよりも高い実効性のある救済措置を要求する点で、無差別要件よりも実効性要件を強調したものであり、かつ、より高いレベルの実効性要件を課すものであった。

実効性確保のための国内法排除　この判例の延長線上に、1990年に本件ファクタテイム事件が登場した。本件当時のイギリス法では、裁判所はおよそ国会制定法の仮差止めも恒久的差止めもする権限はないとされていた。ゆえに本件でいえば、国内の類似訴訟で認められる最低限の実効的救済は、事後的な損害賠償であったろう。しかし EU 裁判所はそれでは原告の現実に実効的な保護にならないとして、1988年法の適用の仮差止め（事前の救済）を与える必要があり、かつ、それを妨げる国内法準則は排除する義務があると述べた（裁定21段）。この点で本件は従来の判例を一歩超えた。これまでの国内法の適用排除の先例（Case 106/77, Simmenthal [1978] ECR 629）は、排除すれば実効的な国内法上の救済があることを想定していた。本件は国内法上の最低限の救済はある場面でも、より実効ある救済を与えるべきで、その実現を妨害する国内法を排除せよと国内裁判所に率先した法の解釈運用を求めている。このような率先した積極的な実効的救済の保障義務を示した点に本件の意義がある。

EC 法上の独自の救済の予兆　これは、新たな救済措置の創造と紙一重である。幸い本件では国と私人の関係で仮の救済を阻害していたイギリスのコモン・ロー準則を排除しさえすれば、私人間で認めうる仮の救済が国と私人の関係でも復活した。ゆえに本件は、国内法上は存在

しなかった救済を EC 法上新たに創造したものではなかったが、それに限りなく近い。EU 法の要請があって初めて復活した国内法上の救済は、EU 法上の救済措置としての性格も帯びるからである。この点で単に国内法の排除を義務づけた先例（シンメンタール事件）を超えている。

　その後の EU 判例展開におくとファクタテイム事件裁定の過渡的な特徴が現れる。本件裁定（1990年6月）の1年5か月後の1991年11月、EU 裁判所はフランコヴィッチ事件の先決裁定〔本書8番事件解説〕において、EU 指令の国内実施を怠った構成国について、その実施懈怠から私人が損害を受けたときは、私人が当該国に損害賠償を EU 法上の権利として請求できると判断した。これは多くの構成国で、国内法上の国家賠償責任の追求が至難な場面において（立法者の立法不作為の違法性にもとづく国家賠償責任は、立証をふくめ追求が至難である）、各国法制度における救済の空白を補うために、EU 法上の独自の救済措置を新たに創造したものであった。ファクタテイム事件での仮差止めという救済は、実効性要件を強化していく論理の上にあり、必要とあらば国内法上の救済を復活させた。そこから必要とあらば（各国法に共通する救済措置にもヒントを得て）EU 法上の独自の救済措置を創造することはほんの一歩である。現にフランコヴィッチ事件において EC 法上の国家賠償責任の法理を導き出すとき、EU 裁判所はファクタテイム事件が実効的救済付与義務を示した先例であるとして、シンメンタール事件とともに引用して正当化根拠にしている（Cases C-6/90 and C-9/90, Francovich [1991] ECR I-5357, para. 32.）。

各国の手続自律性との緊張　ところが救済の実効性を強調して EU 法上の規律を各国法に及ぼすほど、各国の裁判手続の自律性との間に緊張も生じる。現に1990年代に入ると微妙な判例が展開した。

　たとえば1991年のエモット事件（Case C-208/90, Emmott [1991] ECR I-4269）では、ある構成国が EU 指令を正確に国内実施しなかった。このときその指令が与える権利をめぐる国内の行政訴訟の出訴期限（3か月など）は、EU 法上の権利の実効性を保障するために指令が正確に国内実施されるまでは徒過しないものとみなすと判示した。この先決裁定に対しては、過度に構成国の手続自律性に介入し、各国法制度の法的安定性を害す

るとの批判が相次いだ。その後、EU 裁判所は、エモット事件は短期の出訴期限があったために EU 法上の権利の侵害に対して国内での救済措置が全くなくなる極端な事例であったと位置づけて判例の軌道修正をした。そこで時効や出訴期限や除斥期間のルールについては、国内法上の類似訴訟の手続に適用されるものよりも不利でなければ最低限の実効性を満たすと推定し、原則として EU 法上も許容されるとの立場に変化した（Case C-188/95, Fantask [1997] ECR I-6783, paras. 47-51など）。

イギリス法への影響　ファクタテイム事件がきっかけとなって、EU 法が関係しない純粋の国内法事案での国対私人の関係での仮差止めについても、コモン・ローに変化が生じた。1993年のM事件（M v. Home Office [1994] AC 377, [1993] 3 All ER 537）において、ザイール人の強制送還処分の執行仮差止めが争われた。イギリスの貴族院は、ファクタテイム事件での裁判所の差止め権限に関するコモン・ロー解釈は先例を渉猟せずに下されたものであって、先例を包括的に再検討した結果、国王本人の行為に対する差止めや仮差止めは認められないが、国王の家臣（現代では政府の閣僚など）に対するそれは可能というのが正しいコモン・ロー準則であったと判断した。この判決において主導的意見を述べたウォルフ（Woolf）裁判官は、ファクタテイム事件以後、「市民は EC 法上の利益を擁護するためには国王または国王の家臣に対して差止め（仮差止めを含む）の救済が得られるのに、それ以外の利益は同等に重要であっても差止めの救済を得られないという不幸な状況が生じている」と率直に認め（[1993] 3 All ER at 551）、より実効的な救済がある EU 法事案と実効性に劣る国内法事案の不均衡の是正に意を用いたことを明らかにしている。

（中村民雄）

✣文献案内
Michael Dougan, *National Remedies before the Court of Justice* (Hart, 2004).
中村民雄『イギリス憲法と EC 法』（東京大学出版会、1993年）第 2 章第 1 節

● ブラッスリ・デュ・ペシュール事件

8 構成国機関による EU法違反に対する損害賠償責任

Cases C-46/93 and C-48/93, Brasserie du Pêcheur SA v. Federal Republic of Germany and R. v. Secretary of State for Transport, ex parte Factortame Ltd [1996] ECR I-1029.

◆事実・争点

　本件は、①ブラッスリ・デュ・ペシュール（Brasserie du Pêcheur）事件と、②ファクタテイム第三（Factortame III）事件を併合したものである。

　①フランスの醸造会社である原告はドイツにビールを輸出していたが、同社の製品はドイツ当局により同国のビール租税法の要件を充たしていないと指摘された。その結果、輸入業者に販売契約の更新を拒否されることとなり、1981年には輸出を停止せざるをえなくなった。ところが、同法は1987年にEU（旧EC）裁判所の純粋ビール事件判決（Case 178/84, Commission v. Germany [1987] ECR 1227〔本書20番事件〕）によってEEC条約30条〔運営条約34条〕に違反することが確認された。そこで原告は、1981年から1987年までの間に製品を輸出できなかった結果被った損害の賠償請求訴訟を国内裁判所に提起した。

　②イギリスは1988年に商船法を改正し、船籍取得の要件として漁船所有者の国籍や居所等につき一定の制限を設けた。そのため船籍を取得できず操業停止に追い込まれた原告らは同法の適法性を争うとともに、損害賠償を求めて国内裁判所に提訴した（詳しくは本書7番事件参照）。その後、国内裁判所から先決裁定を求められたEU裁判所は、同法が定めるような要件はEEC条約52条〔運営条約49条〕等に違反すると判断した（Case C-221/89, The Queen v. Secretary of State for Transport, ex parte Factortame [1991] ECR I-3905）。そこで、次に国家賠償責任の存否が焦点となった。

　各事件を担当した国内裁判所は、国内法上は国家賠償責任は成立しないと判断したが、すでにEU裁判所は、1991年のフランコヴィッチ事件（Cases C-6/90 and C-9/90, Francovich and Bonifaci v. Italy [1991] ECR I-5357）

において、構成国による EU 指令の不実施から私人が被った損害を当該構成国が賠償する EU 法上の責任（EU 法上の国家賠償責任原則）を認めていたため、当該国内裁判所は、EU 法上の国家賠償責任が、構成国の立法機関が EU の基本条約（本件では EEC 条約）に違反して私人に損害を生じさせた場合にも適用されるかどうか、される場合の責任成立要件は何か、とくに過失を要件とするかについて、EU 裁判所に先決裁定を請求した。

◆**先決裁定**

　国家賠償責任原則は、直接効果のない EC 法に対する違反がある場合に限られるわけではない。直接効果のある EC 法に対する違反に対しても認められる。なぜなら、直接効果のある EC 条約規定にもとづく権利行使は、同条約の実施を最小限度で保障するものにすぎず、それだけでは同条約の十分かつ完全な実施は確保されないからである。直接効果による権利の行使は、全ての事案で構成国の EC 法違反から生ずる損害を回避できるわけではないから、私人が損害の賠償を得られなければ、EC 法の十分な実効性は損なわれる。損害賠償請求権は、EC 法の直接効果の必然的な帰結である（18-22段）。

　EC 法上の国家賠償責任は EC 条約の制度に内在する原則であり、いずれの国家機関が違反主体であっても妥当する（31-32段）。損害賠償義務が国内法上の権限配分規定により左右されることはない（33段）。また、国際法では国家が国際法違反に対する責任を問われる場合、その違反が立法・司法・行政のいずれに帰属するかにかかわらず国家は一体とみなされるが、同じことは EC 法にも妥当する（34段）。よって、国家賠償責任原則は、EC 法違反主体が国内立法機関である場合にも適用される（36段）。

　国家賠償責任の成立要件は、EC 法違反の性質に左右される（38段）。要件を設定するにあたっては、まず、国家賠償責任の根拠をなす EC 法の原則である EC 法の実効性および EC 法上の権利の実効的保護とともに、EC 条約10条〔EU 条約4条3項〕の協力義務を考慮する必要がある。さらには、EC の契約外の賠償責任に関する判例法を参照するのが適切である。なぜなら、第一には、EC の賠償責任を定める EC 条約288条〔運営条約340条〕2段は「構成国の法に共通する一般原則」に言及しているが、当裁判所は、他の分野において明文規定がない場合にはこの原則から着想を得ているからである。第二には、特別な正当事由のない場合には国家賠償責任の成立要件は同様の状況における EC の賠償責任の成立要件と

異なることはできないからである。EC 法上の権利保護は、責任主体が構成国または EC のいずれの機関であるかによって異なることはできない（39-42段）。

　EC の賠償責任に関する判例法は、とくに経済政策の選択を伴う立法措置に関して、EC 機関が有する広範な裁量の存在に着目している。よって、構成国が広範な裁量を有する分野で活動し、それが EC 機関の有する裁量に類するような場合は、国家賠償責任の成立要件は原則として EC 機関が同様の状況において責任を負う要件と同じでなければならない（43-47段）。〔本件では、ドイツおよびイギリス立法機関は、広範な裁量を有する分野で活動していた（48-50段）。〕よって、かかる状況における国家賠償責任は、次の要件を充たす場合に成立する。違反された法規が私人に対する権利の付与を意図すること、違反が十分に重大であること（sufficiently serious; suffisament caractérisée)、義務違反と損害との間に直接の因果関係が存在すること、である（51段）。

　このうち、十分に重大な違反を認定するための決定的な基準は、構成国または EC 機関が、明白かつ重大にその裁量の限度を無視したか否かである（55段）。また、その判断にあたって国内裁判所が考慮しうる要素には、違反された法規の明確性および正確性、当該法規が構成国または EC 機関に委ねる裁量の程度、違反および生じた損害が故意によるものかどうか、法の過誤が許容しうるかどうか、EC 機関がとっている立場が、EC 法に反する不作為や国内措置・慣行の採択・維持に寄与しうるものであったとの事実が含まれる（56段）。いずれにしても、EC 法違反は、当該違反を認定する判決や、当該行為が EC 法違反であることを明らかにする先決裁定または確立した判例法があるにもかかわらず存続している場合には、明らかに十分に重大である（57段）。

　第三の要件に関しては、国家の義務違反と損害との間に直接の因果関係が存在するか評価するのは国内裁判所の任務である（65段）。

　上記の三要件は、EC 法上の国家賠償責任が成立するのに必要かつ十分である。ただし、国内法がこれよりも厳格でない要件を定める場合、その国内法をもとに賠償責任が成立することを妨げない（66段）。また、関連する国内法は国内法上類似の請求に適用される要件よりも不利であってはならず、賠償を得ることを実際上不可能または著しく困難にするものであってはならない（67段）。たとえば、ドイツ法は、損害を惹起した立法機関の行為が個別的な状況に関連することを条件としているが、国内立法機関の任務は原則として公共一般に関わり特定可能な個人や団体に関わるわけではないから、かかる要件は賠償の取得を実際上不可能または著しく困

難にするものであって認められない(69-72段)。また、公権力濫用(misfeasance in public office)の〔故意の〕立証を要求するイギリス法も同様である(73段)。

過失を要件としうるかについては、国内法制度において過失概念と結びつく特定の客観的および主観的要因は、EC法違反の重大性を判断するうえで関連しうる。しかし、十分に重大な違反の要件を超える形で過失を国家賠償責任の成立の条件とすることはできない(75-80段)。

◆解　説

本件の意義　　EU法上の国家賠償責任原則とは、構成国がEU法に違反する行為または不作為によって私人に損害を与えた場合、損害を賠償する義務を負うとする原則である。EUの基本条約に明文の規定はなく、判例法上の原則であり、1991年のフランコヴィッチ事件先決裁定で初めて承認された。本裁定はそれをさらに推し進め、適用範囲を広げた点で意義が大きい。

従来、構成国によるEU法違反から私人に生じた損害の賠償責任は、各国の国内法により解決すべき問題とされていた。しかし、それでは責任の成否や救済の程度が各国法によりまちまちになるため、同じEU法上の権利の侵害に対して各国での救済の有無も程度も異なる可能性があった。これに対して、EU法上の国家賠償責任原則は、EU法上の一定の要件を充たす限り、国内法にかかわらず賠償責任がEU法上成立することを認めるものであり、各国共通の救済を提供するものとなる。ゆえにEU法上の国家賠償責任原則は、EU法の実効性の確保やEU法上の権利保護に貢献するものと評価される。また、EUの基本条約に明文の根拠をもたず、EU裁判所の判例法理として発展した点から、EU法秩序の動態性や、EU法秩序形成におけるEU裁判所の積極的役割を示す例としても位置づけうる。

適用範囲　　本裁定は、フランコヴィッチ事件とは異なる事実関係のもとで国家賠償責任の成立可能性を認めたもので、その射程も広い。

まず、本裁定は、直接効果のあるEU法に違反した場合であった本件についても同原則を適用した。一部諸国は、フランコヴィッチ事件が直接効

果のない EU 指令の事例であったことから、本件への同原則の適用に反対していたが、EU 裁判所はそれを退け、損害賠償請求権は EU 法の直接効果の必然的な帰結と述べて、国家賠償責任が直接効果のある EU 法違反の事案でも、直接効果のない EU 法違反の事案でも生じうるものとした。

　次に、本裁定は、EU 法の違反する国家機関が立法、行政、司法のどの機関であっても同原則は妥当するとし（裁定31-34段）、本件では各国の立法機関の帰責可能性を認めた。すでにフランコヴィッチ事件裁定で各国の立法機関の指令不実施という不作為から賠償責任が生じることは確認されていたが、本裁定はそれを再確認した。またその後、EU 裁判所は、各国の行政機関（Case C-5/94, The Queen v. Ministry of Agriculture, Fisheries and Food, ex parte Hedley Lomas (Ireland) [1996] ECR I-2553）、司法機関（Case C-224/01, Köbler [2003] ECR I-10239〔本書初版11番事件〕）、連邦制国家における州（Case C-302/97, Konle [1999] ECR I-3099）、独立の公法上の機関（Case C-424/97, Haim [2000] ECR I-5123）などによる EU 法違反についても EU 法上の賠償責任が成立しうると判断した。

　責任成立要件　　EU 法上の国家賠償責任の成立要件は、全ての事案に適用される一般的要件である。判例は当初、成立要件を EU 法違反の性質に応じて個別に設定する方針をとっていた。そこでフランコヴィッチ事件裁定では、「指令を期限内に国内法化しなかった場合」の成立要件として、指令が規定する結果が私人への権利付与を伴うこと、指令の規定をもとに権利の内容が特定可能なこと、構成国の義務違反と損害との因果関係、の三要件を提示していた。また、本裁定も、「構成国が広範な裁量を有する分野で立法的措置を採択した場合」として、本裁定51段で挙げた成立要件（①違反された法規が私人に対する権利の付与を意図すること、②違反が十分に重大であること、③義務違反と損害との間に直接の因果関係が存在すること）を示した。

　しかし、違反類型ごとに要件を設定する方針は1996年のディレンコファー事件先決裁定（Joined Cases C-178/94, C-179/94, C-188/94, C-189/94 and C-190/94, Dillenkofer and Others v. Bundesrepublik Deutschland [1996] ECR I-4845）で放棄され、現在では、本裁定51段に示した三要件（①違反された

法規が私人に対する権利の付与を意図すること、②違反が十分に重大であること、③義務違反と損害との間に直接の因果関係が存在すること）が一般的要件となっている。

　このうち、「十分に重大な違反」は、本裁定56段に挙げられている事由等を考慮して評価される。判例ではとくに「違反された法規の明確性および正確性」が重視されており、また、その関連で、先例の存在に重要な意味が与えられている。実際、本裁定も、EU法違反を認定する判決やEU法違反を明らかにする先例があるにもかかわらず違反が存続する場合には、違反は十分に重大であると判断した（本裁定57段。判例法の明白な違反を理由に重大性を肯定する例として、Case C-429/09, Fuß [2010] ECR I-12167, paras. 54-58）。反対に、EU法違反行為があった時点で関連する先例がなかった場合には、違反の重大性は否定される傾向にある（Case C-168/15, Tomášová, EU:C:2016:602）。

　また、構成国が有する裁量の程度も、違反の重大性を評価するうえで重要な要素となる。ただし、裁量の幅が狭い場合に直ちに違反の重大性が認定されるというわけではない。当初の判例にはそのような趣旨を述べたものもあったが（前出 Hedley Lomas, para. 28）、後の判例は、構成国の裁量がほとんどまたは全くなかった場合には「〔EU〕法の単なる違反は十分に重大な違反となりうるが、必ずしもそうとも限らない」のであって、事案を特徴づけるあらゆる要因を考慮して違反の重大性を評価する必要があると説明している（前出 Haim, paras. 41-42）。

　上述の三要件は、違反主体を問わず適用される。ただし、国内最終審判決による違反を理由とした賠償責任に関しては、裁判機能の特性および法的安定性の要請を考慮して、十分に重大な違反の存在が認められるのは「裁判官が明白に適用法規を誤ったという例外的な場合」に限定されている（前出 Köbler, para. 53）。

国内法との関係　EU法上の国家賠償責任は、本裁定が提示した成立要件を満たせば成立する。その限りで、この原則は国内法から独立している。しかし、その反面、国内法に依存する側面も併せもつ。

まず、この成立責任要件の審査において、国内法上の概念が用いられる余地がある。たとえば、因果関係の存在は、EU 法により概念が定義されない限り、国内法上の因果関係概念を基礎にして判断される。

　また、とくに手続面に関しては、規律する EU 法が存在しない限り国内法が適用される。ただし、ここで適用される国内法は、同等性（equivalence）原則と、最低限の実効性（effectiveness）原則の制約を受ける。すなわち、国内における類似の請求に関する規定よりも不利であってはならず、かつ、実際上賠償を得ることを不可能または著しく困難にするものであってはならない。たとえば、国家賠償請求が行政行為の EU 法違反を主張して行われる際には、当該行為の適法性を争う国内救済手段を尽くしていることが必要であるが、憲法違反を理由とする訴えではそれが要求されない場合、そうした国内法上の要件は同等性原則に反しうる（Case C-118/08, Transportes Urbanos y Servicios Generales [2010] ECR I-635）。同様に、最高裁判所の判決が再審査の対象となるような状況は事実上排除されているにもかかわらず、最高裁判所判決の取消しが国家賠償請求の条件となっている場合には、関連国内法は実効性原則に反するとして排除されるべきことになる（Case C-160/14, Ferreira da Silva e Brito and Others, EU:C:2015:565）。

　このように、EU 法上の国家賠償責任原則は、独立性を保ちつつも国内法に依存している面をもつ。さらに、各国法上の国家賠償責任の成立要件が EU 法上のそれよりも私人に有利な形で設定されている場合には、EU 法上の成立要件を充たさない場合でも各国法にもとづき賠償責任が認められることもありうる。

（西連寺隆行）

✣ 文献案内

Paula Giliker (ed.), *Research Handbook on EU Tort Law*, (Edward Elgar, 2017).
Rónán Condon and Barend van Leeuwen, 'Bottom Up or Rock Bottom Harmonization? *Francovich* State Liability in National Courts' (2016) 35 YEL 229–290.

第2章　各国裁判所と欧州司法裁判所の関係

9　●チルフィット事件
先決裁定の付託義務

Case 283/81, Srl CILFIT and Lanificio di Gavardo SpA v. Ministry of Health [1982] ECR 3415.

◆事実・争点

　EC域外国からイタリアに輸入された羊毛にイタリア政府が衛生検査料を課した。輸入業者チルフィット（CILFIT）社がこの検査料は、商品の自由移動を保障するEC法に反する関税と同等効果の措置であると主張した。しかしイタリア政府は、EC法が禁じるのはEC域内の輸出入関税と同等効果のある措置であって、本件の羊毛は域外からの輸入品であるから禁止対象外であると反論した。イタリアの最高裁にあたる破毀院（Corte Suprema di Cassazione）でこのEC法上の論点が出された。破毀院は、回答は明白と考えたが、EEC条約177条〔運営条約267条〕3段によれば、EC法規の解釈または効力に関する問題について国内の終審となる裁判所はEC〔現EU〕裁判所に先決裁定を請求する（shall）とされていた。そこで破毀院は、終審裁判所に課された義務はあらゆるEC法の解釈問題を付託する義務なのか、それとも合理的な解釈上の疑いがある問題のみ付託する義務にすぎないのか、とEC裁判所に問うた。

◆先決裁定

　5．この質問に答えるためには、〔EEC条約〕177条〔運営条約267条〕が設けた制度に着目する必要がある。この制度は、EC裁判所に、とくに設立条約とEC機関の採択措置をめぐる解釈についての先決裁定を行う管轄権を与えるものである。

6．同条2段は、構成国のあらゆる裁判所または審判所は、判決を行うために解釈問題に関する判断が必要と考えるときは、その点の裁定をEC裁判所に要請できる（may）と定める。同条3段は、構成国の裁判所または審判所であって、各国法上は司法的救済がそれ以上ない裁判所または審判所に係属した事案において解釈問題が出されたときは、当該裁判所または審判所は、その問題をEC裁判所に付託する（shall）と定める。

7．事案をEC裁判所に付託するこの義務は、EC法の適用に責任をもつ裁判所としての構成国の裁判所と、EC裁判所との間の協力の上に成り立つのであって、その協力はすべての構成国におけるEC法の適切な適用（proper application）と統一的な解釈（uniform interpretation）を確保するためにある。より具体的にいえば、177条3段は、EC法上の問題について共同体内で司法判断が様々に分かれることを防ごうとする。したがって、177条にいう解釈問題が提起されたとき、付託義務の範囲は、上記の諸目的を考慮しつつ、一方で構成国の裁判所の権限に照らし、他方でEC裁判所の権限にも照らして、画定されなければならない。

8．そこで、各国法上、決定に対して司法的救済がそれ以上ない各国の裁判所または審判所がEC裁判所に事案を付託する義務が生じる状況を決定するために、「そのような問題のいずれかが出されたとき」という〔EEC条約177条3段の〕文言のEC法上の意味を明確にする必要がある。

9．この点で第一に指摘すべきは、177条は〔裁判所が利用できる制度であって〕、各国の裁判所または審判所に係属した事案の当事者が利用できる紛争解決の手段ではない点である。したがって、当事者がEC法上の解釈問題が紛争に含まれていると主張しただけで、それが177条にいうところの出された解釈問題にあたるものと所轄裁判所または審判所が考えなければならないということにはならない。他方で、各国の裁判所または審判所は、適宜自らの発意により問題をEC裁判所に付託することができる。

10．第二に、177条〔運営条約267条〕の2段と3段の関係からして、3段にいう裁判所または審判所も、判決を下すためにEC法上の問題に対する決定が必要かどうかの判断の裁量は、国内のほかの裁判所や審判所と同様にもつ。したがって、当該問題が無関係である場合、つまり当該問題に対する回答が何であれ事案の結論にはなんら影響しない場合、EC法上の解釈問題をEC裁判所に付託する義務は生じない。

11．しかし、当該裁判所または審判所が事案の判決をするうえでEC法を用いることが必要と考えるときは、177条〔運営条約267条〕により、出されうるあらゆる解釈問題をEC裁判所に付託する義務が課される。

12．破毀院が出した問題は、一定の場合には、177条〔運営条約267条〕3

段に定める義務が限定されうるかどうかを確認しようとするものである。
13. この点でダ・コスタ事件（Cases 28-30/62, Da Costa [1963] ECR 31）において、当裁判所は次のように裁定していた。「177条〔運営条約267条〕3段は構成国の裁判所または審判所で各国法上その決定に対してそれ以上司法的救済がないものについて、解釈問題をすべてEC裁判所に付託する義務を全面的に課しているけれども、EC裁判所が177条〔運営条約267条〕にもとづいてすでに与えている解釈が権威をもつため、その義務の目的と実質がなくなることもありうる。とりわけたとえば、出された問題が、すでに同様の事案の先決裁定において扱われた問題と実質的に同一（materially identical）であるような場合である。」
14. これと同様に、当裁判所の既存の諸判断が係争の法的論点を扱っている場合は、その判断にいたった訴訟の種類を問わず、また法的論点が厳密には同一ではないとしても、177条〔運営条約267条〕3段が定める義務が限定されることを認めることができる。
15. とはいえ、そのような場合であっても、各国の裁判所および審判所は、177条〔運営条約267条〕3段にいう裁判所および審判所を含め、事案をEC裁判所に付託するのが適当と考えるときは、そうする自由を完全にもっていることを忘れてはならない。
16. 最後に、EC法の正しい適用があまりに明白（obvious）であって、出された問題をどう解決すべきかについて合理的な疑いの余地をまったく残さない場合もありうる。しかし、そのような結論に到達する前に、各国の裁判所は、その問題が他の構成国の裁判所やEC裁判所にとっても同じく明白であるとの確信を得なければならない。そのような条件が満たされたときにのみ、各国の裁判所または審判所は問題をEC裁判所に付託することを控え、自らその問題を解決する責任をもつことができる。
17. しかし、その可能性があるかどうかは、EC法の特質に照らし、またEC法の解釈に生じる特別の困難を考慮して判断されなければならない。
18. まず念頭におくべきは、EC立法が数か国語により起草され、各言語のものが同等に正文とされる点である。このようにEC法の規定の解釈は異なる言語の正文の比較検討を伴う。
19. 次に留意すべきは、異なる言語の正文が相互に完全に一致している場合であっても、EC法はそれ独自の用語を用いている点である。しかも、EC法における法概念と各国法の法概念とが同一の意味をもつとは限らない点も強調されなければならない。
20. 最後に、EC法のあらゆる規定はその文脈において、EC法規定全体に照らして解釈されなければならず、EC法の諸目的を考慮し、また争わ

れている規定が適用される時点におけるEC法の発展状況も考慮しなければならない。

21. 以上の考慮すべてからして、破毀院より出された質問への回答として、EEC条約177条〔運営条約267条〕3段は次のように解するのが相当である。すなわち、各国法上その決定に対して司法的救済がない裁判所または審判所は、そこでEC法上の問題が出されたとき、事案をEC裁判所に付託する義務に従わなければならない。ただし、出された問題が無関係であるか、あるいは係争のEC法規定がEC裁判所によりすでに解釈されているか、あるいはEC法の正しい適用があまりに明白であって合理的な疑いの余地をまったく残さないか、これらのいずれかが確実である場合はこの限りではない。このような可能性の存在は、EC法の特質、EC法の解釈において生じる特別の困難、ならびに共同体内で司法判断が様々に分かれる危険を考慮して判断しなればならない。

◆ 解 説

先決裁定　　EU裁判所が管轄する手続類型には、大別して①直接訴訟の類型（後述）と、②先決裁定の類型がある。

「先決裁定」の原語は、renvoi préjudicial（仏）; Vorabentscheidung（独）; preliminary ruling（英）である。先決裁定管轄権は、構成国に共通のEU法の統一的な解釈と適切な適用を確保するために存在する。統一的な解釈の確保はEUにおいて重要である。多様な法伝統をもつEU諸国の裁判所が国内に直接適用されるEU法をそれぞれの仕方で解釈し適用すると、EUの共通経済市場等の共通ルールが共通でなくなる。そこでEU法の統一的解釈と適用を図るため、各国の裁判所は手続を停止してEU法の解釈や効力の争点をEU裁判所に付託し統一的な解釈や効力判断をえ、そののち各国の裁判所は手続を再開して示されたEU法の解釈や効力判断にもとづいて終局判決を下す。この解釈の統一性を保つ手続が先決裁定手続である。先決裁定の管轄権は、これまでのところEU裁判所が独占している（運営条約256条3項はEU一般裁判所にも先決裁定の管轄権を規定するが、EU裁判所規程はそれに先決裁定管轄権を未だ与えていない）。

「先決裁定」という訳語について説明すれば、「先決」というのは、各国裁判所の終局判決に先立つ先決問題に対する判断だからである。「裁定」

というのは次の理由から「判決」と区別すべきだからである。第一に、後述するEU裁判所における直接訴訟類型の「判決」と区別すべき判断だからである。第二に、上述のチルフィット事件の裁定9段もいうように、この手続は訴訟当事者には利用権がなく、構成国の裁判所の裁量により利用される手続である。したがって当事者訴訟手続と区別され、ゆえに先行「訴訟」と訳すのは不適切である。また先決裁定そのものは、構成国の裁判所が下す事件の終局「判決」の基礎になる場合もあれば、ならない場合もあるので、当該事件の「判決」とも異なる（ゆえに「中間判決」と訳すのも不適切である）。第三に、EC法上の独自の制度は、そのような制度がない国内訴訟制度の用語に強引に引き付けて理解するのではなく、独自なまま理解すべきである。そこで「先決裁定」と訳している。（なおEU裁判所自体が最近は直接訴訟の判決も先決裁定もjudgmentと表記するが、これは簡便のためであり、上記の訴訟法上の性格は変わらないから、先決裁定手続の判断は「判決」ではなく、先決裁定と訳すべきである。）

直接訴訟　先決裁定の管轄権とならんで、EU裁判所にはもうひとつ、直接訴訟（direct actions）の管轄権がある。これは当事者がEUの裁判所（EU裁判所とEU一般裁判所）に直接に提起する各種の訴訟の総称である（取消訴訟（無効確認訴訟を含む）、不作為違法確認訴訟、損害賠償訴訟、条約義務不履行確認訴訟など）。取消訴訟であれば、ある民間企業がEU機関（欧州委員会）から受けた処分（EU競争法違反の決定）の取消を求めるときや（運営条約263条―私人による取消訴訟）、あるEU機関（たとえば欧州議会）が別のEU機関（たとえば閣僚理事会や欧州委員会）の違法な行為（たとえば立法根拠規定の誤った選択）の無効確認を求めるとき（運営条約263条―EU機関間の取消訴訟）などに用いられる。欧州委員会がEU法を履行しない構成国をEUの裁判所に訴える訴訟（運営条約258条―条約義務不履行確認訴訟）もまた直接訴訟である。

　直接訴訟の管轄は、現行規程によれば、①原告がEU機関や構成国のときは、EU裁判所にある（EU裁判所規程51条。若干例外的にEU一般裁判所に提起するものもある）。②原告が私人のときは、EU一般裁判所にある。

　直接訴訟ではEUの裁判所は、自ら証拠調べをして事実認定をし、EU

法を解釈適用して、当事者に既判力を生じる「判決」を行う。訴訟の性質も直接訴訟は当事者が利用し争点を形成する当事者訴訟である。ゆえに、直接訴訟でのEUの裁判所の「判決」には「既判力（res judicata）」が生じる。これと対照的に、「先決裁定」は訴訟当事者が利用できる手続ではなく、またEU裁判所は自ら証拠調べができず（構成国の付託元裁判所が提出した事件調書上の事実に拘束される）、先決裁定は既判力を生まず、構成国裁判所に対する参考意見としての回答となる。「先決裁定」を安易に「判決」と訳さない理由はこうした違いからでもある。

先決裁定の制度目的　　さて、チルフィット事件裁定が明言しているが、先決裁定制度は、構成国の裁判所とEU裁判所の信頼と協力の制度であり、両者を上下関係におく制度ではない。その制度目的は、構成国の裁判所とEU裁判所が相互に協力して、すべての構成国におけるEU法の適切な適用と統一的な解釈を確保することである（裁定7段）。

それゆえEU裁判所は構成国の裁判所からの付託は、原則として受理し裁定を下す。たとえ受理後に付託国内で当該事案が何らかの形で解決しても、付託元裁判所が取り下げない限り裁定にいたる（Case 106/77, Simmenthal [1978] ECR 629, para.10.）。他方、付託元裁判所は、EU裁判所との協力関係を維持するために、付託理由を調書に述べなければならない（Case C-344/04, International Air Transport Association [2006] ECR I-403, para.31.）。

とはいえ、ごく例外的にEU裁判所が先決裁定請求を受理せず、管轄権行使を拒否することもある。たとえば、真の争訟性が事案の当事者間にない、架空訴訟や友誼訴訟の場合である。フォグリア対ノヴェロ事件（Case 104/79, Foglia v Novello [1980] ECR 745）が著名である。この事件では、特定のフランス法をEU法違反だと考える点で意見が一致している原告と被告が、その違反をEU裁判所に認めさせるために巧みに契約書を作成し、一方が他方をイタリアの裁判所に訴える形にして訴訟を起こし、イタリアの裁判所がEU裁判所に当該フランス法のEC法適合性について先決裁定を要請した。しかしEU裁判所は、先決裁定制度は、すべての各国裁判所に対して、そこに係属している「真の争訟」を解決できるために必要なEU法の解釈に関する情報を提供することに限られると述べて、本件は架

空の争訟であるので先決裁定管轄権の行使は拒否すると判断した。

付託裁判所の範囲　先決裁定制度は、訴訟当事者が利用する権利をもつ訴訟手続ではない。あくまでも構成国の裁判所・審判所だけが利用できる制度である。

ではどの範囲の構成国の裁判所・審判所が利用できるのか。まず、国内法上、司法的救済機関として明確に位置づけられた裁判所や審判所は先決裁定の制度を利用できる。問題は、紛争解決に関与する他の機関で、司法的機能を発揮するものが先決裁定制度を利用できるかである。たとえば医者など専門職業団体の自主的な紛争解決機関に当該職業の資格認定や剥奪をめぐる紛争の解決が専ら任されているような場合、自主的自治的な紛争解決機関は「裁判所または審判所」に該当して先決裁定が利用できるのか。この点については、ブロクミュレン事件（Case 246/80, Broekmeulen [1981] ECR 2311）が一般的な判断基準を示した。オランダの医師会の自主的紛争解決機関が問題となった事案である。オランダ人Bはベルギーで医師免許を取得しオランダで医師登録を申請したが、オランダの医師会免許委員会が拒否したため、医師会上訴委員会（commissie van beroep huisartsgeneeskunde）に不服を申し立てた。EU裁判所は、その紛争解決機関が、①当該構成国において問題の紛争の解決において果たす役割、②解決機関のほかに通常の裁判所での紛争解決が保障されているかどうか、③当該解決機関の紛争解決の方法、④当該紛争解決機関への国家の関与の度合いを総合的に判断して、オランダの王立医師協会の設置した医師会上訴委員会は運営条約267条（旧EEC条約177条）3段の「裁判所および審判所」に該当するとした。①と②についていえば、オランダでの医師開業は、オランダの王立医師協会が設置した登録委員会での登録がなければ、法的にも事実上も、専門医としても社会保険医としても私的開業医としても開業できない。そのためオランダではすべての医師登録が登録委員会への登録申請によっており、すべての登録拒否決定は上訴委員会で争われており、通常の裁判所が登録をめぐる紛争に判断管轄権をもつかどうかの決定はされた前例がなかった。また③については、上訴委員会が対審手続きで判断を下すことが挙げられ、④については、上訴委員会の人員構成にお

いて、国家（文部省・厚生省）が関与すること、王立協会の設置規定や内部ルールの改正に文部大臣と厚生大臣との協議が義務付けられていることなどをあげた。この事件に示された判断基準が定着している。

付託義務の範囲　チルフィット事件裁定の最重要点は、国内で終審となる裁判所・審判所には原則として EU 法問題の付託義務があると確認しつつ、他方で、例外的に付託が義務とならない場合も認めた点である。それは、①その EU 法問題が事案の終局的解決に無関係の場合、②実質的に同一の争点がすでに先決裁定で判断されている場合（Da Costa 事件）、または③ EU 法の正当な解釈が合理的な疑いの余地を残さないほどに「明白な場合」（チルフィット事件）である。とくに③が新たに追加された（③はフランス行政法学にいう「明白な行為（acte claire）の法理」［解釈問題を提起しないほど意味が明白な行為について裁判機関は解釈権限をもたないとする学説上の概念］に類似するが、同様の言葉であっても EU 法上の概念は独自であり、フランス法学上の概念と一致するわけではない）。

では EU 法上の「明白な場合」に付託義務は生じないという準則は、付託義務を現実に緩和するだろうか。EU 裁判所は、明らかに緩和させない意図である。本件裁定17-20段にある方法論に則るならば先決裁定を求める方向に実際には誘導される。とくに関連する EU 法規の正文を全 EU 公用語（現在は24か国語）で比較検討することや（裁定18段）、EU 法上の概念はそれ独自に解釈すべきことなどは（裁定19段）、各国の判事には不可能である。つまり EU 裁判所は一点の合理的疑義でもあるなら EU 問題を付託せよというに等しい。しかし視点を各国の終審裁判所に移すなら、究極的には「明白」か否かを自ら決定できる点が重要であり、ここからはむしろ緩和の余地がみえる。EU 裁判所も相互の信頼と協力をうたう以上、各国の終審裁判所の判断を尊重しなければならないからである。

こうした EU 裁判所と各国裁判所の微妙な思惑のずれのもとで、チルフィット事件以後、実務は展開した。一方では、各国の終審裁判所が「明白な場合」にあたるかどうかの決定権をもつことが確認された。たとえば、2014年の X ＆ ファン・ダイク事件（Cases C-72/14 and C-197/14, X and van Dijk, EU:C:2015:564）では、同様の訴訟が国内で次々に提起され、ある事案

では下級審（オランダ控訴院）が同一のEU法問題についてEU裁判所に先決裁定を請求した。しかし別件の同様事案は終審裁判所（オランダ最高裁）まで上訴され、終審裁判所も当該同一争点の先決裁定を請求する義務があるのか、または下級審が付託した当該問題への先決裁定が下るまで自らは待機する義務があるのかが争点となり、その点の先決裁定をEU裁判所に請求した。EU裁判所は、終審裁判所が「明白な場合」かどうかを自ら決定できることを確認し、下級審が先決裁定を求めた同一論点について終審裁判所が独自に「明白」と結論でき、下級審が請求した先決裁定が下るまで終審裁判所が判決を待機する義務もないと判断した（裁定59-61段）。

　他方で、EU裁判所は「明白な場合」の判断においては、一国の視点ではなくEU全体の視点から判断すべきだとも忠告した。たとえば2015年のフェレイラ・ダ・シルヴァ事件（Case C-160/14, Ferreira da Silva, EU:C:2015:565）では、EU法上の解釈問題についてポルトガル最高裁判所（終審）が「明白な場合」として先決裁定を請求せず原告らのEU法上の主張を棄却した。そこで原告らはこの最高裁判決自体がEU法違反の不法行為であるとしてポルトガル国にEU法上の損害賠償請求をした〔これが可能なことは本書8番事件を参照〕。これを審理したポルトガルの第一審裁判所が同じEU法上の解釈問題について（本当に最高裁の言うようにそれが「明白な場合」だったのかを確かめるために）EU裁判所に先決裁定を請求した。このときEU裁判所は、ポルトガル最高裁を厳しく批判した。なるほど各国の終審裁判所は「明白な場合」かどうかを独自に判断する権限があり、また下級審の判断が分かれているからといって終審に先決裁定付託義務が生じるわけでもないが（裁定40-42段）、本件で係争のEU法問題は、多くの構成国の裁判所で解釈紛争を呼んだのであるから、決して合理的な疑いの余地を残さないほど明白とはいえず、ゆえに終審は先決裁定を付託する義務があったというべきである、と述べた（裁定43-44段）。

下級審にも付託義務が生じる場合　以上は終審の付託義務をめぐる判例展開であったが、これとは別に下級審にも付託が義務づけられる場合があるとEU裁判所は判示している。フォト・フロスト事件〔本書10番事件〕において、構成国の裁判所がEU規則や指令などの有効性を

確認することは許されるが、無効を認定することは許されず、無効性の争点は下級審といえども先決裁定付託義務があると判断した。各国裁判所がEU法規の無効を認定するとEU法の統一的適用が乱されるからである。

統一的解釈と迅速解決の緊張　このようにEU裁判所はEU法解釈の統一性を強調し付託を促すが、付託件数が増えれば、EU裁判所の先決裁定が遅延し（近年、平均所要期間は改善傾向にあるものの、1998年21.4か月、2004年23.5か月、2010年16.1か月、2016年15か月、2017年15.7か月かかっている）、迅速な紛争解決がおろそかになる。そのため各国の裁判所の中には、EU法上の解釈に合理的な疑いが残ってもあえて先決裁定を求めず、（流動的なビジネスを抱える）当事者のために自らEU法を解釈して迅速解決を優先させるものもでてくる（イギリスの貴族院のFreight Transport Association事件 [1991] 1 WLR 828, [1991] 3 All ER 915や高等法院のPortman Agrochemicals事件 [1994] 3 CMLR 18など）。こうした意図的回避例は多くはないが、統一的解釈適用と迅速な紛争解決の間に緊張がある。

そこで2000年代以降、EU裁判所において、迅速処理手続（expedited procedure）や緊急先決裁定手続（PPU, urgent preliminary ruling procedure）が導入された。いずれも急速手続であるが、前者は事案が迅速な処理を要するときEU裁判所長官の許可により手続期間を通常より短縮して行う（EU裁判所手続規則105条）。後者は域外移民規制や刑事警察協力に関する「自由・安全・正義」領域事案に限って各国裁判所から緊急裁定が申立てられたとき、EU裁判所の裁量で5人法廷に回付し2、3か月で特急処理するものである（2008年改正EU裁判所規程23a条、EU裁判所手続規則107条以下。PPUは2016年に9件認められ平均2.7か月、2017年は4件、2.9か月で処理）。

（中村民雄）

✚**文献案内**――

Koen Lenaerts et al., *EU Procedural Law* (Oxford U.P., 2015), paras. 22.06-22.19.
Morten Broberg and Niels Fenger, *Preliminary References to the European Court of Justice*, 2nd ed. (Oxford U.P., 2014), paras. 5.2-5.3.

10 ●フォト・フロスト事件
先決裁定の付託義務
―― EU 派生法規の無効判断

Case 314/85, Foto-Frost v. Hauptzollamt Lübeck-Ost [1987] ECR4199.

◆**事実・争点**

　本件では、他の EU 加盟国を経由して、西ドイツに輸入された東ドイツ製品に対する「通関後の輸入関税徴収」が争われた。「通関後の輸入関税徴収」とは、通関手続に入った製品につき、本来通関時に行われる、納税義務者への関税支払いの要求がなされなかった場合に、後日、納税義務者より関税を徴収することをいう。この徴収手続を規律する1979年の EC 理事会規則1697/79号は、①輸入関税の未徴収が構成国の所轄当局の過誤から生じた場合であって、②関税の納税義務者が当該過誤を認識することが不可能であり、納税義務者が善意で行動し、③規則の定める要件をすべて遵守していた場合には、所轄当局は徴収を行わないと定め（同規則5条2項）、③の要件の詳細は別途、欧州委員会規則が定めるものとしていた。そして欧州委員会は、1980年に、規則5条2項を実施する EC 委員会規則1573/80号を採択して詳細を定めた。委員会規則によれば、輸入関税額が2000ECU 以上である場合には、構成国の所轄当局は欧州委員会に当該事案を義務的に付託し、欧州委員会が徴収すべきか否かを決定する。（なお本件当時、東西ドイツ間の商品取引は EC 法上特別に「ドイツ域内通商に関する議定書」によって規律されていた。同議定書はドイツ再統一を促進するため、EC 法の適用上、東西ドイツ間の商品取引を無関税としていた。）

　本件原告は、西ドイツでフォト・フロスト（Foto-Frost）の屋号を使用して、写真用品の輸出入業に従事していた。原告は、1980年9月から1981年7月にかけて、当時 EC の域外であった東ドイツで製造されたプリズム双眼鏡を、EC 構成国のデンマークとイギリスの業者より購入し、通関前のそれらの製品はデンマークとオランダの保税倉庫から原告に直接配送さ

れた。原告は、同種の前例にならい、当該製品の輸入につき、当該製品が東ドイツで製造されたことを理由に関税免除を申請し、管轄する西ドイツ税務署も無関税での輸入を承認した。ところが、西ドイツの上級税務署は、前述の議定書は、東西ドイツ間の直接の輸入にのみ適用されるとの立場を取り、同製品は東ドイツから構成国を経由して西ドイツに輸入されたので、同製品の輸入には通関後の輸入関税徴収が必要であると判断した。もっとも原告の輸入は、前述の理事会規則1697/79号5条2項が定める徴収免除の三要件を満たしているので、結局は徴収が免除されると考え、税額が2000ECUを越えていたので、前述の委員会規則1573/80号の定める手続にしたがい、徴収免除の判断を欧州委員会に付託した。すると委員会は1983年5月、原告が西ドイツ税務署の関税免除の誤りに気づきえたことや原告の申告が法定の要件を満たしていないことなどを理由に、徴収免除を認めない決定を上級税務署に通告した。そこで西ドイツ上級税務署はこの委員会決定に従い、1983年7月、輸入関税の支払いを原告に求める修正通知を発した。これに対して原告は、上級税務署の修正通知の執行停止とその無効確認をハンブルク財務裁判所に訴求した。財務裁判所は、東西ドイツ間における無関税を定めた、前述の「ドイツ域内通商に関する議定書」の趣旨に照らし、本件取引はドイツ域内通商に該当するので無関税であってしかるべきと判断し、修正通知の執行をかりに差し止めた。しかし、原告の求める修正通知の無効確認について財務裁判所は、上級税務署の修正通知を無効とするには、その基礎となった本件委員会決定の無効を確認しなければならないと考えた。そこで以下の問題についてEU裁判所に先決裁定を求めた。

　争点は、第一に、欧州委員会が行った徴収免除を認めない決定の効力を各国の（とくに下級審の）裁判所がEU裁判所に先決裁定を求めずに独自に審査できるか否か。審査できないとき、第二に、本件の欧州委員会決定は有効か、である。

◆先決裁定

　EEC条約177条〔運営条約267条〕は、国内下級裁判所が自らEC機関

の行為〔＝EC機関が採択した決定などの派生法規〕の無効を宣言できるか否かを明らかにしていない（13段）。

国内下級裁判所は、EC機関の行為の効力を検討することができ、当事者が主張する無効事由に根拠がないと考えるときは、争われたEC機関の行為を完全に有効であるとの結論を下して、請求を棄却することができる。このように判断しても、EC機関の行為の存在を疑問視することにはならないからである（14段）。しかし他方で、国内下級裁判所は、EC機関の行為を無効と宣言する権限はもたない。EEC条約が認めた先決裁定権限の主目的は、国内裁判所によるEC法の統一的適用を確保することにある。この統一性は、EC機関の行為の効力が問われる場合には絶対的に必要である。構成各国の裁判所の間で同じEC機関の行為の効力について有効無効の判断が混在するならば、EC法秩序の統一性は失われ、法的安定性も損なわれるであろう（15段）。

EEC条約が構築した司法的保護制度の一貫性を考えても同じ結論にいたる。先決裁定の請求は、取消訴訟と同様、EC機関の行為の適法性の審査手段である。一方でEEC条約173条〔運営条約263条〕および184条〔運営条約277条（違法性の抗弁）〕、他方で177条〔先決裁定手続〕により、EEC条約は、司法的な救済と手続の完結した制度を設けており、この制度を通してEC裁判所は、EC機関が採択した措置の適法性を審査できる（Case 294/83, Les Verts v. Parliament [1986] ECR 1339〔緑の党事件。本書初版18番・第2版17番事件〕）。EEC条約173条がEC裁判所にEC機関の行為を無効と宣言する排他的管轄権を与えている以上、制度の一貫性からして、EC機関の行為の効力が国内裁判所で争われる場合にも、無効を宣言する権限はEC裁判所に留保されなければならない（16-17段）。しかもEC裁判所はEC行為の効力を決定する最適の立場にある。EC裁判所設置規程議定書20条〔現EU裁判所規程議定書（リスボン条約付属第3議定書）23条〕にもとづき、自己の行為が争われているEC機関は当該行為の効力を弁護するために手続に参加できる。さらに、同議定書21条〔現24条〕2段にもとづいて、EC裁判所は、審理に参加していない構成諸国およびEC機関に、事案の審理に必要と考えるあらゆる情報の提供を要求できる（18段）。

なお、EC機関の行為の無効を国内裁判所は宣言できないという準則も、仮の措置の申請手続の場合には一定の状況で制約されうる。ただし、これは本件では問われていない（19段）。

以上から、国内裁判所はEC機関の行為を無効と宣言する管轄権をもたない（20段）。

〔第二問について。理事会規則1697/79号が定める関税徴収が免除されるための三要件は本件では満たされている。ゆえに本件の欧州委員会決定は無効である（28段）。〕

◆解　説

本件の意義　　本件は、運営条約267条（＝EEC条約177条＝EC条約234条）の明文の不明点を明らかにした。すなわち、①構成各国の裁判所はEU派生法規（EU機関による立法等）を無効と自ら宣言する権限をもたない。他方、②現行のEU派生法規を有効と判断することは、EU法の統一性を妨げないので、各国の裁判所にも許される。この二点である。この解釈の理由づけとして、本裁定は、EC法の統一的適用の要請とEC条約が構築した司法制度の完結性を強調した。以下、この結論にいたる論理を解説する。

先決裁定手続　　まず先決裁定手続（運営条約267条）を概観しよう（詳細は本書9番事件解説）。先決裁定手続は、構成各国の裁判所に係属する訴訟で生じたEU法上の争点についてEU裁判所に質問を付託し、EU裁判所が先決裁定の形で回答する手続である。各国裁判所は裁定に示されたEU法に従って当該訴訟を処理する。先決裁定の対象は、(a)設立諸条約の解釈、(b)EU諸機関、組織、独立部局または専門行政機関の行為の効力および解釈である（運営条約267条1段）。

条約規定によれば、各国の下級裁判所は、判決を下すためにEU法問題についてEU裁判所の先決裁定を必要と考えるとき質問を付託できる（裁量的付託）。一方、国内法上、終審の裁判所は、EU法問題の付託は義務である（義務的付託）。条文上は、下級裁判所に対する付託義務が規定されていない。そのため下級裁判所はEU機関の行為の効力を判断できるとも解釈でき、そこで本件の争点が生じた。

先決裁定手続の存在意義　　先決裁定手続は、EU法の統一的な解釈を保障し、各国裁判所を通してのEU法適用の統一性を高める制度である。EU法は、EU裁判所だけでなく各国裁判所によっても適用される。ゆえに解釈を統一することで各国裁判所での適用の統一性も確保しなけれ

ば、共通法としてのEU法は実現されない。しかし他方で、EU裁判所は各国裁判所の各国法上の権限も尊重しなければならない。そこでEU裁判所は、先決裁定手続について、これをEU法の「解釈」を行うEU裁判所と、「適用」を担う各国裁判所の間の「実効的な協力関係（effective cooperation）」であって、上下の階層関係ではないと理解して運用してきた。EU裁判所は、EU法に公権的解釈を与える最終的権限を有するが、各国裁判制度における上訴裁判所（上訴審）ではない。EU裁判所は、各国裁判所が質問を付託した場合にはEU法の適正な適用のために各国裁判所に必要な協力をする関係である。

　フォト・フロスト事件のEU裁判所は、この先決裁定制度の趣旨に着目し、また各国下級裁判所の独立の判断権も一定範囲で尊重しつつも、「EU法の統一的適用」の観点からEU機関の行為の無効判断を各国下級審がすることは、EU法の統一的適用を大きく害するため、認めないという判断をした。換言すれば、下級審が独自に無効判断をしても上訴して終審が当該効力問題を付託する義務を負うから、下級審の段階からEU機関の行為の効力問題を付託することを義務づけなくてもよいという見解は退けた。本件原告と付託元裁判所を含む本件手続に参加した全当事者が、下級裁判所の無効認定権限を否定し、EU機関の行為を無効と判断する権限は、EU裁判所に専属するという結論を支持していたことは、EU法の統一的適用に対する要請の強さを示している。本件の法務官も同様で、運営条約267条の文理解釈では不適当な結果を招くと指摘していた（法務官意見[1987] ECR at 4217-4218）。そして実際、各国裁判所は、本裁定による付託義務を今日まで遵守している。

司法審査の完結性　「個人の権利保護」の観点からは、EU基本条約が、取消訴訟（無効確認訴訟を含む）を中核とする直接訴訟と先決裁定手続の両者によって、EU裁判所がEC機関の行為の適法性を審査する体制を保障していることに留意しなければならない。

　EU基本条約は、EU機関による違法行為の是正を目的として、EU裁判所に対して直接に提起される複数の訴訟類型を定めた。通常「直接訴訟」と呼ばれている。直接訴訟は、権利を侵害された個人を法的に救済す

る直接的方法であり、その典型は、運営条約263条の取消訴訟（無効確認訴訟を含む）である。EU法を執行するEU機関の行為により個人が権利を侵害されたような場合、同条により、個人はEU機関を被告としてEU一般裁判所に提訴でき、違法と判断されたEU機関の行為は取消または無効となる（運営条約264条）。

しかし、EU法を執行する任務は、実際には、その大部分を構成国が担当している。少なからぬEUの規則および全ての指令が、EU域内で現実に適用されるためには、構成国が一定の国内実施措置をとる必要がある。それゆえ、構成国においてとられた実施措置によって権利を侵害される個人は、当該措置について各国法上の訴訟を各国の裁判所に提起し、その訴訟において国内措置の根拠であるEU法の違法性を主張できる（本件もそのような事案であった）。争点となったEU法の適法性は、先決裁定手続によりEU裁判所が判断する。この場合の先決裁定手続は、直接訴訟とは異なる形態ながら、機能としては個人がEU裁判所による審査に到達できる道筋を提供している。換言すれば、個人の権利保護に関する限り、「直接訴訟」と「先決裁定手続」の両者は相互に関連し、同じ目的を達成しようとする。

本裁定は、そのような司法審査制度全体の一貫性から、無効確認訴訟と先決裁定手続をなるべく同様に扱うべきであるとの理由も示して、無効の判断主体をEU裁判所に限定するという結論に到達している。

「解釈」の付託と「効力」の付託　本件裁定の結論からすれば、各国の下級裁判所は、EU法の「解釈」とEU機関の行為の「効力」とでは異なる対応を求められる。EU機関の行為の「無効」が争点となったときは、下級審といえどもEU裁判所へ先決裁定の付託義務を負うが、EU法の「解釈」が争点のときは、国内の終審しかEU裁判所への付託は義務づけられないことになる。

しかしEU法の統一的適用の必要性を強調するなら、EU法の「解釈」についても下級裁判所に付託義務が生じるのではないかという疑問もでようが、解釈と効力に対する判断の性質は異なり、両者を同様に扱うことは論理必然ではないように思われる。第一に、本件の法務官も述べるとお

り、規範の「解釈」は「有効な」規範の適用を前提にしており、下級裁判所が解釈を誤っても、EU 法の本質的核心には害は生じない（法務官意見 [1987] ECR at 4219）。これに対して規範の「効力」を否定することはEU 法の本質的核心を損ねる。第二に、「解釈」は法の意味内容を明らかにする行為であり、当該事案の事実とは直接関係を持たない。しかし規範の「効力」を審査する場合には、EU 裁判所は、具体的事実の検討に踏み込まざるをえない。本件裁定も、欧州委員会決定の効力を尋ねる本件の第二問に関して、「〔EU〕機関の行為の基礎となる事実の存在と、同機関がそれらの事実から引き出した法的推論の正しさを確認する権限を EU 裁判所は有する」と判示した（裁定23段）。以上の二点は、EU 法の「解釈」と EU 機関の行為の「効力」の判断には本質的に異なる部分があることを示している。

各国実施措置の仮の執行停止　最後に、本件では十分論じられなかった点として、EU 派生法規の効力に関する付託義務の原則に対する例外がある（裁定19段）。各国の下級裁判所は、各国での実施措置の基礎となっている EU 派生法規の無効が疑われることを理由に、例外的に、各国での実施措置について仮の執行停止を命じられないかという問題である。

この点については、1991年の砂糖工場事件（Cases C-143/88 and C-92/89, Zuckerfabrik Süderdithmarschen and Zuckerfabrik Soest [1991] ECR I-415）で明らかにされた（同旨 Case C-465/93, Atlanta Fruchthandelsgesellschaft mbH [1995] ECR I-3761; Case C-334/95, Krüger [1997] ECR I-4517など）。同事件において、EU 裁判所は、EU 規則の実施を各国当局が担当するとき、個人が当該規則の執行を差止める決定を得られなければ EU 法の保障する個人の権利は損なわれると判示した（裁定16-17段）。この判断の根拠は、やはりEU 司法制度の一貫性にあった。つまり、直接訴訟である無効確認訴訟を提起する場合は、EU 規則の仮の執行停止を EU 裁判所が命じることができる（運営条約278条）。ならば、先決裁定手続の仮の救済制度も EU 司法制度の完結性からして一貫すべきであって、無効と争われている EU 規則にもとづいてとられた各国の行政措置について国内裁判所が執行停止を命

じえてしかるべきだと判断した（裁定18段）。

そして執行停止の要件も EU 裁判所は明確にした。第一に、各国の行政措置の根拠となる EU 規則の効力に重大な疑問があり、かつ、執行停止は仮の措置たる性質を維持すべきこと。第二は、緊急性の要件であり、深刻かつ回復不能な損害を回避するために必要であること。そして第三に、EU 全体の利益に対する配慮であり、執行停止により EU 法の実効性が完全に損なわれることがないことである（裁定33段）。

（須網隆夫）

✤文献案内

Anthony Arnull, *The European Union and Its Court of Justice*, 2nd ed. (Oxford U.P., 2006).

Miguel Poiares Maduro and Löic Azoulai (eds.), *The Past and Future of EU Law, The Classics of EU Law Revisited on the 50th Anniversary of the Rome Treaty* (Hart Publishing, 2010).

第 3 章　欧州司法裁判所による法令審査・司法統制

| 11 | ●イヌイット事件
取消訴訟の私人の原告適格
——「自らに直接関係する規則的行為」

Case T-18/10, Inuit Tapiriit Kanatami v. European Parliament and Council, [2011] ECR II-5599.
Case C-583/11P, Inuit Tapiriit Kanatami v. European Parliament and Council, EU:C:2013:625.

◆**事実・争点**

　2009年9月、欧州議会と閣僚理事会は、アザラシ製品のEU域内販売の禁止を原則とするEU規則1007/2009号（[2009] OJ L 286/36、以下、アザラシ規則）を採択した。この規則は、一般的に「アザラシ製品のEU域内流通は、イヌイットその他の先住民社会の伝統的狩猟法の成果物であって彼らの生活を支えるもの以外は、許されない」と定め（規則3条1項）、特定の個人や団体を名宛人とした禁止は定めていなかった。

　2010年（リスボン条約発効後）、(a)イヌイットのアザラシ猟師と罠師、および彼らの利益代表団体、(b)アザラシ研究者、(c)毛皮業界非営利団体、(d)営利加工業者とその業界団体が原告となって、運営条約263条4段にもとづいて、アザラシ規則の無効確認訴訟をEU一般裁判所に提起した。

　争点は、原告らの原告適格の有無となった。EUの基本条約は私人にEUの法的行為の取消・無効確認訴訟の原告適格を与えてはいたが、きわめて限定していた。現行法は運営条約263条4段である。これは旧EC条約の対応条文がリスボン条約により改正されたもので、本件ではとくに、新規の追加部分（次頁の表③下線部）の「規則的行為（regulatory act; acte réglementaire; Rechtsakt mit Verordnungscharakter）」の解釈が争点となった。条文の新旧対照表は次の通りである。

旧〔EC条約230条4段〕	新〔運営条約263条4段 ＝憲法条約III-365条4項〕
あらゆる自然人もしくは法人は、 ①自らを名宛人とする決定、または、 ②規則もしくは他人を名宛人とする決定ではあるが、自らに直接かつ個人的に関係する決定について、 〔取消訴訟（無効確認訴訟含む）を提起できる〕	あらゆる自然人もしくは法人は、 ①自らを名宛人とする行為、または、 ②自らに直接かつ個人的に関係する行為について、ならびに ③自らに直接関係する規則的行為であって実施措置を伴わないものについて、 〔取消訴訟（無効確認訴訟含む）を提起できる〕

　原告は、アザラシ規則こそ（EU各国内で直接適用され実施措置を伴わないもので）③に該当し、ゆえに無効確認訴訟を提起できると主張した。しかし、被告（欧州議会と閣僚理事会）は原告の「規則的行為」の解釈に異を唱え、訴えの却下を求めた。本件のEU一般裁判所もEU裁判所も、本件のアザラシ規則は「規則的行為」に含まれないと解釈し、本件のいずれの原告についても原告適格をみとめず、訴えを却下した。

　【注意】リスボン条約はEU法上の「立法行為」という特殊な概念を導入した。EU法上の「立法行為（legislative acts）」は、EU基本条約が規定する「立法手続」により採択されたEUの法的行為をいう（運営条約289条3項。ゆえに一般的に適用される法規を定立する行為という意味ではない）。EUの「立法手続」には、欧州議会と閣僚理事会が共同採択する「通常」立法手続、欧州議会もしくは閣僚理事会の一方が採択する「特別」立法手続の二種がある。よって、EU「規則」は、性質においては一般的適用法規であるが、手続において「立法手続」により採択されなければEU法上は「立法行為」とはならない。

◆ EU一般裁判所の命令

　EU基本条約は「規則的行為」を定義していない。そこで、文言、起草経緯、目的にもとづいて解釈する（39-40段）。

　まず、文言について検討する。旧EC条約230条4段が、自然人および法人に提訴を認める対象は、①個人に適用される決定、および、②規則等の一般的適用行為であって、特定の者に「直接に関係」し、かつ、その者

がその者の特有の属性によって影響を受けるもの、もしくは決定の名宛人の場合と同様に、その者を他のすべての者から区別するような事実関係によって、その者が影響を受けるものである（プラウマン事件、UPA 事件）（41段）。

運営条約263条 4 段は、この旧条文を（「決定」の文言を削除して）複製したうえで〔表①②〕、新たに第三の可能性〔表③〕を追加する。そこで同条は、

①個別的行為、②自然人または法人に「直接かつ個人的に関係する」一般的適用行為、③自然人または法人に直接関係するが実施措置を伴わない「規則的行為」に対する訴訟を認めている。「規則的」という文言の通常の意味は一般的適用行為であるが、あらゆる一般的適用行為よりも「規則的」行為は明らかに狭い類型である（42-43段）。

いま運営条約263条 1 段は、適法性審査の対象となる EU の法的行為に「立法行為」と「それ以外の法的拘束力のある行為で第三者に法的効果を生じる意図の行為」を挙げるが、後者には個別的行為もあれば一般的適用行為もある。この 1 段と同条 4 段を併せて解釈すると、同 4 段は、自然人または法人が次を対象に提訴を許していると解さねばならない。

①その人を名宛人とした〔個別的〕行為、および
②その人に「直接かつ個人的に関係する」一般的適用の「立法行為」または「規則的行為」、
③一定範囲の一般的適用行為、すなわち、その人に直接に関係し実施措置を伴わない「規則的行為」（45段）。

次に採択経緯を見る。運営条約263条 4 段は、もともと憲法条約 III-365条 4 項として提案された。憲法条約の条文採択経緯をみると、諮問会議幹事会の2003年 5 月12日の説明書（CONV 734/03）に記されるように、EC条約230条 4 段を「一般的適用行為」と改正する案が幹事会に退けられ「規則的行為」とされたが、これは「立法行為に対する私人の訴訟への制限を〔従来通り〕維持する」ために入れられた言葉である（49段）。

最後に改正目的であるが、EC 条約230条 4 段を運営条約263条 4 段に改正した目的は、国内実施措置を伴わない一般的適用行為があるとき、私人がそれに「直接に関係」しても国内実施措置がないため「個人的に」は関係せず、そこで原告適格をえるためにあえて当該一般的適用行為に違反する行為をして処罰等の国内措置を引き出し、それを以て裁判所に提訴せざるをえないような不正義をなくすためであった。運営条約263条 4 段は、直接関係し実施措置を伴わない一般的適用行為のうち、「規則的行為」の類型のみ提訴を許す立場からこの改正目的を達成したものと解せる（同50

段)。

　以上の判断は、原告の実効的司法的保護への権利（とくに基本権憲章47条）を考慮しても揺るがない。確定判例によれば、実効的司法的保護の原則に照らして、基本条約が明文で定める条件を排除するような解釈を EU 裁判所がすることは司法権を超え許されない（CaseC-263/02P, Commission v Jégo-Quéré [2004] ECR I-3425, 36段）（51段）。

　よって、運営条約263条4段にいう「規則的行為」とは、「立法行為以外のあらゆる一般的適用行為」をいうものと解するのが相当である。よって、自然人または法人が「立法行為」を取消訴訟の対象にできるのは、当該行為が当該者に「直接かつ個人的に」関係するときのみである（同56段）。

　本件のアザラシ規則は、旧EC条約95条を根拠に共同決定手続で採択された。共同決定手続は現行の通常立法手続に対応し、当該手続による本件規則はよって「立法行為」であり、「規則的行為」には該当しない（59-61段）。

　原告のうちアザラシ製品の市場流通に直接に携わるもの〔前記(d)営利加工業者等〕だけが、本件規則に「直接に」関係する（75・86段）。その他の原告〔(a)イヌイットのアザラシ猟師等、(b)アザラシ研究者、(c)毛皮業界非営利団体〕は、アザラシ製品の EU 市場流通活動に従事しないので、本件規則に「直接に」関係しない（80段）。また「直接に」関係する原告〔(d)〕も「個人的に関係」するものではない。本件規則はアザラシ製品を市場流通に置くことを一般的に禁止しており、関係するあらゆる営利的流通業者に等しく適用されるからである（同89、93段）。よって原告全員について原告適格がなく、訴えは却下される（94段）。

　〔上訴されたが棄却された。上訴審の EU 裁判所の解釈も同一で、理由づけもほぼ同じであった。〕

◆解　説

本件の意義　　私人に直接に影響を及ぼす EU の法的行為に対する実効的な司法的保護については、EU の司法制度の複雑さと直接訴訟（私人が EU 機関を直接に訴える訴訟）の原告適格の狭さから、従来、不十分な面があった。本件では、その不十分な面がリスボン条約による基本条約の改正でどこまで補正されたかが問われた。

　しかし、EU の裁判所は、改正された運営条約263条4段にいう「規則

的行為」を「立法行為以外のあらゆる一般的適用行為」と解し（この点が本件の意義の一）、その結果、一般的に適用される「立法行為」に対しては、従来通り私人は原告適格を（「直接かつ個人的に関係する」場合以外は）もたないとする立場が維持されることになり、実効的な司法的保護は十分とはいえない面が（減ったものの）残ることになった（これが意義の二）。実効的な司法的保護の今後の拡充は当面 EU 各国の法制度に委ねられることになった。以下、分説しよう。

EU の司法制度　　EU では、EC 設立当初から今日まで、その法的行為の適法性を EU の裁判所（EU 裁判所と EU 一般裁判所）が審査し確保する制度を備える。今日の制度を私人との関係に絞っていえば、こうなる。

(イ)　EU の法的行為が直接に私人に対してなされ、その法的効果が直接に及ぶ場合（規則や決定などの形式をとる）、当該行為を違法と考える私人は EU 一般裁判所（旧 EC 第一審裁判所）に直接に取消訴訟（無効確認訴訟を含む）を提起できる（旧 EC 条約230条≒現運営条約263条）。このほか、EU 機関の不作為の違法の確認を求める訴訟（運営条約265条）や EU 機関の行為による損害の賠償請求訴訟（同268・340条）〔本書13番事件〕も可能である。

(ロ)　EU の法的行為が構成国の行為を介して私人に及ぶとき（EU 指令を構成国が国内立法で実施する場合など）は、個人は構成国の行為の違法性を国内裁判所で争い、その際におおもとの EU の法的行為の違法性を付随的に主張する（「違法性の抗弁（plea of illegality）」と呼ばれる。旧 EC 条約241条＝運営条約277条）。国内裁判所は前提問題である EU の法的行為の違法性について EU 裁判所に先決裁定を求め、その裁定をえて国内裁判所は終局判決を下す。国内裁判所は、おおもとの EU 法規の効力を否定する権限がないから、当該法規の無効を疑うときは先決裁定を EU 裁判所に求めなければならない（フォト・フロスト事件〔本書10番事件〕）。

このうち(イ)の取消訴訟を起こせる私人の適格は、EC 初期から制限的に規定され、かつ解釈されてきたが（前述の表左側）、私人は(ロ)のルートでも結局は司法的救済を求めることができるから、EU は完結した司法的救済

制度を備えると、EU 裁判所は主張していた（*Eg.*, Case 294/83, Parti écologiste "Les Verts" v. European Parliament [1986] ECR 1339, para. 23.)。

問題点： しかし実際には完結してはいなかった。リスボン条約
救済の欠歓 以前、私人が EU の法的行為の取消訴訟を EU 一般裁判所（旧第一審裁判所）に提起できたのは、前述の表左側の①または②を争うときに限られていた（旧 EC 条約230条4段）。そして「個人的に関係する」という要件は、EC 裁判所の1963年のプラウマン事件（Case 25/62, Plaumann [1963] ECR 95）判決において狭く解釈され、「原告に特有の属性、または、原告を他のすべての者と区別するような事実関係があり、これらの要素によって原告が個人的に区別されて直接の名宛人となったのも同然に影響を受ける場合」（[1963] ECR 95 at 107）に限定され、これが確定判例となった（プラウマン法理）。初期の EC は構成国中心の運営であり、EC 条約の起草者は EC 法秩序の中心的な形成・維持・監視者に、構成国と EC 機関を想定していた。個人は EC 法の形成や維持や監視の重要な主体と想定されず、むしろ起草者は取消訴訟が民衆訴訟（actio popularis）にならないよう、個人の原告適格を限定した条文を設けた（【文献案内】Bebr, p. 65)。

　この結果、一般的に適用される EU 規則を「直接かつ個人的に関係する」という項目で争う場合は、原告適格がほぼつねに否定された。たとえ係争の EU 規則が、現実には少数の特定の私人にしか適用されなくても、係争の規則の適用を受けうる新たな人々の出現可能性を全面的に否定できない限り、原告適格は否定された。「直接かつ個人的に関係する」を満たした例は、ごくわずかであった*。

＊　規則について「個人的な関係」を肯定した若干例の第一パターンは、「規則」の名を借りた実質は個人宛の「決定」だとするもの（Cases 239, 275/82, Allied Corporation v. Commission [1984] ECR 1005 [特定製品のダンピング対抗規則で名指しされた当該製品の製造者と輸出者]；Case C-358/89, Extramet Industrie SA v. Council, [1991] ECR I-2501 [特定製品のダンピング対抗規則を採択するための調査手続において関与した当該製品の輸入者]。第二のパターンは、真に一般的適用性のある「規則」ではあるが、原告個人に特有の属性や事実関係があるので個人的に関係すると言えるとするもの（Case C-309/89, Codorniu v. Council [1994]

ECR I-1853［スパークリング・ワインの中で crémant の呼称を用いることをフランスとルクセンブルクの製造者に限定する規則について、EC 設立以前から crémant の呼称をつけたスパークリング・ワインを製造してきたスペインの企業］）。

　もちろん私人は EU の法的行為の国内実施措置があれば、そちらを国内裁判所で争い、国内実施措置の基礎をなす EU の行為の違法性を付随的に主張できた。しかし、そもそも国内実施措置がないなら、多くの EU 諸国で国内訴訟が提起できなかった。ここが司法的救済の完結していない部分であった（この欠缺を批判したジェイコブス法務官にちなみ「ジェイコブスの穴（Jacobs' gap）」ともいう。もっとも、具体的な争訟なく抽象的に法規の効力を争う訴訟を認める国もドイツなどごく一部ある。その場合は国内訴訟を提起できる。【文献案内】Petzold, at 449.）。

　たとえば2002年の UPA 事件（Case C-50/00P, Unión de Pequenos Agricultores v. Council [2002] ECR I-6677〔本書初版・第 2 版13番事件〕）では、オリーブ・オイル生産者に対する EU 補助金制度が1998年 EU 規則により廃止された。規則は直接適用され、内容も補助金廃止であるから、国内実施措置は必要なかった。この事案で「直接に影響を受け」たスペインの原告オリーブ・オイル中小業者連合（UPA）は、しかし、国内裁判所で訴訟を提起できず、また EU 裁判所でも、規則は一般的適用法規なので「個人的に」関係しないとされ、取消訴訟の適格を認められなかった。また、2004年のイェゴ・ケレ事件（Case C-263/02P, Commission v. Jégo-Quéré & Cie SA [2004] ECR I-3425〔本書初版・第 2 版13番事件〕）では、原告会社が操業してきた南アイルランド海域での稚魚の保護のために、大型漁船が細目（10～12cm未満）の網を使うことを禁止する規則を欧州委員会が採択した。当該海域で大型漁船を使い細目の網（原告のは 8 cm）で小タラをとる会社は原告だけであった。本件でも欧州委員会規則が直接に適用され、各国法上の実施措置はなかった。EU 裁判所はプラウマン法理に従い原告の取消訴訟の原告適格を否定した。

　ジェイコブス法務官は、UPA 事件において、国内実施措置を要しない EU 規則による規制を受ける私人がその規則の違法性を訴えたい場合、現

状では、あえて当該規則違反を行い、その処分の取消訴訟を国内裁判所に提起し、付随的に係争の EU 規則の違法性を争うしかないが、これは裁判を受けるために違法行為を強いられる状況であり正義に反すると批判した。同法務官は、プラウマン法理が個人の実効的救済を受ける権利や公正な裁判を受ける権利（EU 法の一般原則、欧州人権条約6条、EU 基本権憲章47条）の実質を奪う結果をもたらしているから、プラウマン法理を修正すべきだと主張した。イェゴ・ケレ事件の EC 第一審裁判所はこれを卓見とし、プラウマン法理を修正する判断をしたが（Case T-177/01, Jégo-Quéré & Cie SA v. Commission [2002] ECR II-2365）、EU 裁判所は覆し、実効的司法的保護の原則に照らして基本条約の明文の条件を排除する解釈をすることは、司法権を超えるもので許されないと反駁した（Case C-263/02P, Commission v Jégo-Quéré [2004] ECR I-3425, para. 36）。

条約規定改正　こうして実効的救済欠飲の補填は、条約交渉に委ねられた。2004年に憲法条約III-365条4項が合意されたが、憲法条約は発効せず消え、リスボン条約が当該条文を全面的に継承して運営条約263条4段となった（前述の表右側）。しかし新条文の「規則的行為」の語義が不明のため、どの範囲で私人の原告適格を拡大したのか判然とせず、本件イヌイット事件での初判断となったのである。図示すれば、本件で以下のように判断された。

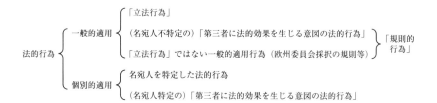

本件の位置づけ　以上から本件の解釈結果をみるなら、条約改正によっても、イェゴ・ケレ事件の原告には適格が拡大するが（これは欧州委員会の採択した規則なので「立法行為」ではない一般的適用の行為に分類されるから「規則的行為」となる）、UPA 事件の原告には拡大しな

い（これは「通常立法手続」による EU 規則なので「立法行為」であり「規則的行為」にあたらない）という、穴の一部補填しすぎないという結果になる。本件以後、この解釈が実務に定着した。

　しかし、「穴」は、私人の EU 司法部へのアクセス（実効的救済を受ける権利）の欠如である。争われる内容は EU の法的行為の違法性の存否であるから、法の統一的な解釈が最も求められる場面であり、本来は EU において欠を埋めるべき問題である〔本書4・7・8・10番事件の判例展開はこうした考えに基づく〕。本件イヌイット事件の上訴審（EU 裁判所）は、各国法において私人の提訴可能性を「可能な限り」補填努力せよと EU 条約19条1項（EU 法の適用される範囲において構成国は実効的な司法的保護を保障するために十分な救済を提供すべし）を根拠に説諭したが（判決101段）、筋違いであろう。「ジェイコブスの穴」は運営条約263条4段の別解釈によって全部埋めうるし【文献案内】中村）、埋めるべきであろう。

(中村民雄)

✣文献案内

K. Lenaerts et al., *EU Procedural Law*（Oxford U.P., 2015）paras. 7.105-7.110.

G. Bebr, *Development of Judicial Control of the European Communities*（Nijhoff, 1981）

Hans Arno Petzold, "Was sind Rechtsakte mit Verordnungscharakter?" EuropaRecht 4/2012, 443-451.

中村民雄「EU 取消訴訟における個人の原告適格——regulatory act（規則的行為）の解釈」貿易と関税61巻6号（2013年）75-63頁

12 ●タバコ広告指令事件

権限付与の原則
——立法根拠の適正な選択

Case C-376/98, Germany v. European Parliament and Council [2000] ECR I-8419.

◆**事実・争点**

EC 指令98/43号（以下、タバコ広告指令）は、当時の EC 条約95条、47条2項、55条〔各々、運営条約114条、53条1項、62条〕を根拠に1998年に採択された。同95条1項〔運営条約114条1項〕は、「域内市場の設立と運営を目的」として、構成諸国の法令を接近させる措置を共同決定手続〔通常立法手続〕で採択する EU の権限を定めていた。また同条3項〔運営条約114条3項〕は、「健康、安全、環境保護および消費者保護」に関連する場合、「科学的事実に基づくあらゆる新たな発展をとくに考慮しつつ、高い水準の保護を基盤とする」とも規定していた。

本件係争のタバコ広告指令は、前文において、タバコの広告や後援に関する各国の立法や規制が異なると、「広告や後援の媒体となる商品の構成国間の移動やサービス提供の自由の障壁となり、競争を歪曲化し、ひいては域内市場の運営を妨げる要因となる」ので、タバコの広告や後援に関する各国法令を改正し接近させる必要があると述べていた（実際、タバコ広告規制は、フィンランド、イタリア、ポルトガルでは全面禁止、ドイツでは比較的自由といった大きな違いがあった）。さらに前文は、とりわけ広告の影響を受けやすい若年層の健康保護を考慮したことも述べていた。

また指令本文では、タバコ、広告、後援、タバコ小売店の範囲を広く定義し、広告については、「明確にタバコを示唆する場合に限らず、タバコのブランド名、トレード・マーク、エンブレムその他の特徴を用いることにより、直接的または間接的にタバコの販売促進効果をもたらすようなすべての商業的コミュニケーション」を対象としていた（指令2条2項）。同指令は、そのようなタバコの広告と後援を一切禁止し（指令3条1項）、ま

たバコを宣伝する目的または直接的もしくは間接的効果を有する一切の取引も禁止していた（同4項）。さらに構成国が健康保護目的で指令より厳しい措置を採択することは妨げないと定めていた（指令5条）。

タバコ広告指令の採択に反対していたドイツは、閣僚理事会での多数決に敗れると、同指令の無効確認訴訟をEU裁判所に提起した。

主たる争点は、タバコ広告指令の立法根拠規定の選択の適切さである。ドイツの主張では、同指令の目的と内容は健康保護にあり、域内市場の運営にほとんど関係がない。ゆえに健康保護に関するEC条約152条〔運営条約168条〕を立法根拠にすべきところ、域内市場の運営立法規定（EC条約95条、47条2項、55条）を根拠にしており、それが違法であり立法は無効というのであった。〔健康保護立法は各国法の改正を求められないので、根拠法規の選択は重大な違いをもたらしえた。〕

◆判決

EU裁判所は、タバコ広告指令全体が無効であると判断した。理由づけは次のとおりである。

同指令により改正を迫られる各国法の大部分が、公衆の健康保護を目的とした立法である。ところがEC条約152条4項c号〔運営条約168条5項〕は、人の健康を保護し改善する目的の構成国の法や規制の調和を一切禁止しており、その禁止を免脱するためにEC条約の他の立法根拠規定を用いることは許されない（76-79段）。

EC条約95条を、域内市場に対する一般的な規制権限をEC立法部に与える規定と広く解することは、「ECの権限は特定的にECに付与された範囲に限定されるという原則」（EC条約5条〔EU条約5条〕）に反するので許されない。当時のEC条約3条1項c号〔運営条約4条2項a号〕は、域内市場の完成を「構成国間における商品、人、サービスおよび資本の自由移動に対するあらゆる障壁を取り除くこと」に限定していた。EC条約14条2項〔運営条約26条2項〕も同様である（域内市場を「条約規定にしたがい、商品、人、サービスおよび資本の自由移動が確保された域内国境のない領域」と定義する）（82-83段）。

したがって、EC条約95条に基づいて採択される措置は、域内市場の形成と運営の諸条件の改善を「真に（genuinely）」目的としなければならない。単に各国法が異なるため、それが基本的自由の行使に障壁をもたらす

であろうといった抽象的なリスクやそれによって生じかねない競争歪曲を述べるだけで95条を立法根拠にすることは適切ではない。もしもそれで適切とするなら立法根拠の適否に関する司法審査を空疎にし、法の遵守を確保するEU裁判所の任務（EC条約220条〔EU条約19条〕）もなおざりにすることになるだろう（84段）。

よって、係争の措置が、EC立法部の述べる立法目的を実際に追求するものであるかどうかを当裁判所は検証しなければならない（85段）。以上のことは、EC条約47条2項と55条にも当てはまる（87段）。

ただし、立法の決定的要因が公衆の健康保護であるとしても、95条を立法根拠として用いることを正当化する要件を満たすのであれば同条を立法根拠に加えることはできる。なぜなら、EC条約152条1項は、高水準の健康保護がEUの政策全体を策定し実施するうえで確保されるべきものと定めるが、同条約95条3項も、各国法の調和において「人の健康」の高水準の保護を明文で求めているからである（88段）。

本件のタバコ広告指令の立法においてEC条約95条を根拠にできるかどうかは、同指令が除去しようとする競争歪曲が「認知可能（appreciable）」か否かを検証すべきである（106段）。これを要件としなければ、EC立法部の権限は事実上無制限となるだろう（107段）。

本件については、「定期刊行物、雑誌や新聞」を媒体とするタバコ広告は、各国法の相違によって将来的に当該定期刊行物の自由移動の障壁が生じかねないから95条を根拠に指令を採択できる（96-98段）。またタバコ会社の資金援助（後援）についても、後援禁止に関する各国法の相違は、スポーツ・イベントの移転を余儀なくされ、関連事業の競争条件に重大な影響を及ぼしかねないから、95条を根拠にできる（110段）。

他方で、ポスター、灰皿、映画館でのタバコ広告禁止がこれらの物品の移動に影響することは考えられないから、これらの商品を媒体とするタバコ広告禁止は95条を根拠にはできない（99段）。また、各国のタバコ広告規制の相違による競争歪曲効果は、広告代理店や広告メディアのプロデューサーにとっても微々たるもので「認知可能ではない」（109-111段）。

このように係争のタバコ広告指令は、その一部が95条を立法根拠にできないものであるが、指令の禁止は一般的であり、一部のみ無効とすることはできないので、全体として無効である（117段）。

〔本判決後、2003年に一部の広告媒体や一定の後援の形式だけに絞ってタバコ広告を禁止する改正タバコ広告指令2003/33号がEC条約95条に基づいて採択された。〕

◆解 説

本件の意義 本件の意義は、EU 裁判所が、立法根拠選択の適切さを係争の EU 立法の目的や内容から精査したところにある。とくに立法根拠規定として用いられることが多い EC 条約95条〔運営条約114条〕を根拠にできる範囲の判断基準を示した点で重要である。

EU 基本条約では立法根拠規定の選択いかんで立法手続が変わり、EU の立法関与機関の表決方法も変わり、EU がもつ立法権の程度も変わる（EU が構成国の法令改正まで命じることができない事項もある）。1990年代前半までの EU 裁判所の判例には、立法根拠の選択の適切さを、根拠ごとに立法手続が異なる点を理由に、厳格に審査したものがあった（労働時間指令の立法根拠の適正を争った Case C-84/94, UK v. Council [1996] ECR I-5755; チェルノブイリ原発事故での放射能汚染農産物の域内輸入禁止措置の立法根拠の適正を争った Case C-70/88, European Parliament v. Council [1990] ECR I-2041）。しかし、立法根拠選択の適否を、立法の内容と根拠規定の文言に基づいて精査した例はなく、本判決がその初判例となった。

そもそも EU の法秩序は、構成国の主権的権限の一部を EU に委譲して形成された。ゆえに、EU の法秩序において、「EU は〔基本〕条約に定める目的を達成するため、当該条約において構成国から付与された権限の範囲内においてのみ行動する」のであり（権限付与の原則）、「EU に付与されていない権限は、構成国に留保される」（EU 条約5条2項）。

EC 条約95条1項は、「域内市場の設立と運営を目的とする」構成国の法の接近のための措置を採択する権限を欧州議会と閣僚理事会に認めるが、そのような目的が緩やかに解釈されれば、EU は、この条文を通じて構成国のさまざまな経済活動に広範に関与できることになる。しかし本判決で、EU 裁判所は、域内市場の形成と運営の諸条件の改善が「真に」目的とされていなければならないとし、権限付与の原則によって、EU の立法権限の拡大解釈を規律した。

広告規制と基本権 本件には、もう一つの問題局面がある。タバコ広告は営利的表現で、広告規制は表現の自由規制とならないか。基本権の尊重と保護は EU 法の大原則である（EU 条約6条3項）。と

すれば、広告規制が表現の自由規制となりうるので、EU 立法部は立法根拠を厳正に選定すべきで立法根拠選択に厳格な正当化を要するという理路もありえよう。EU 裁判所はこの点を論じていない。

　本件を担当したフェネリー（Fennelly）法務官はこの点を論じた。法務官によれば、営利的表現の自由は経済活動の自由であるだけでなく、個人の自律、尊厳および人格の発展に必要という意味で欧州人権条約10条１項が定める「表現の自由」でもあると欧州人権裁判所の判決も認めている（意見153・154段）。したがって、その制限には、「合理的根拠」が必要であり、より制限的でない措置で目的を達成することができないことを証明する「首尾一貫した証拠」を規制する側は要する、と論じた（意見159段）。

　なお本判決後の改正タバコ広告指令2003/33号は前文18段で、同指令が「EU 基本権憲章の定める基本的諸権利や諸原則を遵守する」ほか、「とりわけ、表現の自由という基本的権利の尊重の確保に努める」と述べている。

リスボン条約以後　EU は、権限付与の原則以外にも、補完性原則と比例性原則によっても、権限の行使が制約されている。すなわち、「EU は、提案された行動の目的が構成国のレベルにおいては十分に達成できず、当該行動の規模または効果の点で EU レベルにおいてよりよく達成できる場合にのみ、その権限を行使することができる」（補完性原則、EU 条約５条３項）。また「その行動の内容と形式は、条約の目的を達成するために必要な範囲を超えてはならない」（比例性原則、同４項）。

　権限付与原則・補完性原則・比例性原則という三つの原則は、EU の立法範囲の拡大を背景に、1993年に発効したマーストリヒト条約によって当時の EC 条約５条に挿入されたものである。2009年に発効したリスボン条約において、それらの原則を定める条文は、運営条約ではなく、EU 条約冒頭の第一編に、EU を基礎づける諸価値や目的、EU と加盟国の関係や基本権の保障に関する諸規定と並んで置かれた（５条）。また、「補完性および比例性原則の適用に関する（第２）議定書」も付され、構成国の国内議会に、EU の立法案が補完性原則に違反しているとの異議申立を行う機会を認めた（議定書６条、７条）。総じて、リスボン条約の下で、三つの原

則が重要性を増したことが窺える。

　EU 裁判所は、リスボン条約発効後の2010年に下したヴォーダフォン事件先決裁定（Case C-58/08, R (on the application of Vodafone Ltd) v. Secretary of State for Business, Enterprise and Regulatory Reform [2010] ECR I-4999）において、タバコ広告指令事件を発展させる判断を行った。事案は、EC 条約95条〔運営条約114条〕を立法根拠に採択された携帯電話のローミング規則717/2007号（[2007] OJ L 171/32）の効力を問うものである。同規則は、EU 域内での越境的な携帯電話のローミング・アクセス・サービス価格の引下げをねらって、ローミング・アクセスの卸売価格と小売価格にそれぞれ上限を設けることを定めていた。欧州委員会は同規則の準備にあたり、立法影響評価報告書を出していた。同規則の無効をヴォーダフォンその他の携帯電話事業者がイギリス政府に対して主張した英国内の訴訟で、英国の裁判所から同規則の効力について EU 裁判所に先決裁定が求められた。

　EU 裁判所は同規則の無効を認めなかったが、タバコ広告事件と同様に、立法根拠として EC 条約95条〔運営条約114条〕を選択したことの適否を精査した。さらに、当該規則の立法が比例性原則や補完性原則に反しないかという観点からも審査を行った。

　まず、EC 条約95条を立法根拠とした点について、マドゥーロ（Maduro）法務官意見がローミングの越境的性質を強調して妥当としたのに対し（意見19段）、EU 裁判所は、タバコ広告事件の判断基準を踏襲し、ローミング・サービスの小売価格と卸売価格が相当に依存的であるうえ、「EU 全体のローミング・サービス卸供給費用レベルを変えずに、小売価格のみ引き下げる」EU 各国間の法の相違が市場「競争に著しい歪みを引き起こし、EU 全体のローミング市場の円滑な機能を妨げる結果となりえたことは明らか」と判断し、EC 条約95条を立法根拠として正当とした（47-49段）。

　進んで EU 裁判所は、卸売価格と小売価格の双方に上限を設ける規制は、消費者保護を目的とし、一定の事業者に対して経済的に負の効果をもたらすとしても比例原則には反しないと判断した（69-71段）。その主たる理由は、次の通りである。①規則の提案に先立ち、欧州委員会は影響評価報告を用いて、さまざまな政策上の選択肢を提示し、経済的影響を詳細に

検討した(55段)、②当該評価報告によると、同規則採択当時、ローミング平均小売価格が卸売価格の5倍以上であって現実の小売費用をはるかに上回ったため小売価格に上限を設定することが消費者保護の目的にかなうこと(56-60段)、また③卸売価格を規制するだけでは、事業者への小売価格引下げ競争圧力とならず、消費者の直接的な保護につながらないこと(63-64、66段)、④ローミング・アクセス市場は複雑に変化しており、卸売価格の統制が小売価格の引下げにつながらないリスクがあること(65段)、⑤複合的な評価を要する経済的性質の政策選択について、EU立法部に広範な裁量が認められること(68段)である。

　最後に、補完性原則との適合性について、EU裁判所は、ここでも「卸売価格と小売価格の相互依存的な関係」を背景に、ローミング規則で定められた「卸売価格と小売価格の両面共同規制方式」が必要であり、「追求された目的は、EU次元で最もよく達成されえた」とした(76-80段)。

　たしかに、域内市場の設立と運営に関する一般的な立法根拠たる運営条約114条(旧EC条約95条)について、EU裁判所が立法根拠の不適切さを理由にEU立法権限の踰越を認めた例は少ない。しかし、タバコ広告事件やヴォーダフォン事件などを通じてEU裁判所は、EU諸機関による権限行使の逸脱から、EU各国の権限を守る機能も果たしうるとはいえよう。

(大藤紀子)

✤文献案内

Catherine Barnard & Okeoghene Odudu (eds.), *The Outer Limits of European Union Law* (Hart, 2009).

Stephen C. Sieberson, *Dividing Lines Between the European Union and its Member States* (T.M.C. Asser Press, 2008).

Stephan Weatherill, *The Internal Market as a Legal Concept* (Oxford U.P., 2017).

● シェッペンシュテッド事件

EU 機関の損害賠償責任

Case 5/71, Aktien-Zuckerfabrik Schöppenstedt v. Council of the European Communities [1971] ECR 975.

◆事実・争点

　理事会は、EC の域内砂糖市場の共通制度を1968年7月に設立することに伴い、同月以降に適用される共通砂糖価格とそれ以前の各国砂糖価格との差額を調整する措置として規則769/68号を採択した（その共通制度では対象農産物の市場価格の安定化のために、EC が上限の目標価格、下限の介入価格を設定し、その間で市場の実勢価格が推移するように対象農産物を買い上げたり在庫を放出したりして市場に介入する）。砂糖に関する規則769/68号は、共通制度に移行するための経過措置であり、68年7月以前の国内価格が EC 目標価格よりも高い場合には、関係構成国に補償措置を採択する権限を付与し、以前の国内価格が EC 介入価格よりも低い場合には課徴金を課すものとした。しかし、ドイツでは、国内価格が目標価格に達しなかったため、ドイツにおける白糖および粗糖は補償の対象外となった。

　そこで粗糖製造工場を営む原告は当該規則により損害を被ったとして、EEC 条約215条〔運営条約340条〕2段にもとづき損害賠償請求訴訟を EC（現 EU）裁判所に提起した。その際に原告は、同規則は課徴金については介入価格を基準とするのに対し、補償については介入価格ではなく目標価格を基準としているが、これは「共通価格政策は共通基準および統一的算定方法にもとづく」と規定する EEC 条約40条3項〔運営条約40条2項〕3段に違反する等の主張を行った。

　争点は、EC 機関が損害賠償責任を負う要件は何かである。

◆判決

　EC の契約外の損害賠償責任は、損害の原因とされる行為の違法性を前

提とする。さらに、「経済政策の選択を伴う立法行為」の場合には、EC は、「個人保護のための上位法規の十分に重大な違反」が生じたのでない限り責任を負わない。そこでまずそのような違反の存否を審査する（11段）。

　原告は、補償の付与には目標価格を基準に用い、課徴金の賦課には介入価格を基準に用いるという、異なる基準の使用が共通価格を共通基準と統一算定法によるべきとする規定に違反すると主張する（12段）。しかし、こうした算定基準の違いは差別ではない。なぜなら、新たに設立された砂糖の共通制度は、単一の固定価格ではなく上限価格と下限価格を設け、その枠の中で市場の発展に応じて実際の価格水準を決定するという新しい制度であって、異なる基準が設定されたのはこの新制度の帰結だからである（13段）。〔その他の原告の主張は理由を欠く（14-15段）。〕よって、本件では違法性が立証されておらず、請求は棄却される（16段）。

◆解　説

本件の意義　　本件は、EU機関が私人に与えた損害の賠償責任の問題について、損害の原因行為が、EU機関に広い裁量のある政策分野の立法措置である場合の責任成立要件を明らかにした。本判決が示した要件は、いわゆるシェッペンシュテッド定式（Schöppenstedt formula）として定着し、以後の判例の展開に大きな影響を与えた。しかし、2000年のベルガデルム事件判決（Case C-352/98 P, Bergaderm and Goupil v. Commission [2000] ECR I-5291）を転機としてその定式に修正が加えられている。

根拠規定　　EUの契約外の損害賠償責任に関する一般的な根拠規定はEU運営条約340条2段であり、「契約外の責任の場合、共同体は、構成国の法に共通する一般原則にしたがって、機関または職員がその義務の遂行時に引き起こした損害を賠償する」と規定している（EU基本権憲章41条3項も参照）。しかし、この規定はEUが「構成国の法に共通する一般原則」にしたがって賠償責任を負うと定めるにとどまり、具体的な責任成立要件は示されていない。そのため、この点は判例を通じて明らかにされていった。

当初の判例　まず、1971年のリュティケ事件判決（Case 4/69, Lütticke v. Commission [1971] ECR 325）は、①当該行為の違法性、②損害の発生、③因果関係の三要件を満たす場合に成立することを明らかにした。続いて本判決は、損害の原因行為が「経済政策の選択を伴う立法行為」の場合には、違法性について「個人保護のための上位法規の十分に重大な違反」の存在を立証する必要があることを示した（判決11段）。

そうなると、(a)「経済政策の選択を伴う立法行為」とは何か、また、(b)「個人保護のための上位法規の十分に重大な違反」とは何かという問題が生じる。後の判例は(a)を広く解して(b)の立証を要求する場面を拡大し、かつ、(b)の要件が充足される場面を限定的に解した。その結果、EU の損害賠償責任が肯定される場面は限定された。

まず、「経済政策の選択を伴う立法行為」とは、①当該行為が抽象的に規定される一般的な措置という意味での立法的性質を有しており、② EU 機関が広範な裁量を有する分野で採択した行為を意味するとされた。この場合には「個人保護のための上位法規の十分に重大な違反」の立証がとくに求められるが、この点は、EU 機関が個人に不利となる公益上の立法措置を採択する際に、損害賠償請求の可能性によって決定権の行使を抑制されないようにするためであると説明された（Cases 83 and 94/76, 4, 15 and 40/77, HNL v. Council and Commission [1978] ECR 1209）。

次に、「個人保護のための上位法規の十分に重大な違反」は、一般に三つの要素に区分される。すなわち、①違反された法規が「個人保護のため」のものであること、②違反された法規が「上位」法規であること、③違反が「十分に重大」であることである。このうち、③十分に重大な違反について、判例は当初、EU 機関が「その権限行使の限度を明白かつ重大に無視した」場合がこれに該当するとし（前出 HNL, para. 6）、その存否の判断基準に、EU 機関が惹起した損害の面（被害原告が「明確に定義される集団」に属すること〔損害の特別性〕、原告の被った損害が「その活動に固有な通常の経済的危険の限度」を超えていること〔損害の重大性〕）と、EU 機関の行為態様（一定の重要性を有する EU 法に違反したこと、当該行為を採択した際の EU 機関の行動に重大な過誤があり、それを正当化する事由が存在しない

こと）を用いた（Cases C-104/89 and C-37/90, Mulder v. Council and Commission [1992] ECR I-3061の Van Gerven 法務官意見16-18段）。これらの観点から審査し、いずれかの要素が欠ける場合には、違反の十分な重大性は否定されるものと理解された（ただし、判例には損害の観点からの評価とは別にそれを認定したものもある）。

このような理解の「十分に重大な違反」の概念は、立証が非常に困難である。そのため、判例に対しては、EU 機関の損害賠償責任の成立を過度に制限しているとの批判が多くなされた。とりわけ、責任の存否を損害の特別性や重大性と結びつける評価方法は適法行為にもとづく損失補償が問題となる場合に用いられるのが一般であるから、運営条約340条2段が「構成国の法に共通する一般原則」にしたがって EU が損害賠償責任を負うと規定することと両立しないとの批判も強かった。

判例の修正 以上のような要件解釈はその後、修正されていった。その契機となったのが、構成国による EU 法違反の行為に対する賠償責任原則（EU 法上の国家賠償責任原則）の確立と発展であり、またその成果を EU 機関の損害賠償責任の分野に取り入れた2000年のベルガデルム事件判決である。

まず、1996年のブラッスリ・デュ・ペシュール事件先決裁定（本書8番事件。以下、ブラッスリ事件裁定）は、構成国の EU 法上の賠償責任の成立要件を明らかにする際に、加害者が構成国であれ EU であれ、同様の法的状況において原則として同様の法的責任に服するべきだという理由から、EU 機関の賠償責任の成立要件の一部を構成国の賠償責任の成立要件に取り入れた（同裁定39-42段）。その結果、「十分に重大な違反」の立証は、構成国の EU 法違反についての賠償責任にも要求されることになった。しかし構成国の賠償責任の成立要件は、原則として EU 機関の賠償責任の成立要件と完全に一致したわけではなく、双方の整合性が問題となっていた。

こうした中で、欧州委員会の違法行為に対する賠償責任が問われた2000年のベルガデルム事件で、EU 裁判所は、EU 機関の損害賠償責任の要件を構成国の損害賠償責任の要件に合わせる方向で従来の判例を修正し、両責任制度間の調整を図った。具体的には、まず、「経済政策の選択を伴う

立法行為」の場合とそうでない場合の区別を廃した。すなわち、EU 機関の賠償責任においても、構成国の賠償責任に関するブラッスリ事件裁定の三要件（違反が問われた法規が私人に権利を付与する目的の法規であること、当該法規の十分に重大な違反、当該違反と損害発生との間の因果関係の存在）が要求されることを確認した（前出 Bergaderm, paras. 41-42）。また、十分に重大な違反の存否の判断には当該機関が有する裁量の程度が重要であるとしたうえで、損害原因行為が個別的か一般適用的かの区別はその裁量の範囲を特定する決定的な基準とはならないとした。つまり、行為の一般適用性は責任成立要件を区別する基準としての機能を失った（Id., para. 46）。

その後の判例も、ベルガデルム事件判決によって従来の判例が修正されたことを確認している。その結果、現在では、問題とされる行為が一般的か個別的かにかかわらず、同じ責任要件が適用される。そのため、個別的行為の場合には違反の重大性の立証は要しないとの主張は認められない（Case T-28/03, Holcim v. Commission [2005] ECR II-1357, para. 49）。また、「上位」法規違反の要件を法規違反と区別する必要性はなく（Case T-47/03, Sison v. Council (Sison I) [2007] II-73）、損害の特別性・重大性も「十分に重大な違反」の評価に際して関連性をもたないとされている（Case T-429/05, Artegodan v. Commission [2010] ECR II-491, para. 56）。

責任成立要件　　以上から現在では、EU 機関の賠償責任の成立要件は、当該行為の違法性、損害の発生、因果関係が基本的な要件となる。そして違法性との関連で、私人に権利を付与することを目的とする法規の十分に重大な違反の存在を立証する必要がある。

保護規範性　　このうち「私人への権利付与を目的とした法規」（保護規範性）に関しては、この要件が満たされるのは、違反された法規が、既得権と性質づけられる利益を生み出す場合、私人の利益を保護する機能を持つ場合、またはその内容を十分に特定できる私人のための権利を付与する場合と説明される（Case T-217/11, Staelen v. European Ombudsman, EU:T:2015:238, para. 73）。また、本質的には一般的性質の利益を対象としていても、当事者の個人的利益も保護する場合には満たされる（Case T-341/07, Sison v. Council (Sison III) [2011] ECR II-7915, para.

47)。保護規範性が認められたものには、たとえば、防御権（前出 Sison I）、注意義務（前出 Staelen）などがある。他方で、EU 機関が機関間の権限配分に反して行為した場合については、それ自体は私人との関係で EU 機関に責任を生じさせるものではない。しかし権限配分に反して採られた EU 機関の措置の実体規定が私人を保護する上位法規にも違反している場合には、保護規範性の要件は満たされうる（Case C-221/10 P, Artegodan v. Commission, EU:C:2012:216, para. 81）。

十分に重大な違反　十分に重大な違反の要件に関しては、EU 機関にある裁量の程度が重要な基準となる。ただし、裁量の範囲は、決定的ながらそれだけが基準になるわけではなく、裁量の欠如が自動的に違反の十分な重大性を帯びさせるわけではない（前出 T-429/05, Artegodan, paras. 59-60; Case C-337/15 P, European Ombudsman v. Staelen, EU:C:2017:256, para. 36）。そのため、十分に重大な違反の評価においては、裁量のほかに、「規律される状況の複雑性」、「文言の解釈適用の困難さ」（前出 Holcim, para. 101）、「違反された法規の明確性および正確性の程度」、「過誤が意図的か許容しうるか」（前出 T-429/05, Artegodan, para. 62）といった事情も考慮する。EU 機関に裁量が付与されている場合、その限度の明白かつ重大な無視のみが十分に重大な違反を構成しうるが（前出 European Ombudsman, para. 37）、EU 機関に裁量がない場合は、「通常の慎重さと注意深さを備えた行政」であれば同様の状況でなさなかったであろう違法があったかどうかを基準に審査が行われている（前出 T-429/05, Artegodan, para. 62）。

（西連寺隆行）

✤文献案内

Paula Giliker (ed.), *Research Handbook on EU Tort Law* (Edward Elgar, 2017).
Ton Heukels and Alison McDonnell (eds.), *The Action for Damages in Community Law* (Kluwer Law International, 1997).
Koen Lenaerts, Ignace Maselis, and Kathleen Gutman, *EU Procedural Law* (Oxford U.P., 2014), Chapter 11.

第4章 法の一般原則、人権保障

14

●マンゴルト事件

平等待遇原則
—— 年齢差別の正当化

Case C-144/04, Mangold v. Helm [2005] ECR I-9981.

◆事実・争点

　ドイツ人原告マンゴルト（Mangold）氏（契約当時56歳）は、被告ヘルム（Helm）弁護士と2003年7月1日から翌年2月28日までの有期労働契約を2003年6月26日に締結した。契約書には、当該有期条項がドイツのパートタイム労働・有期労働契約法（以下、パート・有期法）14条3項4文と1文に専らもとづいて設けられた旨も記されていた。

　ドイツでは、有期労働契約の締結には原則として法定の正当事由を要する（パート・有期法14条1項）。例外が、初めて雇用する労働者と中高年労働者についてあった。中高年労働者につきパート・有期法14条3項は、「労働者が、有期労働関係の開始時に58歳に到達していた場合に、労働契約の期間の定めには正当事由は不要である（第1文）。… 2006年12月31日まで、第1文は、58歳ではなく、52歳を基準に適用される（第4文）。」と定めていた。（この14条3項4文は、中高年雇用の促進を目指すドイツの労働市場改革立法の一環として設けられた。）

　他方、EUの雇用分野における平等待遇一般枠組指令2000/78号（[2000] OJ L 303/16. 以下、平等待遇枠組指令）は、信教、信念、障碍、年齢、性的指向による差別を労働関係において原則として禁止する（指令1・2・3条）。ただし、年齢にもとづく取扱区別は、客観的かつ合理的に正当化できる目的をもち、その目的を達成する手段も適切かつ必要といえる場合には許容されると定め、取扱区別の例として、中高年労働者等の再雇用を促

進するために特別の就職条件を設けることや、就職条件に最低年齢を設けることなどを示していた（指令6条1項）。同指令は、各国での実施準備期限を2003年12月2日としていたが、構成国は3年の延長を申請できるとも定め（指令18条）、ドイツはその申請をしたため実施準備期限は2006年12月2日であった。（EUにおいては、1999年に発効した条約改正で、EU（当時のEC）に差別解消のための立法権限が付与され（EC条約13条）、それにもとづき2000年に、一般的に人種および民族的出自による差別を禁止する指令2000/43号（[2000] OJ L 180/22）と、労働関係に限定して年齢等による差別を禁じる平等待遇枠組指令2000/78号が立法されていた。）

　原告は、本契約の有期条項の正当化根拠となっているドイツのパート・有期法14条3項が、平等待遇枠組指令6条1項に反する違法な年齢差別をなすと主張した。ミュンヘン労働裁判所は、その争点についてEU裁判所の先決裁定を請求した。

◆先決裁定

　パート・有期法14条3項は、52歳以上の労働者について有期労働契約を全面的に適法とする。当該規定は失業中の高年齢労働者の職業復帰を目的とし、それは平等待遇枠組指令6条1項にいう客観的かつ合理的な正当目的といえる（57、59-61段）。

　しかし、規制手段が当該目的の達成のために適切かつ必要かどうかは別途問題となる。たしかに構成国は、労働政策および社会政策の措置の選択には広い裁量をもつが、比例原則には服さなければならない。係争のドイツ法規定は、52歳に達した労働者すべてについて、契約締結前に失業していたか、失業期間はどれほど長かったかなどの個別事情に関係なく一律に、無限に何度も更新可能な有期労働契約を提供できるとする。それは労働市場の構造や労働者の個別事情を考慮しておらず、年齢だけを有期労働契約の基準とする点で、追求する目的達成のために適切かつ必要な範囲を超えている。したがって、当該国内法規定は、平等待遇枠組指令6条1項に反する（62-65段）。

　平等待遇枠組指令の実施準備期限が、本件契約締結時に満了していなかったことは、以上の判断を妨げない（66段）。

　第一に、すでに当裁判所は、指令の実施準備期間中、構成国は当該指令の求める結果の達成を妨げる重大な可能性がある措置を取らないよう自制

すべき旨を先例で示している（67段）。また本件の場合、平等待遇枠組指令の実施準備期間中に、指令の目的に適合しない措置を期限まで維持することが許されるならば、指令の目的を段階的に実現していくために設けられた実施準備期限の延長制度の意味がなくなるであろう（70-73段）。

第二に、そしてなにより、労働関係における平等待遇原則は、平等待遇枠組指令そのものを根拠にするものではない。当該指令の前文3・4段に示されるように、信教、信念、障碍、年齢、性的指向による差別の原則的な禁止は、国際条約と構成諸国に共通の憲法的伝統に由来する。したがって、年齢等を理由とする差別の禁止は、EC法の一般原則とみなされるべきものである。それゆえ、年齢に関する平等待遇の一般原則を遵守することは、指令の構成国における実施準備期間の満了いかんに左右されない（74-76段）。

以上から、年齢を理由とする差別の禁止に関する権利紛争が係属した国内裁判所は、その権限の枠内で、EC法に反する国内法を不適用にすることで、個人にEC法から生じる法的保護を保障し、EC法の完全な実効性を保障する義務を負う（77段）。

◆解　説

本件の意義　　本件は、平等待遇枠組指令の定める年齢差別禁止に関する初のEU裁判所の判断である。とくに年齢差別禁止をEUにおける「法の一般原則」たる平等待遇原則の一面と位置づけた点に意義がある。本裁定では、52歳以上の労働者に関する有期雇用規制を緩和するドイツのパート・有期法の規定が、EU法の一般原則としての平等待遇原則に反する違法な年齢差別とされ、国内裁判所は当該規定を不適用とすべきと判断された。

本件では平等待遇枠組指令の実施準備期限は徒過していなかった。にもかかわらずEU裁判所は、年齢差別が、平等待遇枠組指令より上位のEU法の一般原則たる平等待遇原則によって禁止されるという理由づけにより、本件ドイツの法規定が、指令の実施準備期限の到来を待たずして不適用とされた。これが本裁定において最も物議を醸した点である。

EU「法の一般原則」　　EUにおける「法の一般原則（general principles of law）」とは、1960年代からEU裁判所が、EU法の欠缺

を埋めるために、判例を通して認めてきた不文の諸原則である。たとえば、法的安定性および信頼保護、適正手続、比例性、聴聞の保障、一事不再理、人権・基本権保障などの諸原則である（【文献案内】Tridimas 参照）。

人権・基本権保障を EU 法の一般原則と認めた国際商社事件（Case 11/70, Internationale Handelsgesellschaft [1970] ECR 1125〔本書初版16番・第2版15番事件〕）において EU 裁判所は、EU 法の一般原則の源について、「基本権の尊重は、当裁判所がその遵守を保障する法の一般原則の不可欠の一部である。そうした権利の保障は、構成国に共通の憲法的伝統に示唆され、EC の構造と目的の枠内で確保されなければならない」（裁定4段）と述べた。その後の先決裁定では、欧州人権条約など EU 構成諸国が共通して批准した国際条約も、EU 法の一般原則の源に加えられた（Case 4/73, Nord [1974] ECR I-491; Case 36/75, Rutili [1975] ECR I-1219; Case 44/79, Hauer [1979] ECR I-3727）。この判例がやがて明文化され、現在は EU 条約6条3項である。

年齢差別に関する本件マンゴルト事件で EU 裁判所は、EU 法上の一般原則としての平等待遇原則が年齢にも及ぶことを認めたが、その源について「様々な国際条約および各国の憲法的伝統」（裁定74段）を挙げた。年齢差別に関する後のキュキュクデヴェチ事件裁定（Case C-555/07, Kücükdeveci, EU:C:2010:21）では、EU 基本条約（＝EU 条約・運営条約）と同一の法的価値をもつ EU 基本権憲章の21条1項（年齢を理由とする差別を禁止する）も源に加えられた（裁定22段）。

年齢差別　年齢に着目した規制や雇用慣行が年齢差別にあたるかどうかをめぐり、EU 裁判所の判例が本件以後かなり蓄積されている。

判例では、老齢年金の受給開始年齢の到達を理由とする定年制は、通常、若年労働者の雇用を促進するという政策目的から正当とされた（Case C-411/05, Palacios de la Villa [2007] ECR I-8531）。ローゼンブラット事件（Case C-45/09, Rosenbladt, EU:C:2010:601）では、低い年金額では十分に生活できず、まだ働き続けなければならないにもかかわらず、定年制によって強制的に雇用が終了することは違法な年齢差別にあたると主張された

が、EU 裁判所は、定年制によって現在の職場を退職したとしても、別の使用者のもとで雇用されることは可能との理由で、違法な年齢差別には当たらないと判断した。

他方で、年金受給開始年齢とは無関係の、一定の職業に特有の定年制については、その必要性が厳格に審査されている。パイロットの60歳定年制について、国際的な規制では65歳定年制が許容されていたことから、「職業上の要請」（平等待遇枠組指令4条1項）も「公共の安全および健康保護」（同指令2条5項）にもとづく正当化も認められないと判断された（Case C-447/09, Prigge u.a., EU:C:2011:573）。

また、採用条件としての30歳未満という基準について、「特別な身体能力」の求められる消防士について、50歳以降は明らかに身体能力が下がり、配置転換が必要であるため、消防署の合理的な組織運営の必要性から、かかる年齢基準が許容されたが（Case C-229/08, Wolf, EU:C:2010:3）、警察官については、「特別な身体能力」が必要であるとはいえないとして、否定された（Case C-416/13, Pérez, EU:C:2014:2371）。

本件をめぐる物議　さて、本件で物議を醸したのは、指令の実施準備期限の到来前から指令に掲げた年齢差別禁止原則を実現するよう EU 裁判所がもとめたからであった。基本を確認しつつこの点を分析してみよう。

まず、二次法（EU 機関が採択する立法）である指令は、原則として、国内法により実施されるまでは、個人に権利を発生させない。ただし指令の実施準備期限が徒過し、かつ指令の規定が明確かつ無条件の文言と内容により個人に権利を付与していると認められる場合には、個人は指令の実施を怠る構成国に対して当該指令に基づく権利を直接に主張できる（指令の垂直的直接効果：Case C-152/84, Marshall [1986] ECR I-723〔本書5番事件〕）。しかし、実施準備期限を徒過しても、指令は私人対私人の水平関係については権利を発生させないと EU 裁判所は判断している（Case C-91/92, Dori [1994] ECR I-3325, para. 25,〔本書5番事件解説〕）。

そこで次に、EU 裁判所は、私人間における直接効果否定の埋め合わせとして、国内法の指令への「適合解釈」を各国裁判所に義務づけ、私人間

の紛争においても、国内法の適合解釈を通じて、指令の求める結果を達成するように促してきた。たとえば、マーリーシング事件（Case C-106/89, Marleasing [1990] ECR I-4135〔本書6番事件〕）では会社設立の無効事由の解釈について、またドリ事件（前出）やオセアノ事件（Case C-240-244/98, Océano Grupo Editorial [2000] I-449）では消費者契約の解釈について、EU裁判所は、関連する国内法を指令の文言と目的をできる限り反映して解釈せよと述べている。

　では適合解釈義務は、指令に反する国内法を不適用とする義務に及ぶのか。これが争われたのがプファイファー事件（Case C-397–403/01, Pfeiffer [2004] ECR I-8835）である。事案は、週の労働時間を49時間と定めた労働協約が、最長労働時間を週48時間と定める労働時間指令93/104号（現2003/88号）に反しないかを争ったものである。同指令は、労働者の個別合意による適用除外を認めていたが、EU裁判所は、適用除外規定は厳格に解されなければならず、最長労働時間が週48時間という指令の内容は、規定内容が無条件かつ十分明確であるから、国家対私人の関係であれば直接効果を生じることを確認したうえで（裁定103-106段）、かかる指令については、私人間の法律関係においても、国内裁判所は、可能な限り指令に定められた結果を達成できるように、国内法を指令適合的に解釈しなければならず、最長労働時間を超える労働時間を回避するために、国内裁判所は「可能なことをすべて行わなければならない」と判断した（裁定107-118段）。（この先決裁定を受けた国内裁判所が、労働協約上の最長労働時間を、指令の定める最長労働時間48時間が合意されたものと解釈することになるなら、結果として、指令の水平的直接効果を承認したことと変わらなくなろう。）

マンゴルト事件　これに対して年齢差別の本件マンゴルト事件裁定は、プファイファー事件裁定とは異なり、国内法の適合解釈義務に訴えず、むしろ年齢差別禁止を含む平等待遇原則がEU法の一般原則であるという理由づけで、関連国内法の不適用義務を導いた。

　本裁定に対しては、指令には水平的直接効果がないのにそれを認めるも同然の結果になっている点、しかもそれが指令の実施準備期限満了前からそうなっている点の二点が重なったため、強い批判が寄せられた。

たとえば、本件と同様に、パート・有期法14条３項が問題になったケースについて、ドイツ連邦労働裁判所が、マンゴルト事件裁定に依拠して、当該規制の不適用を認めたところ（BAG v. 26.4.2006, BAGE 118, 76 – Honeywell Bremsbelag GmbH.）、これに対して、憲法異議〔違憲訴訟〕が提起された。これは、実質的にはマンゴルト事件裁定を非難するものであり、EU裁判所はEU条約19条１項２文（旧EC条約220条）に基づく権限を踰越したと主張された。しかしドイツ連邦憲法裁判所は、マンゴルト事件裁定はマーストリヒト事件判決（BVerfGE 89, 155〔本書初版・第２版４番事件〕）にいう権限踰越の行為ではないと判断した（BVerfG v. 6.7.2010, BVerfGE 126, 281-331）。

その後の判例　　こうした動きの中でEU裁判所は、一方で各国法のEU指令適合解釈義務は指令の国内実施期限が徒過した時点から生じると明言し（Case C-212/04, Adeneler [2006] ECR I-6057）、他方で年齢差別禁止については動じず、マンゴルト事件裁定の判旨を、キュキュクデヴェチ事件（前出）、ダンスク・インダストゥリ事件（Case C-441/14, Dansk Industri, EU:C:2016:278）において再確認している。キュキュクデヴェチ事件においては、勤続年数に応じて異なる解雇予告期間を定めるドイツ民法典622条が、「勤続年数の算定においては、労働者の25歳到達前の期間は考慮されない」と定めていた（同条２項２文）。EU裁判所は、当該規定は若年労働者の職業経験を考慮しない違法な年齢差別と判断した。その際、指令の水平的直接効果を否定しつつも（裁定46段）、平等待遇枠組指令の年齢差別禁止規定は明確であるため、国内法の指令への適合解釈が不可能な事案では、EU法の一般原則たる年齢差別禁止原則とEU法の優位性原則を根拠に、EU法に反する国内規定の不適用義務が導かれると述べた（裁定21・50・54段）。このときEU裁判所は、年齢差別禁止を含む平等待遇原則という法の一般原則が、様々な国際条約、共通の憲法的伝統、そしてEU基本権憲章21条から導かれると述べ、平等待遇原則を基本条約と同位に高く位置づけて強調している（前述）。ダンスク・インダストゥリ事件裁定は、違法な年齢差別にあたる国内法規定を不適用としてEU法適合的に国内法を変更することは、法的安定性や信頼保護の原

則に反するものではないと述べた（裁定32-41段）。

　以上は EU 裁判所の立場であるが、思うに、労働・社会政策との均衡を要する年齢差別禁止法理は、平等待遇枠組指令によってはじめて実施可能な法理となったことに照らすならば、一次法である平等待遇原則から年齢差別の禁止を導くことにはやはり難があったのではないだろうか。もっとも、パラシオス・デ・ラ・ヴィラ事件（Case C-411/05, Palacios de la Villa [2007] ECR I-8531）のマザーク（Mazák）法務官は、マンゴルト事件裁定に触れつつ、法の一般原則としての平等待遇原則には当初から年齢差別の禁止も含まれており（法務官意見82段）、平等待遇枠組指令等の実定法は差別禁止事由を特定しているにすぎず、法の一般原則としての平等待遇原則における差別禁止事由はオープンであり時代とともに変遷すると述べている（法務官意見90-92段）。しかし、新たな差別禁止事由がもともとあったという理解は、かなりの無理があるように思われる。

（橋本陽子）

✣文献案内

M. de Mol., "Kücükdeveci: Mangold Revisited – Horizontel Direct Effect of a General Principle of EU Law" (2010) 6 Eur. Constitutional L.Rev. 293-308.

Axel Metzger, *Extra legem, intra ius: Allgemeine Rechtsgrundsätze im Europäischen Privatrecht* (Mohr Siebeck, 2009) 325-359.

Lüder Gerken, Volker Rieble, Günter H. Roth, Torsten Stein und Rodolf Streinz, *„Mangold" als ausbrechender Rechtsakt* (Sellier European Law Publishers, 2009) 19-22, 67-70.

J. H. Jans, "The Effect in National Legal Systems of the Prohibition of Discrimination on Grounds of Age as a General Principle of Community Law" (2007) 34 LIEI 53-66.

Takis Tridimas, *The general Principles of EU Law*, 2nd ed., (Oxford U.P., 2006)

15 EU 基本権憲章の適用範囲

●フランソン事件

Case C-617/10, Åklagaren v. Åkerberg Fransson, EU:C:2013:105.

◆事実・争点

　被告人フランソン氏は、2004年と2005年の所得税および付加価値税（VAT）について虚偽の申告を行った。そのため2007年5月にスウェーデン国税庁から追徴課税処分を受け、その処分は確定した。その後、2009年に被告人は同一事実について租税刑法違反のかどで起訴された。脱税額の大きさや組織的な大規模犯罪行為ゆえに本件の脱税行為は重大な違法行為であると起訴状は述べていた。

　被告人は、同一事実について行政処分による制裁を受け、さらに刑事訴追も受けることは、欧州人権条約第7議定書4条およびEU基本権憲章（以下、基本権憲章）50条の定める一事不再理原則に違反すると主張した。スウェーデンの裁判所は、その点についてEU裁判所の先決裁定を求めた。

　EU裁判所での争点は前提問題にも及んだ。すなわち、①本件に基本権憲章が適用されるか（それゆえにEU裁判所は付託問題の先決裁定管轄権をもつか）。②（①が肯定の場合）本件において一事不再理原則違反が生じるか、である。EU裁判所は、①を肯定し、②の判断基準を示し、最終判断はスウェーデンの裁判所に委ねた。

◆先決裁定

管轄権の有無（構成国での基本権憲章の適用範囲）
　基本権憲章51条1項は、構成国がEU法を実施する場合に限り構成国に同憲章が適用されると定める。同条は、EU法上の基本権の保障義務に構成国が服する範囲についての判例法を確認したものである。確定判例によれば、EU法が保障する基本権は、EU法が規律するあらゆる状況に適用

されるが、その状況以外では適用されない。当該状況にあたらない場合は、国内立法の基本権憲章適合性を当〔EU〕裁判所は審査する権限をもたない。逆にあたる場合は、当裁判所は、国内立法がEU法上の基本権に反しないかの判断を行う各国裁判所に対して先決裁定において必要な解釈指導を提供しなければならない（17-19段）。

　もっとも、構成国の行為が全面的にEU法により決定されているわけではない状況において、国内の法規定や措置が基本権に反しないかを各国裁判所が審査するとき、各国機関と各国裁判所は基本権保護に関する国内基準を適用することができる。ただし、それによりEU裁判所の解釈した基本権憲章の保護水準ならびにEU法の優位性、統一性および実効性を損なってはならない（29段）。

　EU基本権の適用範囲を画する以上の解釈は、基本権憲章の解釈上考慮すべきとEU条約6条1項・基本権憲章52条7項が定める、「〔憲章〕註解」の同憲章51条の説明からも補強される。それによれば、EU法上の基本権を尊重する義務は、「EU法の範囲において構成国が行為する場合に限り構成国に課せられる」（20段）。またこの適用範囲解釈は、基本権憲章の規定がEUの権限を拡大するものではないと定めるEU条約6条1項および基本権憲章51条2項にも対応している（23段）。

　〔本件は部分的ながら、付加価値税の脱税が関わる。EU各国は、指令2006/112号およびEU条約4条3項により、納税対象となるあらゆる付加価値税を、立法行政上の適切な措置により、すべからく徴収し、脱税を防止する義務を負う。また、運営条約325条は、構成国がEUの財政的利益を侵害する違法行為に対して、自国の財政的利益への侵害行為に対してとるのと同等の抑止的かつ実効的な措置をとる義務を課している。また付加価値税はEUの独自財源の一部であり、その徴収漏れはEU収入減となる。よって、付加価値税の虚偽申告を理由とした追徴課税および刑事訴追は、指令2006/112号および運営条約325条の各国における実施に該当し、したがって基本権憲章51条1項にいう「構成国がEU法を実施する場合」にあたる（24-27段）。たとえ国内での追徴課税や刑事訴追の根拠法が指令2006/112号の実施目的で採択されたものでなくても、それが指令違反の処罰を目的とし、EUの財政的利益を侵害する行為を実効的に処罰するEU基本条約上の義務を履行することを目的とする限りは、EU法の実施にあたる（28段）。以上から、当裁判所は本件の付託された問題を判断する管轄権をもつ（31段）。〕

一事不再理原則違反の有無

　本件のような脱税に対する刑事訴追について基本権憲章50条〔一事不再理原則〕を適用するには、被告人に対してすでになされた確定的措置が刑

事的性質をもつことが前提となる（33段）。

　しかし、付加価値税の申告義務違反に対する税法上の制裁と刑事上の制裁の併科は、基本権憲章50条により排除されていない。付加価値税の徴収ひいてはEUの財政的利益の保護のために、構成国は制裁を自由に選択でき、行政罰または刑事罰または併科を選択しうる。税法上の制裁が刑事的性質をもち、かつ確定している場合にのみ、基本権憲章50条によって、同一事実により同一人物に対して刑事訴追することが排除される（34段）。

　そこで、税法上の制裁が刑事的性質をもつかの評価においては、三基準が関係する。第一に、違反行為の国内法上の分類、第二に、違反行為の性質、第三に、当事者に課されうる制裁の性質と重さである（35段）。国内裁判所は、この三基準にもとづいて、国内法が定める税法上の制裁と刑事上の制裁の併科を、本裁定29段にいう〔一事不再理の〕国内〔基本権〕基準に照らして審査すべきかどうかを決定すべきである。そして併科が当該国内基準に反するとの結論にいたることもできるが、ただしそれは〔否定されずに〕残ったほうの制裁が実効的、比例的かつ抑止的であればという条件のもとである（36段）。

　以上から、基本権憲章50条の一事不再理原則は、付加価値税分野における申告義務の不遵守という同一事実につき、税法上の制裁が刑事的性質をもたない限り、税法上の制裁と刑事上の制裁を構成国が相次いで科すことを排除しない（37段）。

◆解　説

本件の意義　　本件は、EU基本権憲章の構成国における適用範囲について、「構成国がEU法を実施する場合」に限定することを確認しつつ、実際には、やや緩やかな解釈を示した点で重要である。すなわち、基本権憲章の構成国における適用範囲は同51条が、「構成国がEU法を実施する場合に限り」と定めるが、本裁定は「EU法の実施」を、国内法がEU法を実施する目的で制定された場合に限定せず、EU法の求める目的に仕えるものに及ぶと解釈した（裁定28段）。こうして基本権憲章の構成国における適用範囲が将来的に広がる素地を作った。

「EU法の実施」概念　　「EU法の実施」の概念の中核にあるのは、構成国によるEU派生法の国内適用行為や国内法整備を通した実施行為である。では、その他のどこまでがこの概念に含まれるのか。たと

えばEU法上の権利行使を制約・制限する構成国の措置はEU法の実施ではなく、EU基本権憲章の適用範囲から外れるのか。そうではなかろう。もともと基本権憲章の制定前の判例はEU法上の基本権保障が及ぶ範囲を広く認めていた。ERT事件裁定（Case C-260/89, ERT [1991] ECR I-2925）では、サービスの自由移動原則を制限する各国措置が問題となったが、EU裁判所は当該措置もEU法の適用範囲であり、構成国はEU法の一般原則としての基本権の保障を図る義務があると判断していた。こうした解釈は、基本権憲章51条の「註解」も確認しており、構成国にEU法上の基本権尊重義務が課されるのは構成国が「EU法の文脈において行為するときに限り（only … when they act in the context of Community law）」生じるものと判例が認めてきたと述べている。

　本裁定は、こうした判例を踏襲して、「EU法の実施」概念を広く解する立場を明確にした。すなわち、EU法上の基本権は、「EU法が規律するあらゆる状況」に適用されるという一般論をとった。「EU法の適用がありつつ基本権憲章の保障する基本権の適用がないということはありえず、EU法の適用は基本権憲章の保障する基本権の適用を伴う」（21段）とも述べている。そこで本件については、問題の付加価値税に関するスウェーデン法は付加価値税に関するEU指令2006/112号を実施するために制定された法ではなかったものの、目的においてそれに仕えるがゆえに、EU法の実施にあたるものとされ、基本権憲章の適用が認められた。

　そうなると、次に問題となるのは、基本権憲章51条1項の「EU法の実施」概念の限界である。本裁定は、EU法の実施をEU法の適用と実質的に同義に解しているが、EU法の適用にあたらない場合を説明していない。そのため、理解次第では、基本権憲章の適用範囲が際限なく広がりうる。これは構成国からすれば、国家の行為が基本権憲章による制約に服する範囲が広がることであり、解釈を通してEUが権限を拡大することにもなろう。そのため「EU法の実施」概念を広く理解した本裁定には批判もみられた。

　本裁定の一般論は後続判例でも維持されているが、「EU法の実施」概念を限定しようとする判例もある。シラグサ事件裁定（Case C-206/13,

Siragusa, EU:C:2014:126)は、「EU 法の実施」概念は、「当該事項に密接に関連することや一方の事項が他方に間接的に影響することを超えるような、ある程度の牽連性」を要求するとし（裁定24段）、国内立法が「EU 法の実施」に該当するかどうかの検証点として、当該国内立法が EU 法規定の実施を意図したものか、当該国内立法の性質、当該国内立法が、EU 法に間接的に影響するとしても、EU 法とは別の目的を追求していないか、係争の事項に対して具体的な EU 法の定めや当該事項に影響しうる具体的な EU 法の定めがあるかどうかという点を挙げている（裁定25段）。そして、その事案で問題となった景観保護に関する国内立法について、当該国内立法が扱う景観保護に関する具体的義務は EU 法上課されていないこと、景観は EU 法上も環境影響評価や環境情報に関する指令等との関連で考慮される要因ではあるが、EU 立法と国内立法では目的が異なることなどを理由に、当該国内立法は「EU 法の実施」にあたらないとした。このように、「EU 法の実施」概念の限界は未だ明確ではない。

一事不再理原則　　本件で問題となった基本権憲章50条の一事不再理原則に関しては、本件およびそれ以降の判例で、次のような審査の枠組みが構築されている。

　まず、構成国は、EU の財政的利益を確保するために、付加価値税関連の不正行為に対する制裁を自由に選択できる。そのため、制裁は、行政罰、刑事罰、それらの併科を選択しうる。しかし、税法上の制裁が刑事的性質を有し、確定している場合には、同一人物に対して同一事実を理由に刑事罰を科すことは許されない（本件裁定34段）。

　ここにいう「刑事的性質」は、①違反行為の国内法上の分類、②違反行為の性質、③制裁の性質と重さの三基準をもとに評価される（本件裁定35段）。このうち②違反行為の性質については、とくに関連措置が懲罰を目的としているかどうかを見る。抑止目的もあわせて追求していても、その事情だけで刑事的性質が否定されるわけではない。他方で、関連措置が違反行為から生じた損害の回復を図る目的のときは刑事的性質は否定される（Case C-524/15, Menci, EU:C:2018:197, para. 31.）。

　事実の同一性に関しては、「重要な事実の同一性」をいう。すなわち、

「被告人の無罪または有罪判決をもたらした、相互に不可分一体的に関連した具体的な事実関係の総体」の同一性である（前出 Menci, para.35.）。基本権憲章50条が保護する範囲が国ごとに異なることは許されないので、同一事実の存在判断においては、各国法上の当該事実と保護法益の法的分類は無関係である（前出 Menci, para. 36.）。また、刑事罰の場合、行政罰と異なり、構成要件として主観的要素が要求されるが、そのこと自体は重要な事実の同一性を損なうものではない（前出 Menci, para. 37.）。

一事不再理原則に対する制限　本件フランソン事件では、一事不再理原則に対する制限は争点にならなかった。それを検討した後続判例では、基本権憲章52条1項（基本権への制約の一般規定）にもとづき、同条が定める要件（制限が法定され、権利の本質的内容を尊重し、比例原則を守ること）を満たすならば、制限が正当化されうることを認めている。

比例原則との関係では、制限が公益目的に仕えることを要するが、重要な公益目的を達成するために、違反行為の異なる面を対象にして刑事罰と行政罰を併科するとき、制裁が相互補完的ならば一事不再理への正当な制限と評価されうる。たとえば付加価値税法違反に関して、故意の有無にかかわらず定率の行政罰によって違反を抑止し処罰するが、そうした違反の中でも社会にとくに有害ゆえ厳罰をもって処罰してしかるべきものにはさらに刑事罰を科すことは正当である（前出 Menci, paras.44-45）。

また比例原則のもとでは、制限は必要な範囲にとどめることを要する。この点に関しては、まず、併科の対象になる場合を予見できる明確な規定を置くことが求められる。また、併科による追加的負担を厳密に必要な範囲にとどめるルールや、制裁全体の重さが違反行為の重大性に相応していることを確保するルールも求められる。具体的には、厳密に必要な範囲にとどめる点については、刑事罰が一定の重大性をもつ違反に限定されていること、制裁の重さと違反の相応性については、有罪判決以後に行政罰の執行を行わないことなどが、必要範囲にとどめる仕組みとして指摘されている（前出 Menci, paras.49, 52, 55.）。反対に、有罪判決が実効的・比例的・抑止的に違反を処罰する性質である場合、これに加えて刑事的性質の行政罰を課すことは必要な限度を超えるものとなる（Case C-537/16, Garlsson

Real State, EU:C:2018:193.)。

タリッコ事件： 付加価値税の申告義務違反に対する制裁は、その他
罪刑法定主義 の基本権との関係でも重要な問題を生じさせている。
罪刑法定主義との関係を扱ったタリッコ事件（Case C-105/14, Taricco, EU:C:2015:555.）は、EU法と各国憲法の関係というEU法上の基本問題を提起している点でとりわけ注目される。

事案では、イタリア刑事訴訟法典の規定が刑事手続の審理中の案件でも時効が完成して免訴となるものとしていた。そこで当該規定が付加価値税の不正行為に対する制裁を妨げ、EU法の実効的な実現を妨げるため、排除されるべきかが問われた。

EU裁判所は、不正に対する制裁の選択は各国に委ねられると一方で認めつつ、他方で運営条約325条が、EUの財政的利益を侵害する行為に対して、①抑止的かつ実効的措置、②自国の財政的利益を侵害する不正に対処するのと同じ措置をとる義務を構成国に課していることを指摘した。そして①との関係では一定の重大な付加価値税不正に刑事罰を科すことは不可欠であると述べ、重大な詐欺事案で判決前に時効が完成して相当数の事例で処罰が行われていないような場合は、そのような各国法は抑止的・実効的な措置とはみなせないと述べた。また②との関係では、付加価値税の不正事案に比べて、自国の財政的利益を侵害する類似の重大な事案には長期の時効期間を設定している場合には、構成国は運営条約325条の義務に違反していると述べた。さらに、国内の時効規定が上記の義務に反するため適用が排除される場合、当事者は、本来であれば時効の完成により免れていたはずの制裁を科されることになるものの、実行時に犯罪ではなかった行為を理由に有罪とされるわけではなく、規定のなかった制裁を受けるわけでもないので、罪刑法定主義（基本権憲章49条）に反しないとした。

しかし、イタリア憲法裁判所は、以上の解釈がイタリア憲法上の罪刑法定主義の要請をみたしていないおそれがあるとして、解釈の明確化を求めて再び先決裁定をEU裁判所に請求した（Case C-42/17, M.A.S. and M.B., EU:C:2017:936）。EU裁判所は、イタリア憲法裁判所の懸念をふまえ、タリッコ事件裁定よりも罪刑法定主義を詳細に検討して、実質的にはタリッコ

事件裁定の内容を修正し、射程を制限した。

　すなわち、EU 裁判所はまず、EU 法でも国内法でも、刑事法における予見可能性・明確性・遡及処罰禁止の要請上、罪刑法定主義は重要であると述べ、罪刑法定主義は構成国に共通する憲法上の伝統であること、予見可能性等の要請はイタリア法上付加価値税関連犯罪の時効制度にも及ぶことを確認した。そのうえで、当該時効制度が EU の財政的利益を侵害する相当数の重大詐欺事件で実効的かつ抑止的な刑事制裁を妨げていると国内裁判所が認定して時効規定の適用を排除するならば、イタリアの時効制度の運用に不安定が生じ、適用法規の明確性が損なわれるときは、国内裁判所は当該時効規定の適用を排除する義務を負わないと述べた。また、タリッコ事件先決裁定以前の事案に関しては、時効規定の適用を排除すると当事者は犯行時よりも重い刑罰法規に遡及的に服することになるため、これが罪刑法定主義と抵触すると国内裁判所が考えるときは、当該時効規定の適用を排除する義務を負わないとした。

　にもかかわらず、イタリア憲法裁判所は、こうした解釈を無条件に受け入れることを拒んだ。具体的には事案の発生時期を理由にタリッコ事件裁定の法理は事案に適用されないとして憲法問題を回避しつつ、タリッコ事件裁定の法理はイタリア憲法25条2項の明確性の原則に反するとの立場を明らかにした（イタリア憲法裁判所2018年4月10日判決（IT:COST:2018:115））。こうした一連の判例からは、EU 法と各国憲法上の基本権の保障の調整をいかにすべきかという重要課題が浮き彫りになる。

（西連寺隆行）

✢文献案内

D. Sarmiento, 'Who's Afraid of the Charter? The Court of Justice, National Courts and the New Framework of Fundamental Rights Protection in Europe' (2013) 50 CMLRev. 1267-1304.

B. van Bocke (ed.), *Ne Bis in Idem in EU Law* (Cambridge U. P., 2016).

● メローニ事件

16 欧州逮捕令状制度と人権尊重の要請

Case C-399/11, Melloni v. Ministerio Fiscal, EU:C:2013:107.

◆事実・争点

　2002年の枠組決定（[2002] OJ L 190/1、以下、2002年枠組決定）に基づく「欧州逮捕令状（European Arrest Warrant）」は、EUのある構成国（発給国）が他の構成国に対象者の逮捕・引渡しを求めて発給する司法決定である（枠組決定1条1項）。発給国以外の構成国で原則的に承認され、対象者は現在する構成国（引渡国）で身柄を拘束されて発給国に引き渡される（同9条以下）。

　2002年枠組決定5条は、欧州逮捕令状が欠席判決執行のために発給された場合、引渡国の執行当局が、被告人に発給国での再審理の機会が保証されることを条件に引き渡すことを認めていた。しかし、保証の十分性判断が執行当局に任されたため、執行が拒否される範囲は不明確であった。そこで2009年の枠組決定（[2009] OJ L 81/24、以下、2009年枠組決定）は、5条を削除して4a条を挿入し、対象者が、公判日程と場所を認識しかつ欠席でも決定が下されることを通知されていたとき、または選任した弁護人に公判で弁護されたときは、執行を拒めない旨を明記した。

　本件のイタリア人M（被告人）は、1996年にスペインで逮捕され、当時の制度によりイタリアに引き渡されるはずであったが、スペインでの保釈後逃亡した。そのためイタリアの地方裁判所は、M欠席のまま審理し、2000年6月、詐欺破産罪でMに10年の懲役刑を科した。Mは一審以降、選任した弁護人を通じて公判日程を認識し、弁護人により弁護されていた。上級審も原審を支持し判決は2004年6月に確定した。その後イタリア検察庁は、判決執行のために欧州逮捕令状を発給した。2008年8月、Mはスペイン警察に逮捕され、スペインの裁判所はMのイタリア引渡しを命令し

た。Mは、「公正な裁判を受ける権利」(スペイン憲法24条2項)を根拠に憲法異議〔違憲訴訟〕を提起した。スペイン憲法裁判所はこれを受理して引渡命令の執行を停止した。というのも同裁判所は、2000年3月判決で、欠席判決を争えることを条件とせずに引渡しに同意する司法当局の決定は、「公正な裁判を受ける権利」を間接的に侵害すると判断しており、これを2002年・2009年枠組決定による引渡しにも適用したからである。

そのうえで同憲法裁判所は、EU裁判所に先決裁定を請求した。主たる争点は、①2009年枠組決定4a条1項のもとで、欠席裁判により有罪とされた判決の執行のために欧州逮捕令状が発給されたとき、令状を執行する司法当局が対象者を引き渡すにあたり、発給国で当該事案の再審査がなされることを条件に付すことが許されるか否かである。もし付せないならば、②2009年枠組決定4a条1項は、基本権憲章47条の「実効的な司法的救済の権利と公正な裁判を受ける権利」、同48条2項の「被疑者・被告人の防御権」を侵害しないか、③同53条（基本権憲章をEU法、国際条約、各国憲法が認める人権を制約するものと解釈してはならない旨の定め）にも反しないかも付随的に争点となった。

◆先決裁定

争点①

2009年枠組決定4a条1項は、被告人が公判に欠席して受けた有罪判決の執行のために発給された欧州逮捕令状の執行に対する裁量的拒否事由を規定した。同項は、執行当局が令状の執行を拒否できない場合も四つ規定する。よって同項は、当該四つの場合につき、執行司法当局が、欠席有罪判決を受けた被告人の引渡しに、被告人出席の再審理が行われることを条件に付すことを禁止している（40段）。

この解釈は規定の目的と立法者意思から支持できる。2009年枠組決定の目的は、欠席判決の場合、再審理の保証を引渡し条件とすることを認めていた5条1項を削除して、それに代わる4a条でそのような保証を理由とする執行拒否の機会を制限することにあった（41段）。そこで4a条1・2項は、欠席有罪判決を受けた者が、適切な時期に公判日程を認識しかつ欠席しても判決が下されることを通知され、または、公判日程を認識して公判での弁護を弁護人に依頼した場合には、司法当局は、再審理を引渡しの

条件とはできないと定めている（42段）。また、立法者も、被告人が出廷しない欠席審理に基づく決定の不承認理由を調和して構成国間の司法決定の相互承認を改善し刑事司法協力を促進することを意図していた。これは2009年枠組決定前文2ないし4段、同1条から明らかである（43段）。

争点②

基本権憲章47条、48条2項について、審理に出頭する被疑者・被告人の権利は、公正な裁判を受ける権利の本質的要素ではある。しかし、審理に出頭する権利は絶対的な権利ではない。被疑者・被告人は、明示的または黙示的に自らの意思で当該権利を放棄できる。そこで、被告人が公判審理の日時・場所を通知されたか、または自らが依頼した弁護人によって弁護されていれば、本人欠席の場合でも公正な裁判を受ける権利の違反は生じない（49段）。この解釈は、欧州人権条約6条1・3項が保障する公正な裁判を受ける権利に関する欧州人権裁判所の判例法とも整合する（50段）。また欧州逮捕令状の執行条件の調和の目的は、被疑者・被告人の手続的権利の拡大だけでなく構成国間の司法決定の相互承認の促進でもある（51段）。これらからしても、2009年枠組決定4a条1項のもとでは、発給国で対象者が出席しての再審理を受けるとの条件を付すことは許されない（52段）。

争点③

各国憲法が保障する基本的人権の保護水準が、EU基本権憲章の水準より高い場合には各国憲法の水準を適用し、必要があればEU法より各国法の適用を優先させる一般的根拠として基本権憲章53条を用いる解釈は容認できない（56-57段）。そのような解釈は、基本権憲章に適合するEU法規が各国憲法の保障する基本権を侵害するとき、その不適用を各国に認めることになり、EU法優位性の原則を損なう（58段）。EU法の優位性の原則はEU法秩序の本質的特徴である。たとえ各国憲法であれEU法の実効性を損なうことは認められない（59段）。基本権憲章53条は、EU立法が国内実施措置を要求する場合に、国内当局および裁判所が、EU裁判所の解釈する基本権憲章の保護水準とEU法の優位性・統一性・実効性を害さない限りで、基本権保護の国内水準を自由に適用できることを確認する規定にすぎない（60段）。よって、2009年枠組決定4a条1項の定める、執行が拒否できない場合のいずれかに該当するとき、基本権憲章53条を根拠に、構成国が欧州逮捕令状の執行において発給国での再審理を受けることを引渡しの条件にすることは認められない。それは基本権保護水準の統一性を崩し、枠組決定のもとでの相互信頼と相互承認の原則を害し、EU法の実効性も損ねる（61-63段）。

◆解 説

本件の意義　本件は、基本権憲章と各国憲法（とくに人権規定）の関係に関する EU 基本権憲章53条の解釈を初めて示した事例である。広くは、統治権力が EU と構成各国の双方に存在する現状において、EU 法と各国憲法を一体的に把握してはじめて EU 全体の法秩序と法現象を正確に理解できることを示す例としても捉えうる〔本書２番事件解説も参照〕。

基本権憲章53条　EU の「EU 法の〔EU 各国法に対する〕優位性」原則のもとで、各国憲法と EU 法の関係をどう理解するかは EU 法・各国憲法双方の根本問題でありつづけている。本裁定は、基本権憲章53条の解釈において、再び EU 法の絶対的優位性を確認した。

本件の中心的争点は、構成国が人権・基本権について EU 法よりも高い保護水準を適用できるかであった。憲章53条の解釈は複数ありうる。一方ではスペイン憲法裁判所のもともとの解釈がその一つであった。憲章53条の文言は、欧州人権条約53条（欧州人権条約のいかなる規定も、締約国の法律または当該国が締結する他の協定で保障される人権・基本的自由を制限し逸脱するものとは解されない）と類似している。そして人権条約53条は、各国法との関係で欧州人権条約が基本権の最低限の保障水準を定める趣旨と理解されてきた。そこでスペイン憲法裁判所は基本権憲章53条についても、同憲章が EU における人権の最低限の保障水準を示すものと考え、各国法が内容をさらに発展させうると理解していた（1/2004宣言。Declaratión del Tribunal Constitucional 1/2004）。この解釈によれば、各国憲法が基本権憲章よりも高い水準の人権保護を行っても EU 法と抵触しないことになる。

しかし本裁定はその解釈を否定した。基本権憲章53条は、EU 立法が国内実施措置を要求する場面では、EU 裁判所の解釈する基本権憲章の保護水準および EU 法の優位性・統一性・実効性を害さない限りで、各国の当局と裁判所が基本権保護の国内水準を適用できることを確認した規定にすぎないというのである（裁定60段）。優位性・統一性・実効性を害するかどうかは、実際には関連 EU 立法が係争の事項を全面的に規制しているか否かによる。その判断は EU 裁判所が行い、EU 立法の解釈次第で構成国

による各国水準適用の是非も決まる。係争事項がEU法によって全面的に規律されていれば、基本権憲章の水準が全面的に適用され、各国水準は排除される。本件がその場合にあたるとされ、EU法の優位性原則から、基本権憲章に適合する2009年枠組決定の保護水準が全面的に適用されるべきとされた。

本件裁定の論理は、あらゆるEU法は、基本的人権を含む各国憲法にも絶対的に優位するというEUの先例からは当然の結論であろう。しかしこの立場では基本権憲章53条の存在意義が失われかねない。本件裁定は、EU法の優位性にこだわるあまり、同条を通じた、基本権解釈をめぐるEUと各国の多元的な関係構築の可能性を閉ざしたとも評価できる。未だEU各国の裁判所の多くは各国憲法に対するEU法の絶対的な優位性までは認めない。それゆえ本件裁定の立場では、EU裁判所の描くEU―各国法の関係と、EU各国の憲法裁判所が描くそれとの矛盾が深まってしまう。

スペイン憲法裁判所　本件裁定を受けたスペイン憲法裁判所は2014年2月、憲法異議に対する判決を下し、従前の自らの判例を変更し、EU水準を受け入れた。従前のスペイン憲法裁判所は、EU法の優位性は憲法との関係で限界があるとしていた。前述の1/2004宣言で、国家主権の尊重、憲法の基本構造、憲法が確立した基本原則・価値の体系がEU統合の国内実施限界であり、そうした限界を破るEU法が生じたときは憲法改正を要すると憲法裁判所は示していた。同宣言によればスペイン憲法93条にもとづき憲法上の権限行使をEUに移譲した後は、EU立法の有効性はEU基本条約に照らして判断される。ただしスペイン憲法は、憲法の基本的価値・原則への適合をEU立法に要求しているから、EU立法が憲法の確立する「法に基づく社会的民主的国家」の基本原則に一致する範囲でしかEUの権限行使は認められない。ゆえに権限行使の移譲には限界が伴い、その限界を画するものに基本権も含まれる。これが従前の立場であった。

本件裁定を受けた2014年2月の憲法裁判所判決は、表面上はこの従前の立場を否定しない。そこで1/2004宣言を引用して、EUへの権限移譲の実質的限界を確認する。次いで、EU法が基本権を含めて各国の基本的な憲

法構造を尊重していることに言及し（理由3段）、そのうえで基本権の間接的侵害に関する先例と公正な裁判を受ける権利（憲法24条2項）を検討する（理由4段）。先例によれば、司法部を含む国内当局が外国当局の判断を承認することは基本権を間接的に侵害する。重大犯罪の場合、欠席有罪判決を受けた被告人が有罪認定を争えることを条件とせずに、裁判所が引渡しを命令するならば、憲法24条2項の「間接的違反」が生じる。この先例は、欧州逮捕令状制度にも適用されていた（同段）。

しかし続いて憲法裁判所は、公正な裁判を受ける権利の内容について従来の解釈を変更し、次のように判示した。すなわち「間接的違反」の有無の判断基準となる憲法24条2項の内容を特定するために、これまで憲法裁判所はスペインが批准した国際人権条約に注目してきた。その結果、憲法の価値体系は、当該国際人権条約が保護する価値および利益と一致してきた。それゆえ、後者の価値および利益によって、国内当局の間接的違反を決定する最も基本的な要件を決定できる（理由4段）。そこでMの引渡しを認可した国内裁判所の引渡命令の合憲性審査基準は、関連する国際人権条約とくに欧州人権条約とEU基本権憲章となる。まず、欧州人権裁判所は、被告人が出頭を命じられた後に、公判での聴問の放棄を自由に決定し、手続中、弁護人に援助されていれば、公正な裁判を受ける権利（人権条約6条）は害されないと認めている。次にEU裁判所も、憲章47条・48条2項について、公判出頭の権利は公正な裁判を受ける権利の本質的要素ではあるが絶対的ではないと判示し、被疑者・被告人の明示または黙示の自由意思による権利放棄を認め、上記の先決裁定も、被告人Mが、公判期日・場所を通知されたか選任した弁護士によって弁護されたときは被告人本人が欠席でも公正な裁判を受ける権利は害されないと判示した。このように欧州人権裁判所の人権条約解釈とEU裁判所の基本権憲章解釈は一致しており、その解釈が公正な裁判を受ける権利の内容確定に用いられる解釈基準である。それゆえ本判決は、従来の判例を変更し、欠席有罪判決は、被告人への救済がない場合でも、正しく召還され、選任した弁護人により弁護された被告人が、自主的に欠席した場合には、公正な裁判を受ける権利の違反とはならない（理由4段）。こうしてスペインの憲法裁判所

は憲法異議を棄却した。

　この判決は、EUを人権保護水準の決定者として承認した点で重要である。もっとも、判決の論旨はすっきりしない。国際条約を基準とする憲法解釈は、1/2004宣言にもみられる憲法裁判所の一貫した考え方であり、EU裁判所の53条解釈が本裁定で初めて明確になったので判例を変更するという説明は成り立たなくもない。しかし、本判決が言及する欧州人権裁判所の判例も1990年代半ばに確立していた。なぜ今更それが重視されるのかは理解しにくい。やや説得力を欠く論旨には、EU法の優位と各国憲法の間で揺れ動く憲法裁判所の微妙な立場が窺われる。

「**裁判官対話**」　こうしたEUと各国の裁判所の一連の判断は、「裁判官対話」の観点からみて興味深い。本件をめぐっては、スペイン憲法裁判所が、EU基本権憲章の保護水準の（スペイン水準への）引き上げ解釈を期待して先決裁定を求めたところ、EU裁判所は、EU法の絶対的優位性に固執して応答しなかったと、EU裁判所を批判する意見がある。たしかに、本件の先決裁定に憲法裁判所の問題意識への配慮は乏しい。しかし、スペイン憲法裁判所も、1/2004宣言が示した各国憲法のもつEU権限移譲の限界論に敢えて言及しつつ、本件で解釈が争われた憲章53条には一切言及せず、欧州人権裁判所の判例と同じ次元でEU裁判所の先決裁定を憲法の解釈基準と位置づけて、自律的に判例を変更したかのように説明した。両裁判所の間に、明示的な対話は成立していない。とはいえ、EUにおける裁判官対話は、EU・各国の裁判所双方が相互に明示的に参照や考慮をしなければ成り立たないものでもない。対話は黙示的にも成り立つ。EU法はEU裁判所が、各国法は各国裁判所がそれぞれ最終判断者であることを前提に対話は行われるのだから、両裁判所は独自の論理で議論を進めながらも結果として深刻な抵触が回避されるならば、対話は黙示的に機能しているといえよう。

ドイツ連邦憲法裁判所　本件と類似の解釈問題は、EU条約4条2項をめぐっても生じうる。当該条項は、EUが構成国の「政治的、憲法的な基本構造に内在する国民的アイデンティティ」を尊重すると規定し、それに基本権保障も含まれうるからである。

ドイツ連邦憲法裁判所の2015年12月15日判決（2 BvR 2735/14）〔本書 3 番事件解説〕はこの点を扱った。事案は、欠席有罪判決を受けた被告人の欧州逮捕令状にもとづくイタリアへの引渡決定がドイツ基本法の保護する「人間の尊厳」（1条1項）を害するとの憲法異議である。連邦憲法裁判所は、EU 裁判所に先決裁定を求めず独自に判断した。判決は、欧州逮捕令状枠組決定がドイツ基本法の「憲法アイデンティティ（constitutional identity）」を侵害するか否かを連邦憲法裁判所は審査でき、侵害していればEU 法はドイツでは不適用となると述べ、このような審査が EU と構成国の誠実な協力の原則（EU 条約 4 条 3 項）に反しないのは、憲法アイデンティティ審査が EU 条約 4 条 2 項の国民的アイデンティティの尊重に内在するからであると説明する（判決41-45段）。判決はさらに、欧州逮捕令状枠組決定とその国内実施法が、ドイツ基本法 1 条の最低限の保障を満たしているので EU 法の優位性原則の適用を本件で制限する必要はないとしながらも（同84段）、引渡しを決定した裁判所が、イタリアでの公判で被告人が新たな証拠を提出できるか否かを十分に審査しなかったことを理由に、本件の引渡決定のドイツ基本法違反を認定した（同109-123段）。

　判決は、一方では枠組決定（法令自体）の合憲性を肯認しているので、EU 法と各国憲法の抵触は生じていない。しかし他方で、個々の令状執行（法令の運用）を、憲法に照らして審査することを通じて、実際には EU 法より高い保護水準を国内裁判所が決定することを認めている。ゆえに欧州逮捕令状の執行に大きな影響が生じる可能性は否定できない。ドイツ連邦憲法裁判所は、EU 裁判所とは異なる方向にメッセージを送っている。

　こうした連邦憲法裁判所の判決は、EU 法の優位性や自律性への脅威ともなりうるかもしれないが、EU 裁判所が EU 法による基本的人権保護を強化する契機ともなりうる。本判決後の2016年 4 月、EU 裁判所はアランヨシ事件（Cases C-404/15 and C-659/15 PPU, Aranyosi and Căldăraru, EU:C:2016:198）の先決裁定において、拘禁施設の過剰収容により、欧州逮捕令状発給国（ハンガリー・ルーマニア）への引渡しにより被疑者の人権（欧州人権条約 3 条・基本権憲章 4 条〔非人道的取扱禁止〕）が害される事態が生じる危険があるときは、執行当局は令状の執行を延期し、その間に危険

の存在を否定する追加情報が得られなければ引渡手続を終了する決定をすべきものと判示した（裁定94、98、104段）。この裁定は、基本権憲章を根拠に枠組決定が明示していない引渡拒否の余地を認めた。本裁定は、ドイツ連邦憲法裁判所の前記2015年12月15日判決に対するEU裁判所の応答とも解釈でき、やはりEU内の基本権保護水準は各国裁判所とEU裁判所の相互作用で形成されるとみうるのである。

（須網隆夫）

✣文献案内

Aida Torres Pérez, "*Melloni* in Three Acts: From Dialogue to Monologue", (2014) 10 Eur. Const. L.Rev. 308-331.
中村民雄・山元一編『ヨーロッパ「憲法」の形成と各国憲法の変化』（信山社、2012年）
須網隆夫「『裁判官対話』とは何か——概念の概括的検討」法律時報89巻2号57-62頁（2017年）

17 個人情報保護と削除請求権
●グーグル事件
―― 「忘れられる権利」

Case C-131/12, Google Spain SL and Google Inc. v. AEPD and Mario Costeja González, EU:C:2014:317.

◆事実・争点

スペイン人 MG 氏は、1998年に社会保険料の滞納により所有不動産を強制競売にかけられた際の公示記事がカタロニア地方の新聞に掲載された。2010年に自分の氏名を用いてグーグルで検索したところ、このときの新聞記事電子版のリンクが検索結果に出てきた。原告は1998年の新聞記事はもはや現在の自分と関連しないと考え、次の命令を求めて、スペイン情報保護局（AEPD、個人情報保護機関）に救済申立てをした。

(i) カタロニア地方の当該新聞社は、当該電子版記事を削除すること。

(ii) グーグル社およびグーグル・スペイン社は、同社の検索エンジンにもとづく原告氏名による検索結果に、1998年のカタロニア地方の新聞記事電子版が出ないよう、当該記事のリンクを検索結果から削除または伏匿すること。

情報保護局は、(i)の命令は報道の正当性を理由に拒否したが、(ii)の命令は認めた。そこでグーグルおよびグーグル・スペイン社が当該命令の取消を求めてスペインの裁判所に提訴した。同裁判所から EU 裁判所へ先決裁定が請求された。

主たる争点は、グーグルは、当時の EU 法のもとで、個人の氏名によるネット検索結果から第三者が適法に出版したウェブページのリンクを削除する義務が課されるか。また MG 氏は、グーグルに対して、当該削除の請求権をもつかである。

本件に関連する EU 法は、第一に EU 基本権憲章である（これは2009年のリスボン条約発効により EU 基本条約と同一の法的価値を付与され（EU 条約6条1項）、法的拘束力をもつ）。憲章7条は私的生活を尊重される権利、8

条は個人情報保護権を基本権として掲げる。憲章 8 条によれば、あらゆる人は自分に関する情報（個人情報）を保護される権利をもち（1 項）、個人情報は特定の目的のために公正かつ本人の同意その他の法定の正当理由にもとづいて処理されねばならず（2 項前段）、あらゆる人は収集された個人情報にアクセスし訂正してもらう権利をもち（2 項後段）、以上の諸準則の遵守を独立の機関が監督しなければならない（3 項）。

関連する第二の EU 法は、当時の1995年個人情報保護指令95/46号であった（[1995] OJ L 281/31, 以下、95年指令。後に95年指令は廃止され、GDPR（EU 一般情報保護規則）2016/679号 [2016] OJ L119/1 ［2018年 5 月25日施行］に代替された。）

　95年指令は、特定可能の自然人（「情報主体」）の基本権とくにプライヴァシー権を高水準で保護することを目的とする（指令前文10段、1 条）。そこで、情報主体に関するあらゆる情報（「個人情報」）を、自動的手段か否かを問わず、収集・記録・保存・処理する目的と手段を決定する情報「管理者」に対して二つの義務を課していた。①個人情報の収集と処理において、以下の情報品質準則に従う義務（指令 6 条）。個人情報の収集と処理が、(a)公正かつ適法なこと、(b)特定かつ明示された正当目的に限ること、(c)収集が目的に十分で関連があり過剰でないこと、(d)情報は正確かつ必要に応じ更新され、収集目的に照らし不正確または不完全な情報はあらゆる合理的な手段を尽くして削除または訂正されるべきこと、(e)収集目的に対して必要な期間を超えて保存されないこと。

　②管理者が処理を正当にする義務（指令 7 条）。処理が正当となるのは次の場合に限られる。(a)情報主体の明示的な同意があるとき、(b)情報主体が当事者である契約の履行に処理が必要なとき、または契約締結に先立ち情報主体の求めにより準備をするために処理をするとき、(c)管理者に課された法的義務に従うために処理が必要なとき、(d)情報主体の重大な利益を保護するために処理が必要なとき、(e)公益目的で行う任務の履行に処理が必要なとき、または情報提供先の管理者もしくは第三者に公的権限が与えられそれを執行する際に処理が必要なとき、または(f)管理者もしくは情報利用者の「正当な利益」のために処理が必要なとき（ただし正当な利益による処理は情報主体の基本権保護の利益に優先できない）。

　他方で、95年指令は情報主体に二つの権利を認めていた。①情報の訂正、削除または封鎖の請求権（指令12条 b 号）。これは「情報が不完全または不正確なときなど」に管理者に対して行使できる。②処理への異議申立権（指令14条 1 段 a 号）。公的機関が「公益目的」で（指令 7 条 e 号）あるいは私人が「正当な理由」（同条 f 号）で管理者として処理を行う場合、情報主体は、「自らの特段の状況に

関する説得的な正当理由」にもとづき随時管理者に当該処理に対する異議を申し立てうる。異議が正当な場合、管理者は当該情報主体の情報の処理を禁じられる。

95年指令は、EU 各国が個人情報の品質と処理の正当性を監督する独立機関をつくり、その監督機関に調査権と実効的介入権（情報の防御、削除、破壊、一時的または終局的禁止の発令権）をもたせ、他にも司法的救済も確保すべきことを EU 各国に命じていた（指令28・22条）。管理者が情報主体の上記の請求や異議申立てに応じない場合、情報主体は監督機関に救済を申し立てうる（指令22条）。

◆**先決裁定**

〔EU 裁判所は、グーグル社およびグーグル・スペイン社が 95 年指令の適用を受けることを確認した。検索サービス提供は情報「処理」であり、グーグル社らは情報「管理者」である（28-38 段）。また EU 域外の米国のグーグル社も、その業務は EU 域内子会社グーグル・スペイン社の業務と不可分一体なので、両者ともに 95 年指令の適用対象となる（54-60 段）。〕

EU 裁判所は、主たる争点について、MG 氏の（95年指令の枠組み内で）リンク削除請求権とグーグル社のリンク削除義務を認めた。理由は次の通りである。

95年指令は、制定当時から基本権の高水準の保護を目的とし、現在では EU 基本権憲章7・8条（とくに8条2・3項）に掲げる基本権を保護し実施するものである。ゆえに95年指令は当該基本権に照らして解釈すべきである（66-69段）。

情報主体からの訂正削除請求の規定（指令12条 b 号）は、情報の不完全または不正確さ「など」を請求理由に例示する。ゆえに、訂正削除請求は、情報が不完全または不正確なときだけでなく、他の情報品質準則に反しているときや処理に正当性がないときもできると解すべきである（70-71段）。たとえば、個人情報が不正確なこと、処理目的に照らして当該情報が不十分、無関連または過剰なこと、あるいは個人情報の更新されていないこと、歴史、統計または科学の目的で保存が義務づけられる場合でないのに必要以上に長期に保存されていることなどを理由として、訂正削除請求ができる。当初は適法で正確だった情報処理であっても、時の経過とともに、収集または処理の目的に照らして不必要または過剰となったときは、削除または訂正を請求できる（92-94段）。他方、情報管理者は、当該請求を受けない場合でも、情報の品質を保持し正当な処理をするために合理的な手段を尽くす義務を95年指令6条・7条により負う（70、72段）。

情報主体からの処理の正当性異議申し立て権（指令14条1段 a 号）は、

公的機関が「公益目的」で（指令7条e号）あるいは私人が「正当な理由」（同条f号）で管理者として処理を行う場合、情報主体が「自らの特段の状況に関する説得的な正当理由」にもとづき、異議を申し立てる権利であって、当該情報主体固有の具体的状況を判断者が総合的に考慮することを可能にしている（75-76、95段）。

　処理の正当性の判断においては、95年指令7条f号が示すように、情報主体、管理者、情報利用者（公衆）の利益を衡量する必要がある。このうち、情報主体と検索サービス提供者（管理者）との関係では、検索サービス提供者の経済的利益だけから情報主体の基本権への侵害を正当化することはできない。なぜなら、検索サービスはネット社会での情報収集に威力を発揮し、検索サービス提供者が行う個人情報の処理は、個人の多岐にわたる私生活情報を一覧にし、それを世界中どこでも閲覧可能にするため、情報主体の基本権は著しく侵害されるからである。他方、情報主体と情報利用者（公衆）との関係では、双方の権利利益の衡量が必要である。情報主体の請求を受けて個人名による検索結果からリンクを削除するなら、情報にアクセスする情報利用者の正当な利益に影響がでる。一般的には、基本権憲章7・8条に照らすならば、情報主体の基本権が情報利用者の利益よりも優先するといえるだろうが、それでもなお個別の事案において衡量を行うべきである。係争情報の性質、当該情報の情報主体の私的生活への関与敏感度、当該情報を獲得する情報利用者の利益によって衡量は変わりうる。とくに情報主体の公的生活での役割によって情報利用者の利益は変化しうる（73-81、97・99段）。

　95年指令12条b号および14条1段a号にもとづくリンク削除請求は管理者たる検索サービス提供者がまずは認めるか否かを判断するが、請求を拒否する場合、監督機関または裁判所が情報品質の評価や関連利益の衡量をしたうえで、請求を認容する場合は、個人名による検索結果から当該個人の情報を含む第三者出版者ウェブページへのリンクを削除することを検索サービス提供者に命令できる。この命令は、当該ページを第三者出版者自身が自発的に削除することや、監督機関または裁判所が当該ページの削除を第三者出版者に命じることを前提条件とせずにできる（82・88段）。検索サービスの情報処理と第三者出版者の情報処理は別であって、検索サービス提供者の管理者としての義務は第三者出版者の義務とは別個に成立するからである。またネット情報は容易に複製されるため第三者出版者ウェブページの削除を待っていては個人情報保護権の実効的保護は望めない。しかも第三者出版者が報道機関の場合は当該ページの出版は正当でありうるから、情報主体は削除権を検索サービス提供者には行使できても第三者

出版者にはできない場合もありうる。たとえ両者に対して削除権が主張可能であっても、正当性の衡量では両者の利益評価に違いが出うる。これらから、第三者出版者ページの削除とは関わりなく、検索サービス提供者はリンク削除を義務づけられる（83-87段）。

　EU裁判所は以上の一般論の後、本件について、①係争の記事内容が情報主体の私的生活への関与敏感度が高いこと、②記事発表時から本件裁定時まで16年を経過していること、③MG氏の削除請求権に優越するような情報利用者のアクセスの利益はなさそうなことから（ただし③はスペインの裁判所が認定する）、MG氏はリンク削除を請求可能とした（98段）。

◆解　説

　本件の意義　　本件は、「忘れられる権利（right to be forgotten）」を認めた史上初の事件として名高い。ネット社会のもとで人々が個人情報に対する統制力をもてない現状を打開する一策として、検索サービス業者に対して、特定の個人情報へのリンクの削除を求める権利を認めた画期的な判例である。

　ただし、本件で情報主体に認められた権利は限定的である。問題の個人情報を掲載した第三者出版物の削除には及ばず、検索サービス業者に対して、本人の氏名で検索した結果から特定のリンク情報を削除させる権利である。（本件の権利を行使しても、問題の個人情報記載の第三者出版物は残る。また、当該出版物を氏名以外の検索語でネット検索して発掘したり、ネット検索以外の方法で探知することはなおできる。）EU裁判所は、かかる請求権を、情報主体本人の基本権（私的生活尊重権および個人情報保護権）の実効的保障の観点から95年指令を解釈し、指令に定める手続と制度のもとで認めた。あくまでも指令の枠内で認めているから、情報管理者に新たな義務は課されていない（この点後述のGDPRは新たな義務を課す）。

　リンク削除請求権　　情報主体は、95年指令のもとでも、ネット上の個人情報が情報品質準則に反するときや正当でない処理をされたとき、検索サービス業者に対する（個人名検索結果からの一定個人情報）リンクの削除請求権をもつことが確認された。この請求権は、当該個人情報をネット上に出版した第三者の行為が適法であるときも認められ、また

当該第三者が当該情報を自発的または監督機関の命令により削除しなくても認められる。さらに、当該情報が情報主体に有害かどうかも権利行使においては関係がない。ただしこの削除請求権は絶対的権利ではなく、他の対立する権利利益との衡量に服する。

利益衡量　本裁定の特徴は、情報処理の正当性判断において、情報主体の私生活尊重と個人情報保護の基本権（基本権憲章7・8条）を利益衡量の起点にすえ、原則として情報主体の基本権を他の基本権や法的利益に優越させた点である（裁定81段）。この立場は95年指令も2016年 GDPR も同じであり、個人情報保護面での EU 法の特徴をなす。個人の存在（憲章2・3条）と尊厳ある自律的人格の自己形成の保障（憲章1条、4条以下）を基本権の中でも優先するヨーロッパの法思想である（その思想は、国勢調査で得た個人情報をもとにナチスがユダヤ人を強制収容所に送り殺戮した非道への反省でもある。【文献案内】Kuner at 25-27.）。

本件においても、他の基本権、たとえば新聞社等の表現の自由という基本権（憲章11条）、検索サービス会社の営業の自由（憲章16条）、一般公衆の情報アクセス権（憲章11条）なども絡みうるが、このうち本裁定は、

　A．情報主体の基本権＞検索事業者の営業の経済的利益（営業の自由）

および

　B．情報主体の基本権＞情報利用者の利益（一般公衆の情報アクセス権）

という不等式を原則論として提示した。

不等式Aについては、情報主体の基本権がいかにネット社会で重大かつ深刻に侵害されるかを詳論した（裁定73-81段）。しかし右辺の事業者の利益は議論していない。おそらく削除対象が限られていること（他の情報と区別して個人情報だけを対象とし、かつ個人名での検索結果のみ削除義務対象となること）から、営業利益への被害も比例的と考えたのであろう。むしろ情報主体がグローバルなネット社会で自らの人格維持のために効果的な防御力をもたないことのほうが問題であって、均衡回復のためにも、検索事業者に、第三者出版による一次侵害を拡大する二次行為をしない義務を課すほうが正義にかなうと考えたようである（裁定37・80段で、新聞などの出版社も検索サービス事業者も情報「管理者」ではあるが、出版社は情報の供

給そのものをするのに対して、検索サービスはそういう情報を集積し一覧化する形で情報主体の基本権をさらに侵害すると述べ、さらに裁定83段で検索サービス提供者の管理者としての義務は第三者出版者の義務とは別個に成立するといっている)。

不等式Bについては、情報主体の利益と情報利用者の利益の衡量をするといい、そこは古典的な人権論で用いられてきた、情報出版者(新聞等)の表現の自由と情報主体のプライヴァシーの権利を衡量する際の法的な評価要素が準用されている。

本件で正面から議論されていないのは、①削除請求と新聞社等の表現の自由との関係である。EU 裁判所は、個人情報の出版(一次行為)と、当該出版情報を集積し一覧化する検索サービス(二次行為)を区別し、本件削除請求は二次行為に関し、一次行為とは対立しないと考えて論じなかったのであろう(この点 GDPR は規定を置いている)。②削除請求権の及ぶ地理的範囲も不明である。請求者の居住する構成国、EU 域内、それとも全世界で行われる検索に及ぶのか。これは95年指令をめぐる別件で係争中である (Case C-507/17, Google v. CNIL)。ネットに国境はなく全世界の検索に及ぶとフランス当局は主張し、グーグルはその議論は知る権利を過度に制約し、全世界検閲も招くと反論した。EU 裁判所の法務官は、EU 法の地理的領域内適用の原則、基本権間の均衡の重要性、EU と第三国の削除合戦の危険に触れ、EU 域内での検索に限定されると述べた (EU 裁判所は、執筆時、未裁定)。

2016年 GDPR 　本件当時、GDPR 案 (COM/2012/010 final) が審議中であった(その案文に、本件より広い範囲に及ぶ削除請求権が「忘れられる権利」と称して提案されていた)。GDPR は、ネット社会化に対応して情報主体の個人情報管理力を強化するために95年指令の内容を一新し、また法形式も「指令」から「規則」に変更して EU 全域で直接適用可能な共通法として簡素化し、ビジネス界の負担を減らそうとする(「指令」は各国実施措置を要し、実施の程度や内容が均一化しがたく、EU 域内で越境的に展開する企業は関係国の数だけ従う法があり費用がかさんだ。【文献案内】Erdos 論文も参照)。本件裁定は GDPR 案の審議を後押しした。

2016年採択のGDPRは、ネット社会における個人情報保護のヨーロッパの法思想にもとづく一つの制度設計である（詳細は、【文献案内】Voigt & Bussche）。本件に関わる部分に触れるなら、情報品質原則（5条）や適法処理原則（6条）は概ね95年指令を継承し、加えて、情報処理の正当性根拠の中心を情報主体の明快確実な同意におき（7条）、情報主体の個人情報に対する実効的管理力を高めるために、95年指令で存在した権利を拡充し、新たな権利も明文化した。たとえば、個人情報の提供同意の随時撤回権（7条3項）、管理者情報等を受ける権利（14条）、収集された情報へのアクセス権（15条）・訂正請求権（16条）・削除請求権（17条）・処理制限権（18条）、情報移転権（data portability）（20条［管理者Aのもとで蓄積された個人情報を情報主体が一定の形式で受け取る権利および情報主体が管理者Aに蓄積された個人情報を管理者BにAの妨害なく移転できる権利］）、処理異議申立権（21条）、自動的になされる決定への不服従権（22条）、本規則違反の管理者への情報主体の損害賠償請求権（82条1項）など司法的救済権（79条）、各国情報監督機関への不服申立権（77条）、監督機関の決定に対する司法的救済権（78条）などである。こうした権利は、個人情報の本人に管理者と処理事実を明確に伝え、本人が個人情報をより実効的に統制できるようにし、また違反に対する法的救済を得やすくするものである。

　「削除請求権（right to erasure）」（17条）をみるなら、一方で情報主体は管理者に対して、(a)処理目的に照らし情報が不要、(b)同意の撤回、(c)処理への異議申立、(d)違法な処理、(e)削除の法的義務の存在、(f)ネット・サービス提供時に収集されたといった理由で削除請求ができ、管理者は不当な遅滞なく削除する義務を負うとされる（同1項）。また、管理者が係争の個人情報を公開していたときは、他の管理者にも削除要求があったことを伝える義務を負う（2項）。他方で同条は、管理者が削除に応じなくてよい正当な場合も列挙する（同3項）。すなわち、(a)管理者が表現の自由、情報の自由を行使するとき、(b)管理者が、処理の法的義務を課されているとき、公益上の任務遂行のとき、管理者に委託された公権力の行使のとき、(c)公衆衛生分野の公益を理由として処理するとき、(d)公益的、科学的、歴史的研究目的、または統計目的での処理をするときで、削除権を行

使すると、当該処理の目的達成が不可能または重大に損なわれる可能性があるとき、(e)管理者の法的主張の立証、遂行、抗弁のとき、である。

　このほかGDPRは、管理者に対して各種の義務を新設した。たとえば、製品やサービス提供の企画当初から顧客の個人情報保護を図る設計をし（data protection by design）、顧客の個人情報保護が最初から標準形になるようにする（data protection by default）義務（25条）、管理者が保持する個人情報への不正侵入があったとき情報監督機関に通知する義務（33条）（関係情報主体は侵入事実を知らされる権利をもつ。34条）などである。さらには、管理者が処理する情報内容と処理目的の記録が厳格化され（30条）、処理のプライヴァシー影響評価も義務（個人へのリスク、目的に照らした処理の必要性と比例性の決定、情報管理者が追求する正当な利益と処理工程の説明、から評価）となった（35条）。他方で、収集した個人情報の匿名化や仮名化を通して個人情報をビッグデータ解析に用いることも勧奨している。

　GDPRは、各国情報監督機関に対しても制裁権限を与えた（83条）。とくに重要な処理原則の違反や情報主体の権利侵害については、行政上の重い制裁金を課しうる（同5項。2000万ユーロ以下または前年度全世界売上高の4％以下のいずれか高い方）。

EU法と世界　　EUはこのように世界に先駆けて個人情報保護のルールづくりの旗手となっている。マクロ・リージョン法たるEU法を、独自の自律性のある法秩序として形成し維持しているからこそ発揮できる世界への影響力である〔本書23番事件も同様例〕。

　EU法の直接間接の域外への影響は、すでに95年指令のもとでも出ていた。EU裁判所は2015年のシュレムス事件（Case C 362/14, Schrems, EU:C:2015:650［EU内のフェイスブック子会社の域内顧客個人情報の米国本社移転をめぐる事案］）で、米国の制度＊をEUの個人情報保護水準と本質的に同等で十分とした欧州委員会の2000年の決定を無効とした。

　　＊　プライヴァシー保護セーフハーバー制度。米国商務省が欧州委員会と交渉して設けた。米国商務省が策定するガイドラインに示す個人情報保護原則を満たすことを米国企業が自己認証して商務省に登録を申請し、認められた企業は登録ロゴを掲示できる。違反企業は連邦取引委員会が処罰する。

EU 裁判所によれば、米国の公的機関（諜報機関を含む）はセーフハーバー制度の外にあり、また米国の民間組織は制度下にあるが、国家安全保障・公益または法執行に必要な範囲で保護原則の適用を制限されるので、無制限に一般的にセーフハーバー原則を無視し、個人情報保護権等を侵害しうる（裁定81-87段）。よって米国の制度は、あらゆる人のあらゆる個人情報の貯蔵と米国移転を無差別かつ無限定に例外なく認め、公的機関による個人情報へのアクセスや事後的使用についてそれを制限する客観的基準も示さず、使用目的も具体的に厳格に制限しないものとなっている。基本権侵害を正当化する目的も具体的に示していない。とくに公的機関による電子通信内容アクセスを米国の立法が一般的に許す点は、私生活尊重基本権の本質を損ねる。米国の立法は、個人に司法的救済の道も与えていない。こうしたものはEUと同等水準ではないというのであった（裁定93-95段）。

　この先決裁定に従うために、米国は制度再構築を余儀なくされた（Privacy Shield の新規採択）。GDPR の情報域外移転関連の規定（規則第5章）は、シュレムス事件裁定で示された要件も取り入れ、欧州委員会の十分性決定による移転方式をとる場合、移転先国の個人情報保護法制の厳格な EU 同等性を要求している（規則45条）。また、EU 内の顧客との取引がある域外企業（日本企業など）であればGDPRの適用対象となる（規則3条2項a号）。EU 法は日本国内の経済活動にも直接及んでいる。

（中村民雄）

✤文献案内

Indra Spiecker genannt Döhmann, "A new framework for information markets: *Google Spain*" (2015) 52 CMLRev. 1033-1058.

P. Voigt and A. von dem Bussche, *The EU General Data Protection Regulation (GDPR)* (Springer, 2017)

David Erdos, "European Union Data Protection Law and Media Expression: Fundamentally Off Balance" (2016) 65 I CLQ 139-183

18 会社設立の自由と労働基本権の調整

●ヴァイキング事件

Case C-438/05, International Transport Workers' Federation and the Finnish Seamen's Union v. Viking Line [2007] ECR I-10779.

◆事実と争点

　本件は、エストニアがEUに加盟する2004年前後にまたがる。原告のフィンランドの海運会社（Ｖ社）は、フィンランドのヘルシンキ港とエストニアのタリン港を結ぶフェリーの運送会社であり、フィンランド籍のフェリーを所有している。船がフィンランド籍である限りは、Ｖ社はフィンランドの法と労使協約にもとづき、フィンランド水準の賃金を船員に支払う義務を負う。ところが同じ航路でエストニアの他社（船員の賃金水準がエストニアのほうが低い）と競合し、Ｖ社の収益が落ちたため、Ｖ社はエストニアに子会社を設立し、フェリーの船籍をエストニアに移し、そこの労働組合と新たな労使協約を結ぼうとした（2003年）。

　第1被告は、フィンランド船員組合（Finnish Seamen's Union, FSU）である。FSUは、フィンランド船員の雇用を守るため、Ｖ社が船籍変更をしないこと、または船籍変更をしてもフィンランド船員の解雇や雇用条件の不利益変更をしないことをＶ社に確約するよう求めて団体交渉を申し入れ、現行の労使協約の満了以後、交渉のためにストライキを予定日に実施することを通告した。予定日までにＶ社は、フィンランド船員の整理解雇をしないことを確約したが、船籍変更の意思は維持した。FSUはストライキの延期を拒んだため、Ｖ社はスト予定日にFSUの要求を入れて紛争を終結した（2003年）。

　第2被告は、FSUの所属する国際運輸労働者連盟（International Transport Workers' Federation, ITF、本部ロンドン）である。ITFは、かねてから便宜置籍船反対運動（船の受益的所有者の所在国と異なる国に便宜的に船籍を置くことに反対する運動）を展開していた。本件でもFSUの2003

年の団体行動に連帯し、FSU 以外の労組がＶ社と団体交渉に入らないよう要請するボイコット通達をITF 傘下の全世界の組合に発していた（2003年）。この通達は、FSU の紛争終結後も出されたままだった。

　2004年にEU が拡大すると、Ｖ社は、再びフェリーの船籍変更を考えた。そこで、FSU のストライキ権発動予告や発動が、また ITF のボイコット通達残存が、Ｖ社のEC 条約43条〔運営条約49条〕にもとづく会社設立・移動の自由を害するとの宣言判決と ITF のボイコット通達の撤回を求めて、イギリスの高等法院に出訴した（2004年）。高等法院がＶ社の請求を認容したので、被告が上訴し、イギリスの控訴院は EU 裁判所に先決裁定を求めた。なお、EC 条約43条〔運営条約49条〕にもとづく会社設立・移動の自由の権利が一定の私人間においても行使できることは、EU 裁判所の確定判例がある。

　本件の主たる争点は、①FSU と ITF がＶ社に対して行う団体行動は、EC 条約43条〔運営条約49条〕の適用を受けるのかどうか。そして、より中心的な争点は、②適用範囲内にある場合、本件の団体行動は、EC 条約43条〔運営条約49条〕にいう設立の自由への制限となるか、なるとして、それはどの範囲で正当化されるかであった。

◆先決裁定

　EU 裁判所は次のように判断した。
争点①
　確立した判例によれば、EC 条約39、43、49条〔運営条約45、49、56条〕は、公的機関の行為だけでなく、営利的な雇用、自営業、サービス提供を集団的に統制する性質のあらゆるルールにも適用される（32段）。労働組合が団体行動を組織することは、国内法などにより労働組合に認められている自治の権利のひとつである。しかも本件での団体行動は、Ｖ社労働者の雇用を集団的に守るための労組の最後の手段であって、FSU が求める団体協約の締結と不可分に連結している。よって本件の団体行動にも EC 条約43条〔運営条約49条〕は適用される（35-37段）。

　　〔たしかに EC 条約137条 5 項〔運営条約153条 5 項〕は、団結権、ストライキ権、ロックアウト権について EC には規制権限がないと定める。よって当該権利の存在と行使を規律する条件を定めるのは構成国であるが、そうする際

に構成国はEC法を遵守する義務を負っている。よってEC条約137条5項〔運営条約153条5項〕があろうとも、本件での団体行動がEC条約43条〔運営条約49条〕の適用を受けないことにはならない（39-41段）。〕

またストライキ権を含めて団体行動権は基本権であるから、EC条約43条〔運営条約49条〕の適用範囲外にあるという主張もある。たしかに、ストライキ権を含めて団体行動権は、構成国が署名または国内に受容した多くの国際文書（欧州社会憲章やILO87号条約）において認めており、また、構成国がECやEUにおいて作成した文書（EC社会権憲章、EU基本権憲章）においても認められている（43段）。団体行動権は、ストライキ権を含め、EC法の一般原則の不可欠の部分をなす基本権として承認され、その遵守を当裁判所も確保するものである。しかしその権利の行使も一定の制限に服しうる。EU基本権憲章28条が確認するように、当該権利は、EC法および各国法と実務に従って保護されるべきものである。そしてフィンランド法においては、とりわけストライキが善良な道徳に反する場合や国内法やEC法により禁じられている場合には、ストライキ権は行使できないものとされている（44段）。当裁判所の先例（シュミットベルガー事件〔本書初版・第2版24番事件〕、オメガ事件〔本書初版・第2版29番事件〕）が認めるように、原則として、基本権の保護は、商品の自由移動などの基本的自由を制約しうる正当な利益と認めうる。基本権の行使は、EC条約の下で保護される権利と両立されなければならず、また比例原則に従わなければならない（45-46段）。ゆえに、団体行動権が基本権の性質をもつからといって、本件の団体行動にEC条約43条〔運営条約49条〕が適用されないことにはならない（47段）。

争点②

設立・開業の自由はECの基本原則のひとつであり、〔現在は〕直接適用可能である。他の構成国における設立・開業の権利は会社にも保障され、他構成国における設立を妨害する行為は禁止される（68-69段）。船舶の船籍登録は会社設立後の営業行為と不可分であるから、船舶登録の妨害行為も禁止される（70-71段）。

FSUの団体行動は、V社の設立の自由権行使の魅力を減じ、あるいは無意味にする。ITFの便宜置籍反対運動を実行するための団体行動は、V社の設立の自由権行使を制限する可能性がある。ゆえに、本件での団体行動は、EC条約43条〔運営条約49条〕にいう設立の自由を制限する（72-74段）。

設立の自由に対する制限は、EC条約に適合する正当目的を追求し、優越的な公益を理由として正当化されるときにのみ正当化される。ただし目

的の達成を確保するために適合した制限でなければならず、かつ目的達成のために必要な範囲を超えてはならない（75段）。

労働者の保護は優越的な公益的理由のひとつであり、そのために団体行動をとる権利は正当な利益であるから、原則として、EC条約が保障する設立の自由を正当に制限しうる（77段）。またECは「調和と均衡のとれた持続可能な経済活動」だけでなく「高水準の雇用と社会的保護」の推進も任務とするので、経済的目的と社会的目的の両方を追求する。よって商品、人、サービスおよび資本の自由移動の権利は、社会政策の目標（生活条件・労働条件の向上と調和、社会的保護、労使対話等）と均衡をとらなければならない（78-79段）。

国内裁判所は、本件について、FSUとITFが団体行動を通して追求する目的が労働者保護に関係するかどうかを認定しなければならない（80段）。ただし、以下の点に留意すべきである。

第一に、FSUの団体行動については、一見、労働者保護の目的にみえるとしても、雇用または雇用条件が害され、またはその深刻な脅威にさらされているわけではないとの立証があるときは、労働者保護目的とはいえない（81段）。Ｖ社の船籍変更による不解雇確約の正確な範囲が不明であるから、国内裁判所が、船籍変更により労働組合員の雇用と雇用条件が害されまたは深刻に脅かされるかどうかを判断すべきである（83段）。審理の結果、そうであるとの結論に達したときは、次に、FSUの団体行動が、目的の達成に適合し、かつ目的達成に必要な範囲を超えないかどうかを判断しなければならない（84段）。まずFSUの団体行動の目的適合性については、団体行動は、団体交渉および団体協約と同様に、各事案の具体的な事実関係に照らして、労働組合がその組合員の利益を保護する目的に適した主要な方法のひとつと認められる余地はある（86段）。次に本件での団体行動が目的達成に必要な範囲を超えないかどうかについては、一方で、関連する国内法および団体協約のもとで、FSUがＶ社との団体交渉で合意に達するために、設立の自由に対してより制限的ではない他の手段をもっていなかったかどうかを検討し、他方で、当該団体行動を開始する前にそのような他の手段を尽くしたかどうかを検討すべきである（87段）。

第二に、ITFの団体行動については、便宜置籍反対運動の結果、船の受益的所有者がその所在国以外の国で船を登録することを妨げられる限りは、設立の自由への正当な制限として客観的に正当化されえない。たしかにその反対運動の目標は、船員の雇用条件を保護し向上させることでもあるが、ITFの便宜置籍反対運動においては、船の所有者の設立の自由権行使が労働者の雇用または雇用条件に悪影響を及ぼす可能性があるかどうか

にかかわらず、所属組合の要請があれば連帯行動を開始することになっているから、雇用条件の保護と向上に結びついた行動とは評価できないからである（88-89段）。

◆解　説

本件の　　　本件は、EU 域内での自由移動権と人権・基本権との
位置づけ　　対立事例である。具体的には、会社の自由移動権（設立・開業の自由）と労働者の基本権の一つ団体行動権とが対立するとき、人権・基本権によって自由移動権を制約しうるかが問題となった。EU 法では自由移動権は「基本的自由（fundamental freedoms）」と高く位置づけられているから、同じく高く位置づけられる人権・基本権（fundamental rights）との調整は慎重な検討を要するものとなる。

自由移動権と人権・基本権との調整が求められた先例として、シュミットベルガー事件（Case C-112/00, Schmidberger [2003] ECR I-5659〔本書初版・第 2 版24番事件〕）やオメガ事件（Case C-36/02, Omega [2004] ECR I-9609〔本書初版・第 2 版29番事件〕）がある。これらは私人対公的機関の関係で争われた事案で、また権利としては自由移動権と政治的自由に関する基本権（表現の自由、集会結社の自由、人の尊厳）とが対立していた。他方、本件は、私人間で争われた事案であり、また基本権としては労働者の団体行動権が関係し、自由移動権と社会的基本権の調整の問題が生じた点が新しい。

自由移動権と　　EU 法上の自由移動権と基本権の関係は様々な形で生
基本権　　　　じるが、主に次のような場面においてである。第一に、自由移動権に対する正当な制限として基本権が主張される場面である。この類型の先例がシュミットベルガー事件であり、そこでは表現・集会の自由を理由にした商品の自由移動権の制限が問題となった。また、人間の尊厳とサービス提供の自由に関するオメガ事件や、団体行動権と設立・開業の自由に関する本裁定およびラヴァル事件（Case C-341/05, Laval [2007] ECR I-11767）もこうした例である。

第二に、自由移動権に対する正当な制限事由を規律するために基本権の

遵守が要求される場面である。たとえば、ERT 事件（Case C-260/89, ERT [1991] ECR I-2925）では、サービス提供の自由（ラジオ・テレビ放送）に対する制限を公序・公安を理由に正当化する場合、表現の自由などの基本権に照らして正当化を評価しなければならないとされた。ほかにも、人の自由移動の権利を行使する連合市民やその家族の国外退去処分に際して、家族生活の尊重を受ける権利を考慮すべきことを説く判例も類例である（Case C-60/00, Carpenter [2002] ECR I-6279）。以下では第一類型（自由移動権と基本権が正面から対立する場面）を考える。

自由移動権への制限の正当性審査　基本権も大部分は絶対的な権利ではない。自由移動権も基本権も一定の制約に服する。となると、両者の対立はいかに調整されるべきであろうか。

その調整枠組みの一つを示したのがシュミットベルガー事件裁定（前出、〔本書初版・第 2 版24番事件〕）であった。事案は、高速道路の交通量激増を背景に住環境と環境の保護を理由に周辺住民の集会とデモ活動が国の許可を得て行われたが、その結果、数日間にわたり道路が封鎖され商品の自由移動権が侵害されたとして、運送会社がデモを許可した国に損害賠償を請求したものである。EU 裁判所は、まず一方の商品の自由移動は EU 域内市場の基本原則の一つであるが、絶対的な原則ではなく一定の制約に服し、また他方の集会・表現の自由という基本権も、公益を理由に一定の制限を受けると確認する。そこで、両利益の衡量が適切にされたかが審査の対象となり、自由移動権と、その正当な制約事由たる基本権の保護との間には適切な関係がなければならないとした。当該事案については、本件での自由移動への制約が基本権を保護するうえで比例的であり、同時に関係する基本権の実質を奪わないよう配慮されたものであったかを検討し、集会の場所・期間は限定的であり物流の混乱は生じていないこと、事前の予告もあったこと、集会に対する規制は集会の実質を失わせたであろうことなどを理由に正当化を認めた。

EU 裁判所は、この調整枠組みを私人間紛争である本件ヴァイキング事件においても用いた。労働者保護が会社の自由移動権を制限する公益となることを認めつつ（裁定42-47段、77段）、団体行動権という基本権も会社の

自由移動権も相対的な権利であって一方が他方に優越するものではないと捉え、両立のために比例原則を通して調整されるべきとしている（裁定78-79段）。そしてEU裁判所は、比例原則を用いた調整が適切になされたかどうかの認定は国内裁判所に委ねたものの、国内裁判所が認定の際に考慮すべき指標を示すことを通して、本件の被告FSUやITFの各団体行動は比例原則に反しうることを示唆した。

　まずFSUの団体行動について、それが労働者保護という正当目的に貢献することは認めたが、船籍変更が雇用・労働条件に重大な悪影響を及ぼさない場合には正当目的に対応しないとの指針を示し、事業者が船籍変更を理由に解雇しない確約をしたときはその内容によっては団体行動を行うことは正当目的に対応しないものとなると示唆した（裁定81-82段）。また仮にその正当目的があって団体行動をする場合も、FSUがV社との団体交渉で合意に達するために、設立の自由に対して「より制限的ではない他の手段」をもっていなかったかどうかを検討し、団体行動を開始する前にそのような他の手段を尽くしたかどうかを検討すべきだとして、ストライキの実施を厳密に究極の最後の手段とすべきことを示した（裁定87段）。

　次にITFの便宜置籍反対運動にもとづく通達については、船舶所有者の設立の自由権行使が労働者の雇用・雇用条件に悪影響を及ぼすかどうかにかかわらず、所属組合の要請があればその通達が連帯行動として出されるものであるから、労働者の雇用条件の保護・向上という正当目的に結びついておらず、手段として正当化できず違法だと断定している（裁定88-89段）。

本件裁定の問題点　しかし、この裁定は疑問が多い。第一に、自由移動権と労働基本権との均衡を図るといいつつ、自由移動権の保護を原則におき、その例外的な制限理由に労働基本権を位置づけて、比例性審査を労働基本権の行使についてのみ及ぼすという審査の偏りがある。労使交渉は私人間の交渉であるから、一方の労働組合の団体交渉権という基本権行使に比例原則の審査を及ぼすのであれば、他方の会社の自由移動権の行使についても一定の審査（たとえば権利行使の前にV社が誠実に団体交渉に応じたかどうかの検証）を及ぼさねば均衡を失しよう。ところが

自由移動権行使のあり方に対する審査は言及されていない。本件は、先例（シュミットベルガー事件やオメガ事件では私人対公的機関）と異なり、とくにFSUとV社の関係は、純粋の私人間の紛争であるのに、私人の自由を公権力が制限するうえで正当目的と手段の比例性の観点から当該制限を法的に規律するという公法的な審査枠組みをそのまま準用した形になっている。それがそもそも妥当かという根本問題の考察が本件裁定には欠けている。結果的に本件やラヴァル事件裁定などは、企業活動の自由を労働基本権の保護よりも優先させたという批判を招いたが（たとえば欧州議会による批判 European Parliament resolution of 22 October 2008 on challenges to collective agreements in the EU (2008/2085 (INI)) [2010] OJ C 15 E/50）、その一因は審査枠組みの構造的な偏りにあったといえよう。

　ただし、以上と事情を異にするのがITFとV社の関係である。たしかに全世界規模で船員組合の多くを傘下に収めるITFが傘下組合に対して発したV社との交渉ボイコット通達は、それが撤回されない限り、V社にとっては会社設立・開業を永続的に阻害する事実上の障壁として働く可能性はある。ゆえにITFとV社との関係は、むしろ先例の私人対公的機関の関係に近く、全世界的に圧倒的な労働者組織力をもつITFに対して一介の私人たる会社が自由の行使を抑圧されている状況である。この場面について先例にならった基本権行使の比例性審査を適用するというのは、不合理とはいえない。しかしこの旨を指摘して先例の枠組みの踏襲を正当化するような理由づけは本裁定にはない。（とはいえ、かかる論法にいたる前提として、ボイコット通達の傘下組合に対する法的拘束力も評価する必要がある。これが法的拘束力のないキャンペーン表現ならば、V社にはその撤回を求める法的根拠があるのかも論点となる。商品の自由移動の先例で、アイルランド政府がその外郭団体にさせた「アイルランド産を買おう（Buy Irish）」キャンペーンについて、法的拘束力もなければ成果も上がっていない策ではあるが、政府が計画的に案出した策であるから国の措置といえ、EEC条約30条〔運営条約28条〕の禁じる数量制限と同等効果の措置に該当するとされた例はある（Case 249/81, Commission v. Ireland [1982] ECR 4005）。しかしITFのキャンペーンには政府の策と同視できる要素がない。かたやITFには表現の自由がある（EU

基本権憲章11条・欧州人権条約10条)。ゆえにこの点は重要な論点となる。いずれにせよ本裁定は直接の当事者ではない、労働組合の上部団体ITFとV社の関係にEU法を適用できる根拠を十分論じていない。)

　第二に、労働基本権を例外的な正当化事由にのみ位置づけたため、ストライキ権などの団体行動権の行使が、会社の設立の自由を「より制限」しない「他の手段を尽くした」後でないと正当に行使できないものと一律に位置づけられた。しかし、労働紛争とは私人間の流動的な交渉状況に生じ、そこでの団体行動は状況に応じて戦略的にとるからこそ効果を上げる。これを「他の手段を尽くしたあと」にしか使えないとして、行使のタイミングや仕方の裁量を厳しく制限してしまうなら、団体行動権の実質を奪う危険もあろう。EU裁判所は、自由移動権と基本権の調整において基本権の実質を奪わないことも指標に挙げているが、団体行動権については厳しい比例性を要求して当該権利の実質を奪う危険があることを省察していない。

　総じて、労働者が団結し、団体交渉し、団体行動する基本権と自由移動権の対立がある私人間紛争について、妥当な調整枠組みに未だEU裁判所はたどり着けていないようにみえる。

(中村民雄)

✤文献案内

B. Bercusson, 'The Trade Union Movement and the European Union' (2007) 13 ELJ 279-308.

M. Freedland and J. Prassl (eds.), *Viking, Laval and Beyond* (Hart, 2014).

橋本陽子「労働組合の争議権と会社設立の自由の調和」貿易と関税56巻9号70-75頁(2008年)

中村民雄・佐々木弾「単一市場の経済論理とEU労使関係法のあり方——ヴァイキング事件を素材にした法学・経済学対話」社會科學研究62巻2号33-58頁(2011年)

# 第Ⅱ部
域内市場法

第1章　商品の自由移動

| 19 | ●カシス・ド・ディジョン事件 |

商品の自由移動
──数量制限と同等の効果の措置

Case 120/78, Rewe-Zentral AG v. Bundesmonopolverwaltung für Branntwein [1979] ECR 649.

◆**事実・争点**

　ドイツの原告会社は、フランスからリキュール酒カシス・ド・ディジョン（Cassis de Dijon）を輸入販売しようとして、ドイツの所轄庁に輸入許可を申請した。この申請に対して、リキュール酒類についてはアルコールを最低25％含むことを求めるドイツ法の規定を理由として、15－20％しかアルコールを含まないカシス・ド・ディジョンのドイツでの販売は禁止されるとの通知を受けた。この処分を不服として、原告会社はヘッセン財政裁判所に提訴し、本件ドイツ法は EEC 条約に違反すると主張した。ヘッセン財政裁判所は EU（当時の EC）裁判所に先決裁定を求めた。

　争点は、酒類の最低アルコール含有量を定める本件のドイツ法は、その含有量未満の他の構成国の酒のドイツ内流通を妨げる効果があるが、これは EEC 条約30条〔運営条約34条〕の禁じる「輸入に対する数量制限と同等の効果を有する措置」に該当するかである。

◆**先決裁定**

　アルコール飲料の製造販売についての EC 共通規律が存在しないときには、自国内におけるその製造販売に関する全ての事項を規制するのは各構成国である。しかしながら、「当該製品の販売に関する各国立法の相違から生じる共同体域内での商品の移動に対する障害が受け入れられるのは、これらの規定が強行的な要請、とりわけ、租税についての監視の実効性、

公衆の健康保護、商取引の公正、消費者保護といった目的を達成するのに必要であると認められる場合に限られなければならない」（8段）。

この一般論に基づき裁判所は、本件のドイツの規制が域内での商品の自由移動に対する障害となっていることを前提にして、ドイツの規制が強行的な要請から正当化できるかについて、ドイツ政府の主張を検討する。

まず、アルコール度の弱い酒の方が弱いだけに大量に飲まれて国民にアルコール中毒をもたらすから、本件規制は公衆の健康保護を目的とするとのドイツ政府の第一の抗弁（10段）は、アルコール25％未満の酒がドイツで広く販売されており、また度数の強い酒も一般に薄めて飲まれているとして、一蹴される（11段）。

アルコール含有量についての詐欺的表示という不公正取引に対する消費者保護を本件規制が目的とするとの第二の抗弁（12段）も、最低アルコール含有量規制が商取引の透明性を高めるのに役立つことは認めるものの、そのような目的は、製品の包装に原産地とアルコール含有量について表示させることでも達成できるとして、退ける（13段）。

以上から、本件規制は、共同体の根本的原則の一つである商品の自由移動に優位する、一般的利益のための目的を追求するものとはいえず、その実際上の効果は、この規制を満たさない他の構成国産品を自国市場から閉め出すものであり、EEC条約30条〔運営条約34条〕違反であり、ある構成国において適法に製造販売されている商品は、他の全ての構成国で流通を妨げられるべきでない（14段）。

このようにして、EU裁判所は、最低アルコール含有量に関する本件のドイツの規制はEEC条約30条〔運営条約34条〕違反であるとした。

◆解　説

本件までの沿革　係争の酒の名称からカシス・ド・ディジョン事件として知られる本件は、EU統治機構法におけるファン・ヘント・エン・ロース事件〔本書1番事件〕やコスタ対エネル事件〔本書2番事件〕に匹敵する重要性を有する、EUの域内市場法の最も有名な判例である。このことは、本先決裁定について欧州委員会が異例のコメントを発表したことからもうかがえる（[1980] OJ C256/2）。

域内の経済統合をはかるためEUは、域内関税の禁止と共通対外関税の設定からなる関税同盟を運営条約28-32条〔原初EEC条約9-29条、後のEC条約23-27条〕で定めるが、これだけではなお、構成国間における商品の輸

出入の禁止や数量割当が残されてしまう。そこで、運営条約34条〔EEC条約30条、後のEC条約28条〕は構成国間における、輸入に対する数量制限およびそれと同等の効果を有する措置を禁止しており（輸出については運営条約35条〔EEC条約34条、後のEC条約29条〕）、この規定は共同市場の確立のための要の規定と位置づけられる。

EEC条約30条〔運営条約34条〕における「数量制限と同等の効果を有する措置」の概念について、欧州委員会は当時のEEC条約33条7項〔現在削除〕を根拠として指令70/50号（[1970] OJ L 13/29, [1970] OJ Eng. Sp. Ed. (I), p.17）を採択した。同指令では、数量制限と同等の効果を有する措置として、輸入品に対する差別的措置（指令2条）、国産品にも輸入品にも無差別的に適用される措置（無差別措置）（指令3条）について定めていた。同指令はEU裁判所の判例にも影響を与えた。

ダッソンヴィル事件　　EEC条約30条〔運営条約34条〕の「数量制限と同等の効果を有する措置」についてのEU裁判所の定義は、ダッソンヴィル事件（Case 8/74, Procureur du Roi v. Benoît et Gustave Dassonville [1974] ECR 837）において示されており、これが今日まで用いられている。この事件においては、ダッソンヴィル父子が、フランスに正規輸入されていたスコッチ・ウィスキーをそこからベルギーへ並行輸入して販売したところ、正規の原産地証明書の添付を要求するベルギー法に違反したとして起訴された（このような第三国ですでに流通している商品について証明書の取得は困難であった）。ブリュッセル第一審裁判所からの、本件ベルギー法のEC法適合性についての先決問題の付託を受けて、EU裁判所は、EEC条約30条〔運営条約34条〕の「数量制限と同等の効果を有する措置」を、「直接的であれ間接的であれ、現実的であれ潜在的であれ、共同体域内通商を阻害する可能性のある、構成国により制定された全ての通商規制」（裁定5段）と定義し、ベルギー法をEC法違反と判断した。

このダッソンヴィルの基準は、通商阻害効果に着目しており、またそれが間接的でも潜在的でも阻害可能性でよいとするものであって、非常に広いものである。またこの基準は、当該措置が輸入品に差別的に適用されるかは問題としておらず、輸入品にも国産品にも無差別的に適用される措置

であっても含みうるものであった（この点、前掲の指令70/50号も同様）。

相互承認原則　カシス・ド・ディジョン事件先決裁定の意義は3点に分けて考察することができる。第一に、EU各国法の相違から生じる商品の自由移動への障害を排除することで、域内市場の確立に大きく寄与した。本裁定14段に示されているように、EUの市場を構成国ごとに分割させないようにするため、ある構成国で適法に製造販売されている商品は、原則として他の構成国すべての市場においても流通できるとの基本的立場に立つ。このことを商品に対する法規制を行う構成国の側から表現すると、構成国Aは構成国Bが商品に対して行う規制を、原則として承認しなければならないというものであり、相互承認（mutual recognition）原則とよばれている。

　この原則が適用されることで、商品に対する構成国の様々な規制が、輸入品か国産品かを問わずに無差別的に適用されるものであっても、EU裁判所によりEEC条約30条〔運営条約34条〕違反として排除されていった。たとえば、マーガリンの包装は立方体でなければならないとするベルギー法（Case 261/81, Walter Rau Lebensmittelwerke v. De Smedt PVBA [1982] ECR 3961）や、ビールの原料を大麦・ホップ・イースト・水だけとしてそれ以外の原料を使ったものはビールの名称を用いることができないとするドイツ法（ドイツ純粋ビール事件〔本書20番事件〕）などである。もっともそれ以後、これらの事例（輸入品がその製造元構成国での規制を満たしているのに、輸入先の構成国の規制も受けて二重の負担を課される事例）に該当しない場合について、ダッソンヴィル／カシス・ド・ディジョンの基準の限界が問題とされるようになる。これが、ケック事件〔本書21番事件〕である。

　また、EU裁判所は、商品の自由移動だけにとどまらず、人・サービスの自由移動など運営条約の定める他の基本的自由についても、本裁定と同様に、無差別的適用措置であっても運営条約の自由移動原則の対象となるものとしている（ボスマン事件〔本書23番事件〕など）。その意味でも、本裁定は域内市場法における基本的判例である。

合理性の理論　本裁定の第二の意義は、無差別的適用措置が原則としてEEC条約30条〔運営条約34条〕の対象範囲に入るとし

ても、一般的利益にかなう強行的な要請から客観的に正当化できる場合には同条違反にならないとする、いわゆる合理性の理論（rule of reason）（ないし「強行的規制の法理」））を確立した点にある。もっともこの点もすでに、ダッソンヴィル事件先決裁定6段にそのきざしがあった。

　この合理性の理論による正当化は無差別的適用措置にのみ可能である。その判断過程は、当該措置の目的の正当性と、当該措置がその目的達成に必要でかつ過度のものでないかという比例性の、二段階からなる。本先決裁定は、強行的な要請を満たす正当な目的として、租税についての監視の実効性、公衆の健康保護、商取引の公正、消費者保護を挙げているが、「とりわけ」という文言からわかるように、これは例示的な列挙である。その後の判例では環境保護（Case 302/86, Commission v. Denmark [1988] ECR 4607）、労働環境の保護（Case C-155/80, Oebel [1981] ECR 1993）などが追加された。ただ、この環境保護にしてもそうであるが、EC が EU へと発展して、経済統合のみならず社会・政治統合へと進むに伴い、自由移動への障害の除去から生じる経済的利益との間での衡量が求められている正当化事由が、環境保護などの非経済的な利益に及ぶことにより、EU 裁判所はどのようにバランスをとるかについての困難に直面しているといえるだろう（たとえば、基本的人権が問題となった事例として、シュミットベルガー事件〔本書18番事件解説〕参照）。

構成国法の調和措置　第三に、本裁定は、EU 各国法の調和に関する EU 立法者の手法にも影響を及ぼした。EEC 条約30条〔運営条約34条〕についての EU 裁判所の広い解釈は、構成国の差別的および無差別的措置から生じる域内通商への障害除去に大いに貢献した。しかし、これは障害を除去する消極的統合の側面だけであり、それだけでは経済統合を進めるのには十分ではない。商品に関する技術的規制などで相違する各国法の調和を図る立法をする、積極的統合の側面も不可欠である。

　ところで、各国法の調和に関する1980年代半ばまでの EC の立法者の従来の手法は、内容面で細部に至るまでの詳細な調和をはかろうとするものであった（完全調和の手法）。さらには当時の立法手続が閣僚理事会の全会一致を要求していた。これらから、可決成立までに時間と費用がかかっ

た。さらには、調和立法が成立したときにはすでに技術の進歩により調和内容が現実と関連が薄くなっている場合もあった。このような従来の手法は、ドロール（Jacques Delors）が欧州委員会委員長に就任し、1985年域内市場統合白書（COM (1985) 310 final）が発表され、いわゆる調和立法に関する新手法が採用されることで大きく変わった（須網隆夫『ヨーロッパ経済法』（新世社、1997年）303頁以下参照）。新手法では、本件で示された相互承認原則が前提となっている。すなわち、相互承認原則によれば、細部に至るまでの統一をしなくても、原則として構成国の独自の規制はEEC条約30条〔運営条約34条〕違反として維持しえなくなり、例外的に合理性の理論によって正当化されうるものだけが残るため、積極的に構成国法の調和をしなければならないのは必須の部分だけになる。このようにして必須の部分（主として健康や安全に関する部分）だけに調和を限定し、かつ、単一議定書によるEEC条約改正によりEEC条約100a条〔運営条約114条〕を新たに域内市場統合関連の調和立法の根拠として導入したことで、閣僚理事会は特定多数決で可決できる手続となったことから、1992年域内市場統合完成のために構成国法の調和立法が円滑に採択されるようになった。

　もっとも最近では、タバコ広告指令事件〔本書12番事件〕にみられるように、非経済的分野にも及ぶようになったEUの政策実現において、域内市場統合促進のための運営条約114条がどこまで妥当な立法根拠規定となるかという問題も生じている（前述第2点末尾と同様の問題である）。

（中西　康）

✢文献案内

Paul Craig and Gráinne De Búrca, *EU Law*, 6th ed. (Oxford U. P., 2015), Chapter 19.
Catherine Barnard, *The Substantive Law of the EU: The Four Freedoms*, 5th ed. (Oxford U. P., 2016), Chapters 4 and 6.
中村民雄『イギリス憲法とEC法』（東京大学出版会、1993年）第3章
須網隆夫「EU市場統合の深化と非貿易的関心事項」日本国際経済法学会編『国際経済法講座Ⅰ』（法律文化社、2012年）254頁

20 ●ドイツ純粋ビール事件
商品の自由移動への制限と正当性の審査

Case 178/84, Commission v. Germany [1987] ECR 1227.

◆**事実・争点**

　ドイツ法は、大麦モルト、ホップ、酵母、水だけを使って製造した純粋のビールのみを「ビール」と呼ぶものとし、それ以外の原料も使った非純粋のビール製品を「ビール」の名称で販売することを禁止していた（名称規制）。さらにビールに添加物を使用することも禁止していた（添加物規制）。一方、ドイツ以外の多くのEU諸国では、大麦モルトの代わりに他の穀物（トウモロコシなど）を部分的に使う製法や、ビールの泡立ち、香り、色合い、保存性などを高めるために添加物を加える製法が適法に取られていた。このようなビールは純粋ビールではないため、他国産のビールは「ビール」の名称でドイツに輸入することが一切許されなかった。欧州委員会は、上記二規制がEEC条約30条〔運営条約34条〕の禁止する「数量制限と同等の効果を有する措置」にあたると判断し、条約義務違反の確認を求める訴訟（EEC条約169条＝運営条約258条）をドイツに対して提起した。

　争点の第一は、名称規制が消費者保護を理由に正当化されるかどうかである。ドイツは正当性を主張した。すなわち、ドイツの消費者には「ビール」の名称が純粋ビールを意味するものと不可分に結びついている。非純粋ビールも「ビール」と称することを許すと消費者が商品の性質を誤解して購買する。ゆえに本件の名称規制は消費者保護の目的から正当化できる。しかも純粋ビールの定義をみたすビールであれば、他国産品も「ビール」と称しうるから、本件の名称規制は差別的ではない、と（判決26段）。

　第二の争点は、ビールへの添加物の全面的規制が健康保護の理由から正当化されるかどうかである。ドイツは次のように主張した。すなわち、食品添加物の人体に対する長期的影響は未解明であり、とくにビールの消費

量が多いドイツではアルコールとの相乗効果による悪影響もありうる。ゆえに添加物規制も健康保護目的として正当化でき、規制手段も目的に比例している、と（39段）。

しかし、EU 裁判所は本件規制を EEC 条約30条〔運営条約34条〕違反と判断した。

◆判決

名称規制

当裁判所の一貫した判例では、「数量制限と同等の効果を有する措置」とは、直接または間接に、現実的にまたは潜在的に輸入を阻害する措置である（ダッソンヴィル事件〔本書19番事件解説参照〕）。また当裁判所が（カシス・ド・ディジョン事件〔本書19番事件〕以来）一貫して判示してきたように、係争の商品の流通に関する EC の共通の規律が存在しないとき、各構成国の立法の相違から生じる EC 域内での商品移動に対する障害が許容されるのは、これらの規制が国産品と輸入品とを区別せずに適用され、かつその規制がとりわけ消費者保護といった強行的な要請を満たすために必要と認められる限りにおいてである。しかもその規制法規は達成する目的に比例している必要がある。構成国において同じ目的を達成するいくつかの手段を選択できるときは、商品の自由移動に対して最も制限的でない手段をとらなければならない（27-28段）。

本件のドイツ法は、代替原料を適法に用いた他国産ビールのドイツ輸入への障害となりうる。この点に争いはない（29段）。そこで消費者保護に関する強行的規制の要請によって本件のドイツ法の適用が正当化されるかどうかを検討しなければならない（30段）。

消費者の意識ではビールの名称と純粋ビールが不可分に結びついているので本件の名称規制が不可欠であるというドイツの主張は認容できない。第一に、消費者の意識は構成各国で異なり、一国内でも時代とともに変化していく。共同市場の設立はこの変化を促す主要因の一つである。こうした変化を考慮しながら消費者を誤解から保護する規制は可能である。ところが、本件の名称規制はこの変化を阻止しようとする。構成国の法によって一定の消費者習慣を固定し、それに対応する国内産業のすでに有利な立場をさらに有利にするようなことはしてはならない。第二に、他の構成国では、大麦モルトを〔100％ではないにせよ〕使って醸造したものをビールと呼んでいる。大麦モルトだけで醸造したビールも、それを部分的に他

の穀物に代替したものも区別なく一般にビールと称している。ECの共通関税分類においても同様である。「ビール」という名称は、ドイツ法上の製法にしたがったビールだけに限定されてはならない（31-34段）。

　もっとも、特定の原料から製造されたビールに特別の品質を認める消費者に対して、選択の可能性を与えることは許される。ただしそれは、他の構成国で適法に製造され流通に置かれた製品の輸入を妨げない手段、とりわけ販売製品の種類についての適切なラベル貼付の義務づけによって達成されなければならない。なお、この強制的な消費者情報の提示制度は、非純粋ビールについての否定的評価を惹き起すものであってはならない（35段）。以上から、本件名称規制は正当と認められない（37段）。

添加物規制

　本件の添加物規制が、他の構成国では適法に製造販売された非純粋ビールの輸入を妨げるので、EEC条約30条〔運営条約34条〕で禁止される措置に該当しうることには争いはない。しかし、この規制が人の健康保護を理由としてEEC条約36条〔運営条約36条〕を根拠に正当化できるかどうかを判断しなければならない（40段）。

　当裁判所が一貫して判示してきたように、「科学研究の現状においてもなお不確実性が存在し、調和措置がとられていない場合、共同体域内での商品の自由移動の要請を考慮に入れつつ、人の健康および生命をどの程度保護するか」は、構成国が決定する事項である。このような場合、構成国は立法で事前許可制により特定の添加物の使用を規制できる。この立法は、食品添加物を無規律に摂取しないよう制限するという健康政策の真正な必要に対応する（41-42段）。

　しかし、製造地の構成国では許可されているが、輸入地の構成国では禁止されている添加物を含む製品について、輸入国での販売を禁止する場合、EEC条約36条〔運営条約36条〕の要件を満たさなければならない（43段）。第一に、同条2文の根底にある比例原則からして、製造地の構成国では許可され、輸入する構成国では禁止されている添加物を含む製品の輸入国での販売の禁止は、公衆の健康保護に実際に必要な範囲に限定されなければならない。ゆえに、次のような場合、他の構成国で許可された特定の添加物の使用は、その国から輸入された製品については許可されなければならない。すなわち、一方で国際的科学研究の成果（とりわけEC科学食品委員会や、国連食糧農業機関（FAO）と世界保健機関（WHO）の合同のコーデックス・アリメンタリウス委員会（Codex Alimentarius Commission）の研究成果）を考慮し、他方で輸入国の食習慣を考慮したうえで、係争の添加物が公衆の健康へ危険をもたらさず、かつ真の必要性

とくに技術的な必要性に応じるものである場合は、許可されなければならない（44段）。第二に、比例原則からして、流通業者が一般的に適用される措置により特定の添加物の使用を許可されるように、合理的な期間内に終了する容易に利用可能な手続が用意されなければならない（45段）。また、許可が不当に与えられない場合には、裁判上の手続で争うことが可能でなければならない。その際に、健康保護の理由から添加物の使用禁止が正当化されることを証明する責任は、輸入国の所轄官庁にある。ただし当局側は事実認定に利用するために、流通業者にその所有情報の提供を求めることができる（46段）。

本件のドイツの規制は、他の構成国で許された添加物を一切排除する。これは特定の添加物について、ドイツ人の食習慣に照らしたときその添加物がもつ危険ゆえに規制が正当化されるといった個別的な規制ではない。そのうえ、前記のような個別的な添加物の使用許可手続も整備されていない（47段）。

ドイツは、添加物一般の摂取に内在する危険性に訴え、予防的な健康保護の観点から、添加物の摂取量を最小化することが重要だと主張し、とくにビールはドイツでは大量に飲まれるので添加物の使用を全面的に禁止することが望ましいと主張する（48段）。しかし、他の構成国のビールに用いられる添加物は、ドイツでもビール以外のほぼすべての飲料に使用されている。ゆえに単に添加物の摂取の内在的危険性に一般的に訴え、またビールが大量に消費されるという事実に訴えるだけでは、ビールについていっそう厳格な規制をすることが正当であるとはいえない（49段）。ドイツは、添加物の必要性について、添加物なしでもビールは製造できるとして、その必要性を否定するが、それだけで技術的に必要な添加物が他にありうることまで否定する論拠にはならない。ドイツの主張する技術的必要性の解釈は、国内の製造方法を有利にする結果となり、構成国間の通商に対する偽装された制限の手段となる（51段）。技術的必要性は、使用される原料にてらし、かつ、製品の適法な製造販売があった構成国の所轄官庁による評価や国際的科学研究の成果も考慮して判断しなければならない（52段）。よって本件の添加物規制も正当ではない（54段）。

◆解 説

本件の意義　本件は、商品の自由移動を原則として保障しつつ、構成国の公益目的での規制も正当な範囲で例外的に認める際の二種の正当化論法を典型的に示した事例である。一つの論法が、運営

条約36条であり、二つがカシス・ド・ディジョン事件の法理（以下、カシス法理。合理性の理論、強行的規制の要請法理ともいわれる〔本書19番事件解説参照〕）である。

36条による正当化　EEC当初から今日まで、EUの基本条約は、商品の域内自由移動を原則とし（EEC条約30・34条＝EC条約28・29条＝運営条約34・35条）、構成国が移動を制限できる例外的な正当化事由を明文で示した（EEC条約36条＝EC条約30条＝運営条約36条）。本件でいう人の「健康保護」がその正当化事由の一つである。EU裁判所は、36条は例外を厳格に解釈する立場から、同条に掲げる正当化事由は例示ではなくそれらに限定されると解釈してきた。さらに、同条2文が、正当にみえる規制的措置であっても、偽装された通商制限や恣意的差別の手段にならないことを求めている点に比例原則が伏在すると解釈してきた。そこで、構成国による規制的措置は、正当な目的を達成するために規制をすることが合理的であること（相当性）、目的の達成に必要な範囲での措置であること（必要性）、そして目的達成に比例した手段を選択すること（目的・手段の均衡性）（より貿易制限的でない他の手段がないこと）が必要であると解釈する。これらの点は例外的な規制措置をとる構成国が立証責任を負う。

ところが、36条の正当化事由を限定すると、列挙されなかった他の公益目的による規制措置を正当化できなくなる。1957年のEEC条約締結当時、たとえば環境保護や消費者保護は公益的な規制目的として諸国ではほとんど論議されていなかった。これらは1960年代の経済成長期に初めて問題化した。しかもEUの基本条約の改正は構成国すべての批准を要するため頻繁に実現できない。基本条約は社会変化に追いつきにくい。

カシス法理による正当化　1979年、EU裁判所は判例法を展開して、新たな公益目的の規制の正当化の論法を開拓した。カシス・ド・ディジョン事件〔本書19番事件〕において、EEC条約30条＝運営条約34条の解釈に「合理性の理論」をもちこみ、EEC条約36条＝運営条約36条に列挙されたもの以外の正当化事由（強行的規制が要請される諸事由、たとえば徴税の監督、公正な商取引の確保、消費者の保護など）を認める余地をつくった（カシス法理）。これらの正当化事由は、EUの目的に照らして正当な

公益規制目的の例示であって、法の展開に応じて新たな正当化事由も加わりうる開かれたものである。36条の閉じた正当化事由と好対照をなす。

ただし、カシス法理を使う場合、問題の構成国の規制措置が内外無差別的措置（国内・国外の産品を同等に規制する措置）でなければならない。カシス法理は、実質的に34条違反ではないことを審査するための論法であるから、措置は内外無差別的でなければならないのである。他方、36条で正当化する場合は、構成国の措置は差別的であってもよい。なぜなら基本条約の規定ぶりからして、34条違反（差別的措置が典型）であっても36条で正当化できるという構成だからである。

もっとも両者の違いはこの二点のみであって、正当目的の達成手段の適法性を審査する局面はカシス法理も36条も同じである。正当目的の達成のために措置をとることが合理的で、かつその措置は必要な範囲にあり、かつ用いられた手段は目的に比例・均衡しているということを構成国が立証しなければならない。

以上の論法を念頭におくと、本件純粋ビール事件での名称規制の部分（「消費者保護」目的での正当化部分）はカシス法理、添加物規制の部分は36条での正当性審査となっている。それゆえドイツは名称規制については規制措置が内外無差別と主張していた（26段）。

名称規制　　多くの構成国には各国の伝統に根ざした製品名称規制が存在する（酢、ビール、パスタなど）。しかし、特定の原料や製法による製品にのみ特定の名称を許す規制は厳格に過ぎ、他国産の同等製品の輸入を妨げるばかりか、共同市場の分断化をも招きかねない。ゆえに、所与の消費者慣習を固定化する保護主義的な構成国法は許されない（32段）。ただし、EC法が求めているのは名称規制の全廃ではない。むしろ、共通関税の分類や他構成国での当該製品の名称を判断の基礎としつつ（33段）、共同市場の発展に応じて名称規制を商品の自由移動の原則に適合的に緩和させていくことである。

もっとも、名称規制には消費者による誤認防止という機能がある。また特定の名称が製品の品質を推認させると考える消費者も存在する（35段）。それゆえ本件の名称規制も、判例上の正当化事由のひとつである「消費者

保護」に資するものと一応は認められる。にもかかわらず本件の名称規制が正当とされなかったのは、一般名称であるビールという語をことさらに純粋ビールだけに限定する規制の合理性が規範的に承認しえないからであり（31-34段）、また、規制の目的である消費者保護が「販売製品の種類についての適切なラベル貼付の義務づけ」という、より制限的でない他の規制手段によって確保可能だったからである（35段）（なお細かい点であるが、本件判決28段でEU裁判所は「最も（least）制限的でない手段」と述べている。しかし今日まで続く確立した判例法では「より（less）制限的でない」他の手段であって、本件もそれを変更する趣旨とは解されない）。ただし、国産品と輸入品を問わず当該製品に均しく規制が及ぶことが適法な規制の条件であり、非純粋ビールの否定的評価をもたらす表示を求めるような規制は認められない（35段）。

添加物規制と健康保護　「人の健康および生命の保護」は、36条の正当化事由の中でも重要な位置を占める法益であり、構成国も頻繁にこの正当化事由を援用している。その背景には、製品の安全性の評価が構成国間で著しく相違していることがある。本件で問題になった添加物については、副作用に関する科学的知見、最大摂取量や危険性の評価方法、規制の必要性など各国の見解の相違は多岐にわたる。このように各国の規制法が同等といえないような場合には、規制の相互承認も成立しにくい。本件のEU裁判所は、こうした事案において各国による規制措置のEU法適合性を判断する枠組を示している。

　まず、次の原則を確認する。すなわち、自由移動状態にある商品のもたらす危険について「科学研究の現状においてもなお不確実性が存在し、調和措置がとられていない場合、共同体域内での商品の自由移動の要請を考慮に入れつつ、人の健康および生命をどの程度保護するか」は構成国が決定するという原則である（41段）。よって構成国は、人の健康への危険に対処する措置をとるにあたり広範な裁量をもち、相当な科学的知見に支えられた予防的措置をとることもできる。本件で、EU裁判所は、食品添加物の無規律な摂取を制限することも、正当な健康政策上の措置と評価している（42段）。

次にしかし、人の健康保護のための国内規制は、実際に「人の健康への危険」に対処するために必要な範囲にとどまるものでなければEU法上は正当と評価されない。そこで本件判決は、国際的な科学研究の成果と輸入国の人々の食習慣を危険性評価の判断材料として考慮するものとした（44段）。これらの考慮から特定の添加物の危険性が否定されても、添加物の使用が「真の必要性とりわけ技術的必要性」がないなら、輸入国は添加物使用製品の流通許可を義務づけられない（44段）。技術的必要性の概念は、使用される基本原料に照らし、かつ、製品の原産構成国の機関による評価を考慮して判断するものとした（52段）。

本件の添加物規制が正当化されなかった理由は、第一に、ビール以外の飲料にはドイツ国内でも使用されている添加物がビールだけに禁止されている合理的な根拠をドイツが立証できなかったためである。ビールだけは大量に飲まれるというドイツの食習慣をドイツは主張したが、説得力に乏しかった。第二は、他国で許可された添加物の使用をドイツでも許可する簡便な許可申請制度が整備されていなかった点である。これは規制における、より制限的でない他の規制手段をとっていないという判断である。

なお、本件判決以後、食品添加物に関する調和指令95/2号（[1995] OJ 61/1）が採択された。またビタミン増量食品規制の事案でも本件の判断枠組がほぼ踏襲されている（Case C-192/01, Commission v. Denmark [2003] ECR I-9693; Case C-387/99, Commission v. Germany [2004] ECR I-3751; Case C-150/00, Commission v. Austria [2004] ECR I-3887; Case C-41/02, Commission v. Netherlands [2004] ECR I-11375)。

（小場瀬琢磨）

✣文献案内

Stephen Weatherill, 'Recent Case Law Concerning the Free Movement of Goods: Mapping the Frontiers of Market Deregulation' (1999) 36 CMLRev. 51.
Paul Craig and Gráinne De Búrca, *EU Law*, 6th ed. (Oxford U. P., 2015), Chapter 19.
Catherine Barnard, *The Substantive Law of the EU: The Four Freedoms*, 5th ed. (Oxford U. P., 2016), Chapters 4 and 6.

21 ●ケック事件

運営条約34条の適用範囲
——製品関連規制と販売態様規制の区別

Cases C-267 and 268/91, Criminal Proceeding against Bernard Keck and Daniel Mithouard [1993] ECR I-6097.

◆**事実・争点**

　フランスのアルザス地方で小売店を営む被告人ケックらは、フランス法が禁止する小売店での原価割れ販売をしたため、刑事訴追された。被告人は、原価割れ販売禁止法がEU法上の商品の自由移動原則（当時のEEC条約30条＝運営条約34条）に反すると主張した。フランスの裁判所は、原価割れ販売規制がEU基本条約の諸原則に反するかどうかについてEU裁判所の先決裁定を求めた。

　争点は、EU基本条約の原則違反かどうかの入口の論点、すなわち本件の原価割れ販売禁止法がEEC条約30条〔運営条約34条〕の禁止する「輸入数量制限と同等の効果を有する措置」（以下、同等効果措置）にそもそもあたるかどうかである。本件のフランス法は、域内通商を規制する目的をもたず、規制は内外の商品に無差別的であり、国内での販売の仕方を規制するのみである。そういう規制法も同等効果措置にあたるのかどうか。EU裁判所は、一定の条件を満たすならば、あたらないと（判例を変更して）判断した。

◆**先決裁定**

　EEC条約30条〔運営条約34条〕は、同等効果措置を禁止する。〔ダッソンヴィル事件（本書19番事件解説）で示した通り〕EUの域内通商を、直接的、間接的、現実的または潜在的に阻害するあらゆる措置は同等効果措置にあたる（11段）。

　しかし、原価割れ販売を一般的に禁止する各国法は、域内通商の規制を目的としない（12段）。当該法は、取引業者から販売促進の一つの方法〔原価割れ販売による集客販売〕を奪う面では、たしかに売上量を制限し

ひいては他国産品の売上量も制限するかもしれない。しかし、その可能性をもって、当該法を同等効果措置とみるのが妥当であるかは別問題である（13段）。近時取引業者らが営業の自由を制約する効果のあるあらゆる法令を、当該法令が他の構成国からの製品を対象としたものでなくても、攻撃する手段として EEC 条約30条〔運営条約34条〕を用いる傾向が強まっているため、この問題に関する判例法を再検討して明確化を図る必要がある（14段）。

カシス事件〔本書19番事件〕以来の確定判例によれば、各国法令の調和がなされていないとき、他の構成国で適法に製造販売された製品に対して、その製品が満たすべき要件を定める輸入国の法準則（製品の呼称、形状、大きさ、重量、組成、加工、ラベル貼付、包装などに関する準則）を適用する結果生じる制約は、EEC 条約30条〔運営条約34条〕の禁じる同等効果措置となる。これは、当該法準則が無差別的にあらゆる製品に適用される場合も同様である。ただし、当該法準則の適用が商品の自由移動を上回る公益目的により正当化されうる場合を除く（15段）。

これと対照的に、従前の判例で述べていたところとは異なり、他の構成国からの製品に対して販売態様の制限または禁止を設ける各国法規定を適用することは、その規定が一国内で活動するすべての関連取引業者に適用され、かつ国産品と他の構成国産品の販売に、法的にも事実上も等しく影響を及ぼす限りは、ダッソンヴィル事件にいう域内通商を直接的、間接的、現実的または潜在的に阻害するものにはあたらない（16段）。これらの要件を満たす販売態様規制は、商品の市場参入を妨げず、国産品よりも輸入品の市場参入をいっそう妨げることもない（17段）。それゆえ、原価割れ販売を一般的に禁止する各国法に EEC 条約30条〔運営条約34条〕は適用されない（18段）。

◆解　説

本件の意義　本件は、商品の自由移動の保障と公益目的による各国規制法の両立を図る判例法のさらなる発展を示した。数量制限と同等効果のある措置にそもそもあたるかどうかの判断において、各国の規制法が製品を規制するものか、製品の「販売態様」を規制するものかという区別を設け、前者と後者で各国規制措置の正当性審査の枠組を変えるという新たな判例法を判例変更により作り出した。

基礎的判例法　本件を判例法の発展史に位置づけてみる。EU 基本条約は域内の商品の自由移動を実現するため、各国の域内通商の関税と数量制限を撤廃した。その条文の目的を達するために、EU 裁判所はダッソンヴィル事件〔本書19番事件解説〕で数量制限と同等の効果措置について広い解釈（＝域内通商を直接的、間接的、現実的または潜在的に阻害するあらゆる措置。ダッソンヴィル基準）をとった。すると構成各国の規制法は商品の自由移動原則違反に問われる可能性が増した。たしかに基本条約は各国規制の正当化事由も明文で認めていたが（運営条約36条）、これは正当化事由を限定列挙するものと厳格に解釈されたため、各国は消費者保護目的など明文にない公益目的を追求する各国規制措置から生じる通商阻害効果を正当化することに窮するようになった。そこで EU 裁判所も、カシス事件〔本書19番事件〕で明文の正当化事由以外にも強行的規制を要する正当化事由（消費者保護、環境保護など）が一定条件のもとで認められるものとした（カシス法理）。

日曜休業法問題　しかし1980年代末になると、本件の EU 裁判所が慨嘆するように「取引業者らが営業の自由を制約する効果のあるあらゆる法令を、当該法令が他の構成国からの製品を対象としたものでなくても、攻撃する手段として EEC 条約30条〔運営条約34条〕を用いる傾向」がでてきた（14段。もっとも、その種をまいたのは EU 裁判所自身でもあった）。

　典型例は、日曜日の小売店休業を義務づける各国法（日曜休業法）をめぐる一連の事案である。日曜休業法は、域内通商を規制する目的はなく、輸入品と国産品に無差別に適用されるから他国産品の流通を困難にしない。しかし業者からみれば、従来の判例法にもとづく限り、当該法が存在しない場合に比べ域内通商量を減じるから「間接的かつ潜在的」に日曜休業法は域内通商を阻害し、よって規制する構成国側がこれを正当化できない限り、商品の自由移動原則違反だということになる。EU 裁判所も当初はこの従来の判例法を維持し、日曜休業法事案について同法は「間接的かつ潜在的」には域内通商量を減じうるので数量制限「同等効果措置」にあたると判断し、構成国が当該規制法の正当化ができるかどうかを判断する

という立場をとった。

ところが正当化に困難を抱えた。各国・各地の社会・文化的独自性を反映したこのような社会一般のための規制法は、運営条約36条の正当化事由にはあたらず、強いていえばカシス法理のもとで新たな正当化事由になるかどうかとなる。実際、最初の日曜休業法事件では、EU 裁判所はイギリスの日曜休業法を「国または地域の社会文化的特色にあわせて・労・働・時・間・と・休・業・時・間・を・配・分・す・る」目的の規制法と（社会的規制を経済活動規制に強引に寄せた）解釈をして正当化を可能とし、ただし規制法の目的に対する比例性（当該休業法に内在する通商阻害効果を超えた阻害効果があるかどうか）は各国裁判所の事実認定に委ねた（Case C-145/88, Torfaen [1989] ECR 3851）。この結果イギリス各地の同様訴訟は判断が入り乱れた。その間に、EU 裁判所は、フランスとベルギーの類似の日曜休業法については、各国裁判所の比例性評価に委ねず、EU 裁判所自らが、同法より生じる通商阻害効果は立法目的の達成に必要な範囲を越えていないので正当だと規範的に判断した（Case C-312/89, Union Departmentale des Syndicats CGT de l'Aisne v. Sidef Conforama [1991] ECR I-997；Case C-332/89, Marchandise [1991] ECR I-1027）。これに困惑したイギリスの裁判所は二度目の先決裁定を請求し、EU 裁判所は、イギリスの日曜休業法も（事実認定によらず規範的に評価して）正当だと自ら判断して決着をつけた（Case C-169/91, Stoke City Council v. B&Q plc. [1992] ECR I-6635）。

以上の混乱ぶりから分かるのは、従来の判例法のままでは、広いダッソンヴィル基準の適用範囲に歯止めがかからず、域内通商を阻害する効果のありうる各国規制法をことごとく運営条約34条の禁止対象に取り込む可能性が残る点である。また、その結果、公益目的の各国規制措置の正当化もまた難しくなり説得力も減る。日曜日を安息日たる雰囲気に保つ・人・々・一・般・の・た・め・の公益目的の社会的規制法を、労働者の労働時間と休業時間の配分法として EU 法的に評価する論法は牽強付会にすぎる。

こうした背景から、EU 裁判所も本件ケック事件で判例法の軌道修正に乗り出し、運営条約34条の適用範囲を絞る解釈の修正（ケック基準）を施した。すなわち、各国規制法のうち、製品の規制法は従来通りダッソンヴ

ィル基準による。しかし製品の「販売態様」の規制法は、ケック基準で判断するという新たな立場を示した。この結果、商品の自由移動を制約する各国規制法の EU 基本条約適合性審査においては、係争の規制法が製品規制か販売態様規制かの区別が重要になった。

今日の判断枠組 かくして今日、商品移動と公的規制の対立をめぐっては、①運営条約34条（ダッソンヴィル基準による適用判断〔本書19番事件解説〕）→②ケック基準による規制の分類〔本件〕→③販売態様以外の規制（および無差別要件〔後述〕をみたさない販売態様規制）の正当性審査〔カシス法理〔本書19・20番事件〕または36条による〔本書20番事件〕）といった判断枠組となる。

②のケック基準の局面では、最初に、問題となる国内規制を「製品関連規制」か「販売態様規制」かに大別する（15・16段）。「販売態様規制」にあたる場合には、次にそれが「その規定が一国内で活動するすべての関連取引業者に適用され」ること、かつ「国産品と他の構成国産品の販売に、法的にも事実上も等しく影響を及ぼす」という二要件（以下、無差別性要件）を検討する（16段）。両要件をみたせば、当該規制は運営条約34条の対象から外れ、EU 法違反を問われない（17段）。他方、両要件をみたさないものは、販売態様規制であっても運営条約34条の対象となり、従来の正当化の途（運営条約36条またはカシス法理）をたどる（上記③）。

規制の分類 ケック基準のもとでの、製品関連規制と販売態様規制とは次のように区別される。製品関連規制とは「製品の呼称、形状、大きさ、重量、組成、加工、ラベル貼付、包装などに関する規制」をいう（15段）。製品関連規制は、他の構成国で適法に製造販売された製品が輸入される際に輸入国側の規制に適合させるように仕様変更を強いるものである（二重の規制負担）。製品関連規制は輸入品を不利な状態に置くばかりか各国市場を分断させるがゆえに、域内通商を阻害する。ゆえにかかる規制は EU 基本条約上の例外規定（運営条約36条）またはカシス法理〔本書19番事件参照〕によらなければ正当化できない。

一方、販売態様規制とは、「誰が、何を、いつ、どこで、どのように、もしくは、いかなる価格で販売することを許されるのかという点を規律す

る法規則」（テサウロ（Tesauro）法務官意見、Case C-292/92, Hünermund [1993] ECR I-6800 at 6810）として理解されている。つまり、流通や流通・販売組織、製品販売活動、販売促進方法を規律する法規則を包括する概念である。販売態様規制は、輸入品が輸入国「内」で流通していく仕方を、国内産品と同等条件で規律する（均等な規制負担）。つまり、構成国と構成国の「間」の通商自体を制限するものではない。これが販売態様規制の概念を立てる理由である。

製品関連規制と販売態様規制の区別に困難が生ずる場合には、販売態様と製品との一体性に着目する必要がある（たとえば Case C-470/93, Mars [1995] ECR I-1923［製品包装上の「＋10%」なる表示］; Case C-368/95, Heinrich Bauer Verlag [1997] ECR I-3689［雑誌印刷物の一部をなす懸賞パズルを禁止する措置］）。これら両者が一体化している場合、国内規制は、流通地に合わせた製品構成部分の改変と追加的費用の支出を余儀なくさせる。そこではむしろ二重の規制負担の考え方（製品関連規制）が妥当し、販売態様規制とは評価されないことになる。

無差別性要件　販売態様規制のうち無差別性要件をみたすものだけが、ケック基準によりEU法の対象外とされる。国内規制が差別的であることの立証責任は運営条約34条を用いる当事者が負う。

第一要件（その規定が一国内で活動するすべての関連取引業者に適用される）は、当該規制が製品の原産地に関わりなくすべての販売業者に平等に適用される場合に満たされる。第二要件（国産品と他国産品の販売に、法的にも事実上も等しく影響を及ぼす）は、輸入品の市場参入が国産品と同等条件で保障されていることを要求する。

この第二要件を手がかりに、近時のEU裁判所は、特定製品（群）の販売態様規制については、市場参入制限を詳細に検討する傾向にある。その際に考慮される事実については次のようなものがある。(i)規制が参入市場に及ぼす構造的影響（Case C-405/98, Gourmet International Products [2001] ECR I-1795［スウェーデンの消費者向け酒類広告禁止規制は消費者が従来慣れ親しんだ国産品に比べ輸入品の市場参入を強く妨げる］）。(ii)規制が市場参入に際して他国産品に追加的費用の支出を強いるかどうか（この場合、国内

産品の一部も同じ制約に服していることは差別性否定の根拠とはならない。Case C-254/98, TK-Heimdienst [2000] ECR I-151［オーストリアの定期巡回販売業者に巡回地域行政内または近隣行政区に事務所設立を要件とする規制］）など、商品の消費傾向、競争者の事業活動および市場参入の難易度など輸入国市場の実態を示す事実。(ⅲ)取引業者が用いる販売促進方法の性質。たとえばインターネットを通じた市販薬通信販売は、他の構成国からの「唯一の有効な市場参入方法」にあたるので、ネット販売の全面禁止は輸入品の市場参入を遮断し無差別性要件を満たさないとされた（Case C-322/01, Deutscher Apothekerverband [2003] ECR I-14887）。

製品用法　　その後、製品関連規制でも販売態様規制でもない類型として、製品の用法規制というものがあり、それも同等効果措置にあたらない類型にすべきだという主張がなされたが、EU 裁判所はこれを退けた。イタリアのバイク・トレーラ事件が典型である（Case C-110/05, Commission v Italy [2009] ECR I-519. 類例は Case C-142/05, Mickelsson and Roos [2009] ECR I-4273）。事案は、イタリアの道路交通法に関する。同法は、公道での二輪トレーラ（動力ある車両に連結する荷車）の使用は自動車への連結に限定し、バイクへの連結を全面的に禁止していた。欧州委員会は同法がバイク用トレーラ製品のイタリア市場への販売を阻害し運営条約34条に反するとしてイタリアを訴えた。イタリアは、本件規制は、製品関連規制でも販売態様規制でもない製品用法の規制であり、製品輸入を阻害しないから、運営条約34条の禁じる同等効果措置にあたらないと反論した。

　EU 裁判所は、イタリアの主張する製品用法規制という類型論を採用せず、ケック事件裁定までの判例法枠組を用いて次のように応答した。本件のイタリア法が課す禁止により同国内の消費者の行動に多大な影響が出る。使用できない商品への消費者の購買意欲は生じないから、同法は当該商品の市場需要の発生を妨げる。ゆえに商品の移動を阻害する（56-58段）。しかし、同法は正当化されうる。運営条約36条に列挙する正当化事由またはカシス法理（強行的規制の要請）で認められる正当化事由となる目的のもと、適切な手段かつ当該正当目的の達成に必要な範囲を超えない手段と

いえるならば正当である（59段）。本件の規制措置は、交通安全を目的とし、これは正当である（60段）。EUでの各国法調和がない限り、道路の交通安全の保護水準については各構成国が決定できる（61段）。バイク用トレーラの型式検査法がEUにも各国にもいまだないから、本件の禁止法規は、運転者や通行者の安全確保のために適切な規制手段である（63-64段）。また交通安全の保護水準は各国が評価し決めうるので、一国が許容し他国が禁止することがあっても禁止措置が比例性を欠くことにはならない（65段）。当該規制が必要な範囲かの立証責任は構成国にあるが、同じ目的を他の手段で達成できないことまでを立証するほど高い立証水準は要求されない（66段）。規制目的を単純明快で理解容易な交通法規で達成することは必要な範囲と認めうる（67段）。ゆえに本件のイタリア法は正当である（69段）。

この裁定で注目すべきは、運営条約34条の広い解釈（ダッソンヴィル基準）によりイタリア法が同条の対象範囲に入るとし、次にすぐに運営条約36条およびカシス法理による正当化審査に移っている点である。これは言外にイタリア政府の主張した新規の類型論（製品用法規制はそもそも運営条約34条の対象にならない）を退けたことを示す。EUの判例法は、現在のところ上記の「今日の判断枠組」で確定している。

（中村民雄・小場瀬琢磨）

✣文献案内

Peter Oliver et al, *Oliver on Free Movement of Goods in the European Union*, 5th ed. (Hart Publishing, 2010).

Eric White, "In Search of the Limit to Article 30 of the EEC Treaty" (1989) 26 CMLRev. 235.

Richard Rawlings, "The Eurolaw Game: Some Deductions from a Saga" (1993) 20 Journal of Law and Society 309.

Ioannis Lianos, "In Memoriam Keck: the reformation of the EU law on the free movement of goods" (2015) 40 ELRev. 225.

第2章　人・サービスの自由移動

22　労働者の自由移動の原則

●レヴィン事件

Case 53/81, Levin v. Staatssecretaris van Justitie [1982] ECR1035.

◆事実・争点

　域外国民の夫と生計を共にするイギリス人原告（妻）は、1978年にオランダに居住許可を申請した。しかし翌年、オランダの所轄庁は、同国内で原告が収入を得る活動をしていないためEC法上の居住権をもたないとして不許可とした。その間に原告はパート職についていた（ただし原告の雇用収入は、オランダの最低賃金で計算した常勤労働者の最低生活収入水準未満であった）。原告は不服審査を所轄庁に申立て、原告が働かなくても夫婦に十分な生活資力があり、また原告は雇用にあると主張し、不許可の見直しを求めた。所轄庁は期限内に応答せず、原告は国務院〔行政裁判所〕に取消訴訟を提起した。国務院がEC裁判所に先決裁定を請求した。

　争点は、①EC条約上の自由移動居住権をもつ「労働者」とは、受入国法上の常勤労働者の最低生活収入水準に満たない雇用にある者で、他の収入による補充をして当該水準に達する者を含むか、またはその補充をしない者も含むか。②受入国は、労働を主目的とせず移動する者にEC条約上の「労働者」の移動居住権を認めないことは許されるか、である。

◆先決裁定

　EU（旧EC）裁判所は、①「労働者」の概念は、EC法上の概念であって各国法に左右されず、常勤労働者に限定されず、パート労働を実効的で真正に遂行する者や遂行を希望する者に及び、当該労働収入が受入国での

最低生活収入水準に達するか否かは問わない。②EC 諸国民は実効的で真正の労働活動を遂行しまたは遂行を希望するならば移動居住権を行使でき、受入国はこれ以外の目的を考慮することは許されない、と裁定した。

理由は以下の通りである。

「労働者（workers）」の自由移動は、EEC 条約48条〔運営条約45条〕にもとづいて、EC 内で保障される。同条が保障する権利には、求人に応じる権利、就職の目的で他の構成国に移動する権利、他の構成国で就業し雇用終了までそこに在留する権利などが含まれる。同条の施行細則が EC 規則1612/68号（[1968] OJ Eng. Sp. Ed. (II), p. 475）と EC 指令68/360号（[1968] OJ, Eng.Sp. Ed. (II), p. 485）である。当該規則 1 条では、構成国のあらゆる国民が他の構成国の法令に従いそこにおいて「被用者としての活動」を開始し遂行する権利をもつと定める（裁定 7 - 8 段）。

しかしこうした諸規定にいう「労働者」や「被用者としての活動」には明文の定義がない。そこで広く承認された解釈原則にしたがい、文言の通常の意味と EEC 条約の目的に照らして語義を決定する（9 段）。

オランダおよびデンマークは、受入国で最低生活収入をなす賃金以上を得る者、または常勤労働者の通常の労働時間数以上の者だけが、EEC 条約48条の権利者になると主張するが（10段）、失当である。先例（Case 75/63 Hoekstra [1964] ECR 1977）の示すとおり、「『労働者』および『被用者としての活動』なる文言は、構成国の法に照らして定義されてはならず、EC 法上の意味をもつ。」（11段）そうでなければ、各構成国法が一定類型の人を除外するなど一方的修正ができ、それを EC 機関も統制できず、EC 法上の労働者の自由移動諸規定は実現が阻まれる。本件のようにその権利に対して、受入国が立法で最低賃金水準の条件を課すような場合がそうであり、そうすると権利者の範囲が各国で異なってくる（11-12段）。「したがって、『労働者』や『被用者としての活動』の文言の意味と範囲は、EC 法秩序の諸原則に照らして定められなければならない。」（12段）

そこで検討するに、「当該概念〔「労働者」「被用者としての活動」〕は EEC 条約が保障する基本的自由の一つの適用範囲を画定するものであり、それゆえ限定解釈されてはならない」（13段）。実際、EC 規則1612/68号も労働形態（常勤か季節雇用かなど）を問わず広く権利を保障する。EC 指令68/360号も労働者の居住権付与に収入条件を付していない（14段）。さらに、この概念の広い解釈は、EEC 条約の目的（人の自由移動の障害を除去し、生活水準の向上を促進する）にも適合する。パートタイム労働は多くの人々の生活条件の有効な向上手段となっているから、労働者の自由移動原則から生じる権利が常勤労働者に限定されるならば、EC 法の実

効性は損なわれ、EEC条約の目的の達成も危うくなるだろう（15段）。
　したがって、「労働者」および「被用者としての活動」の概念は、パートタイム労働だけをするかそれを希望する者にも、その労働だけでは関連業界での最低生活収入に達しないとしても及ぶ。この点で、その収入だけで満足するか、他の収入で補充するかは無関係である（16段）。ただし以上は「実効的で真正の活動の遂行（the pursuit of effective and genuine activities）」が前提である。これと異なる「純粋にわずかで付随的とみなされるごく小さな活動」は以上の判示が該当しない（17段）。
　なお、EEC条約48条等にいう就職の「目的で」という表現は、EC法上の移動居住権が「被用者としての活動を現実に遂行または真摯に希望する者によってのみ」行使されるべき旨を表す。構成諸国民は、実効的で真正の労働活動の遂行またはその希望さえあれば当該権利が行使できるのであり、その他の目的は無関係であって、その他の目的を受入国が考慮することは許されない（21-22段）。

◆解　説

本件の意義：
労働者の広い定義　本件はEU法上の四つの自由（商品、サービス、資本、労働者の自由移動）の一つ労働者の自由移動の諸権利について、権利主体の広い定義（パート労働者も含まれる）を示した点に意義がある。四つの自由は当初のECから今日のEUまで「共同市場」・「域内市場」実現のための基本的な法的手段をなす。そこでEU裁判所は一貫して自由移動の原則規定は広く、例外規定は狭く解釈する立場をとっている〔商品につき本書19番事件〕。本件もその例である（他にも、後述のアントニセン事件裁定11段や本書23番事件）。

労働者の
移動居住権　EU法は域内の人の移動に関しては、1957年のEEC（後のEC）条約以来長らく、人一般より狭く、経済活動をする人（広義の労働者）にのみ域内移動と居住の権利を保障してきた。1993年の条約改正でEU市民の地位と権利の規定が追加され、経済活動の有無を問わず、およそ人一般にも移動居住権が（一定の行使条件はあるが）認められるようになった（EC条約18条＝運営条約21条）〔本書24番事件参照〕。本件は、それ以前のEC時代の原型を示す判例である。

　EC条約〔現運営条約〕は広義の労働者を、労働形態や内容によって、

「被用者」（EEC条約48条＝運営条約45条）、「自営業者」（EEC条約52条＝運営条約49条）、「サービス提供者」（EEC条約59条＝運営条約56条）に区分し、いずれに対しても、移動して経済活動をするために、自国を出国し、他の構成国（受入国）に入国し、そこに居住してそこの国民と平等待遇を受ける権利を直接に与えた。広義の労働者の各類型の移動居住・平等待遇の原則諸規定には、直接効果が認められた。（Case 2/74, Reyners [1974] ECR 631〔自営業者。本書初版・第2版26番事件〕; Case 33/74, Van Binsbergen [1974] ECR 1299〔サービス提供者〕; Case 48/75, Royer [1976] ECR 497〔被用者〕）。

さらに、被用者と自営業者については、1960-70年代にEC立法（規則や指令）により、本人と扶養家族の移動居住の権利、受入国での平等待遇、社会保障給付の移動随伴性などが詳細に定められた（被用者・家族移動規則1612/68号 [1968] OJ L 257/2, [1968] OJ Eng. Sp. Ed. (II) p. 475；被用者・自営業者社会保障規則1408/71号 [1971] OJ L 149/2, [1971] OJ Eng.Sp. Ed. (II) p. 416など）。EUの現在もこの立法は継承され、その後の法の発展を加えて再制定されている（現行法は、被用者・家族移動規則492/2011号 [2011] OJ L 141/1；被用者・自営業者社会保障規則883/2004号 [2004] OJ L 166/1など）。

求職者の居住権　本件のEU裁判所は、被用者になることを希望して移動する者にも移動権があると明言した（裁定16段）。では求職のために移動したが就職しないまま受入国で長期居住権をもちうるか。EU裁判所はアントニセン事件（Case C-292/89, Antonissen [1991] ECR I-745［イギリス到来後3年しても就職せず麻薬所持で処罰され退去強制を受けたベルギー人の事案］）において、求職者が就職活動をするに「合理的な期間」は居住権があるとし、その合理的な期間は各構成国が決めうるとした。EU裁判所は、この事案でイギリスが6か月のみ在留を求職者に認めたことを「合理的な期間」と判断しつつ、6か月を超えても求職者本人が「就職活動を継続しており就職の機会が真正にあること」を立証すれば、受入国は求職者の退去強制はできないと述べた（21段）。こうして求職者は原則6か月の居住権をもつという実務が定着した。

サービス提供・受領者　サービス提供者は、他国移動なく提供できる業種もあるので別類型とされ、条約上の被用者・自営業者に

該当しない者を拾う補完的類型である（運営条約57条は、被用者または自営業者の規定の適用がない限りでサービス提供者の規定が適用されると述べる）。基本条約にいう「サービス」は「通常報酬と引き換えに提供される」活動である（同条）。また移動を伴う場合で「一時的」移動ならばサービスの規定が（同条）、それ以外の恒常的な移動なら、雇用形態により被用者または自営業者の規定が適用される。

　サービス提供者規定を設けた実益は、ファン・ビンスベルヘン事件（Case 33/74, Van Binsbergen [1974] ECR 1299）に例示される。ここでは、オランダ法が訴訟上の代理業務資格を国内に常居する弁護士に限定していたため、ベルギーに移住したオランダ人原告のオランダでの訴訟代理資格が否定された。EU 裁判所は、サービス提供者の自由移動規定の直接効果を認め（裁定27段）、当該常居要件は同規定の「実益をすべて奪う」として同規定違反となるとした（同11段）。

　なお EU 裁判所は、サービス規定について、サービスによっては（観光や治療など）受領者が提供地に移動して受領するものもあるので、規定の論理解釈として、サービス受領者も提供者と同様に自由移動権等をもつと解釈した（Cases 286/82 and 26/83, Luisi and Carbone [1984] ECR 377 [イタリア人原告らがドイツなどでの観光や療養のために移動しようとした事案]）。

国籍差別禁止原則　広義の労働者（およびサービス受領者）は、移動権・居住権（サービスの場合一時滞在権）に加え、受入国の国民との平等待遇も原則として享受する。この点が判例上最も争われた。

適用除外規定　まず、基本条約が明文で国籍差別禁止原則の適用除外を定めている。被用者については「公務の雇用（employment in public service）」（EEC 条約48条4項＝運営条約45条4項）、また自営業者とサービス提供者については、「公権力の行使に、時々であれ、関わる活動（activities which are connected, even occasionally, with the exercise of official authority）」（EEC 条約55条＝運営条約51条、および EEC 条約66条＝運営条約62条）を除外している。この規定の解釈と適用範囲が争われた。EU 裁判所は、原則は広く例外は狭くの解釈原則を貫き、この例外規定も限定解釈により適用範囲を絞った。

たとえばレイナーズ事件（Case 2/74, Reyners [1974] ECR 631〔本書初版・第２版26番事件〕）では、ベルギーで生まれ教育も受けたオランダ人原告の弁護士登録をベルギーが外国籍を理由に拒否し、弁護士業務が（国選弁護人制度など）「公権力の行使に時々は関わる活動」なのでベルギー国籍限定も正当化されると主張した。EU 裁判所はこれを一蹴した。自営業者の開業の自由、受入国民との平等待遇原則に対する例外は規定の目的を超えては認められない（44段）。係争の例外規定は、それ自体で公権力の行使と「直接かつ具体的な関連性（direct and specific connexion）」のある活動に限定して他国民を排除する限りで十分目的が達される（45段）。弁護士業に典型的な助言、法律扶助、代理、訴訟当事者の弁護などの活動は、司法当局の裁量や司法権の自由な行使に触れないから、公権力の行使とは関連しない（52-53段）、と判断した（公権力行使との関連を否定した他の例として、Case C-306/89, Commission v Greece [1991] ECR I-5863〔交通事故鑑定人〕、Case C-3/88, Commission v Italy [1989] ECR 4035〔公的機関のデータ処理システム構築業務〕、Case C-42/92, Thijssen [1993] ECR I-4047〔保険業検査局の監督下で保険会社を検査する公認検査官〕など）。

国籍差別禁止の射程　次に、明文の除外規定がない場面については、国籍差別禁止原則は EU 法の適用範囲内でのみ適用されるので、その範囲が EU 法の発展とともに争われた。判例は、国籍差別禁止原則の適用範囲を人的範囲と事項的範囲の二面から画定した。ここでは1990年代初頭までの状況を解説する〔それ以後は本書24番事件解説参照〕。

人的範囲　1980年代前半までは、人的範囲は、主として被用者、求職者、自営業者、サービスの提供者と受領者、そしてこれらの人々の扶養家族であった。

　1980年代後半から人的範囲が徐々に拡大された。たとえば学生である。学生は広義の労働者にあたるかどうかが不明瞭である。私立大学の学生であれば、授業料と引換えに提供される教育サービスの受領者といえよう（Case 263/86, Humbel [1988] ECR 5365）。しかし当時の EU 内の多くの国公立大学は授業料が無料または無料同然であったから、そこの学生はサービスの受領者とはいえなかった。しかし、EU 裁判所は、公立美術学校の風

刺漫画科の学生の授業料差別（ベルギー人無料、外国人有料）が問題になったグラヴィエ事件（Case 293/83, Gravier [1985] ECR 593）において、将来の職業技能または職業知識を授ける専門性の高い教育や実習をする教育機関は職業訓練機関とみうるので、その教育機関の学生は職業訓練生といえ、EC には職業訓練政策権限（当時の EEC 条約128条〔後に改正拡充され現在の運営条約166条〕）があるから、EC 法の人的範囲に入ると判断した。そして授業料は職業訓練生の職業訓練アクセス条件であるから EC 法の事項的範囲にも入る。そこで当該学生の授業料の国籍差別は禁止されると判断した。これが獣医学部の学生などにも応用され、一般に大学教育は職業訓練にあたり、授業料の国籍差別は禁止されるものとした（Case 24/86, Blaizot [1988] ECR 379, paras.16-20.）。人的範囲も事項的範囲もこうした判例の蓄積で拡張されていった。

　1993年11月にマーストリヒト条約が発効すると、経済活動を前提としない EU 市民の地位が創設され（EC 条約17条＝運営条約20条）、EU 諸国の国民であれば EU 市民の地位をもち、自動的に EU 法の人的適用範囲に入るようになった〔本書24番事件解説参照〕。

事項的範囲　1980年代までは受入国の国民との平等待遇を EU 法が保障する事項は、被用者と扶養家族の「社会的利益」（EC 規則1618/68号7条2項）、労働者と扶養家族の「社会保障給付」（EC 規則1408/71号3条1項）が中心であった。そして「社会的利益」は広く解釈されていた。たとえば、クリスティーニ事件（Case 32/75, Cristini [1975] ECR 1085）では、フランス国鉄の運賃割引パスが「社会的利益」に該当するとされた。フランスの法律により、未成年の子を3人以上もつフランス人の家族に対しては国鉄運賃の割引パスが発行されていた。イタリア人原告（妻）はイタリア人の夫と共に長年フランスに居住し4人の子があり、夫がフランスでの労務災害で死亡後、当該割引パスを申請したが外国籍を理由に拒否された。この事案で EU 裁判所は、EC 規則1612/68号7条2項にいう「社会的利益」は、同規定が達成しようとする待遇の平等化の目的に照らし、すべての社会的および税制上の利益を含み、雇用契約に付随する利益か否かを問わないので、本件の割引パスも含まれると判断した

(13段)。(被用者本人が申請できた利益は未亡人も申請できるとした (16段)。)

　他方で、こうした明文がない場面では、とくに受入国での社会保障給付について判例はそれを事項的範囲に入れることに慎重であった。たとえば1988年のブラウン事件 (Case 197/86, Brown [1988] ECR 3205) では、学生への最低生活扶助給付は、学生生活と教育に直結しない困窮した一般市民の生活援助のための社会扶助給付であって、それへの受給権を自国民並みに認めると受入国の財政に深刻な影響を与えるという理由で事項的範囲に入れなかった (18段) (同旨 Case 39/86, Lair [1988] ECR 3161)。

　そうした中で、1989年のカウワン事件 (Case 186/87, Cowan [1989] ECR 195〔本書初版・第2版28番事件〕) の EU 裁判所は、フランスの (税財源の社会保障給付の一種の) 犯罪被害者補償金を国籍差別禁止原則の対象となる事項とした。イギリス人観光客がフランスで強盗に襲われ被害を受けた事案で、フランス人であれば受けられた犯罪被害者補償金の給付を外国籍を理由に拒否するのは、サービス受領者の受入国での平等待遇に反すると主張され、EU 裁判所もその主張を容れた。移動の自由には安全に移動する利益が内在し、受入国が犯罪から人を守るのに国籍の別は許されず、犯罪が生じたとき被害への補償制度があるならそれも国籍の別なくサービス受領者にも付与されてしかるべきだとした。

　1990年代に入り、EU 市民の地位と権利の規定が基本条約に設けられ、EU 裁判所も2000年代に入ると、学生への生活扶助給付も国籍差別禁止の事項的範囲に入ると判例を変更していくことになった (グルゼルチク事件〔本書24番事件〕、Case C-209/03, Bidar [2005] ECR I-2119; Case C-138/02, Collins [2004] ECR I-2703)。

(中村民雄)

✤文献案内

Friedl Weiss and Frank Wooldridge, *Free Movement of Persons within the European Community* (Kluwer Law International, 2002).

A.P. van der Mei, *Free Movement of Persons within the European Community* (Hart, 2003).

23 ●ボスマン事件

労働者の自由移動
―― スポーツ団体規約と選手の自由移動

Case C-415/93, Union Royale Belge des Sociétés de Football Association ASBL v. Bosman [1995] ECR I-4921.

◆事実・争点

　ベルギー人原告ボスマン選手は、ベルギーのプロ・サッカークラブとの契約期間満了後、フランスのクラブに移籍しようとしたが、ベルギーとヨーロッパのサッカー連盟（URBSFA、UEFA）の団体規約が障害となった。とくに、連盟所属クラブの選手の移籍にあたっては、選手獲得クラブが選手所属クラブに移籍金を支払う義務を定める規定、そして連盟の公式試合に出場できる外国人選手は1チーム5人以内とする規定があり、原告を獲得しようとしたクラブは、すでに外国人選手を多数抱え、原告の所属クラブの要求した高額の移籍金も支払えず、原告は移籍できなかった。

　原告は、移籍ルールと外国人出場選手枠により、労働者（被用者）としての自由移動権（EC条約48条＝運営条約45条）が侵害されたと主張し、当該ルールの適用差止めや損害賠償を被告両連盟に求めてベルギーの裁判所に出訴した。両連盟は、移籍ルールと外国人選手枠は、クラブ間の財政と競争力の均衡を維持するためにも、また新人発掘と若手選手育成のためにも必要で正当な措置だと反論した。

　争点は、①移籍ルールと外国人選手枠は、EC条約48条〔運営条約45条〕に違反するか。②移籍ルールと外国人選手枠は、スポーツ活動に固有の理由から正当と認められるか、である。EU裁判所は、①につき違反を認め、②につき正当性を否定した。

　なお、EU裁判所は先例（Case 36/74, Walrave and Koch [1974] ECR 1405 〔民間団体である国際競輪協会が競輪選手の国籍差別をした事案〕）において、EC条約48条〔運営条約45条〕は、営利を伴う雇用またはサービス提供を集団的に規律する民間団体（各種スポーツ連盟等）と私人の（水平）関係にお

いても直接効果をもつと判断していた。これを前提に原告は被告両連盟を訴えており、この点は本件裁定も肯認している（裁定81-84段）。

◆先決裁定

移籍ルール

　労働者の移動の自由を保障するEC条約48条〔運営条約45条〕は、過渡期間終了時（1970年）から直接効果をもつ（93段）。人の自由移動規定は、共同体市民が共同体全域においてあらゆる種類の職業活動を行うことを促進する趣旨であるから、他の構成国において経済活動をしようとする共同体市民を不利にしうる措置は同条違反となりうる（94段）。構成国民が、自由移動権を行使して母国を出ることを禁止または抑止する定めは、それが労働者の国籍に関係なく適用されたとしても、移動の自由に対する障害となる（96段）。同様の趣旨は、開業の自由に関する先例（Case 81/87, Daily Mail [1988] ECR 5483）にも述べられている。当該事案で当裁判所は、会社の他国への移転を禁止するならば開業の自由（EC条約52条〔運営条約49条〕以下）規定が無意味になると述べた（97段）。本件の移籍ルールは、他の構成国の〔獲得側〕新クラブが移籍金を旧所属クラブに支払わない限り、プロ選手の新クラブでの活動は許されないと定めるのであり、労働者の移動の自由に対する障害をなす（100段）。

移籍ルールの正当性

　たしかにECでのスポーツ活動とくにサッカーの社会的重要性の大きさに照らせば、サッカー・クラブ間の均衡を維持する目的、また新人発掘と若手選手の育成の目的は、EC法上も正当と認められる（106段）。

　しかし、本件の移籍ルールは、クラブ間の財政と競争力の均衡という目的を達成する手段として不適切である。なぜなら、この移籍ルールの下でも、依然として最も裕福なクラブが最高の選手を獲得でき、財政力が競争的スポーツの決定打となることを止められないからである（107段）。他方、移籍金や育成訓練料を得る見込みが誘引となってサッカー・クラブが新人の発掘と若手選手の育成に励むだろうことは認められる（108段）。とはいえ、若手選手の将来性は予測困難であり、プロ選手になれる者の数も限られているから、移籍金等を得ることは偶然に左右され不確実である。いずれにせよ移籍金等は、将来プロ選手になる者もならない者も訓練するためにクラブが負担した実際の費用には対応していない。つまり移籍金等を得る見込みは、新人発掘と若手選手の育成を奨励する決定的要素ではなく、とくに小規模クラブでは採用育成活動の財政手段としても十分ではな

い（109段）。さらにいえば、同じ目的は、労働者の移動の自由を害さない他の手段により達成しうる〔サッカー連盟において移籍補償の共同基金をつくるなど〕（110段）。よって本件の移籍ルールは正当化できず、EC条約48条〔運営条約45条〕違反である。

外国人選手枠

労働者の移動の自由は、雇用、報酬、労働条件について、構成国の労働者間の国籍にもとづくあらゆる差別を廃止することを含む（EC条約48条〔運営条約45条〕2項）（117段）。この条約規定の実施細則であるEC規則1612/68号4条は、あらゆる事業者が他の構成国の国民に対して、外国人雇用の数や比率の制限を行う構成国の法令、規則、行政通達を適用してはならないと定める（118段）。この定めの示す原則は、スポーツ団体規約の外国人選手の出場人数枠条項にもあてはまり、当該人数枠はEC条約48条〔運営条約45条〕違反となる（119段）。連盟は、その枠が試合出場人数の制限にすぎず、外国人選手のクラブ雇用人数の枠ではないから移動の自由を害さないと主張する。しかし、プロ・サッカー選手にとっては公式試合に出場することこそ雇用の中心的意義であるから、当該人数枠が選手の雇用機会を制限することは明らかである（120段）。

選手枠の正当性

連盟は、外国人出場選手枠の必要性を訴える。一つには、各クラブと所属国との伝統的な結びつきを維持し、国際試合において各国代表として参加するため。二つには、ナショナル・チームを組むために各国のクラブに自国選手を保有しておく必要があるため。三つには、最高選手が裕福クラブに集中することを防止しクラブ間の競争力の均衡を保つため。これらスポーツに固有の非経済的な理由から正当化されるという（122-125段）。さらには、外国人5人枠は欧州委員会と協議し当時のEC法の発展状況に照らして定めた経緯もあるとも抗弁する（126段）。

連盟の主張する正当化理由はいずれも認められない。第一に、各クラブと所属国との結びつきは薄い。国内試合も国際試合も出場選手は、出身国・出身地に関係なくクラブ本拠地の選手として出場する。国際試合も国内リーグで勝ち進んだクラブ・チームがその国の代表として出場するから、その国と選手の国籍は関係がない（131-132段）。第二に、自国籍選手で構成するナショナル・チームも、その国のクラブの選手である必要はない。連盟規約では外国クラブ所属選手も母国に戻って母国のナショナル・チームに加われる（133段）。第三に、クラブ間均衡の手段として外国人選手枠は適切ではない。その枠があってもなお裕福クラブは最高選手たちを獲得できる（135段）。最後に、欧州委員会と連盟が協議して当時のEC法

の発展状況に照らして5人ルールを策定したという抗弁も認められない。欧州委員会は明文がない限り、個々の行為のEC条約適合性を保障する権限をもたず、いずれにせよEC条約に反する行為を認める権限などもたない（136段）。以上から、外国人出場選手枠も正当化できず、EC条約48条〔運営条約45条〕に違反する。

> 〔なおEU裁判所は、外国人選手枠を違法とした部分は裁定の効果を過去に遡及させるが、移籍ルールを違法とした部分は遡及させないとした（139-146段）。〕

◆解　説

本件の意義　　本件の意義は、まずEU法の視点からは、プロ・サッカーなど民間の営利的スポーツ活動はEU法の対象となり規律を受けることを示した点である。とくにプロ・スポーツ団体の集団的規律（団体規約等）が選手のEU法上の権利を侵害ないし制限するときは、目的の正当性、目的達成に適切な手段であること（手段の目的関連性）、目的達成に必要な範囲を超えない手段であること（手段の目的比例性）を審査されることを示した。この正当性審査枠組は確立したものだが、これがサッカー連盟の規約といった構成国以外の民間業界団体の行為にまで及ぼされた点が新しい。

しかし、本件の意義は広い目で見る必要もある。スポーツ界では、プロもアマチュアも多くの種目で各国の競技連盟が国を超えマクロ・リージョン（ヨーロッパ、アジア等）やグローバルに連合して選手や競技の共通規律を設けている。しかしたとえば関係連盟の規律が連盟の興行利益を重んじ選手個人の利益を公平に考慮しないとき、あるいは選手の基本権を尊重しないとき、こうした問題を（とくに選手個人が）法的に実効的に統制することは各国法上も国際法上も困難である（一例として、国際オリンピック競技に関する国内訴訟は手続的にも実体的にも困難を抱える。カナダ・ブリティッシュコロンビア州最高裁：Sagen v. Vancouver Organizing Committee for the 2010 Olympics and Paralympic Winter Games (2009) BCSC 942; 米国連邦控訴裁第9巡回区：Martin v. International Olympic Committee 740 F2d 670 (1984))。その点でEU法はマクロ・リージョン法の一つとして、個人に権利を直接

に付与し、少なくとも EU 域内については不均衡の是正に貢献できた。そういう意義がある。言い換えれば、本件をグローバル規模の公共性をもつ私的団体のルールが過度に関係個人の自由や利害を制約しないように統制するリージョン法としての試みの例とみることができる。実際、本件は世界の注目を集めた。プロの団体スポーツとして世界規模のサッカー事業者たちがそれまで採っていた選手個人の移籍の自由を厳しく制約する運営方法に対して、EU 裁判所が選手個人の自由の保障を唱えて正面から批判を浴びせ、事業方法の見直しを迫る結果となったからである。

原則の実効的実現 EU の基本条約（旧 EC 条約、現 EU 条約と EU 運営条約）は、域内市場を実現するために四つの自由の一つ、広義の労働者（被用者、自営業者、サービス提供者）の自由移動権と受入国民との平等待遇権を保障し、EU 裁判所も1970年代からそれらの原則規定に直接効果を認めている〔本書22番事件解説〕。被用者の自由移動権（EC 条約48条〔運営条約45条〕）の直接効果は、私人対公的機関の垂直関係だけでなく、私人間の水平関係にも認められる（Case C-281/98, Angonese [2000] ECR I-4139）。

広義の労働者の自由移動権は原則であり、実効的に実現するために広く解釈されてきた。EU 裁判所は1970年代から広義の労働者に関する EC 条約の諸規定を相互に同様に解釈する立場をとり（Case 48/75, Royer [1976] ECR 497）、すでに自営業者（開業の自由）に関する事例では、国籍差別的な措置はもちろん、国籍無差別的に適用される措置であっても移動の阻害効果がある措置は禁止されるという広い解釈をしめしていた（本件裁定が引用する先例）。しかし被用者の事例ではこの阻害効果説を明言しておらず、本件で初めて明言し、そこで、他の構成国で経済活動を試みる EU 市民を不利にする措置（＝連盟規約の移籍ルール）は、それが国籍無差別的に適用されていても（＝連盟所属の国内クラブ間移籍にも、EU 内の他国クラブへの移籍にも適用され、移籍選手の国籍とも無関係に適用されていても）、自由移動権を害しうるとした。適用上、国籍無差別的な措置であってもそれが生む移動阻害効果の除去にまで踏み込まなければ、EU 基本条約の目的である共同市場（域内市場）の実現が達成されないという目的論からである

（裁定97段）（後の被用者の事案でも阻害効果説が再確認された：Case C-18/95, Terhoeve [1999] ECR I-345)。

広くみれば、EU 裁判所は、商品、労働者、サービス、資本の自由移動の原則規定について、いずれも差別的措置だけでなく内外無差別措置でも移動阻害効果のあるものは原則として EU 法違反とそろえて解釈している〔本書19・20・21番事件〕。

厳格な正当性審査　他方で、EU の基本条約は、広義の労働者の自由移動に対する例外も規定している。構成国は公序、公安、公衆衛生の保護を理由とする措置をとることができる（旧 EC 条約39条3項、46条、55条＝運営条約45条3項、52条、62条）。しかし、例外規定は狭く解釈するという EU 裁判所の解釈原則により、構成国の措置は、その目的の正当性、手段の目的関連性、手段の目的比例性が厳格に求められる。

また公序・公安目的の各国措置については EU 立法もあり、それが構成国の権限行使に制約を課している。旧1964年指令64/221号（[1964] OJ L56/850）と、その内容を継承する現行の2004年市民自由移動指令（[2004] OJ L 229/35）は、たとえば、構成国は公序・公安維持の名目で自国の経済目的を達成するために措置を発動してはならない（1964年指令2条2項、2004年指令27条1項）。構成国が公序・公安目的で個人に対してとる規制措置は、関係個人の具体的な行動に専らもとづいて採られなければならない（1964年指令3条1項、2004年指令27条2項）。ゆえに、個人の犯罪前科の存在それ自体は公序・公安のための規制措置を採る正当理由にならない（1964年指令3条2項、2004年指令27条2項）、といった制約を課している。そして EU 裁判所は、個人の具体的な行動について、その行動が「社会の基本的利益に影響するような、公序維持への真正かつ十分重大な脅威」で「現実の脅威」となるような危険な「具体的な行動」でなければならないと厳格に解釈した（Case 30/77, R. v. Bouchereau [1977] ECR 1997)。その解釈が今日の2004年指令27条2項に明文化されている。

これ以外にも例外は認められる。各国が採る措置（で自由移動を阻害しうる措置）は、公序・公安・公衆衛生以外の公益目的を追求することもある。そこで EU 裁判所は、基本条約の明文にない「公益上の強い理由

(overriding/pressing/imperative reasons of public interest)」という開かれた正当化事由を判例で認め、当該各国措置が国籍無差別的に適用されることを条件に、前述の厳格な審査枠組のもとで措置の正当化の余地を与えてきた (*Eg.*, Case 71/76, Thieffry [1977] ECR 765, paras. 12 and 15〔弁護士資格・職業倫理・監督等の専門職業規律の公益〕; Case C-19/92, Kraus [1993] ECR I-1663, para. 32〔外国で取得した博士学位の自国学位同等性承認の公益〕; Case C-55/94, Gebhard [1995] ECR I-4165, para. 37〔弁 護 士 規 律〕; Case C-212/97, Centros [1999] ECR I-1459, para. 34〔適正な法人設立と監督〕)。同様の判例法理は、商品の自由移動分野のカシス事件〔本書19番事件〕にもみられる。

本件での新展開 以上の判例法の展開を念頭におくと、本件ボスマン事件のEU裁判所は、広い原則解釈と厳格な正当性審査という確立した判断枠組を踏襲していることが分かる。

しかし新しい面もある。第一に、構成国の措置ではなく、民間団体の措置（サッカー連盟の規約）を審査している。これは自由移動権規定に水平直接効果を認め、民間団体も原則規定の規律の対象にしたことの帰結である。しかし民間団体の措置ゆえに、構成国の措置を念頭においた先例では扱ってこなかった正当化事由を案出しなければならなかった。そこで第二に、先例で認めていた「公益上の強い理由（overriding reasons of public interest)」にEU内の「スポーツ活動とりわけサッカーの社会的重要性の大きさ」(106段)を持ち込んだ。ところが、これは従来の「公益」とは異質の〈社会事実からみた公共性の強い理由〉にすぎないという問題を抱えた。従来の「公益上の強い理由」は、各国の行政府や立法府が、国内法制度のもとでの公的な意思決定により認定した「公益」である。ところが本件での利益は、法的根拠も公的意思決定手続もない、EU裁判所による社会事実の認識である。EU裁判所は、社会事実認識を法的に保護される「公益」と扱ってなぜ妥当なのかを論証していない。ここに本裁定の論旨の弱さがある。さらには、「スポーツ活動とりわけサッカーの社会的重要性の大きさ」を理由にクラブ間の財政・競争力均衡維持や若手選手の採用育成の支援を正当な目的としたが、これも雑な論証である。サッカーが社会的に重要でなくても、純粋にスポーツの感興を高め白熱試合を多数実現

する必要からクラブ間均衡・若手育成が必要だという論理もありうるからである。

こうした論旨の粗さを抱えつつも（後述の2010年のオランピック・リヨネ事件で論旨の粗さは多少補正された）、冒頭に指摘したように、各国法も国際法も能くなさない法的規律（正当性審査）を、グローバルに広がる公共性のある民間団体の自治規約に及ぼした。このEU裁判所の果敢な試みこそ新局面であり、本件裁定のEU法の発展への大きな貢献である。

その後の展開　本件を受けて、ヨーロッパ・サッカー連盟は、ヨーロッパ・リーグについて外国人出場選手枠を廃止し、移籍ルールについても、2001年3月に新ルールを採択した。獲得側クラブが所属クラブに、実費にちかい訓練補償金を支払う内容である。

しかしなおサッカー選手の移籍紛争は続いた。2010年のオランピック・リヨネ事件（Case C-325/08, Olympique Lyonnais SASP [2010] ECR I-2177）は、若手訓練生を3年間の訓練契約で育成したフランスのクラブが当該契約満了時に訓練生にプロ選手契約（年俸約53000ユーロ）を申し込んだが、訓練生はイギリスのクラブとプロ選手契約をしたため、フランスのクラブが当該選手に違約による年俸分の損害賠償を求めた事案である。この事案ではフランスにプロ・サッカー憲章なる国内全クラブと選手らの労働協約があり、訓練生が期間満了後に訓練育成クラブ以外のクラブとプロ契約をする場合は、育成クラブが損害賠償を求めうると定めていた。EU裁判所は、ボスマン事件の判旨を踏襲し、当該団体協約の定めが選手の自由移動権を制限するとし（35段）、正当性審査に進んだ。本件の違約賠償制度は、若手選手の採用と訓練の奨励という正当目的をもつが、当該制度でクラブが求めるのは、訓練費用の補償ではなく違約の損害賠償であり、その賠償額はクラブが負った訓練実費とは関係がなく、事前に定めた基準により算定したものでもないから、この制度は、前述の正当目的の達成に必要な範囲を超えており、正当化できないと判断した（45-47段）。

この先決裁定でEU裁判所はボスマン裁定の論旨の粗さを多少補正した。「スポーツ活動とくにサッカーの社会的重要性」というのは、EU裁判所によれば、裁判所の社会事実認識なのではなく、運営条約165条1項

２段(「EUは、スポーツ固有の性質…ならびにその社会的および教育的機能を考慮しつつ」ヨーロッパ次元のスポーツの課題に取り組む)にある公認の法的評価たる「公益」だというのである。先例の「公益」から変質しない理由づけに戻そうとする苦心がみえるが、この論証は、後出し論である。この条文は2009年発効のリスボン条約で加えられたものであり、もとは1997年アムステルダム条約(1999年発効)付属第29(スポーツ)宣言に由来する(「条約交渉政府間会議は、とくにアイデンティティを育み、人々を結束させる役割において、スポーツの社会的重要性を強調する。」)。いずれにせよ、1995年のボスマン裁定後に作られた条文であり、同裁定の助けにはならない。むしろボスマン裁定以後、政治過程＝EU諸国が、ボスマン裁定の社会事実論を追認して条文をつくり「公益」として追完したのである(そのおかげでボスマン裁定の論理も治癒された観を呈した)。

なお、国籍差別禁止原則の解説は、本書22・24番事件を参照されたい。

(中村民雄)

✣文献案内

Roger Blanpain & Rita Inston, *The Bosman Case* (Sweet & Maxwell, 1996).

Richard Parrish, *Sports Law and Policy in the European Union* (Manchester U.P., 2003).

Friedl Weiss and Frank Wooldridge, *Free Movement of Persons within the European Community* (Kluwer Law International, 2002).

Johan Lindholm, "Case C-325/08, Olympique Lyonnais SASP" (2010) 47 CMLRev. 1187-1197.

| 24 | ●グルゼルチク事件
EU 市民権の基本的地位と
国籍差別禁止原則

Case C-184/99, Grzelczyk v. Centre public d'aide sociale d'Ottignies-Louvain-la-Neuve [2001] ECR I-6193.

◆事実・争点

　フランス人の原告グルゼルチク（Grzelczyk）は、1995年から大学生としてベルギーに適法に居住し、当初3年間はアルバイト等で学費と生活費を捻出していた。しかし最終学年の4年目は、卒業論文や職業実習で多忙となり、アルバイトを続けられなくなった。そこで1998年10月から1999年6月まで、ベルギーの非拠出型の社会扶助給付である生活保護給付（minimex）を申請したが、ベルギー社会扶助局は給付を拒否した。ベルギーの生活保護給付法では、受給対象者は、国内居住のベルギー国民で十分な生活資金のない者、国内に適法に居住する外国人で EC 規則1612/68号（［1968］OJ L 257/2, ［1968］OJ Eng. Spec. Ed. 475）の適用対象の賃金労働者、無国籍者または難民であるが、原告はいずれにも該当しないからというのであった。原告は給付拒否処分の取消を求めて、ベルギーの労働審判所へ提訴した。ベルギーの裁判所は、EU 裁判所に先決裁定を求めた。

　争点は、本件の生活保護給付の支給にあたり、自国民には課さない条件（本件では EC 規則1612/68号の適用対象者であること）を国内に適法に居住する他の構成国民に課すことは、EC 条約6条〔運営条約18条〕（国籍差別禁止原則）と8条〔運営条約20条〕（EU 市民の地位）に反するかである。EU 裁判所は、違反すると判断した。

◆先決裁定

　まず、原告が労働者ではないとの前提を確認し（15-18段）、次のように述べた。
　原告学生と同一の状況にあるベルギー人であったならば、規則1612/68

号の適用対象者でなくても、本件の生活保護給付を受けられた。つまり原告への給付拒否はベルギー国籍がなかったことが唯一の理由である。ゆえに本件は国籍差別に関する事案である（29段）。EC 条約の適用範囲内では原則として国籍差別は禁止される。国籍差別禁止規定の適用範囲を定めるために、本件では EU 市民の地位規定を合わせ読む必要がある（30段）。

「EU 市民の地位は、構成諸国の国民の基本的地位となるべき定めにあり（a vocation à être le statut fondamental; destined to be the fundamental status）、同じ状況にある人が国籍を問わず法的に同じ待遇を受けることを可能にするものである。ただし、明文で定められた例外には服する。…マルティネス・サラ事件（Case C-85/96, Martínez Sala [1998] ECR I-2691）で判示したように、EU 市民は、移動先の構成国領土内に適法に居住する場合、EC 法の事項的範囲内のあらゆる状況において EC 条約6条〔運営条約18条〕〔国籍差別禁止原則〕を援用することができる。その状況としては、例えば EC 条約が保障する基本的自由を行使している場合や EC 条約8a 条〔運営条約21条〕が付与する他の構成国に移動し居住する権利を行使している場合などがある。」(31-33段)

1988年の先例は、学生に対する最低生活保護給付を EC 条約の事項的範囲外としたが、その後の条約改正で EU 市民の地位規定や教育・職業訓練政策規定が追加され、また学生自由移動指令93/96号（[1993] OJ L 317/59）も採択されたので、もはや関連性を失った（34-36段）。

本件では給付拒否が国籍差別かが問題であり、当該差別禁止の適用対象内かは、EU 市民の自由移動居住権が服する「制限と条件」もみて判断しなければならない（37段）。

学生については学生自由移動指令93/96号が条件を定める。すなわち、学生が受入国で居住権を行使するには、①当該学生が十分な資力を持ち受入国居住中に受入国の社会保障制度に負担をかけないことを示すこと、②職業訓練を主目的とした認定教育機関に登録されていること、③受入国におけるあらゆる危険に対する疾病保険に入っていることである（38段）。

たしかに受入国は、その社会保障制度を利用するようになった他の構成国の学生が資力要件を満たさなくなったと判断して居住許可を撤回または更新拒否できる。しかし、一度でも社会保障制度を利用すれば即座に居住権要件を満たさなくなったものと判断することは許されない。同指令は学生の資力について、具体的な文書での立証を求めず、学生が本人、配偶者、扶養子を養うに十分な資力をもち、居住する出先国の社会保障制度に負担をかけないことの宣言をして当局を納得させれば足りるとしている。そして同指令の前文6段は、居住権の行使者が受入国の公的財政に「不合

理な負担」となってはならないと述べている。これは構成諸国が受入国民と他構成国民のある程度の財政連帯を容認していることを示し、とくに居住権の行使者が一時的な生活苦にあう場合はそうである。しかも学生の資力は、時の経過とともに自ら統制できない理由で変化しうる。ゆえに学生の資力宣言の信憑性は、宣言時にのみ審査されるべきである（40-45段）。

　以上から、〔原告は給付請求時に居住権を維持し、適法に他国に移動居住する EU 市民として国籍差別を受けない権利をもつので〕受入国が、本件生活保護給付のような非拠出型社会的給付の受給資格について、自国民に課さない条件を適法に居住する他の構成国民に課すことは、EC 条約 6 条〔運営条約18条〕および 8 条〔運営条約20条〕に反し排除される（46段）。

◆解　説

本件の意義　　本件は、学生の受入国での居住権保護と受入国民との平等待遇を進めた判例としても意義は大きいが、より歴史的に、「EU 市民の地位（Union citizenship）」を「構成諸国の国民の基本的地位」たるべきものと高く位置づけた初判例として重要な意義をもつ。本件では、首位規範（EC 条約）の保障する地位の基本性に照らして下位規範（学生自由移動指令）を解釈して学生の居住権を保護し生活保護給付の同等待遇を導いた。以後の事案でも、「基本的地位」の判示部分は繰り返し引用され〔本書26番事件〕、EU 市民の地位に生じる諸権利を実効的に保障する解釈根拠となった。本裁定は、EU 裁判所が、EU 市民の地位とそれに伴う権利を、従来の経済的権利とは異なる独自の意味をもつものとして保障する立場へ転換した分水嶺的な先決裁定である。

EU 市民の地位と権利　　まず基本を確認しよう。歴史的には EU 法は1993年11月1日発効のマーストリヒト条約以前（EC 法のみ）、以後2009年11月末まで（EC 法と EU 法の並存）、そして2009年12月1日発効のリスボン条約以後（EC 法をベースとして両者統合した EU 法）の三段階で発展した。市民の地位と権利の登場は、この流れから意義が理解できる。

　マーストリヒト条約以前、EC 法が構成諸国の人々に保障したのは、主として経済活動者（被用者、自営業者、サービス提供者と受領者）とその家族の、域内の自由移動居住権と移動先国民との平等待遇であった。後に

EU 立法（1990年指令・1993年指令）で、それ以外の主体（退職者、有資力者または学生で十分な生活資力と包括的保険を備えた者）にも拡大された。

　マーストリヒト条約は、「EU 市民の地位（European Citizenship）」を創設した（当時の EC 条約 8 条＝運営条約20条および EU 条約 9 条）。これは EU 構成国の国籍をもつ者に自動的に生じる EU 法上の地位である（ただしこの地位は各国の国籍に代替しない。また EU 構成国の国籍を前提とし、EU 市民の地位は独立には生じない）。この地位から派生する具体的権利として、①域内の自由移動居住権（当時の8a 条＝運営条約21条）、②移動先居住地の自治体と欧州議会の選挙権・被選挙権（当時の8b 条＝運営条約22条）、③域外で自国以外の EU 諸国による外交的保護を得る権利（当時の8c 条＝運営条約23条）、④欧州議会への請願や EU オンブズマンへの申立や EU 機関と公用語〔現在24言語〕による交信をする権利（当時の8d 条＝運営条約24条）が定められた。さらにその後、2009年発効のリスボン条約で、⑤複数国にわたる百万人以上の EU 市民による立法発案権（運営条約24条 1 項。関連 EU 規則に従って実施する）が追加された。こうした②③④（と後の⑤）は、まったく新しい EU 基本条約上の権利である。また①の自由移動居住の権利も、以前のような一定の権利主体にのみ存する権利から、およそ EU 諸国民＝EU 市民すべての権利へと普遍化した。この市民の自由移動居住権については、後に、2004年指令（Directive 2004/38/EC, [2004] OJ L 229/35）が移動居住権の行使条件を詳しく定めている。

　　なお、訳語の注釈であるが、citizenship の本義は、特定の政治社会に属する者であること、その地位をいう。Union citizenship も「EU 市民の地位」を指す。地位から一定の権利や義務が生じるが、その権利や義務が地位のすべてではない（帰属社会の同輩としての自己認識や同輩との連帯感などもある）。「EU 市民権」という訳語は、概念を矮小化し本義を没却するため、本書では用いない。

態度転換　　EU 市民の地位と権利の導入後1990年代後半まで、EU 裁判所はそれに関わる事案に接しても、EC 時代に確立していた経済活動者の権利規定を優先的に適用していた。たとえば1998年のビッケルとフランツ事件（Case C-274/96, Bickel and Franz [1998] ECR I-7637）では、移動先国イタリア（北部ボルツァノ。そこはドイツ語も

地域限定公用語）で刑事裁判にかけられたドイツ人とオーストリア人の裁判で母国語ドイツ語の使用が認められなかったとき、EU裁判所は、当該市民らは観光「サービスの受領者」（当時のEC条約59条＝運営条約56条）でありうるから国籍差別禁止原則も適用され、裁判地でイタリア人がドイツ語で裁判を受けられるなら当該市民らも受けられるべきだとした。

　しかし同年のマルティネス・サラ事件（Case C-85/96, Martinez Sala [1998] ECR I-2691）でEU裁判所は態度を変化させ、過渡的な判断をした。ドイツに適法に居住するスペイン人原告が社会保障給付をドイツ人と平等に得られるかを争い、原告の労働者該当性が曖昧であった事案で、EU裁判所は、かりに原告がEU法上の労働者ではないとしても自由移動権を行使したEU市民といえるから、国籍差別禁止原則が適用されると判断した。

　これを経て、本件グルゼルチク事件（2001年）で正面から、EU市民の地位を「基本的地位」と宣言して、市民の地位と権利をそれ独自に保護する立場に鮮明に転じたのである。そして、2002年のバウムバスト事件（Case C-413/99, Baumbast [2002] ECR I-7091）では、EU市民の自由移動居住権規定（運営条約21条）は、明確かつ無条件であるから直接効果があり、EU市民は経済活動をしていなくても当該条文から直接に受入国でのEU法上の居住権を付与されると判示した（同裁定84段）。

基本的地位の根拠　　もっともEU裁判所は、本件でも他でも、「EU市民の地位」がなぜEU諸国民の「基本的」地位といえるのかを論証していない。ただし推測はできる。前記マルティネス・サラ事件（1998年）で、ラ・ペルゴラ（La Pergola）法務官は、EU市民の地位を「基本的法的地位」とみるべきとして、理由を大要こう説明していた。

　EU市民の自由移動居住権は、首位のEC条約により直接与えられ、かつあらゆるEU市民に与えられる普遍的な権利である。ゆえに既存の退職者自由移動指令などはその権利の行使を制限する条件となり、もはや権利発生の根拠ではなくなった。しかもEU市民の移動居住権は、「EU市民の地位」から生じる権利の一環として参政権や外交的保護権など政治的な権利とともに体系化されている。「EU市民の地位は、首位法規の勅命（fiat）により発生し、直接個人に付与され、個人はこうして公式にECの

被治者と認められる。個人は所属国家の国民の地位の取得や喪失に伴いEU市民の地位も取得し喪失するのであり、これ以外の得喪方法はない。EU市民の地位は、ECおよびEU法秩序によりすべての構成国の市民に保障された基本的法的地位であるといえよう。」(法務官意見18段)

法務官は移動居住権を中心に論じるが、一般化すれば、EU市民の地位がEUの首位法規たるEU運営条約(当時のEC条約)により創設され個人に直接付与されること、その権利主体が以前より普遍化しEU諸国の国籍をもつ万人となったこと、その権利の内容が経済的権利を超えて政治的権利に広がったこと、これらから、EU統治の被治者一般がもつ地位が生じた。これは、経済活動主体や特定類型の資力保有者に限定して権利が認められた従前のEC法秩序とは質的に異なる。よって新たなEU法秩序において基本的な法的地位と評価するのが適切だと論じたのである。ペルゴラ法務官意見を他の法務官も肯定的に引用している（Case C-378/97, Wijsenbeek [1999] ECR I-6207のCosmas法務官意見80-85段、Case C-413/99, Baumbast [2002] ECR I-7091のGeelhoed法務官意見105段など）。こうした歴史的な観点を交えた理解をEU裁判所もしているのであろう（「なるべき定めにあ〔る〕(vocation à; destined to be)」という文学的表現がそれを示唆する）。

EU市民の地位と国籍差別禁止　さてEU法上、国籍差別禁止原則は基本原則であり、EU法の「適用範囲内において」適用される。範囲は人的範囲と事項的範囲から画される。

EU市民の地位と権利の創設は人的範囲を拡大した。もはや経済活動者とその家族や経済活動者に準ずる者（専門的職業訓練とみなせる教育を受ける、社会風刺四コマ漫画科の学生、医学部や獣医学部の学生などCase 293/83, Gravier [1985] ECR 593; Case 24/86, Blaizot [1988] ECR 37）である必要はなく、およそEU市民の地位にある者が、EU法に関わる状況にあればよいことになる。たとえばグルゼルチク事件のように、EU市民の自由移動居住権利を行使する状況である（類例としてCase C-209/03, Bidar [2005] ECR I-2119, paras.35-36.）。経済活動への関与はもはや問われない。

そこでいまや国籍差別原則の適用は、EU市民に関しては、EU法の事項的範囲でもっぱら画されることになる。受入国民との平等待遇でとくに

判例上争われてきたのが、社会的扶助給付を含む社会保障給付であった。1980年代までは各国の社会保障給付全般について各構成国の権限事項であるが、EU法上の制約には従うものとされていた。当時のEU法は、労働者の「社会的利益」（EC規則1618/68号7条2項）、労働者とその扶養家族の「社会保障給付」（EC規則1408/71号3条1項）についてのみ国籍差別を禁止した。これ以外については、基本条約にも立法にも明文がなかった。そのため1980年代まで判例は、移動先国での成人学生への最低生活扶助金などは、困窮した一般市民の生活扶助給付であって、その受給権を受入国民同等に認めると受入国の財政に深刻な影響を与えるという理由でEU法の事項的範囲外としていた（Case 197/86 Brown [1988] ECR 3205; Case 39/86, Lair [1988] ECR 3161など）。それを反映して、1993年学生自由移動指令93/96号3条も、学生の居住権は認めても「受入国での生活扶助給付（maintenance grants）の受給権を創設するものではない」と定めていた。

　ところがグルゼルチク事件は、学生に対する生活扶助給付についても国籍差別禁止原則が適用され受給可能とした。なぜなら、本件の学生はEU市民であり、EU市民の移動居住権を適法に行使して受入国で適法に居住しており、そして「EU市民の地位」は「同じ状況にある人が国籍を問わず法的に同じ待遇を受けることを可能にする」ものだからである。よって、受入国での当該国民の生活扶助給付の受給権は（反対趣旨の明文がない限り）国籍差別禁止原則の対象事項となり、移動してきたEU市民についても原則として認められる。実際、学生指令自体も、一定程度の（とくにEU市民たる学生の一時的困窮に対して）構成諸国の財政連帯を認めているではないか、とEU裁判所は考えたわけである。（EU裁判所は明言しないが、学生自由移動指令3条は学生に特定した生活扶助給付に限定解釈され、本件の生活扶助給付はそれに該当しないとされたのであろう。）

EU市民自由移動指令　しかしこの結果は、学生自由移動指令3条に現われた構成諸国の意思に反する。いずれにせよ1990年代の退職者・有資力者・学生の指令はもはやEU市民の権利の時代にマッチしない。そこで、2004年にEU市民自由移動指令（Directive 2004/38/EC, [2004] OJ L 229/35）が採択された。新指令は、EU市民とその家族の移動権や居

住権を具体的に定めるが（指令4～7条）、（90年代の三指令と同様に）3か月を超える EU 市民で経済活動をしない者については、居住期間中に受入国の社会保障制度の負担とならないだけの十分な生活資力と包括的疾病保険の具備を求めている（指令7条1項b，c号）。その居住権は受入国の社会保障制度の「不合理な負担」とならない限りは保持できる（指令14条1項）。（ここにグルゼルチク事件の判旨が反映されている。）

そして新指令24条は、1項で EU 市民が受入国でそこの国民と平等の待遇を受けると原則を定めるが、2項で1項の「適用除外（derogation）」を定めた。すなわち、受入国は、あらゆる EU 市民に対して受入国での居住開始から少なくとも3か月は社会保障給付を付与する義務を負わず、また学生に対する生活扶助給付は当該 EU 市民たる学生が（連続5年の適法居住により）永住権を取得しない限り給付する義務を負わない、と。（この2項に、グルゼルチク事件の判旨を肯定しない各国の意思が現われている。）

給付遍路批判　　しかし EU 裁判所はその後も EU 市民の権利の積極的保護を続けた（*Eg.*, Case C-140/12, Brey, EU:C:2013:565［母国の障害年金と介護手当だけが収入源の EU 市民夫婦が受入国で生活扶助給付を申請した事案で、当該申請により居住権を喪失させる受入国の法を基本条約違反とした（2013年）］）。そのため、果ては受入国に移動してきた無為徒食の EU 市民からの自国民同等の社会扶助給付請求にも受入国は抗せなくなると懸念された。移動市民の困窮事案を"benefit tourism"（給付遍路）とけなす風潮もあらわれた。EU 裁判所が構成国の権限を強調する論旨に転じたのは、2014年のダノー事件（Case C-333/13, Dano, EU:C:2014:2358）〔本書25番事件〕である。

（中村民雄）

✢ 文献案内

A.P. van der Mei, *Free Movement of Persons within the European Community* (Hart, 2003).

E. Guild, S. Peers and J. Tomkin, *The EU Citizenship Directive: A Commentary* (Oxford U.P., 2014).

●ダノー事件

EU 市民の自由移動
―― 受入国での社会扶助受給権

Case C-333/13, Elisabeta Dano and Florin Dano v. Jobcenter Leipzig, EU:C:2014:2358.

◆事実・争点

　原告のエリザベータ・ダノー（Elisabeta Dano, 1989年生まれ。以下、ダノー）とその息子フロリン（Florin, 2009年生まれ）は、いずれもルーマニア人である。ダノーは直近では2010年11月10日にドイツに入国した記録がある。ライプチヒ市は、2011年6月19日に、ダノーに対して、EU 市民のための無期限の自由移動証明書（居住証明書）を発行した。ダノーと息子は、入国以降ライプチヒのダノーの姉宅に同居し世話になっていた。ダノーは、息子の育児手当として、ドイツ連邦から月額184ユーロ、ライプチヒ市から月額133ユーロを受給していた。

　ダノーは、ルーマニアで3年間通学したことがあったが小学校を卒業しておらず、就労能力はあるが求職したことはなく、ルーマニアでもドイツでも就労したことはなかった。ドイツ語力も十分ではなかった。

　ダノーと息子は、ドイツ社会法典第2編に基づく求職者基礎保障給付の受給を申請したが、ライプチヒのジョブセンターによって、社会法典第2編1項2文2号の適用除外者（「求職目的のみの居住権を有する外国人およびその家族」）に該当することを理由に却下された。異議申立を受けたライプチヒ社会裁判所は、ダノーと息子への給付拒否が主に EU 法上の平等待遇原則に反しないのかについて、EU 裁判所に先決裁定を請求した。ライプチヒ裁判所は、ダノーと息子には2004年自由移動指令（[2004] OJ L158/77. 以下、2004年指令）に基づく居住権は認められないと認定している。

◆**先決裁定**

　EU裁判所は、本件の給付拒否はEU法上の平等待遇に反しないと回答し、理由を次のように述べた。

　まず、ダノーは、3か月を超えてドイツに居住し、求職しておらず、就労目的でドイツに入国したのでもない。よって2004年指令24条2項〔3か月以下の滞在者などへの平等待遇原則の適用除外〕の適用はない（66段）。そこで、受入国ドイツがダノーへの社会保障給付（social benefits）の支給を拒否することが同条1項〔平等待遇原則〕に反しないかを検討する（67段）。

　「2004年指令24条1項は、同指令にもとづき構成国領土内に滞在するすべてのEU市民が、〔EU基本〕条約の適用範囲において当該構成国の国民と同一の待遇を享受するものと定める。したがって、EU市民は、本件で問題となったような社会保障給付の受給に関しては、受入国における居住が2004年指令の要件を満たしている場合にのみ、受入国の国民との平等待遇を請求できる。」（68-69段）

　2004年指令が求める要件は、居住権の種類により異なる。第1に、EU市民とその家族の3か月以内の居住権は、有効な身分証明書またはパスポートの所持により認められる（指令6条）。これらの者には、2004年指令24条2項〔平等待遇原則の適用除外〕が適用され、受入国は、社会保障給付の受給権を認める義務を負わない。第2に、3か月超の居住権は、2004年指令7条1項の要件〔就労するか、非就労の場合は十分な生活資力をもち包括的疾病保険に加入していること〕を満たさなければ認められない。第3に、受入国での永住権は、同国での適法な5年以上の継続居住により認められる（指令16条1項）（70-72段）。

　本件のダノーは、受入国での居住が3か月超で5年未満であるから、社会保障給付の受給権が認められるためには、2004年指令7条1項b号の要件〔非就労者は十分な生活資力をもち包括的疾病保険に加入すること〕を満たす必要がある（73段）。2004年指令にもとづく居住権が認められない者が、受入国民と同じ条件で社会保障給付を受給できることを認めるならば、受入国民ではないEU市民が受入国の社会扶助制度に不合理な負担を及ぼすことを防止するという前文10段所掲の目的に反する（74段）。2004年指令7条1項は、資力要件について、同項a号で受入国での就労者については就労をもって資力要件とする一方、b号で非就労者については十分な生活資力をもつことを求める（75段）。「したがって、2004年指令7条1項b号は、経済活動をしないEU市民がその生存資金を得るために受入国の社会保障制度を利用することを防止しようとするものである。」（76段）

よって受入国は、十分な生活資力なく他の構成国の社会扶助を受けるためだけに自由移動の権利を行使した、非就労のEU市民に対して、社会保障給付を拒否することができる（78段）。2004年指令7条1項b号にもとづく居住権を認めるための十分な生活資力をもつか否かの決定の際には、当事者の個別の資金状況を、申請された社会保障給付を考慮せずに、具体的に審査すべきである（80段）。

本件において、ダノーは十分な生活資力をもたず2004年指令7条1項b号にもとづく居住権をもたない。よって同指令24条1項の平等待遇原則を主張することはできない（81段）。

◆解　説

本件の意義　本件は、EU市民が社会保障給付を受給するためにEU域内を移動すること（いわゆる「社会保障ツーリズム（Sozialtourisumus, benefit tourism〔給付遍路〕)」）に寛容にみえたEU裁判所の判例の立場が厳格な立場に転換した点を画す事案である。（「社会保障ツーリズム」とは、ドイツでは、2014年1月1日にルーマニアおよびブルガリアの市民に対して完全な自由移動権が認められたことに伴って、移民による社会保障給付の濫用を指す用語として用いられ（Bergmann/Kersting, Handlexikon der Europäischen Union, 5. Aufl. 2015, „Sozialtourismus")、2013年の「不適切な言葉（Unwort）」に選ばれた。）判例の転換は、以前の判例（*Eg.*, Case C-140/12, Brey, EU:C:2013:565）と、本件以後の判例（Case C-67/14, Alimanovic, EU:C:2015:597; Case C-299/14, García-Nieto, EU:C:2016:114; Case C-308/14, Commission v.UK, EU:C:2016:436）の対比から明確に確認できる。

本件では、自国以外のEU構成国に移動して、受入国で、最低限度の生活保障のための社会保障給付（2004年指令24条2項にいう「社会扶助」）の受給を申請したが認められなかったEU市民が、受給の拒否を、国籍差別を禁じるEU法に反すると主張した。しかしEU裁判所はEU法違反ではないとした。本件のEU裁判所は、国籍差別の禁止を定めるEU運営条約18条を解釈適用するのではなく、それを具体化し、移動居住権行使に条件をつけた2004年自由移動指令の枠組みに従って事案を扱い、同指令が定める要件を満たして居住権を行使できるEU市民のみ同指令24条1項の平等待

遇原則を享受できるとした（2004年指令の制定に至るまでの状況については、本書24番事件の解説を参照）。

　なお、本件では、社会保障規則883/2004号（[2004] OJ L 200/1）4条の平等待遇原則違反も問題となった。EU裁判所は、本件で問題となったドイツ社会法典第2編に基づく求職者基礎保障給付を同規則70条2項にいう「特別の非拠出制の金銭給付」にあたるとしたうえで、「『特別の非拠出制の金銭給付』に該当する給付は、もっぱら70条4項に基づき、当事者の居住する構成国の法規定に基づき付与されるゆえ、かかる給付の非就労者への受給を、受入国における居住権に関する2004年指令の要件に結びつけることは妨げられない」（裁定83段）と述べ、社会保障規則883/2004号に基づく平等待遇原則違反は、2004年指令に基づく平等待遇原則違反と同じ判断基準で審査されるとした。

従来の判例　社会保障給付の受給権について、EU裁判所は従来、非就労者の受入国における社会保障給付の受給権を広く認める方向を示していた。まずは「労働者」（運営条約45条）の範囲を広く解して、受入国で短期間就労した後、学業を開始した者も労働者に含め、そのような者にも労働者が享受する社会保障給付の受入国民との平等受給権を認めた（Case 39/86, Lair [1988] ECR I-3161; Case 197/86, Brown [1988] ECR I-3205; Case C-413/01, Ninni-Orasche [2003] ECR I-13187等）。次に、「EU市民の地位」（運営条約20条）が1993年発効のマーストリヒト条約により導入されてからは、非就労者も「EU市民」として受入国における社会保障給付の平等受給権をもつものと認める方向を示してきた（Case C-85/96, Martínez Sala [1998] ECR I-2691; Case C-184/99, Grzelczyk [2001] ECR I-6193〔本書24番事件〕）。

　これに反発するEU諸国は、2004年指令を制定し、居住開始から3か月以内または求職者については3か月を超える期間について、最低限度の生活を保障する「社会扶助（social assistance）」および永住権取得前の学生支援給付の受給権を認めなくてもよいとする同指令24条2項を設けた。

　しかし、その後もEU裁判所は、EU基本条約（一次法）のEU市民の自由移動原則等にもとづき、二次法たる2004年指令にもとづく構成国の権限行使を比例原則で制約していた。そこで、構成国が居住要件を最低生活保障給付受給の前提条件にすることについては許容するものの、比例原則

に基づき、当該給付の目的達成のために必要な最低限度を超えてはならないとの制約を課していた。係争の最低生活保障給付が求職者支援の性格をもつ場合には、居住要件は「労働市場との真正な結びつき」(Case C-224/98, D'Hoop [2002] ECR I-6191; Case C-138/02, Collins [2004] ECR I-2703; Cases C-22/08 and C-23/08, Vatsouras and Koupatantze, [2009] ECR I-4585; Case C-367/11, Prete, EU:C:2012:668) をもたねば比例的と認めなかった。また係争の給付が学生の生活支援給付の場合には居住要件は「社会への一定程度の統合」(Case C-209/03, Bidar [2005] ECR I-2119; Case C-158/07, Förster [2008] ECR I-8507) が確認できる範囲に限定されると判断していた。

　たとえば、上記コリンズ (Collins) 事件は、アメリカとアイルランドの国籍をもち、イギリスでの就労歴がある原告がイギリスの求職者支援給付を請求したが、通常の居住地がイギリスではないことを理由に申請が拒否された事案である。この事案でEU裁判所は、失業手当と社会扶助に代替する「求職者支援給付」(1995年の求職者法 (Jobseekers Act) に基づく給付) について、「求職者と当該構成国の労働市場との間に真正な結びつきが存在することが確認された後に当該給付を付与することは正当である。かかる結びつきの存在は、とくに当事者が、相当な期間実際に当該構成国で求職していたことにより認められる。…居住要件は、原則として、かかる結びつきを確保するために適切であるが、かかる目的達成のための必要性を超えない場合にのみ相当である」(69-72段) と述べ、最低居住期間の要件は当事者が受入国の労働市場において実際に求職していることを確認できる必要最低限度の期間にとどめなければならないとしていた。

　また、2004年指令24条2項の平等待遇原則の適用除外規定が労働者自由移動原則 (EU運営条約45条2項) に反しないかが問われたヴァトソーラス (Vatsouras) 事件 (上記) では、「労働市場との真正な結びつき」が認められることを立証した国民は、求職者支援給付の受給権を主張するために、運営条約45条2項〔労働者の平等待遇原則〕を援用することができると述べ (裁定40段)、2004年指令24条2項は運営条約45条2項に適合するよう解釈されなければならないと述べていた (裁定44段)。

　このように基本条約の自由移動原則や平等待遇原則に適合するよう2004

年指令の規定を限定解釈するEU裁判所の傾向は、本件と類似する直近の2013年のブライ事件（Case C-140/12, Brey, EU:C:2013:565）においても認められた。事案は、学生でも求職者でもなく、受入国に3か月を超えて適法に居住しているEU市民が、社会保障給付（社会保障規則883/2004号にいう「特別の非拠出制の金銭給付」にあたる給付）の支給を、十分な生活資力の欠如を理由に拒否されたものである。この事案でEU裁判所は、受入国は、3か月超の居住者への給付の受給権の要件として、2004年指令7条1項b号の居住権の十分な生活資力要件を用いることもできるが、自由移動原則はEU法の根幹であるから、比例原則に基づき、係争の給付の受給が社会扶助制度全体に及ぼす負担の程度、そして個人の個別事情（困窮が一時的かなど）を精査しなければならないと述べていた（裁定65-70段）。

新たな判断枠組　このように従来の判例は、基本条約の基本原則をもちいて2004年指令のもとで受入国がもつ規制権の行使を制約してきた。ところが本件裁定は、2004年指令にもとづく構成国の権限行使への基本条約による制約を外し、2004年指令の定める居住権要件を満たさない者には社会保障給付の平等受給を主張できないという（受入国の規制権を大きく認める）新たな判断枠組を示した（「EU指令上の居住権基準」）。

すなわち、①3か月以内の居住権は、有効な身分証明書またはパスポートを保持していれば認められるが、社会保障給付の受給権は認められない（2004年指令6条、14条1項および24条2項）。②非就労EU市民が3か月を超える居住権と社会保障給付の受給権をもつには、受入国の社会扶助制度に不合理に過度の負担を及ぼさないよう十分な生活資力をもっていなければならない（2004年指令7条1項bおよび14条2項）。③適法に5年以上継続して受入国に居住しているすべてのEU市民は永住権および社会保障給付の受給権をもつ（2004年指令16条1項）（裁定70-72段）。

本件裁定は、2004年指令の定める適法な居住権の行使条件を満たしていなければ、社会保障給付における平等待遇原則は認められないという結論を2004年指令24条1項（「2004年指令に基づき、適法な居住権を有する者は、社会保障給付における平等待遇原則が認められる」）の反対解釈から導いている（裁定68-69段）。さらに、本件裁定は、2004年指令前文10段を引用し、

受入国の社会扶助制度に不合理な負担を及ぼしてはならないという同指令の目的を強調した（裁定74段）。

本件の原告ダノーについては、適法に受入国で3か月を超えて居住している非就労者ゆえに、上記の②の基準を適用し、平等待遇原則を主張するためには、十分な生活資力具備の要件を満たさなければならないとEU裁判所は述べた（裁定73段）。そして、当事者の個別の資金状況を、申請された社会保障給付を考慮せずに、具体的に審査すべきとしたことから（裁定80段）、ダノーには十分な生活資力がないと判断され、よって居住権の行使条件を満たさず、社会扶助の平等受給権も主張できないものとされた（裁定81段）。

本先決裁定は、先例と比較すると、第一に、社会扶助の受給権の有無を2004年指令に基づく居住権の要件に直接結びつけ、比例原則による制約を外している。第二に、十分な生活資力の審査においては、係争の給付を考慮しない（従来は、係争の給付を受給したと仮定して、それが受入国の社会扶助制度に不合理な負担とならないかを審査していた）。この2点において、従来の判断を変更するものである。この結果、受入国は本件のような3か月超の非就労EU市民に対する社会扶助給付を従来よりもはるかに容易に拒否できるようになった。

その後の展開　　ダノーには「労働市場との真正な結びつき」も「社会への統合」も認めがたかったため、本裁定当時は事例限りの判断として理解する余地もあった。しかし本件が判例の立場の転換であったことは、その後の判例で明瞭になった。本件と同じく、ドイツの求職者基礎保障給付の受給権が否定された事件が、アリマノヴィッチ事件（2015年）とガルシア・ニエト事件（2016年）である（Case C-67/14, Alimanovic, EU:C:2015:597; Case C-299/14, García-Nieto, EU:C:2016:114）。アリマノヴィッチ事件における居住権は求職者としての居住権（2004年指令14条4項b）であり、ガルシア・ニエト事件の居住権は3か月以内の居住権（2004年指令6条）であり、いずれも2004年指令24条2項が適用される事案であった。アリマノヴィッチ事件先決裁定は、同条について、従来の解釈とは異なり、比例原則に基づく個人の個別事情の精査は不要であると判断

した（同事件では、個別事情の審査において、3人の子供がいずれもドイツ生まれであり、そのうち2人はドイツの学校に通っていたという事実から「社会への統合」を認める余地があったにもかかわらず）。その理由として、EU 裁判所は、2004年指令は、居住権と社会保障給付の受給権について、居住期間に応じた段階的な規制を定めているので、その段階規制自体が比例原則の要請を満たしていると述べている（裁定60-61段）。

さらに、イギリスの EU 残留・脱退をめぐる国民投票の直前に下された、2016年の欧州委員会対英国事件（Case C-308/14, Commission v.UK, EU:C:2016:436）において、EU 裁判所は、イギリスの児童手当および児童のための税額控除制度について、これらの給付ないし制度は、社会保障規則883/2004号にいう「特別の非拠出制の金銭給付」にはあたらないと判断しつつ（判決56段）、2004年指令を援用してかかる社会保障給付の受給に居住要件を課すことは適法であると判断した。同判決によって、2004年指令にいう「社会扶助」にあたらない社会保障給付の受給権についても「EU 指令上の居住権基準」が妥当することが認められたことになろう。

(橋本陽子)

✣文献案内

Anastasia Iliopoulou-Penot, "Deconstructing the Former Edifice of Union Citizenship? The Alimanovic Judgement", (2016) 53 CMLRev. 1007-1035.

Thorsten Kingreen, "In love with the single market? Die EuGH-Entscheidung Alimanovic zum Ausschluss von Unionbürgern von sozialen Grundsicherungsleistungen" Neue Zeitschrift für Verwaltungsrecht (= NVwZ) 2015, 1503-1506.

Gülay Nazik und Daniel Ulber, "Die „aufenthaltsrechtliche Lösung" der EuGH in der Rechstsache Dano" Neue Zeitschrift für Sozialrecht (=NZS), 2015, 369-373.

Herwig Verschueren, "Preventing 'Benefit Tourism' in the EU: A Narrow or Broad Interpretation of the Possibilities Offered by the ECJ in Dano?", (2015) 52 CMLRev. 363-390.

26 EU 市民たる地位（EU 市民権）の保護

●サンブラーノ事件

Case C-34/09, Gerardo Ruiz Zambrano v. Office national de l'emploi (ONEm) [2011] ECR I-1177.

◆事実・争点

コロンビア国籍の原告（夫）と妻と第1子は、内戦中のコロンビアを逃れ、ベルギーに適法に到来し難民認定を申請したが認められず退去命令を受けた（2000年）。原告らはベルギーへの社会統合の努力を理由に特別在留許可を申請したがこれも拒否された。この取消訴訟の係属中、退去強制手続は停止され、夫婦にベルギーで第2子（2003年）、第3子（2005年）が誕生した。子の国籍取得について、コロンビア法は血統主義をとり出生届を国籍取得要件としていたが、夫婦は届出をしなかった。ベルギー法も血統主義をとる。このため2名の子は無国籍となりえた。ただしベルギー法は、血統主義の適用により無国籍者が発生する場合はその防止のために領土内の出生子にベルギー国籍取得を認める例外を認めていた。そこで2名の子はベルギー国籍を適法に取得し EU 市民の地位も得た。

原告は第2子が誕生した当時、ベルギーで就労し家族を扶養する収入を得、社会保険料も納付していた。その後、使用者の都合で解雇され、国に失業給付を申請したが、在留要件を満たさず、必要な労働許可も不取得であるといった理由から給付を拒否された。そこで原告は失業給付拒否処分の取消訴訟を提起した（2007年）。この訴訟を受けたベルギーの労働裁判所が、EU 裁判所に先決裁定を求めたのが本件である。

争点は、「未成年の EU 市民である子供らが、母国たる構成国に居住しつつ第三国民で尊属たる親族に扶養されているとき、運営条約の EU 市民たる地位に関する規定は、当該親族に居住権を付与し、また当該構成国での労働許可の取得を免除するか。」（裁定36段）である。EU 裁判所はそうだと答えた。

◆**先決裁定**

　EU 裁判所は、本件の EU 市民が自国から移動していないので、域内移動を前提とする2004年自由移動指令が本件に適用されないこと、また本件の子供 2 名に EU 市民の地位があることを確認し（裁定39-40段）、続けた。

　「EU 市民の地位は、構成諸国の国民の基本的地位となるべきものである。（この点につき、Case C-184/99, Grzelczyk [2001] ECR I-6193, 31段；Case C-413/99, Baumbast and R [2002] ECR I-7091, 82 段；Case C-148/02, Garcia Avello [2003] ECR I-11613, 22段；Case C-200/02, Zhu and Chen [2004] ECR I-9925, 25 段；Case C-135/08, Rottmann [2010] ECR I-1449, 43段を参照せよ）。それらの状況において、運営条約20条は、EU 市民の地位に生じる権利の実質の実効的享受（the genuine enjoyment [la jouissance effective; der tatsächliche Genuss] of the substance of the rights）を EU 市民から奪う効果のある各国措置を排除する（この点につき、C-135/08, Rottmann, 42段を参照せよ）。」(41-42段)

　構成国に居住する当該国民たる未成年子を扶養する第三国民に居住権を付与しないこと、また当該第三国民に労働を許可しないことは、EU 市民の地位に生じる権利の実質の実効的享受を奪う効果をもつ。扶養者の居住権の拒否は、EU 市民たる未成年子が親に帯同して EU 領域から退去せざるをえない結果をもたらすであろう。同様に、扶養者への労働許可の拒否は、扶養者が自分と家族を養うに足る収入を得られない危険をもたらし、その結果、EU 市民たる子が EU 領域から退去せざるをえなくなろう。こうした事情のとき、EU 市民たる子は、その地位から生じる権利の実質を行使できない結果となろう（43-44段）。

　「ゆえに、… EU 市民たる未成年子が居住し国籍をもつ構成国が、当該子を扶養する第三国民に当該国での居住権を付与することを拒否し、また当該第三国民に対して労働許可を拒否することは、当該拒否決定が当該子の EU 市民の地位から生じる権利の実質の実効的享受を奪う限り、運営条約20条により排除される。」(45段)

◆**解　説**

本件の意義　本件で初めて EU 裁判所は、① EU 市民がその地位にもとづいて、地位から生じる権利の実質の現実の享受を妨げる構成国の措置を排除する権利（保全権）をもつことを明言した。そして、②その EU 市民が幼少で扶養を要するときは、扶養者（国籍を問わ

ない）が、EU市民本人の権利の予防的保全のために、同居し労働するなど扶養するに必要なEU法上の権利を派生的にもつことも認めた。

①②いずれも、EU基本条約やEU立法の規定からは明らかではなく、EU裁判所のEU基本条約の積極的な目的論的解釈による独自の判例法の形成であり、画期的である。しかし本件の理由づけは、先例を羅列するだけで、無いに等しい。あえていえば、EU市民本人の権利保全は、地位規定（運営条約20条）の目的論的解釈（「基本的地位となるべき」）と権利の実効的保障原則を示す先例から導かれる。また、扶養者のEU法上の派生権は、扶養者は未成年子（とくに幼少子）に不可欠の存在で子と一体として扱われるべきだという条理にもとづき、本人の保全権に派生して認められたと考えられる。理由づけの乏しさゆえに、本件裁定の判例法理の射程は不明確になり、明瞭化は後の判例に委ねられた。

判例の蓄積と飛躍　先例から検討しよう。EU裁判所は判例を徐々に蓄積してある時点で飛躍してEU法独自の一般的判例法を生み出すことがある。たとえば、EU法違反の構成国行為に対する実効的救済を認めるEU裁判所の判例の蓄積により、EU法違反の構成国に対するEU法上の損害賠償責任の法理を認めた例などである〔本書7、8番事件〕。同様の判例法形成がEU市民の地位の諸判例にも観察できる。

EU市民の地位と権利に関する諸規定は1993年発効のマーストリヒト条約で導入された〔本書24番事件解説〕。当初EU裁判所は、これを積極的に用いなかったが、2001年のグルゼルチク事件〔本書24番事件〕でEU市民たる地位をEU諸国民の基本的地位と解して実効的に保障する姿勢に転じた。2002年のバウムバスト事件（Case C-413/99, Baumbast and R [2002] ECR I-7091）では、EU市民の移動居住権（運営条約21条）に直接効果を認めた。積極姿勢は移動居住権の行使条件を定めた2004年市民自由移動指令の解釈にも現われた。2014年のメトック事件（Case C-127/08, Metock [2008] ECR I-6241）では、域内移動して受入国で域外国民と家族をなしたEU市民を一体として保護する観点から、EU市民が係争時までに域外国民と家族関係を適法に築いている場合、当該域外国民のEU到来が不法か合法かを問わず、また家族関係の成立が到来後であっても、当該域外国民はEU

市民の家族員として2004年指令上の移動居住権をもつと判断した。

　これらはほとんどが EU 市民の移動居住権に関わる事案であったため、EU 裁判所も当初、EU 市民の地位規定（運営条約20条）と移動居住権規定（同21条）の違いを明確に区分せずに論じていた（Case C-209/03, Bidar [2005] ECR I-2119等）。構成国もそこで域内移動や越境的要素がない事案は「純粋に国内的状況」で各国法の管轄に服すると考える傾向にあった。

　やがて、国籍国から移動していない EU 市民が、自国に対して EU 市民の地位を根拠に一定の主張をする事案がでてきた。嚆矢は2003年のガルシア＝アヴェロ事件（Case C-148/02, Garcia Avello [2003] ECR I-11613）である。そこでは出生以来ベルギーから移動していないベルギー・スペイン重国籍の乳児があった。子の姓はスペイン法では父母の姓の複合姓ガルシア＝ウェーバーで登録するが、ベルギー法では父姓ガルシア＝アヴェロに限定され、例外はほとんど認められない。このため子の姓が複数になり、将来他国での勉学や就業の際の本人同一性証明の不便が憂慮された。そこでベルギー法の父姓限定則が国籍差別的だと主張された。そのベルギー法のもとでは、同じベルギー国籍の子であっても重国籍と単国籍がありえ、各々、姓について法的状況が違うのにそれらを一律に同一に扱うのが国籍による差別だという主張である。被告のベルギー政府は、姓の規律はベルギー法が管轄する「純粋の国内的状況」だと論じたが、EU 裁判所は、重国籍の子は物理的に移動していないが観念的にはベルギーに住むスペイン人 EU 市民といえるので（裁定27段）、EU 市民の権利が関わり、国籍差別禁止原則が適用されるとした。

　2004年の朱・陳事件（Case C-200/02, Zhu and Chen [2004] ECR I-9925）では、域外国民夫妻の妻が妊娠6か月でイギリスに短期在留許可を得て入国し、北アイルランドで出産した。子は出生地主義をとる当時のアイルランド法（北アイルランドに及ぶ）によりアイルランド国籍を取得し、域外の父からの仕送りで母子ともにイギリス国内で生活していた。イギリスはこの母の長期在留許可を拒否した。この事案で、母子ともに他国移動はないが、EU 裁判所は本件の乳児をイギリスに移動したアイルランド人 EU 市民と観念し（アイルランドとイギリスは共通旅行圏を形成し両国民には両国間

の自由な移動居住を認める）、「純粋に国内的状況」になるわけではないとした（裁定19段）。そして「〔EU法上の〕居住権をもつ子を世話する親が構成国民であれ第三国民であれ、その親に子との同居を受入国が認めないならば、子の当該居住権の実効性は奪われるであろう。幼少の子の居住権には、その子を第一次的に世話する人の同伴権が当然に含まれるのであり、ゆえに、その子の世話人はその子が受入国に居住する間はその子と同居できる地位になければならない。」（同45段）と判断した。いずれの事案も物理的移動はないが、EU市民たる子が観念的に移動したという越境的要素にこだわった理由づけであった。

　ついに越境的要素や移動にこだわらず、EU市民の地位自体に関する判断が、2010年のロットマン事件（Case C-135/08, Rottmann [2010] ECR I-1449）で示された。事案では、オーストリア国籍のロットマンが母国での犯罪嫌疑歴を隠してドイツに帰化して同国籍を取得したが、後に嫌疑歴が判明し、ドイツが帰化決定を撤回して国籍を剥奪しようとした。母国籍復活手続が進まないうちにドイツ国籍を剥奪するとロットマンは無国籍となりEU市民の地位も失う。EU裁判所は本件について「純粋の国内的状況」ではなくEU法の適用範囲内とした。「EU市民が、ある構成国の所轄庁がとった帰化取消決定に直面し、本来国籍を有していた他の構成国の国籍をすでに喪失しているため、EC条約17条〔運営条約20条〕が付与するEU市民の地位とそれに伴う諸権利を喪失しうる立場へと追い込まれる状況は、その性質と結果からして、EU法の範囲に入る」というのである（同裁定42段）。ここではEU市民の地位そのものを論じている。その地位を創設するのはEUであり（権利の性質）、そして母国籍復活前にドイツ国籍を剥奪するドイツの行為はEU市民たる地位も権利も全面的に奪う（極度に重い結果）、この両面からみてドイツの剥奪行為に対してEU法上の統制を及ぼせるとした。そこで比例原則により、母国籍復活手続を始めるために合理的な期間を設けてドイツは剥奪手続を進めるべきだとした。

　この理屈を一歩進めれば、地位規定を根拠にして、そこから生じる移動居住権等の権利の実効的な享受が奪われないように予防し保全する請求権を、奪われる危険が現実に大きい場合には認めてよいし、実効的保障の観

点からは認めるべきだという議論になる。(また、地位から移動権が生じ、移動から地位が生じるのではないから、地位規定の行使に移動は必要なく、自国から移動がない EU 市民も地位規定を根拠にできることになる。)それがサンブラーノ事件裁定の趣旨である。そこに朱・陳事件での、EU 市民たる乳児の居住権には扶養する者の同伴権が「当然に」含まれるという考え方(幼少子に扶養者は不可欠であり一体的に法的に扱い保護すべきとの条理)を加えた。こうしてみれば、基本条約の条文からは突飛にみえる本件の結論も、判例の蓄積により出てきうることがわかる。

構成国権限の制限 こうした判例法形成は、EU 法を目的論的にかつ構成国法から独立して自律的に解釈した結果であるが、同時にそれは構成国の主権的権利としての人の移動管理権を制限するものとなり、EU と構成国の権限配分を解釈により変更する結果ともなった。サンブラーノ事件でいえば、構成国が主権的権利としてもっていた第三国民の出入国や居住に関する管理権が、EU 立法ではなく判例法によりいっそう制約された。こうして EU 裁判所の判例法展開は各国の権限と緊張関係にたつ。EU 裁判所の積極主義が、移民規制権限の墨守や奪還を叫ぶ2010年代後半の EU の一部諸国から批判の対象ともなった。

保全法理の射程 EU 裁判所も、この保全法理の拡大適用には慎重である。その後の判例累積から現時点で明らかなことは、(i) とくに未成年の EU 市民の扶養者の派生的権利は、あくまでも EU 市民の地位や権利の保全のために派生する権利であって独立の権利ではないこと (Case C-86/12, Alokpa, EU:C:2013:645, para. 22)。(ii) EU 市民が域内移動していない場合は、EU 市民たる地位(運営条約20条)を根拠に、その扶養者の派生権を認めないと未成年 EU 市民が扶養者に帯同して EU 領域外に退去を余儀なくされる危険が現実に大きい状況に限り、当該派生権が認められること(サンブラーノ事件；Alokpa, para. 32)(サンブラーノ法理)。(iii) EU 市民が域内移動している場合は、移動居住権(運営条約21条)を根拠に未成年 EU 市民の扶養の必要があれば認められること(朱・陳事件, Alokpa, para. 29)。これらである。

とくに(ii)の EU 市民の地位規定(運営条約20条)に依拠した扶養者の派

生的権利は、それを認めないと EU 市民が扶養者ともども EU 領域外に退去を余儀なくされる危険が現実に大きい状況でなければ認められない。それに該当したのが、2016年のレンドン・マリン事件（Case C-165/14, Rendón Marín, EU:C:2016:675）である。域外国民の父親と EU 市民の母親の間にスペインで生まれた二人の幼少子（いずれも EU 市民）を、母親が行方不明のため、父親がスペインで監護権を得て扶養していた。その父親が同国で執行猶予付きの刑罰を科され、その犯歴を理由に居住許可をスペインに拒否された。EU 裁判所は、この状況こそサンブラーノ法理が適用されるとし、スペインが父親へ居住権を付与しないことは EU 法違反だとした。

　逆に、(ⅱ)に該当しないとされた例が、2011年のマカーシー事件（Case C-434/09, McCarthy [2011] ECR I-3375）である。ここでは、自国から移動していない成人の EU 市民（妻）の域外国民（夫）の在留権を妻の自国が付与しなかった。この場合、妻は自国に当然に居住権をもつから、当該付与拒否によって妻が夫に帯同して EU 領域外に退去を余儀なくされる状況ではないとして、(ⅱ)に当たらないとされた。同様に、2011年のデレチ事件（Case C-256/11, Dereci [2011] ECR I-11315）でも(ⅱ)に該当しないとされた。ここでは、自国から移動していない成人の EU 市民らが、成人の域外国民原告らそれぞれと家族をなしていたが、EU 市民らの自国が原告らに居住権を付与しなかった。原告らはそれぞれに法的状況は異なったが（域内入国が不法か適法か、EU 市民と婚姻し子があるか、EU 市民に扶養されているかなど）、いずれも(ⅱ)にあたらないとされた。EU 裁判所によれば、「ある構成国の国民〔＝ EU 市民〕にとって、経済的理由であれ家族再統合の理由であれ、その構成国の国籍をもたない家族員〔＝域外国籍の家族員〕が EU 領土内に同居できるのが望ましいというだけの事実では、そのような権利〔原告らの居住権〕を与えられないならば EU 市民が EU 領域から退去を余儀なくされるという基準には至らない。」（裁定68段。傍点解説者）。

　デレチ事件では EU 市民が域外国籍の家族員を扶養していた。この状況にまでサンブラーノ法理の準用をするなら、EU 市民の権利の保全を超えて新たな EU 市民の権利の承認、すなわち域外国民たる家族を扶養のために呼び寄せる家族再統合権を認めるものとなっていたであろう。EU 裁判

所はそのような判例法形成を拒絶した（2013年の同類のイメラガ事件（Case C-87/12, Ymeraga, EU:C:2013:291）でも同旨が再確認された）。

派生的権利の制限　もはや保全法理は確立した。そこで2016年のCS事件（Case C-304/14, CS, EU:C:2016:674）では、EU裁判所はその次の難題に接した。自国から移動がない幼少子たるEU市民の権利保全のための域外国籍扶養親の派生的権利に対して、当該自国がどれほど外国人管理権を及ぼせるかである。事案では、域内移動なき幼少EU市民の唯一の扶養者たる域外国籍の父親が、子の自国で罪を犯して退去命令を受けた。子も親に帯同してEU領域から退去が余儀なくされる状況であり、サンブラーノ法理が適用されうるが、このとき構成国はおよそ親の退去強制ができないのか。これが受入国で罪を犯したのが移動EU市民の事案ならば、一定条件の下で退去強制ができる（2004年指令28条）。本件のEU裁判所は、構成国に2004年指令と同等の退去強制権限を認めつつ、その権限の機械的な行使はEU市民の地位を害するので慎重な利益衡量を要すると判断した。一方では当該親の具体的行動、居住の期間と適法性、犯した罪の性質と重さ、社会に対する現実の危険の程度を考慮し、他方では当該子供の年齢と健康状態、経済的家族的状況などを考慮する。そのうえで当該親の具体的行動が当該国の社会の基本的利益に真正に現実に十分重大な脅威となるといえるときは、退去強制もEU法上許容されるとした。

　以上すべては、まさにEU裁判所がコモン・ロー的手法により独自の判例法を形成していることを示している。

（中村民雄）

✢文献案内

A. Tryfonidou, "Redefining the outer boundaries of EU law: The *Zambrano, McCarthy* and *Dereci* trilogy" (2012) 18 Eur. Pub. L. 493.

German Law Journalの特集 "EU Citizenship: Twenty Years On" (2014) 15 German L.J. 735.

Catherine Barnard, *The Substantive Law of the EU: The Four Freedoms*, 5th ed. (Oxford U.P., 2016). Chapter 10.

27 「公序・公共の安全」
——EU 市民の国外退去処分

● I 事件

Case C-348/09, P. I. v. Oberbürgermeisterin der Stadt Remscheid, EU:C:2012:300.

◆事実・争点

　イタリア人Ｉは1987年からドイツで生活していたが、1990年から2001年にかけて、当時パートナーであった女性の娘を強姦したとして、2006年に未成年者強姦等の罪で７年６か月の拘禁刑を言い渡された。その後、レムシャイト市長は、犯行の態様や期間、被害者に与えた苦痛のほか、反省の態度がみられない点を考慮すると、再犯の恐れを否定できず、ドイツ社会への統合も果たしていないとして、2008年５月の決定により、Ｉのドイツでの入国・滞在権の喪失を認定し、国外退去の即時執行を命じた。

　2008年６月、Ｉは退去決定を争い提訴したが、第一審は請求を棄却した。Ｉは州行政裁判所に控訴し、同裁判所は、EU 指令2004/38号（以下、2004年指令）28条３項にいう「公共の安全上の強行的理由」概念の範囲について EU 裁判所に先決裁定を請求した。

◆先決裁定

　公共の安全は、構成国の域内と域外の安全の両方を対象とする。2004年指令28条３項は、２項の「重大な理由（serious grounds）」よりも相当に厳格な概念である公共の安全上の「強行的理由（imperative grounds）」を要求することで、３項に基づく措置を「例外的な状況」に限定している。「公共の安全上の強行的理由」の概念は、公共の安全に対する侵害があるだけでなく、「強行的理由」という文言が示すとおりとくに高い重大性を想定している。ただし EU 法は、公共の安全に反するとみなされる行動の評価に関して、統一的な価値尺度を構成国に課すものではない。構成国は、国によっても時代によっても変わりうる自国の必要性に応じて、公序・公共の安全の要請を判断する自由をもつ。ただし、その要請は、EU

機関の審査を受けずに各国が一方的に射程を変更できることがないように厳格に解さねばならない（18-23段）。

　本件のような犯罪が「公共の安全上の強行的理由」概念に該当するかどうかを判断する際には、関連規定を考慮する必要がある。まず、EU運営条約83条は、子の性的搾取は越境性を有し、とくに重大な犯罪の領域に該当するとし、EU機関の立法的介入を定めている。また、EU指令2011/93号は、子供に対する性的濫用と性的搾取は子供の権利に対する重大な侵害であり、原則5年以上の拘禁刑を科すべきことを定め、さらに権威的地位等を濫用して犯行に及んだ場合には刑が加重されるものと規定する。よって、運営条約83条1項2段にあるような犯罪は、その方法がとくに重大な性質をもつ限り、住民の静穏および人身上の安全に対する直接の脅威となり、2004年指令28条3項の退去措置を正当化しうる「公共の安全上の強行的理由」概念に該当しうる、社会の基本利益に対するとくに重大な侵害であると評価することは構成国の自由である。具体的事案の個別審査に基づきこれを判断するのは付託裁判所である（27-28段）。

　とはいえ、住民の静穏および人身上の安全に対する直接の脅威が認定された場合であっても、必ずしも当事者の退去につながるわけではない。2004年指令27条2項2段は、当事者の行動が社会または受入国の基本利益に対する真の現実の脅威（a genuine present threat）を示すことを退去措置の条件としており、この脅威は、一般には、将来も同じように行動する傾向が当事者にみられることを意味する。さらに、刑罰に付加された退去措置が、決定から2年以上経過して執行される場合、同指令33条2項は、当事者が示す公序・公共の安全に対する脅威の現実性を検証し、退去決定時以降に事情の実質的な変化が生じているか評価することを構成国に求めている。最後に、同指令28条1項の文言自体からすると、公序または公共の安全を理由に国外退去決定を行う前に、受入国は、当事者の滞在期間、年齢、健康状態、家族状況および経済状況、社会的・文化的統合、出身国との繋がりの強さをとくに考慮しなければならない（29-32段）。

◆解　説

本件の意義　　本件は、EU市民の退去強制において、各構成国に「公序」および「公共の安全」については、各国独自の法的評価の裁量があることを再確認した点に意義がある。

　「公序」および「公共の安全」の概念は、EU法上の自由移動原則に対する制約を正当化する事由として基本条約に明記されており（商品の自由

移動原則につき運営条約36条、人の自由移動原則につき同45条・52条)、人の自由移動との関係では、詳細な規定がEU指令2000/38号におかれている。本件で問題となったのは、同指令28条3項が定める「公共の安全上の強行的理由」を理由とした長期滞在者の国外退去強制であり、子供に対する性犯罪の事案でこの問題が扱われた。本裁定は、「公共の安全上の強行的理由」の概念に関して先例が示した審査枠組みを踏襲しつつ、本件で問題となった犯罪に関して、運営条約83条や関連指令を参照して当該犯罪の重大性を確認し、犯罪の方法がとくに重大な性質をもつ場合には、「公共の安全上の強行的理由」から退去強制も正当となりうることを認めた。

公序・公共の安全　EU裁判所は「公序」を「あらゆる法律違反が該当する社会秩序に対する混乱を超えて、社会の基本利益に影響する、現実的で十分に重大な脅威の存在を想定する」ものと解してきた (Case 30/77, Regina v. Bouchereau [1977] ECR 1999; Cases C-331/16 and C-366/16, K., EU:C:2018:296)。他方で、「公共の安全」は、構成国の対内的・対外的安全の両方を含み、前者はとくに当該国の住民の静穏および身体的安全に対する直接の脅威によって、後者はとくに当該国の対外関係または人民の平和的共存の重大な混乱の危険性によって影響されるものとEU裁判所は解している (前出K.; Case C-145/09, Tsakouridis [2010] ECR I-11979)。公序と公共の安全の関係は、相互排他的ではなく、たとえば組織的な麻薬取引のように、両者に該当しうる例もある (前出 Tsakouridis)。自由移動原則との関係で両概念が問題となる例は、本件のような国外退去強制が典型的であるが、ほかにも、大麻を提供するオランダの「コーヒーショップ」への他の構成国民の入店規制のように、サービス提供の自由を制限する措置の正当事由として援用されることもある (Case C-137/09, Josemans [2010] ECR I-13019)。

　これらの概念は、国によっても時代によっても異なりうることから、その判断には、基本条約が課す限度で国内当局に裁量が認められる。しかし、自由移動の基本原則を制限する概念であるため、構成国が一方的に内容を決定できるわけでなく、EU裁判所による司法審査が及ぶ。また、自由移動原則に対する例外であることから、限定的に解釈される必要がある

(Case 41/74, Van Duyn v. Home Office [1974] ECR 1337および本裁定23段)。

審査枠組み 　公序・公共の安全に対する侵害の存否や程度を審査するEU法上の基準を整理すると、次のようになる。

まず、公序・公共の安全にもとづく措置は、当事者の「個人的行動」に基づき、かつ、その個人的行動は、社会の基本利益に影響を与える、真性で、現実の、十分に重大な脅威を示すものでなければならない（2004年指令27条1項）。判例によれば、過去に特定の団体・組織に所属していた事実自体は、移動の制限を正当化するものではないが、現在所属している場合は、団体の目的等を認識したうえでの当事者の自発的行為とみなしうるので個人的行動に該当しうる（前出 Van Duyn）。また、前科自体は制限措置の根拠とはなりえず（2004年指令27条2項）、それを考慮できるのは、有罪判決に至った状況に照らし公序に対する実際の脅威となるような個人的行動の存在が窺われる場合に限られる。一般的には、脅威の存在が認定されるのは、同様の行動を将来もする傾向が当事者にみられる場合であるが、過去の行動のみでも認定されることもある（前出 Bouchereau）。

脅威の存在を判断する際は、「科せられた刑罰、犯罪活動への関与の度合い、損害の程度、場合によって再犯の傾向」といった事情が考慮される（前出 Tsakouridis）。問題となった行為の実行時から経過した期間は、脅威の存在の関連評価要素の一つとなるが、当該行為が例外的に重大な場合には、比較的長期間が経過していても脅威の存続が認められうる（ユーゴ内戦時における人道に対する犯罪への関与者につき、前出 K.）。

脅威の存在を判断する基準時点は、原則として退去が行われる時点であり、退去決定から2年以上経過して退去の執行が行われるときは、事情の実質的な変化がないか改めて評価する必要がある（2004年指令33条）。退去処分の適法性が国内裁判所で争われる場合にも、退去処分の決定日から裁判所による審査までの間に生じた、現実の脅威の消失・減少を示す要因を考慮しなければならない（Cases C-482/01 and C-493/01, Orfanopoulos and Oliveri [2004] ECR I-5257; 前出 K.）。

長期滞在者の保護 　公序・公共の安全に関して2004年指令が定める制度の中で注目されるのは、EU市民とその家族の受入国での

滞在期間が長くなるほど、退去処分を受けにくくなる仕組みとなっている点である。具体的には、①5年間の居住で取得できる永住権の取得者と、②先行する10年間受入国に居住する者を区別したうえで退去処分が認められるのは、①に関しては、「公序または公共の安全上の重大な理由」を理由とする場合（2004年指令28条2項）、②に関しては、「公共の安全上の強行的理由」を理由とする場合に限定される（同条3項）。「強行的理由」は、前者の「重大な理由」よりもかなり厳格な概念として理解され、公共の安全に対する侵害がとくに高い重大性を示すことが前提となる（本裁定20段）。

このように、2004年指令のもとでは、受入国への統合の度合いが高くなるほど退去処分を受けにくくなるため、当事者の滞在期間の算定方法や受入国への統合度を評価する際の考慮事由が重要な問題となる。

上記①の永住権の取得者に対する退去処分では永住権の得喪に関する基準がとくに問題となる。EU裁判所によれば、永住権は社会的結合を促進するための鍵となる要素であり、EU市民としての感情を強化するためにあるから（2004年指令前文17段）、受入国への統合を果たしていることが永住権取得の条件となり、受入国への統合に支障が生じていれば、永住権の喪失が正当化されうる。また受入国への社会統合の程度を評価する際には、空間的・時間的要素のほか、質的要素も考慮する。また、永住権の取得要件としての受入国5年間滞在（2004年指令16条1項）の期間の計算において受入国での受刑期間を算入できるかについて、判例は、有罪判決は当事者が受入国の価値を遵守しないことを示すから、受刑期間は考慮されないとした（Case C-378/12, Onuekwere, EU:C:2014:13）。

上記②の受入国に10年間居住する者の場合の退去処分は、「公共の安全上の強行的理由」に基づく場合に限定される（2004年指令28条3項）。判例によれば、同指令28条3項の保護を受けるには、永住権の要件を充たしていることが前提となる（前出B）。また、10年の滞在期間は原則として継続している必要がある。不在期間がある場合、どの程度の不在により退去処分を受けない立場でなくなるのかは、退去問題が生じた時点での当事者の状況を総合的に評価して判断する必要がある。その際には、とくに不在の各期間・合計期間、不在の頻度・理由を考慮し、他国に個人・家族生

活・職業上の拠点を移転することを意味するかを検証しなければならない（前出 Tsakouridis）。勾留期間の扱いに関しては、当該期間が受入国との統合を断絶させたかどうかを総合的に評価する必要があるが、受入国との統合が緊密になるほど受刑期間が統合の断絶をもたらす蓋然性は減るという関係を考慮に入れる必要がある。また、評価において斟酌できる要素には、違反の性質・状況や、受刑期間中の当事者の行動が含まれる。こうした総合的な評価から、勾留前に10年間すでに受入国に滞在しているような場合には、勾留の事実をもって受入国への統合が断絶したと自動的に解することは許されないことになる（前出 B）。

比例性　　最後に、構成国は退去措置をとる際には、比例原則に従って諸事情を考慮して判断しなければならない。考慮事情としては、受入国での居住期間、年齢、健康状態、家族・経済状況、社会的・文化的統合の程度、出身国とのつながりの程度が含まれる（2004年指令前文23段、28条1項。本裁定32段）。さらに、幼年期・青年期の大半を受入国で合法的に過ごしたEU市民に関しては、退去措置を正当化するために極めて強固な理由を提示する必要がある（前出 Tsakouridis）。また、当事者本人に関する事情のみならず、家族に関する事情も含まれることから、配偶者・子が当事者の出身国で経験するおそれのある困難の重大性といった要素も斟酌される必要がある（前出 Orfanopoulos and Oliveri）。

（西連寺隆行）

✤文献案内

Panos Koutrakos, Niamh Nic Shuibhne & Phil Syrpis (eds.), *Exceptions from EU Free Movement Law: Derogation, Justification and Proportionality*, (Hart, 2016).
Catherine Barnard, *The Substantive Law of The EU: The Four Freedoms*, 5th ed. (Oxford U.P., 2016), Chapter 12.

第3章　競争法

28 ●コンスタン&グルンディヒ事件
EU 運営条約101条と垂直的協定
──絶対的地域保護の禁止

Cases 56 and 58/64, Consten SA and Grundig GmbH v. Commission [1966] ECR 299.

◆**事実・争点**

EEC 発足（1958年1月）間近の1957年4月、ドイツの電気機器メーカーのグルンディヒ（Grundig、以下、G）は、その製品（ラジオ、テレビ、テープレコーダなど）について、フランスの販売業者コンスタン（Consten、以下、C）と次のような独占的販売契約をした。

①フランス領土については、GはCだけにG製品を供給し、他の販売者には供給しない。

②フランス領土ではCはG製品と競合する他社製品を扱わない。CはG製品を必ず一定量購入し、G製品のアフターサービスを提供する。

③フランス領土外ではCはG製品を販売しない。

④Gは自社商標 GINT を EC 各国で登録する。ただし、フランスについては（フランスの判例が商標権者しか商標権を行使できないとしていたので）CにGINT 商標の登録をさせる（が、CがG製品の独占的販売者でなくなったときはフランス法上のGINT 商標権はGに譲渡する）。

⑤Gは、フランス以外のEC（当時）各国にもCと同様のG製品の独占的販売業者をおき、彼らとも①～④と同様の契約を締結する。特に割当地域を超えて販売しない旨の条項を入れる。

　　（④を補足すれば、本件当時、EU 各国商標権の「域内消尽法理」〔本書初版・第2版25番事件〕は未登場であった。同法理は、商標権や特許権など知的財産権は、権利者自身によりまたは権利者の同意を得て権利品が EU 域内の流通に置か

れると消尽し、権利者はもはや当該権利を行使して域内他国からの権利品の並行輸入を排除できなくなるとする。当時は消尽法理がなかったので、Cが登録したフランス商標GINTにもとづいてドイツからのG製品の並行輸入を排除できた。）

　1961年になって、フランスの別の販売業者ユネフ（UNEF）らが、G製品をドイツから並行輸入して販売しはじめた。CはユネフらによるGINT商標権侵害を理由にユネフらに対するG製品販売の差止めをフランスの裁判所に求めた。一方、ユネフらは欧州委員会に、C－G間の独占的販売協定のEEC条約85条〔運営条約101条、以下現行の条文に置き換える。〕違反を告発した。CとGから届出られていた当該契約の審査をしていた欧州委員会は、当該契約全体が101条違反と決定した（1964年）。そこでCとGが当該決定の取消訴訟をEU裁判所に提起した。これが本件である。

　CとGは、C－G間の独占的販売契約は、フランス領土内でのG製品の販売者間の競争（ブランド内競争）は制限するが、それでこそ販売者Cはフランス領土内でのG製品の市場販売促進の努力と費用を（ユネフのような並行輸入業者などにただ乗りされずに）投下でき、こうした安定継続的な新規市場の開拓努力の結果、G製品と他社の競合製品との間の競争（ブランド間競争）が促進されるし、現にされた。だから本件契約を共同市場の競争制限と評価するのは、法の解釈と適用を誤っていると主張した。

　主たる争点は、本件C－G間の独占的販売契約は、ブランド内競争を制限するもののブランド間競争を促進するので競争制限的ではなく、101条１項に該当しないと解すべきかであった。この点に絞って紹介する。

　　なお、他の争点（とEU裁判所の判断）としては、仮に本件契約が同条１項に該当するとしても、同条３項で正当化できないか（―できないと裁判所は結論）。また、GINT商標権の行使が競争法違反となると、知的財産権の行使を正当と認めるEU条約の諸条に反しないか（―競争法違反の権利行使は権利濫用（improper use）であるから制限しても反しないとの裁判所の結論）。違法な契約条項が契約の他の条項から可分であるとき、違法条項のみ無効とすべきところ契約全体を無効としたのは違法ではないか（―たしかに可分な場合、違法条項部分だけ無効とすべきであり、適法条項〔【事実・争点】での①と②〕を無効とした範囲で欧州委員会の決定は取消との裁判所の結論）などであった。

◆判決

〔段落冒頭の [ ] は編者が英文版判決に付けた段落番号。〕

[14] 原告ら〔CとG〕は、〔101〕条1項にある禁止が、いわゆる水平的協定（horizontal agreements）にのみ適用されると主張する。…

[15] 〔101〕条1項条の文言も〔102〕条の文言も、契約当事者が活動する経済の〔製造、流通、消費といった〕段階（level）に応じて両条それぞれの適用範囲を明確に特定していると判断する根拠にはならない。〔101〕条は、包括的に共同市場の競争を歪曲するあらゆる協定に言及しており、経済活動の同一段階で営業する競争者同士のした協定〔＝水平的協定〕であるか、異なる段階で営業する競争関係にない者同士のした協定〔＝垂直的協定〕であるかをまったく区別していない。原則として、条約が区別しない点に区別をつけることは認められない。

[16] さらに、販売権の付与者と被付与者とが相互に競争関係になく、また対等の立場にないからという理由だけで、〔101〕条が独占的販売契約に適用される可能性を排除することは認められない。競争歪曲は、契約当事者間で競争制限を合意することから生じるだけではない。契約の一方当事者と第三者との間に起こりうる競争を阻害ないし制限するような合意からも競争歪曲は生じうる。この点では、契約の当事者が経済的地位や機能において対等の立場にあるかどうかは無関係である。…

[17] したがって…取引段階を異にする経済事業者同士の協定も、構成国間の通商に影響を及ぼし、同時に目的または効果において競争の防止、制限または歪曲となりうるのであり、よって〔101〕条1項の禁止に該当しうると解しうる。…

[19] 最後に、製造者と販売者の間の協定は、構成国間の通商に国家単位の分割を復活させる傾向もありうるのであり、これは〔欧州経済〕共同体の最も基本的な目標の達成を妨げるものとなりかねない。EEC〔EU運営〕条約は、前文と本文において構成国間の障壁の撤廃を目的としており、またそのいくつかの条文は、障壁の再出現に対する厳格な態度（stern attitude）を示している。ゆえに事業者らがそのような障壁を再び構築することを当該条約が許容するとは解し得ない。〔101〕条1項はこの目的を追求するものであって、経済活動の段階を異にする事業者同士の協定の場合に対してもそうである。…

〔原告らは、製造者の競合製品間のブランド間競争だけに〔101〕条1項は適用されるべきだという。G製品の販売者間のブランド内競争を制限する独占的販売契約のおかげで現実に市場のブランド間競争は激化したのだから、「合理性の理論（rule of reason）」に基づいて本件契約には〔101〕条1項を不適用

と欧州委員会は判断すべきだったと原告らはいう（[30]段）。〕

[31]　競争の自由の原則は、さまざまな段階と形態の競争に関する。一般に製造者同士の競争の方が同じ製造者の製品の販売者同士の競争よりも目立つけれども、それゆえに販売者間競争を制限する目的の協定が製造者同士の競争を激化させうるとの理由だけで〔101〕条1項の禁止を免れるということにはならない。

[32]　しかも、〔101〕条1項の適用においては、ひとたび協定の目的が競争の阻害、制限または歪曲にあると判断されるならば、協定の具体的な効果を考慮する必要はない。…

〔そこで本件をみるに、G製品をめぐる販売競争に対する制限をする本件契約に〔101〕条1項の適用があるとした欧州委員会の判断は妥当であった。本件契約がCのためにフランスについて「絶対的地域保護（absolute territorial protection）」を創り出したからである。それは次の二点から明白である。第一に、Gはフランスをはじめ諸国の独占的販売者にも同様に、割当地域以外への輸出を禁止していた（【事実・争点】での③と⑤）。ゆえにフランス市場でのG製品の販売競争から、C以外の第三者は排除される。第二に、Gの商標GINTをCがフランスで登録し、商標権を行使して他国からのGINT商品の流入を阻止できる（【事実・争点】での④）。G製品をフランスへ並行輸入する販売者は重大な法的リスクに直面する。([34-36]段）〕

[37]　この結果、フランス市場は孤立化され、〔CはGの〕製品についてあらゆる実効的な競争から遮断されて価格設定が可能になる。…本件の契約は、Gの製品についてフランス市場を孤立化し、…共同体において各国別の市場を人為的に維持することを目的としたものであって、それゆえに共同市場における競争を歪曲するものである。

〔ゆえに、本件契約が〔101〕条1項に該当するとした欧州委員会の判断は妥当である。目的が違法である以上、本件契約の経済的な効果を検討する必要はない（[38]段）。〕

◆解　説

本件の意義　　本件判決は、EU競争法における最も重要な判例の一つである。EU裁判所は、販売に関する「絶対的地域保護」（第三者による販売を根絶する性質の地域保護）がEU運営条約101条1項に違反し、同条3項で正当化されないと判断した。特に本件の絶対的地域保護は、国境線に即して各国市場を分断したため、構成国間の貿易障壁

の撤廃を通して共同市場を形成するという EU の基本目的に真っ向から対立するため「厳格な態度」で禁止された。EU 競争法特有の原点を示した判決である。

EU 競争法の目的 　EU 競争法は、二つの目的をもつ。それは競争法であるから、第一には、市場経済のもと、適正な資源の配分や効率的な生産など経済的な効率性を維持確保するために競争的な市場を実現することを目的とする。そこでは企業の自己判断に基づく競争的活動により経済的な発展を促進し、消費者の福利を増進するとともに、少なくとも長期的には雇用水準を高めるものとなる。この目的は我が国を含め、各国の競争法（独占禁止法）に共通するものである。

　しかし EU 競争法は、第二の EU に特有の目的として、EU における市場統合を促進する目的も有している。EU 基本条約の目論見どおり、構成国による商品等に対する通商規制が相互に撤廃されて生産要素の自由移動が実現され、EU 域内が単一の経済市場となれば、EU 域内で地域別に商品の販売価格に大差をつけて販売し続けることが事実上できなくなる。商品は廉価な地域から高価な地域へと自由に移動するからである。ところが民間の企業など私人間の契約で商品の販売などについて制限を設け、人為的に障壁が構築されてしまうと、公的障壁に代わって私的障壁が新たに立てられ、商品やサービスなどが自由に移動できる単一市場、域内市場の実現は覚束なくなる。EU 競争法は、本判決 [19][37] 段にも示されているとおり、このような私人による人為的な障壁構築を排除し、EU に一つの市場を実現するために重要な機能も果たしている。EU 競争法の解釈にあたっては、市場統合の促進という目的も意識しておく必要がある。

ブランド間競争とブランド内競争 　ところで競争と一口にいっても、市場での競争の形態には、異なるメーカーの製品間の競争（ブランド間競争）と同じメーカーの製品をめぐる販売業者間の競争（ブランド内競争）とがある。競争法は一般に、両者とも確保しようとするものである。

水平的協定・垂直的協定 　他方、競争を制限しうる事業者間の協定の形態には、水平的協定と垂直的協定の二つがある。水平的協定とは、商品の製造、流通の各段階における同じ段階に属する者の間の協定で

ある（たとえばメーカー間、卸売業者間、小売業者間などの協定）。垂直的協定とは、流通段階における異なった段階に属する者の間の協定である（たとえばメーカー・卸売業者間、卸売業者・小売業者間などの協定）。

　水平的協定は、ブランド間競争を制限する効果をもつものが多く（いわゆるカルテルなど）競争法による介入的規制を要するものが多い。しかし垂直的協定は、一方でブランド内競争を制限する効果をもちながら（本件でのG製品販売者間の競争制限）、他方でブランド間競争を促進する効果ももつことがあり（本件でG製品と他社製品の競争激化）、必ずしも水平的協定と同列には論じられない。この点、2010年に改訂された「垂直的協定に関する一括適用免除規則」（[2010] OJ L102/1）においても、特定の類型の垂直的協定には、参加事業者のより望ましい調整を容易にすることにより生産または流通ネットワークにおける経済的効率を改善することで、当事者の取引および流通コストを引き下げ、販売および投資の水準を最適化するものもあると認められている（前文6段）。

　とはいえ垂直的協定それ自体にも競争制限的効果がある以上、101条1項の規制の対象としておく必要がある。特に本件のように、垂直的協定によってEU各国間の通商に関して人為的な障壁が設けられる可能性は否定できない。したがって101条1項が水平的協定と垂直的協定のいずれをも規制対象とするとした本件判示（[15-17]段）は妥当であり、実際、確定判例でもある。

　違法性の認定方法　101条1項に該当する違法性が認められるためには、複数の事業者間の協定の「目的または効果」のいずれかが競争制限的でなければならない。本判決は、協定が競争を阻害、制限または歪曲する「目的」をもっているときは、協定の具体的な経済「効果」を考慮する必要はないと判示した（[32][38]段）。この立場は、本件の直前に出された別件（Case 56/65, Société Technique Minière v. Maschinenbau Ulm GmbH [1966] ECR 235）で示されていた。すなわち101条1項の適用においては、①まず、協定が競争制限を目的とするかどうかを検討する。協定が実施される経済的文脈に照らして、協定の諸条項の一部または全部から競争制限が生じると十分にいえるときは、101条1項に該当すると判断

する。十分にはいえないときは、②次に、協定の経済効果を検討する。現実の経済的文脈において、問題の協定が存在しなかったら生じていたであろう競争が、当該協定が存在するために、認知可能なほど（appreciable extent）に現実に阻止、制限または歪曲されたことを示す要素を認定しなければならない。

　このように「目的」の判断を経済「効果」の判断から切り離して先行させ、規範的な評価だけで協定を競争制限的で違法と判断するアプローチは、民間の事業者などからは、経済競争の動的な実態を反映しない、静的で形式的に過ぎる判断に陥りがちで、市場競争を促進しないと批判されてきた。本件のCとGも同様の批判をした。すなわち、これまでG製品が参入していなかったフランス市場に、Cの独占的販売のおかげで、Gと他社のブランド間競争が発生した。しかも正規品ディーラーのCがGの純正品でアフターサービスもする。この結果、フランスの消費者は同等製品の選択肢も増え、受けるサービスも向上するという競争の恩恵を十分に得た。この状態に規制的に介入する合理的根拠はないという主張である（この「合理性の理論（rule of reason）」による主張について、本書30番事件解説も参照）。本件のレーマー（Roemer）法務官も同様の立場で意見を展開した。EU競争法が前述の第一目的だけにあるなら、この主張も説得力をもちえたかもしれない。

　絶対的地域保護の禁止　しかし、EU競争法は市場統合もまた目的とする。その目標のための手段としても働く。ゆえに欧州委員会も本件のEU裁判所も、結果として生じている競争状態（「効果」）よりも協定の「目的」の検討が先だと本件で強調し、「絶対的地域保護」を目的とする協定を「厳格な態度」で禁止した。単一市場を国境線に即して分断することを当事者が協定の内容に掲げていたことは、単一市場の形成を進めようとする公的立場の者（欧州委員会や積極司法を展開していた当時のEU裁判所）からみれば、それを故意に妨害する行為に映る。ゆえに経済的な効果論からの正当化など一切認めるべきではないという規範的判断が働いた。本判決は、101条3項（正当化事由）の適用も一応は検討しているが、「絶対的地域保護」は、CやGがいうプラスの経済効果をもたらすために

不可欠な制限ではないので（同3項但書a号）、3項による正当化（1項適用免除）も認められないと一蹴している。不可欠かどうかは経済的な文脈に照らした事実評価であるべきだが（たとえばドイツとフランスでは言語や電圧が違うので販売地域として分けるといった理由づけの当否）、本件の裁判所は事実の吟味をせず、国別市場に分断す「べきでない」から不可欠とはいえない、という規範的な判断を繰り返した。この結果、市場への新規参入を図るための（たとえ一時的な）販売地域保護であれ、絶対的性質のもの（すなわち当該地域での第三者の販売競争を根絶（eliminate）するもの）は禁止され、しかもそれが国境線に即した各国市場の分断となるもの（いわゆるハードコア競争制限（hard core restriction）の代表例）は全面的に禁止され、正当化も許されないというEU競争法の運用の原点が示された。

　もっとも、絶対的性質ではない地域保護は許容されうる。その後、EU裁判所は、本件と類似の事案（メーカーと販売者の間の独占的販売契約で国境に即した販売地域保護がついたもの）について、当該地域での並行輸入業者など第三者による販売競争を排除しない「開放的（open）」地域保護は、101条1項の禁止にあたらないと判断した（ヌンゲッサー事件〔本書30番事件〕参照）。

積極的販売と受動的販売　　「開放的」な地域保護のある独占的販売契約との関連で、独占的販売契約における積極的販売（active sale）の制限と受動的販売（passive sale）の制限の区別も重要である。あるメーカーが地域ごとに別々の販売業者に独占的販売権を与えるとき、契約地域Aの販売活動を最優先にし、A以外の地域に対して積極的販売（広告宣伝活動などを伴う積極的な売込など）をしないよう制限することは、独占的販売契約の本質的部分であるので、それだけならば101条1項の禁止に該当しない。しかし、積極的販売制限に加えて、契約地域外から自発的に来た注文に応じる受動的販売までも制限することは101条1項で禁止される。なぜなら、そこまで制限すると絶対的地域保護に近くなるからである。受動的販売では、その注文を受けて受動的販売をした地域Aの独占的販売者は、地域Bでの独占販売者にとっての販売上の競争者（第三者）となる。逆の場合も同様である。受動的販売の余地を認めなければ、AやBそれぞ

れの地域保護が相互に絶対的に近くなる。ゆえに受動的販売まで禁止する地域保護は禁止される。

この点、垂直的協定に関する一括適用免除規則と、同ガイドライン([2010] OJ C 130/1)においても同様の考え方が示されている。本規則は種々の垂直的協定について、(i)当該協定の対象となる商品・役務の供給者の市場占拠率が30％、かつ購入者が当該商品・役務を購入する市場での市場占拠率が30％を超えない場合で（規則3条1項）、(ii)規則4条に列挙されたハードコア競争制限事項（原則として競争法違反とされる競争制限効果の強い行為）を含まない場合（①再販売価格維持、②購入者が商品・役務を供給する地域または顧客の制限、③選択的流通制度の下での受動的販売の禁止、④選択的流通制度のもとでの再販売先の制限、⑤部品供給の禁止）に、当該垂直的協定には101条3項に基づいて同1項が適用されないことを規定している。

なお、101条3項により1項の適用が免除される独占的販売協定は、供給者と購入者の市場占拠率がいずれも30％を上回らなければ、5年を限度とする競業避止義務、数量義務または排他的購入といった他の非ハードコアの垂直的制限を課すことも可能である（ガイドライン152段）。

（山岸和彦・中村民雄・多田英明）

✤文献案内

Richard Whish, *Competition law*, 9th ed. (Oxford U.P., 2018).
Alison Jones & Brenda Sufrin, *EC Competition Law*, 6th ed. (Oxford U.P., 2016).
Ivo van Bael, and Jean-François Bellis, *Competition Law of the European Community*, 5th ed. (Kluwer, 2009).

29 EU 運営条約101条の「協調行為」および域外適用

● ICI（染料）事件

Case 48/69, ICI (Imperial Chemical Industries Ltd.) v. Commission [1972] ECR 619.

◆事実・争点

　本件はヨーロッパ諸国の染料メーカーの一斉一律の値上げに関する。EU は当時ドイツ、フランス、イタリア、ベネルクス三国の 6 か国からなる EC であった。これにスイスとイギリスという近隣の域外諸国をくわえたヨーロッパ諸国の染料メーカー10社が、1964年、65年、67年の三度にわたり、各社とも同様色・同種類の染料について一律の一斉値上げをした。値上げ行動の詳細は、【判決】の認定の通りである。

　当時の EC 域内の染料市場の80％をこの10社が供給していた。EC 域内は染料について 5 つの各国市場に分かれており、各国市場での染料価格は異なっていた。各国の染料需要は異なり、染料メーカー各社の費用構造も違った。メーカー各社とも多くの種類の染料を製造していた。染料は、他社製品と代替性のある通常染料と代替性のない特殊染料に大別できた。10社とも通常染料の多様な色の染料を製造していたが、特殊染料は若干社のみが製造していた。特殊染料市場では寡占傾向がきわめて強かった。

　この経済的な背景において、メーカー10社の値上げ幅が同一、対象染料も同一（ごく一部の例外を除く）、実施時期も同一日または密接期間内という行動が三度も起きた現象は、メーカー間の事前の一斉値上げ合意があったと考える以外、経済的に合理的な説明はつけられないと欧州委員会は述べて、10社が EEC 条約85条〔運営条約101条、以下置換え〕1 項違反の協調行為（concerted practice）たる一斉値上げを行ったと認定し、10社に課徴金を課した。10社とは、EC 域内 6 社（ドイツの BASF 社、バイエル社、カッセラ社など 4 社、フランスのフランカラー社、イタリア ACNA 社）、域外 4 社（スイスのチバ社、ガイギー社など 3 社とイギリスの ICI 社）である。域外

4社はいずれもEC域内に子会社を設立していた。

　イギリスの原告ICI社が、欧州委員会の決定の取消訴訟をEU裁判所に提起した。原告の主張は主に二つあった。

　①本件に協調行為は存在しなかったので法令の適用に誤りがある。本件の染料市場は寡占的であったが、現実の価格競争は激しく、価格はつねに下落傾向にあった。この状況では、プライス・リーダー的企業が値上げをすれば、必然的に同業者の同調値上げが起きる。いずれかの企業が値上げせずにいれば、他社もすぐに破滅的な価格競争に反転するからである。また値上げ対象範囲が同一であったのも、各社ともに多種類の染料を製造していたので、染料ごとに値上げをするのは実務的に不可能であった。たとえ通常染料について各社独自の値上げをしても、相対的に安価になったメーカーに注文が殺到するが、そこの染料在庫量には限度があり、急伸した需要に対応する設備拡張がすぐにはできず、まもなく他社からの価格競争に接するので、そのメーカーも大きな収益は見込めない。また特殊染料は関係数社の全売上げのごく一部であり収益への影響は微小であった。本件のこのような価格競争のある寡占的市場構造に照らせば、状況証拠から協調行為があるとした欧州委員会の認定は誤りである。

　②欧州委員会に域外企業にまでEC競争法を適用する管轄権はなく、権限欠如の違法がある。ICIは域外企業であり、子会社が域内にあるとはいえ、独立の法人格をもつ別の経済主体であるから、域内子会社の行為こそ〔運営条約101条〕の適用対象にこそなれ、親会社たる域外のICIは適用の対象とならない。

　以上から、主たる争点は、第一に、〔運営条約101〕条1項にいう「協調行為」の認定はいかにすべきか。付随して本件に協調行為が存在したか。第二に、域外にある原告にEU競争法の適用があるか、となった。EU裁判所は、協調行為を定義したあと、本件での協調行為の存在を認めた。また域外国の親会社へのEU競争法の適用も認めた。

◆判決

協調行為の概念

64. 〔運営条約101〕条は、「協調行為（concerted practices）」という概念と、「事業者間の合意（agreements）」もしくは「事業者団体の決定（decisions）」という概念とを区別する。その目的は、正式に合意（agreements）が締結されたと言える段階に達していなくても、競争のリスクを事業者間の実際上の協力に意図的に置き換える事業者間の行動調整（coordination）の形態を同条の禁止の対象に含めるためである。

65. まさにその性質からして、協調行為は、とりわけ、参加者の行動から明らかになる行動調整から生じうるのであって、契約のすべての要素を必ずしも具有するわけではない。

66. 並行行動（parallel behaviour）それ自体は協調行為と同一ではないかもしれないが、もしもそれが製品の性質、事業者の規模や数、市場規模からみて市場の通常の状態に合致しないような競争の状態にいたるときは、協調行為の有力な証拠（strong evidence）となりうる。

67. これがとくにあてはまるのは、並行行動が、競争があれば至ったであろう水準とは異なる水準で価格を安定させることを関与者に可能にし、その確立した地位を強化して共同市場における製品の効果的な自由移動と消費者の購入先選択の自由を害するときである。

68. したがって、本件において協調行為が存在したかどうかは、問題の製品市場の特徴を勘案しつつ、欧州委員会決定が根拠とした証拠を、個別にではなく総合的に考慮することによってのみ、正しく判断できるといわなければならない。

　〔EU 裁判所は、次のように述べて、本件の一斉一律値上げが意図的な協調行為であったという。すなわち、1964 年、1965 年そして 1967 年の値上げは、相互に関係する。第 2 回値上げの 1965 年 1 月 1 日にドイツで行われたアニリン系染料の 15％値上げは、第 1 回値上げの 1964 年 1 月にイタリア、オランダ、ベルギー、ルクセンブルグで行われた値上げをドイツにも広げたものに他ならない。第 2 回の 1965 年 1 月 1 日にフランス以外の全ての構成国で行われた染料および顔料の値上げは、第 1 回値上げで対象外だったものを対象にしている。第 3 回の 1967 年秋に行われた 8％の値上げの際にフランスでは 12％値上げとなった理由は、フランスでは価格統制制度のために 1964 年と 1965 年の値上げができなかったので、それを埋め合わせようとしたためである。したがってこの 3 度の値上げは、相互に隔離されたものではない（83-87 段）。

　1964 年の値上げでは、全ての関係事業者が値上げを発表し、即時に実施し

た。イニシアティブはスイスのチバ社の指示の下にイタリアのチバ社がとり、1964年1月7日に15％値上げを発表、実施し、イタリア市場で2、3日のうちに他のメーカーが追随した。オランダでは1月9日にオランダICI社が同率の値上げのイニシアティブをとり、同日、バイエル社がベルギー・ルクセンブルグ市場で同様のイニシアティブをとった。これらの値上げは、ほぼ同一製品を対象としていた（88-90段）。

1965年の値上げに関しては、いくつかの事業者が事前に値上げの予告を行ったが、その値上げはドイツ市場では15％、その他の市場では10％であった。この値上げの事前発表は1964年10月14日から12月28日の間に他にも広がった。すなわちまず1964年10月14日にBASF社が発表し、10月30日にバイエル社が、11月5日にカッセラ社が続いた。この値上げは、価格凍結が行われていたフランス市場及びACNA社が値上げに応じなかったイタリア市場を除いて1965年1月1日に同時に実施された。値上げの対象となった製品も同一である（91-95段）。

1967年の値上げに関しては、ACNA社を除く全ての関係事業者が出席した1967年8月19日にスイスのバーゼルで行われた会合で、ガイギー社が1967年10月16日から8％の値上げを実施する意図であることを発表した。その場で、バイエル社とフランカラー社も値上げを考慮していることを述べた。9月中旬より、全ての関係事業者は8％の値上げとフランスでの12％の値上げを発表し、イタリアを除く全ての構成国で10月16日に値上げを実施した（96-98段）。

このような事前の予告によって、事業者は将来の行為に関する事業者相互間の不確実性を全て取り除き、市場において独自の変更行動を取ることに伴うリスクを大幅に取り除くことができた。この予告は、値上げ幅に関して市場を透明化し、染料市場における価格の包括的かつ同一の固定的な値上げをもたらした。このように事業者は、市場での価格競争のための前提条件をいくつか一時的に取り除き、市場における行動の並行統一（parallel uniformity of conduct）を達成した（101-103段）。］

104. この行動が自発的でないことは、市場のその他の面の検討から裏付けられる。

105. まず、関係製造者の数からして、ヨーロッパの染料市場は、価格競争がもはや重要な役割を果たせないような、厳密な意味での、寡占（oligopoly）とまではいえない。

106. 当該製造者らは、有力で数も多いので、値上げの際に一部が一般の動きに追随せずに独自の行動によって市場シェアを拡大しようとするリスクがかなり存在する。

107. しかも共同市場は、価格水準も市場構造も異なる5つの各国市場に分かれているので、すべての各国市場において自発的に同一の値上げが起きるということはありえない。

108. 各国市場個別に、包括的な自発的値上げはかろうじてありうるとしても、各国市場のそれぞれの特徴に応じて値上げ幅もそれぞれ異なるものと予想できる。

109. したがって、関係事業者にとっては、価格に関する並行行動は魅力的でリスクのない目標であったとしても当然であるが、同一行動が、同時に、同一の各国市場で、同一の製品範囲について自発的に行われえたとは、およそ考えられない。

…

113. 異なった市場における包括的かつ一律の値上げは、第一に、価格水準および値引き競争から生じる状況を調整するため、第二に、競争条件の変更という、あらゆる値上げに内在するリスクを回避するために、事業者が共通の意図をもって行ったものであるとしか説明できない。

…

115. 価格競争の機能は、価格を可能な限り低い水準に抑え、構成国間における商品の自由移動を促進し、それによって、生産性に関して最も効率がよく実行可能な事業の配分を可能にし、事業者が自ら変化に順応する能力をつけることを可能にすることである。

116. 価格の違いは、EC条約の基本目標の一つである、構成国市場への相互参入と、その結果としての、共同体全域における消費者の生産者への直接のアクセスを促進する。

〔117. 染料市場の弾力性は小さいので、各国市場に相互参入する消費者の機会を人為的に減らすような行動を統制することはこの製品市場についてはとくに重要である。〕

118. 各製造者は、競争事業者の現在または予見できる将来の行動を考慮して、自社製品の価格を自由に変更できる。しかし各製造者は、値上げに関する調整的な行動方針を決定するために、また、値上げ幅や対象製品、実施日、実施場所といった必須の要素に関してお互いの行動の不確実さを事前にすべて取り除いてその調整的な行動方針の成功を確実にするために、競争事業者と協力することは、どのようなやり方であれ、EC条約に定める競争法規に違反するものである。

119. 以上の事実関係と問題の製品市場の性質を考慮して、原告〔ICI社〕および違反手続の対象となった他の事業者の行動は、競争のリスクと競争事業者の自発的な対応の危険を協力に置き換えることを意図したものであ

り、これは〔運営条約101〕条1項の禁止する協調行為に該当する。
欧州委員会の管轄権
〔この点について、EU裁判所は次のように判断した。すなわち、共同体内に設立した子会社を統制する力を利用することにより、原告は自己の決定を共同体の市場において確実に実施できた（130段）。原告の主張では、この行為は子会社の責めに帰すべきものであり、親会社たる原告に帰せられるべきではないという（131段）。だが、子会社が独立の法人であるというだけで子会社の行為を親会社の責めに帰せられないとすることはできない（132段）。とりわけ子会社が、独立の法人格をもってはいるが、市場での自らの行動を独立に決定せず、すべての重要な局面について、親会社から与えられる指示を実施するような場合はそうである（133段）。市場での行動の決定について子会社が現実の自立性をもたないときは、親会社と子会社の間に〔運営条約101〕条1項の禁止を適用すべきでない（134段）。親子会社間の一体性（unity）を考慮すれば、子会社の行為は一定の場合は親会社の責めに帰しうる（135段）。いずれにせよ原告は本件当時、子会社の株式の全部または過半を取得していた（136段）。原告は共同市場での販売価格について子会社の方針に決定的な影響を及ぼすことができたし、現に三度の値上げの際にその影響力を使った（137段）。この点は1964年の値上げ時に原告が子会社に送ったテレックスの証拠がある（138段）。反対の証拠がない限り、1965年と67年の値上げも同様の影響力を行使したと推定できる（139段）。このような諸事実に照らして、形式的な会社の独立性のほうが、競争法規の適用上、市場行動の親子会社の行動の一体性よりも重要だとはいえない（140段）。そればかりか、原告こそ共同市場に協調行為をもたらした事業者であった（141段）。ゆえに管轄権の欠如に関する原告の主張は失当である（142段）。〕

◆**解 説**

本件の意義　本件は第一に、EU運営条約101条1項の「協調行為」の意味を明らかにし、関連市場の性質から事業者らが自主的・自発的に行動をしたところが結果的に同様の行動となってしまう「並行行動」（これは101条違反にならない）と、意図的に事業者間の競争リスクを相互に削減させる意図で協力し行動する「協調行為」（これは101条違反になる）との区別を明確にしたところに意義がある。そして、本件の事案を具体例として、「並行行動」ではなくて「協調行為」であったことを、どの事実をみて認定するかを詳細に具体的に示した。この点も参考に

なる。

　第二の意義は、いわゆる親子会社の関係について単一経済体理論をとって、市場での行動の決定について子会社が親会社から指示を受けて行動し、子会社として別個独立の自立的な行動を現実にしないときは、親会社と子会社は経済的に一体とみて、（もはや複数事業者間の行動ではないから）運営条約101条1項の対象とならないと初めて明示した点である。本件では、この理論を用いて逆に、域外にあった親会社に域内の子会社のEU競争法違反行為の責任を帰し、EU競争法の域外適用をみとめた。

　協調行為　まず本判決は、協調行為を、「正式に合意が締結されたと言える段階に達していなくても、競争のリスクを事業者間の実際上の協力に意図的に置き換える事業者間の行動調整の形態」と定義している（判決64段）。

　ここでは比較の対象として合意（協定）についての言及がなされているが、この「合意」とは、法的拘束力のあるものに限らず、紳士協定のように道義的な拘束力しかないものも含まれる。合意の形式として書面によるものか口頭によるものかなどは問われない。このように「合意」はかなり広い範囲をカバーする。しかし事業者が、競争制限的な行為について、法的にも道義的にも拘束力のない状態で、それを共同して実行するような場合には、「合意」があるとはいえない。しかしそういった競争制限的行為の共同実行によってもたらされる弊害は、「合意」による競争制限的行為の場合と変わるところがない。こうして「協調行為」についても運営条約101条1項の禁止の対象とされた。

　この「協調行為」概念は、「合意（協定）」では十分に競争制限的行為を規制しきれない部分を補う、いわばセーフティーネットとしての作用を果たしている。つまり、実際上は、競争制限的な行為が行われているが、それが合意（協定）に基づくものとは言い切れない場合、または合意（協定）に基づくものであるとの証拠が不十分な場合でも、この「協調行為」として禁止の網をかけることが可能となるからである。

　並行行動との区別　ところで「合意」も「協調行為」も、いずれも運営条約101条1項の禁止の対象になるが、事業者が市場にお

いて自発的に行う並行的な同一行動はその禁止の対象とはならない。たとえば市場におけるプライス・リーダーの事業者が値上げを行い、これに対して他の事業者が独自判断で追随的な値上げをすることは禁止されない。本判決も、「並行行動（parallel behaviour）それ自体は協調行為と同一ではない」と認めている（判決66段）。したがって「協調行為」と「並行行動」をどう区別するのかが重要となる。

「協調行為」に関係した、本件やその後の判決（Cases 40-48, 50, 54-56, 111, 113 & 114/73, Suiker Unie v. Commission (Sugar case) [1975] ECR 1663; Case 100/80, Musique Diffusion Française v. Commission (Pioneer case) [1983] ECR 1825; Cases C-89, 104, 114, 116-117 and 125-129/85, Ahlström Oy v. Commission (Woodpulp II case) [1993] ECR I-1307; Case C-49/92P, Commission v. Anic Participazioni (Polypropylene case) [1999] ECR I-4125; Case T-25/95, Cimenteries CBR v. Commission (Cement case) [2002] ECR II-491）を総合するならば、「協調行為」と認定するにあたっては、以下の要素を備えることが必要とされているようである。すなわち、①事業者間に何らかの積極的な接触（会合、討議、情報の開示、打診などで書面によるか口頭によるかを問わない）があること、②その接触が、通常の競争プロセスに反する協力（競争事業者の将来の競争行為に関する不確実性を排除するものなど）を含むものであること、および、③その接触が関係事業者の商業的行動を維持または変更する効果をもっていること、である。

認定方法　　もっとも協調行為と並行的行為とは全く無関係というわけではなく、本判決が述べているとおり、「もしもそれが製品の性質、事業者の規模や数、市場規模からみて市場の通常の状態に合致しないような競争の状態にいたるときは、協調行為の有力な証拠となりうる」のである（判決66段）。

このように並行的な同一行動は、協調行為の立証にあたって重要な意味をもつ。とくに市場において並行的な同一行動が認められ、加えて関係事業者間に接触があったことが明らかになれば、協調行為の存在が疑われることになろう。そしてこういった状況証拠による認定において、事業者がそのような並行的な同一行動をとることについて他に合理的な説明が可能

な場合は別であるが、そういった可能性が認められない場合、つまり協調行為の存在が並行的同一行動を説明する「唯一のもっともらしい説明（the only plausible explanation）」である場合にのみ、協調行為と判断されることになる（Woodpulp II [1993] ECR I-1307 paras. 72, 126.）。

単一経済体論　本件の第二の意義として、単一経済体（single economic entity）論の採用がある。それを用いて、本件での EU 競争法の域外適用を正当化した。

単一経済体論、あるいは経済単位理論（economic unit doctrine）と呼ばれるこの考え方は、市場での行動の決定について子会社が現実の自立性をもたないときは、親会社と子会社が経済的に単一体だと見て、運営条約101条1項を適用しないとする考え方である（判決134段）。とりわけ子会社が独立の法人格をもってはいるが、市場での自らの行動を独立に決定せず、すべての重要な局面について、親会社から与えられる指示を実施するような場合、単一体とみなされる（判決133段）。単一経済体論は、その後も再確認され、確立している（たとえば、Case C-73/95P, Viho Europe BV v. Commission [1996] ECR I-5457, paras. 15-16）。

域外適用の一つの論拠　本件でこの理論がでてきたのは、EU 域内の子会社のEU 競争法違反の行為の責任を域外の親会社に帰することをいかに根拠づけるかという文脈からである。一般に、EU 競争法の域外適用をどの論拠でどの範囲に認めるかは争いがあった。本件の欧州委員会は課徴金賦課の決定28段では、運営条約101条1項は、共同市場の競争を歪曲する効果がある事業者のあらゆる合意や協調行為を禁止するので、当該事業者の営業の本拠が域内にあるか域外にあるかは検討を要しないとして、域外の ICI 社（親会社）に子会社の行動の責任を負わせていた（[1969] JO L195/11, [1969] CMLR D23, para. 28.）。これは域外親会社が域内子会社に指示して域内に競争制限的な効果を及ぼしたという「効果理論（effects doctrine）」を論拠とするものであった。本件の法務官メイラ（Mayras）も「効果理論」にもとづいて ICI 社への課徴金賦課を正当化しようとした。そこで事業者間の合意等から生じる競争に対する「直接かつ切迫した（direct and immediate）」制限効果が「合理的に予見可能」であ

り、共同市場に生じた当該効果が「実質的（substantial）」である場合は域外企業の行為にも EC 競争法の適用可能と論じた（[1972] ECR 619 at 696）。ただし当該合意の「無効」化という運営条約101条 2 項による制裁権限は域外国の主権を侵すので及ぼせないが、101条 1 項違反の行為に対する課徴金の賦課は可能であるとした（[1972] ECR 619 at 695）。

もっとも、欧州委員会は EU 裁判所での弁論の段階で、ICI 本社の行動（子会社への指示）が共同市場での競争制限の効果をもったという「効果理論」に加えて、ICI 社の子会社は、独立の法人格をもつが経済的には親会社 ICI 社と一体であり、「共同市場での ICI の手足にすぎない（as mere extensions of ICI in the Common Market）」（[1972] ECR 619 at 627）から EU 競争法を適用できるとも主張した。EU 裁判所はこの主張を競争法適用上の単一経済体論に発展させ、本件での子会社の違法行為の責任を親会社 ICI 社に帰することを根拠づけた。

域外適用：領土管轄権　後年、木材パルプ第 1 事件（Cases 89, 104, 114, 116, 117 and 125-129/85, Ahlström Oy v. Commission [1988] ECR 5193〔Woodpulp I〕）において、域外適用の論拠が再び争われた。域外国にあるパルプ製造業者が域外で価格協定を行いそれにもとづいて域内で販売を展開したと欧州委員会は判断し、運営条約101条違反の認定と課徴金賦課の決定をした（が決定の大部分が EU 裁判所に後日取消された〔Woodpulp II [1993] ECR I-1307〕）。この木材パルプ第 1 事件でダルモン（Darmon）法務官は「効果理論」を採用すべきだと提言したが、EU 裁判所は「効果理論」をとらず、違法行為の行われた地点に対する領土管轄権を EU 競争法の適用管轄権の発生根拠とした。（スウェーデン、フィンランドが EU 未加盟であった時代の）事件でのアメリカ、カナダ、スウェーデン、フィンランドなどの域外のパルプ業者が「共同体内に設立した購入者に対して」直接に販売する行為、「価格合意を共同市場内で実施（implement）」する行為をとらえて、違法行為が EU 域内で行われているから管轄権が生じると EU 裁判所は判断した（判決12、16、17段）。競争法違反の合意がどこで「形成（formulate）」されたかよりも、どこで「実施（implement）」されたかが「決定的な点（decisive factor）」だとも説明している（判決16段）。こ

れは国際法で普遍的に承認された領土管轄権を論拠とした規制権限の行使である（判決18段）。この論理からすれば価格カルテル合意に従った販売の作為がEU域内で行われた事実をもってEU競争法を適用する管轄権は生じる。逆にいえば、この論理のもとでは、EU域内に販売しない（あるいはEU域内から購入しない）という不作為を域外業者が共同で域外で合意する場合、その不作為がEU域内市場での競争を歪曲する効果をもったとしても、この不作為に対してはEU競争法を適用するための領土管轄権は生じないことになるのかもしれない。もしそうならば、この点で「効果理論」とは異なった結論になりうるように思われる。

（山岸和彦・中村民雄）

✜文献案内─────────────────────────────

Vivien Rose and David Bailey (eds.), *Bellamy & Child European Union Law of Competition*, 7th ed. (Sweet & Maxwell, 2013).
Alison Jones & Brenda Sufrin, *EU Competition Law*, 6th ed. (Oxford U.P., 2016), Chapters 10 and 16.

● ヌンゲッサー事件

30 EU 運営条約101条と垂直的協定
—— 排他的ライセンスの評価と合理性の理論

Case 258/78, Nungesser KG and Kurt Eisele v. Commission [1982] ECR 2015.

◆事実・争点

　西ドイツ（当時）の原告ヌンゲッサー社（Nungesser、以下、N社）は、エイゼル（Eisele）氏を唯一の無限責任社員とする、植物の種の製造販売会社である。N社は、フランスの国立農業研究所（Institut National de la Recherche Agronomique、以下、INRA）が品種改良して新規に開発したトウモロコシの種を西ドイツ領土内で排他的に複製し販売する権利（種の栽培権）を INRA から許諾されていた。

　この契約には次の条項があった（判決49-52段、以下段落は判決のもの）。

① INRA は西ドイツ領土については、原告のみに新しい種の栽培権を許諾する。

② INRA は西ドイツ領土については、自ら種を製造または販売しない。

③ INRA は第三者が西ドイツ領土に INRA の種をN社の許諾なく輸出することを阻止する。

④ エイゼル氏は、INRA から許諾された栽培権を根拠に第三者よる INRA の種の西ドイツ国内への輸出入を阻止する。

　1970年代初め頃から西ドイツの別の販売会社Dが INRA の種をフランスの業者B社（INRA の正規種の卸売業者）から仕入れて同国内に並行輸入し始めたが、N社は並行輸入の中止を求めてD社と和解した。欧州委員会は、本件のN－INRA 間の排他的ライセンス契約、そしてN－D間の和解契約の両方が EEC 条約85条〔EU 運営条約101条、以下置換え〕1項に違反し、3項によっても正当化できないと1978年に決定した（Decision IV/28.824, [1978] OJ L286/23）。特に上記契約の①〜④の各条項について、ライセンス地域において当事者間の競争も第三者との販売競争も根絶す

「絶対的地域保護」として違法とした。

　原告Ｎ社とエイゼル氏は、上記欧州委員会決定の取消訴訟をEU裁判所に提訴した。これが本件である（以下、Ｎ－INRA間の契約の違法性を取り上げる）。原告らは、本件排他的ライセンス契約の①〜④の条項は、新規に開発されたINRAの種を西ドイツ市場で他社の競合品と競争しながら初めて販売参入するには合理的にみて必要な条項であり、契約目的は競争制限目的ではなく、また結果としてトウモロコシの種のブランド間競争（他社競合品との競争）を促進させるものとして競争制限的な効果が認められず、運営条約101条1項に反しないと主張した。

　主な争点は、本件の契約条項①〜④の全てに競争制限的な「目的または効果」（101条1項）があるとした欧州委員会の判断の妥当性である。特に原告が主張する、当事者の置かれた経済的な文脈に照らした契約の評価が許されるかであった（この点はコンスタン＆グルンディヒ事件〔本書28番事件〕では許されないとされた）。副次的な争点として、当該諸条項は101条1項に反するとしても、3項により正当化できないかである。

◆判決

排他的ライセンスへの〔運営条約101〕条1項の適用

〔欧州委員会が決定の中で、101条1項が適用されるとした契約条項は二組に分けることができる。一組目は、契約条項の①と②である。二組目は③と④である（48-52段）。各組の契約内容は、法的には必ずしも同一ではなく、両者の相違を明確にした上で、〔101〕条1項にいう競争を阻害または歪曲する効果の有無を検討する必要がある。一組目は、いわゆる開放排他的ライセンスないし権利付与であり、ライセンスの排他性は権利者とライセンシーとの間の契約関係だけが対象となるのであって、権利者が同一地域では他者にライセンスを付与しないこと、および当該地域において自らがライセンシーと競争しないことを確約するにとどまる。二組目は、絶対的地域保護を伴う排他的ライセンスないし権利付与であって、契約両当事者が対象の製品および地域に関して、並行輸入業者や他地域のライセンシーなど第三者からのあらゆる競争を根絶することを目的とする（53-54段）。〕

55. この点に関して、ドイツ政府は栽培権により農業技術革新を保護することで技術革新は促進され、また限られた期間について排他的権利を付

与することで技術革新に向けた努力にさらなるインセンティブを与えうると力説した。そこから同政府は、排他的ライセンスについて開放的なものまでも全面的に禁止するならば、事業者のライセンスの利害関心を失わせ、ひいては共同体における知識と技術の普及に不利が生じるであろうと主張した。

56. 本件で争われている欧州委員会決定が対象とする排他的ライセンスは、INRA が長年の研究と実験を重ねて開発した交雑種トウモロコシの種の栽培と販売に関するものであった。INRA と原告らの協力が始まった当時、このような種はドイツの農家にとっては未知のものであり、新規技術の保護に関する懸念は正当である。

57. 実際、ある構成国で新規開発された交雑種トウモロコシの種の栽培権ライセンスの場合、別の構成国の事業者は、自分に許諾が与えられた地域において、他のライセンシーからの競争あるいは栽培権利者自身からの競争に直面しないとの確信がもてないならば、当該製品〔種〕を栽培し販売するリスクを負うことを思いとどまる可能性がある。そのような結果になるならば、新技術の普及は害され、共同体における新製品と既存の類似製品との間の競争は損われるであろう。

58. 当裁判所は、本件で問題となった製品の具体的性質を考慮し、並行輸入者や他地域のライセンシーなど第三者の地位に影響を与えない開放排他的ライセンスの付与それ自体は、〔101〕条 1 項に反するものではないと結論する。

〔したがって、原告の主張は、ライセンスの排他的性質の上述の側面に関する範囲で認容され（58段）、①と②の契約条項は〔101〕条 1 項に反しないが、第三者の地位に影響を与える③と④契約条項については、先例の立場を継承して、〔101〕条 1 項に反すると判断する。〕

61. 当裁判所が一貫して判示してきたように（コンスタン＆グルンディヒ事件〔本書28番事件〕参照）、並行輸入を統制し防止できるようにするためにライセンシーに付与された絶対的地域保護は、各国別市場の人為的な維持となるのであって、〔EU 運営〕条約に反する。

〔現に本件の契約は、ドイツ市場での第三者からの競争を制限しようとする意図であったことが文書から明白である。1965 年の契約の第 5 項で、INRA は種のドイツへの「輸出を防止するためにできる限りのことをする」と約束している。しかも実際にフランスの R 社やドイツの D 社は並行輸入を本件の原告や INRA から阻止された。（判決 64-65 段）〕

101条 3 項による適用免除の可否

〔本件の排他的ライセンス契約条項のうち、絶対的地域保護を伴う条項——契

約条項③④──について、裁判所は101条3項で正当化できないと判断する。〕

76. 〔101〕条3項の定めでは、事業者間の協定が同条1項による禁止から免除されるのは、それが製品の製造もしくは流通の改善に貢献するか、または技術的進歩を促進するときであって、かつそれらの目的の達成に不可欠ではない制限を関係事業者に課していないときである。

77. 本件は、人間と動物の食糧として重要な産品であるトウモロコシを生産するために多数の農家による使用が見込まれる種に関する問題であるから、絶対的地域保護は製品の製造もしくは流通の改善または技術的進歩の促進に不可欠な範囲を明白に超えている。具体的に本件では、INRA自身が栽培しフランスで販売した種であってもドイツにINRAのトウモロコシの種を並行輸入することを一切禁止することについて本件契約の両当事者が合意している点に明瞭に示されている。

78. したがって、本欧州委員会決定で存在が認定されたライセンシーに対する絶対的な地域保護の付与は、〔101〕条3項の下で適用免除を拒否するのに足る十分な理由となる。…

◆解　説

本件の意義　本件は、排他的ライセンス契約の地域保護条項について、競争制限的で市場統合目的に反するため許容されない「絶対的（absolute）」＝非開放的（closed）地域保護と、経済活動上の合理的理由があり競争制限的ではないため許容される「開放（open）」的な地域保護との区別を初めて導入した判決である。この区別の根拠として、経済合理性の議論を採用した（54-58段、後述の「合理性の理論」の影響）。本件類似の地域保護条項を含む独占的販売契約を「厳格な態度」で扱った先例であるコンスタン＆グルンディヒ事件〔本書28番事件〕とは異なり、本件判決は地域保護条項が経済的な合理的理由から許容されるか否かを101条1項（競争制限的な側面）の該当性審査段階で、一定の場合（新規製品の新規市場への参入の場合）には、特に協定の「効果」が競争制限的か否か評価にあたり考慮しうるとの態度を示した。本件判決が限定的かつ慎重にではあるが経済的文脈への考慮を101条1項の審査段階に多少なりとも入れうるとした意義は大きい。

30番事件　247

地域保護の開放性と非開放性　独占的販売契約や排他的ライセンスなど地域保護を伴う排他的な契約について、契約条項の性質により「開放的」なものと「絶対的」（非開放的）なものに区別した第一の意義についてみてみよう（本件判決では、契約形態にあわせて、「開放排他的ライセンス」と「絶対的地域保護」が対比されている）。

「開放」型の排他的契約においても、一定の地域Aに独占的販売者や排他的ライセンシーを置く。しかし「開放」型の約定の内容は、同一地域Aに他の販売者を置かないこと、同一地域Aにおいて権利者本人やメーカー自らが排他的ライセンシーや独占的販売者と競争しないことにとどまる。これらの約定は、第三者（並行輸入者や他の地域Bのライセンシーなど）が地域Aで競争することを妨げるものではなく、地域Aについて第三者からの競争が残る（第三者に「開放」された競争制限的ではない）ものといえる。これを約定の両当事者からみれば、地域Aについて前述のような内容の当事者間の約定がなければ、新規製品を新規市場に販売参入するリスクをどの販売者やライセンシーも負わないだろうし（販売者側）、逆に前述の内容の当事者間の約定があれば、新規製品の販売参入リスクを負ってくれる者が現れるので競争促進的である（権利者・メーカー側）。EU裁判所は、以上を総合して「開放」型の約定は101条1項違反とは評価すべきでないという論理をとり、契約条項①と②は101条1項違反ではないとした。

他方、「絶対的」（非開放的）な地域保護を伴う排他的契約は、契約両当事者が対象の製品および地域Aに関して、第三者（並行輸入業者や他地域Bのライセンシーなど）からのあらゆる競争を根絶することを目的とする。しかも国境に即した地域設定は、各国別市場の人為的な維持となるので101条1項に反するとEU裁判所は評価している。ゆえに「絶対的」な限りでは、コンスタン＆グルンディヒ事件の考え方を受け継いでいる。ただし、本件判決はコンスタン＆グルンディヒ事件よりもやや寛容に、「絶対的」な地域保護も101条3項での正当化はありうるとした。

もっともEU裁判所による実際の判断は、契約内容の合理性の判断にすぎず、本来3項で行うべき経済的文脈に照らした競争促進効果と競争阻害効果の比較考量からは遠かった。すなわち、本件のN－INRA間の契約

が作り出す絶対的地域保護については、INRAの純正品の供給がドイツで不足している場合であってもフランスのINRA自身がフランスから純正品をドイツに供給できないとしている点が契約の趣旨（INRA製品のドイツ市場への参入と拡販）と矛盾して不合理である（言い換えれば、この面で約定は、ドイツ市場はいかなる場合もドイツの排他的販売者N社しか供給できないというに等しいので）、ゆえに製品の製造・流通の改善や技術的進歩の促進に不可欠な範囲の約定とは評価できず、3項で正当化できないと判示している。だが3項での問題は、そのような約定に本件に関連する製品市場の構造や製品の性質等に照らして経済合理性があるか、それが競争促進的な効果をもつか否かの検討なのである。この面では本件判決の経済的分析への実践はまだ少ない。

合理性の理論 本件の第二の功績は、アメリカで発展してきた「合理性の理論（rule of reason）」を多少参考にした点である。競争法における「合理性の理論」は、古くから米国反トラスト法において幅広く議論されてきた。米国反トラスト法の一つを構成するシャーマン法（Sherman Act）1条は、取引または商業を制限するすべての契約、結合または共謀を違法と規定しており、条文を字義どおりに解釈すると、当事者の行動の自由を制限するあらゆる契約等が規制対象とされてしまうため、条文の合理的解釈が探られてきた。一つの考え方は、「付随的制限（ancillary restraints）」という概念を用いて、問題となる制限が適法な契約の主目的との関係で付随的に過ぎない場合には当該制限を合法とする一方、競争制限のみを意図したものである場合には違法とする。もう1つの考え方は、「合理性の理論」である。合理性の理論を初めて宣言したとされるスタンダード・オイル事件（Standard Oil Co. of New Jersey v. US, 221 US 1 (1911)）では、問題となる制限がシャーマン法の対象となるか否かを決定するには合理性の基準（a standard of reason）が適用されるべきこと、また「不当もしくは不合理（undue or unreasonable）」な制限のみが違法とされるべき旨が示された。この考え方によると、個別の事案ごとに協定内容、関係事業者の持つ市場支配力、協定の目的・意図、効果等を総合的に評価して違法性が判断されることとなる。これまで合理性の理論を用いて違法性が判

断された事案には、競争事業者間の情報交換、共同生産、共同研究開発、規格標準化等がある。

合理性の理論の EUへの影響 　EU競争法では、101条1項が「構成国間の通商に影響を与え、共同市場内の競争の阻害、制限、歪曲を目的ないし効果として持つ事業者間の協定、事業者団体の決定、協調行為の全て」を規制対象としていることから、米国シャーマン法1条同様、理論的にはあらゆる協定等が規制対象となりうる。しかしアメリカ法と異なるのは、101条3項が置かれている点で、同項は当該協定等が製品の生産・流通の改善、技術的・経済的進歩の促進に寄与し、その結果生じる利益を消費者が享受できる場合には1項の適用を免除する旨を規定している。すなわち、協定等を一律に禁止するのではなく、個別的または定型的に一括して適用免除して規制対象からはずす余地を残す構造となっている。ゆえに、アメリカ法上の「合理性の理論」で議論されてきた点の多くは、EU競争法では101条3項の審査段階に反映されうる。

　しかし1項の判断にはまったく反映されえないのだろうか。こうしてEUにおいては、101条1項の適用において競争促進効果と制限効果の比較考量が許されるかが争われてきた。初期のEU裁判所は、そのような比較考量をして1項の適用を考える立場のものもあった（たとえば、Case 56/65 La Technique Miniere v Maschinenbau Ulm GmbH [1966] ECR 235 at 251)。しかしコンスタン&グルンディヒ事件〔本書28番事件〕では競争制限的な「目的」の評価は（「効果」の評価と切り離して）契約内容の規範的判断だけで行いうるとした。その事件の原告らは「目的」の評価も当該契約を現実の経済的文脈において競争促進的な目的の有無を確かめるよう「合理性の理論」を適用すべきだと主張したが、EU裁判所は一顧だにしなかった。これに対して本件判決は、排他的ライセンス契約の地域保護条項が持つ競争促進効果と競争制限効果とを比較考量し、第三者の地位に影響を与えない開放的な性質のものには101条1項が適用されないとの判断を示した。この立場は「合理性の理論」をそのまま受容するものではないが（EUとアメリカでは条文の構造が違う）、後に欧州第一審裁判所（現EU一般裁判所）が述べたように「事業者間の合意の101条1項該当性の評価

において、事業者が活動する経済的文脈、合意が扱う製品やサービス、関連市場の実際の構造といった合意が働く現実を考慮すべき」ことを示したものではある (Case T-112/99, Métropole Télévision (M6) [2001] ECR II-2459, para. 76)。

その後の展開　　欧州委員会は、長らく運営条約101条1項の適用評価の段階で、競争促進効果と競争制限効果の比較考量をすることに否定的であり、そのため1項適用が経済的文脈を無視して形式的に行われすぎるとの学説や実務家の批判を浴びていた (たとえば、Valentine Korah, *An Introductory Guide to EC Competition Law and Practice*, 1st ed. (1978) - 9th ed. (2007))。しかし、欧州委員会も1990年代後半から次第に態度を変えている。1999年4月に欧州委員会が公表した「〔運営条約101〕条および〔運営条約102〕条施行手続規則の現代化に関する白書」(COM (99) 101 final, [1999] OJ C 132/1) の中で、欧州委員会は本件のEU裁判所が示した考え方に従い、限定的ではあるが101条1項のもとで特定の行為に関して競争促進効果と競争制限効果を分析する手法を導入していると述べた (白書57段)。とはいえ欧州委員会は、101条1項のもとで競争促進効果と競争制限効果について深入りして判断すると101条3項が有名無実化すること、合理性の理論の全要素を101条3項が包含するので3項を使用しないことは明文に反すること、さらにはEU裁判所の判例法に拠って競争規則の現代化を行うことの危険性もまた指摘していた (白書57段)。

その後、EU競争法の現代化政策として、運営条約101条・102条の適用に関する新手続規則 (Regulation 1/2003, [2003] OJ L1/1) が施行され、事業者による101条1項適用免除の希望申請手続が廃止されたほか、従来欧州委員会が独占していた101条1項の適用免除に関する権限が構成国の裁判所と競争当局にも与えられた。このため、各国所轄当局は各自が事案の評価をすることになり、欧州委員会にはその際の判断基準の明確化が求められた。

そこで欧州委員会は2004年4月に「〔運営条約101〕条3項の適用に関するガイドライン」([2004] OJ C101/97) を公表した。本ガイドラインは、101条3項の適用に関する分析枠組みの提供が目的であるが、101条1項の

適用についても言及している。第一段階として、101条1項で構成国間の通商に影響を与える事業者間の協定が反競争的な目的、または直接的・潜在的な競争制限効果を有するか否かを評価する。このとき「効果」の評価において経済的アプローチが採られ、「事業者の協定が関連市場での現実または潜在の競争に影響を与えるため、商品およびサービスの価格、生産量、改良、種類や品質に対する否定的影響が合理的な可能性をもって予測できる」かどうかを評価すると述べている（ガイドライン24段）（競争制限的と評価された協定は第二段階で101条3項の審査に入る）。

さらに2000年代に入って欧州委員会がEU競争法の現代化政策の一環として制定した各種一括適用免除規則に対応するガイドラインでは、経済学的分析手法を用いた違法性判断基準が示されており、従来に増して経済分析を重視するようになった欧州委員会の姿勢が看取できる。

たとえば、2014年5月1日に改正のうえ、施行された「技術移転に関する欧州委員会規則」（[2014] OJ L 93/21）とそのガイドライン（[2014] OJ C89/3）がそうである。本規則は契約当事者の市場占拠率が一定水準以下であるような技術移転契約について一括して101条1項の適用を（101条3項に該当するので）適用免除すると定めるものであるが、注目すべきは、そもそも「技術移転契約は、研究開発の重複を削減し、追加的技術革新の促進とともにその普及を容易にし、製品市場に競争をもたらすものであるため、通常、経済効率性を向上させ競争促進的である」（規則前文4段）として、この種の契約の多くは101条1項に該当しないからこの規則の適用すら考えなくてよいことが多いと認める点である（同規則ガイドライン9、42段）。この出発点に経済的分析をより重視するようになった姿勢がみえる。それゆえ従来と異なり技術移転契約にそもそも101条1項の適用が少なくなり、1項が適用される場合も契約当時者の市場占拠率が一定規模以下で重大な違反事項を含まないのであれば、本規則により一括適用免除が可能となる（同規則2、3条）。

なお、技術移転契約規則は第三者の競争を根絶するような非開放的な（「絶対」型の）協定に対する本件やコンスタン＆グルンディヒ事件のEU裁判所の立場も継承し、それを実定法化している。すなわち、技術移転規

則は、技術移転契約に重大な違反事項（hard core restrictions）があれば、一括適用免除は与えられないと定めており（同規則4条）、その事項として、第三者への当該製品の販売価格決定権の制限、生産量・販売量の数量制限、市場・顧客分割などを掲げている。

（多田英明・中村民雄）

✣文献案内──────────────────────────────

Richard Whish and Brenda Sufrin 'Article 85 and the Rule of Reason' (1987) 7 YEL 1.

Pietro Manzini, 'The European Rule of Reason-Crossing the Sea of Doubt' (2000) 21 ECLR 392.

Rene Joliet, *The Rule of Reason in Antitrust Law : American, German and Common Market Laws in Comparative Perspective* (Université de Liège, 1967)

31 運営条約102条「支配的地位」

●ユナイテッド・ブランズ事件

Case 27/76, United Brands Co. and United Brands Continentaal BV v. Commission [1978] ECR 207.

◆事実・争点

　本件の原告は、米国ニューヨーク州を本拠地とするユナイテッド・ブランズ（United Brands）社とそのヨーロッパ子会社（本拠地はロッテルダム）である（以下、両社を併せて UBC という）。UBC は、バナナの生産から流通・販売までを手掛ける垂直統合された事業者である。中南米各地にバナナ・プランテーションを有し、品種改良して開発した「チキータ（Chiquita）」ブランドのバナナを、青バナナのうちに（燻蒸して黄色く熟成させる前に）UBC 専属の船でヨーロッパ（オランダのロッテルダム港とドイツのブレーメン港）に運び、そこから EU（当時 EC）各国の特定の燻蒸販売業者ら（ripener/ distributors）に青バナナを販売していた（判決70-93段、以下判決の段落番号とする）。UBC は本件に関連する時期を通して、EC 6か国のほぼすべてにおいて40％強の市場占拠率を有していた。

　本件当時の1970年代前半、バナナについては EC 共通市場制度が未成立であり、イギリス、フランス、イタリアには旧植民地産のバナナの特恵関税制度や数量制限が残っていた。当時の EC の残る 6 か国にはそのような貿易規制措置はなく、西ドイツのバナナ輸入は無関税、他の 5 か国は20％の共通関税が暫定的に残っていた。この 6 か国のいくつかで、1970年代前半、UBC の「チキータ」バナナと、他の競争会社のブランド・バナナ（特に「ドール（Dole）」や「デルモンテ（Del Monte）」）との間で「バナナ合戦」が展開された（196段）。なかでもデンマークは激戦区で、チキータは45％、ドールは20％、デルモンテは24％の市場占拠率で値引き競争をし、同国でのバナナ価格は40％も下降した（114-115、195段）。1971～76年にかけて UBC はバナナ販売で毎年赤字を出したが、競合他社は同時期黒字であ

った（125段）。この合戦中の1973年10月、デンマークの燻蒸販売業者オレセン（Olesen）社が、チキータからドール・バナナの販売促進へと転向したため、UBCは1973年10月10日から1975年2月11日までオレセン社へチキータの供給を拒否した。

欧州委員会は1975年12月17日の決定（IV/26.699, [1976] OJ L95/1）において、EEC条約82条〔運営条約102条〕に違反して、UBCが支配的地位を濫用したと認定し、100万通貨単位の制裁金をUBCに課した。欧州委員会は、決定において次の行為を支配的地位の濫用行為と認定していた（決定1条）。

①ベルギー、ルクセンブルク、デンマーク、西ドイツ、アイランド、オランダ所在の燻蒸販売業者に対し、青バナナの転売をしない義務を課したこと
②原告UBCが、①の燻蒸販売業者（1社を除く）に対して、チキータの販売価格差別をしていること
③原告UBCが、①の燻蒸販売業者（1社を除く）に対して、チキータの販売に不公正価格を課していること
④オレセン社に対し、1973年10月10日から1975年2月11日の間、チキータの供給を拒否したこと

これを不服としたUBCは、本決定の取消訴訟をEU裁判所に提起した。EU裁判所は、③以外の諸点は欧州委員会の決定を維持した。③の点は、欧州委員会による事実認定の不十分を理由に決定を取消し、制裁金を85万通貨単位に減額した。

EU裁判所での主たる法的争点は、運営条約102条にいう「支配的地位（dominant position）」の認定方法であった。

◆判決

関連市場
10　UBCがバナナ市場において支配的地位を有するかを判断するために、当該市場を製品の観点と地理的観点から画定する必要がある。
11　〔102〕条の下での競争の機会は、問題となった製品の固有の特徴を考慮し、かつそれが販売される地理的範囲であって関係事業者の経済力の効

果を評価できるに足りる、競争条件が十分に均質的な地理的範囲を考慮しなければならない。

製品市場

22　バナナが他の果物市場とは十分に区別された市場を構成するとみなされるには、際だつ特徴のために他の果物とは代替性が極めて限られており、他の果物との競争に晒されていることがほとんど認識されない程度でなければならない。

〔他の生鮮果物には季節変動があるが、バナナの生産は年間を通じてなされ常に供給過剰である。消費者にとって季節ごとの決定的な代替品はバナナについては存在しない。年間を通じて入手可能なバナナには、他の季節果物との季節毎の代替性がなく、交差弾力性についても西ドイツにおいてバナナと2つの果物（桃とブドウ）の間に見られるだけで、バナナ市場には有意の長期的な交差弾力性はない。年間を通じて入手可能なオレンジとリンゴについても、バナナはオレンジとは交換性がなく、リンゴについても代替性の程度はごく限られている（23-29段）。バナナと他の果物との代替性の程度が小さいのは、バナナの特徴、ならびに消費者の選択に影響する諸般のすべての要素から説明できる。つまりバナナは、一定の特徴、外観、味、柔らかさ、種がないこと、扱いやすさ、安定した生産量のため、年少者、年配者、病人から構成される人口の重要な部門の恒常的需要を満たすことができる（30-31段）。価格に関しては、バナナが夏の数か月間と年末の数週間、他の果物との競争に晒されていることは否定できないが、関連する地理的市場への輸入量と販売は柔軟に調節可能であることから、価格は他の果物の供給が豊富な状況に応じて容易に調節される（32-33段）。〕

34　以上の考察から、他の生鮮果物が市場へ到来したとしても、バナナに恒常的需要を持つ相当数の消費者が他の果物の消費に向かうことは目立たず、認識可能ですらない程度であって、個人の消費ピーク期でもバナナへの影響は一時的であって代替性の観点からも非常に限られた範囲にすぎない。

35　したがって、バナナ市場は他の果物とは十分に区別された市場であるといえる。

地理的市場

44　支配的地位を有する事業者に〔102〕条を適用するためには、有効競争を妨げる濫用行為を行いうる共同市場の実質的部分の明確な画定が前提となるが、この地域で当該製品に適用される客観的な競争条件は、全ての取引業者に対して同一でなければならない。

〔ECはバナナ市場に共通農業制度を設立しておらず、輸入措置は構成国によ

り大きく異なっており、フランス、イギリス、イタリアの 3 国には特有の通商政策がバナナについて取られている（45-50 段）。〕

51　これら 3 市場の各国別の市場組織の効果ゆえに、原告のバナナは当該 3 構成国において優遇措置の対象となっているバナナと平等な条件では競争をしていないから、欧州委員会が検討対象となる関連する地理的市場から当該 3 国市場を除外したことは相当である。

52　他方、他の 6 構成国は完全に自由な市場である。適用される関税規定や輸送費用には必然的に差違が見られるが、差別的なものではなく、すべての者に対して同一の競争条件である。

　〔自由な競争に参加できるという観点からは、これら 6 構成国は十分に均質で全体で一つとみることができる地域をなしており、UBC はこの〔6 構成国〕地域全体に対する単独の拠点となる販売子会社をロッテルダムに設立した。UBC は港でバナナの荷下ろしをして貨車渡し（f.o.r.）で販売しているが、輸送費用は流通上の支障とはなっておらず、これらは関連する〔地理的〕市場を単一の市場とする要素である（53-56 段）。〕

57　以上すべての考察から、欧州委員会が決定した、共同市場の相当部分を占める地理的市場は、原告の支配的地位の存否を決定するための関連市場とみなされなければならない。

UBC の関連市場での地位

65　〔102〕条にいう支配的地位とは、ある事業者がもつ経済的な力の状態であって、自分の競争相手の事業者、自分の顧客そして最終的には消費者から認知可能な程度に独立して行動する力を得て、関連市場において有効な競争が維持されることを妨げうるような地位をいう。

66　一般に支配的地位は、個別にみた場合には必ずしも決定的とはならないような要素のいくつかの組み合わせから生じる。

　〔このような一般論を述べた後、EU 裁判所は、UBC が支配的地位にあったことを、UBC の構造とバナナ市場の競争状態の両面の諸要素を総合して認定した。まず UBC の構造については、UBC が商品開発技術・生産・流通・販売まで垂直統合されており、どの段階どの局面でも競争他社の追随を許さない管理実績があること、特に高品質の「チキータ」ブランドの開発と定着の実績があり、販売者を事実上統制する力があることである（70-96 段）。次にバナナ市場の競争状態については、UBC が 1974 年に全世界バナナ市場の 35％の占拠率をもち、EC の関連地理的市場では 40％強で 45％に近い占拠率をもったこと。競争者をみても、唯一対抗しえたのは 1 社だけであって、UBC はそれと比べても格段の優位に立っていたうえ、1973 年の販売合戦の際も他社の販売攻勢は UBC の占拠率に影響しなかったこと。さらにはバナナ市場への参入コスト

が大きいことである。なお、バナナ合戦中に他社が黒字でUBCが赤字であったとしても、収益性だけから経済的な力は評価すべきでなく、「UBCがいかなる損失を出そうとも、顧客がUBCから商品をより多く購入し続けたという事実の方がよほど重要であって、これこそ支配的地位ならではの特徴である」（128段）とも述べている。EU裁判所は以上を総合して、UBCはバナナ市場で支配的地位にあったと評価した（97-129段）。〕

濫用行為〔以下では、デンマークのオレセン社への供給拒否のみ取り上げる〕

182 …ある製品の販売の点で支配的地位にある事業者たるものは、そのブランド名が消費者に知られ評価されることを利用するので、長期の継続的取引のある顧客が通常の商取引慣行を遵守している場合、当該顧客からの注文が常軌を逸していないならば、当該顧客に対する供給を停止することは許されない。

183 そのような行為は、EEC条約3条1項f号〔現在対応規定なし。*cf.* EU条約3条3項、運営条約3条1項b号〕に定める〔共同市場の競争が歪曲されないよう確保する〕目標に適合しない。その目標は〔102〕条の特にb、c号に詳しく定められている。販売拒否は市場を制限し顧客に不利となるであろうし、差別ともなり、最終的には関連する市場から取引業者を根絶しかねない。

184 ゆえに1973年10月のUBCによる供給中止が正当なものであるかを評価する必要がある。…

〔支配的地位にある事業者も、自己の商業的利益が攻撃されたときには自己の利益を保護するために適切と考えられる合理的な方策を採る権利を有する。しかしながら、その目的が自己の支配的地位を強化し濫用するものであるならば是認されず、対抗しあう事業者双方の経済的な力を考慮して、当該反撃は〔攻撃の〕脅威に比例したものであることを要する。UBCはオレセン社への供給拒絶という制裁により、自社系列の他の燻蒸販売業者に他社のブランド名の宣伝を支持するのをやめるように知らしめ、燻蒸販売業者の一人に制裁を科すことによる抑止効果をもって関連市場での自社の力を一層強化することとなった。これは過剰な制裁措置であり、UBCが無自覚に行ったとは考えられない（189-192段）。〕

193 したがって、このような行動は、支配的地位の事業者との商業取引において中小企業の独立性を重大に侵害するものである。またこの独立性からして、競争他社の商品を優先する権利も〔中小企業には〕あるといえる。

194 本件では、このような行動をとったことの目的は、支配的事業者に依存する企業の経営を存亡寸前に追いやることにより、関連バナナ市場の

競争に重大な悪影響を与えるところにあった。
〔ゆえに UBC の供給拒否という制裁は正当とは認められない。〕

◆解　説

本件の意義　　本判決は、「共同市場の実質的部分」で「支配的地位」にある「単数または複数の事業者」による「濫用」行為であって、「構成国間の通商に影響しうる」ものを禁止する運営条約102条の基本概念について、特に「支配的地位」の法的な意味、また支配的地位にあることを認定する前提となる「関連市場」の画定方法に関する解釈を示した先導的判例である。

関連市場　　102条の場合、特定の事業者の「支配的地位」の有無の認定は、関連市場の画定が前提となる。また本条に限らず、EU 合併規則（Council Regulation 39/2004, [2004] OJ L 24/1）による企業結合規制においても、当該企業結合により競争が制限されることになる関連市場の画定が規制の要否の議論の出発点である。さらに101条による事業者間の協定や協調行為の規制においても、問題の協定等が「認知可能な程度（appreciable extent）」に競争を制限するときに初めて規制対象となるので、当該協定等により競争が影響を受ける範囲（市場）を認定する必要がある（具体的には、欧州委員会の「重要性の低い合意に関する告示」（[2014] OJ C291/1）の基準による）。また101条に関する各種の一括適用免除規則を適用する際にも、事業者の市場占拠率が免除有無の決定要素になるので、関連市場を画定する必要が出てくる。

製品市場と地理的市場　　関連市場については、一般に製品市場と地理的市場をそれぞれ分析して画定する（本件判決10段）。欧州委員会の「〔EU〕競争法上の関連市場の画定に関する告示」（[1997] OJ C372/5、「関連市場告示」という）によると、関連する製品市場とは「当該商品またはサービスの特性、価格、用途に照らして、消費者が交換可能ないし代替可能と考える、あらゆる商品またはサービスまたはその両方により構成される」市場をいう（告示7段）。関連する地理的市場とは「関係事業者が商品またはサービスを供給し需要を満たす競争条件が十分に均質な地域であ

って、競争条件が隣接地域と認知可能な程度に異なるため、隣接地域から区別される地域により構成される」市場である（同8段）。

関連市場告示では、市場画定の際の基準として需要代替、供給代替、潜在競争の三者が挙げられている（同13段）。この中では需要代替が中心的な基準とされ、その評価のためにはSSNIP（a Small but Significant Non-transitory Increase in Price、「小幅ではあるが、有意かつ一時的でない価格引き上げ」）テストが用いられる。すなわち、ある商品の価格が小幅ではあるが有意（5－10％の範囲）、かつ一時的（通常1年）ではない形で引き上げられた場合を想定し、需要者が即座に入手可能な代替品や別の供給者へ乗り換えるか否かが検討される。その結果、需要者の流出により販売量が減少し、価格引上げを実施しても利益をもたらさない程に代替品の代替性が高い場合、当該代替品と顧客流失地域がそれぞれ関連する製品市場・地理的市場に含められることになる。この作業は、このような価格引き上げ実施によっても販売量が減少することなく利益がもたらされるようになるまで行われ、関連市場が画定される（同17段）。

供給代替については、有効性と即時性という観点から需要代替と同等の影響を有する場合に考慮されうる。すなわち、供給者が上記のような価格引き上げに対応して、相当の追加費用や危険を負うことなく短期間のうちに関連製品を製造・販売できる場合である。これらの条件が満たされる場合、市場に置かれる追加的製造物は関係事業者の競争上の行動に規律を与える効果をもつため、有効性と即時性の点で需要代替と同等の影響をもつといえる（同20段）。

潜在競争については、潜在競争が実際に有効な競争制限となるのは参入条件に関連した具体的な要因と状況の分析に左右されるため、市場を画定する段階では考慮されない。この分析は必要があれば、当該事業者の関連市場における地位がすでに評価されている次の段階で、当該事業者の地位が競争の観点から懸念を惹起する場合にはじめて実施される（同24段）。

本件の製品市場としては、バナナと他の果物の間に年間を通しても季節的にも代替性がほとんどなく、かつ年少・年配者・病者の特別な需要を満たせるからという理由から、果物一般ではなくバナナの市場が関連市場と

して特定された。しかし、バナナは年少・年配・病者以外の人々（人口の圧倒的多数を占める）によって大部分が消費されるから、年少・年配・病者に特別な需要があること（31段）は、バナナを他の果物から区別するための説得的な理由ではなかろう。

本件の地理的市場については、UBC側はEC9か国全体を一つと主張したが、EU裁判所は第三国産バナナに関する特別の輸入規制措置を存続させるイギリス・フランス・イタリアを除く6か国を一つの市場とした。この点はバナナを製品市場とした場合、旧植民地等からの特恵関税によるバナナとUBCの中南米バナナを平等の競争条件にあるということは難しく、地理的市場をそのように限定して判断することはやむをえないであろう。

支配的地位　　本件のEU裁判所は、「支配的地位とは、ある事業者がもつ経済的な力の状態であって、自分の競争相手の事業者、自分の顧客そして最終的には消費者から認知可能な程度に独立して行動する力を得て、関連市場において有効な競争が維持されることを妨げうるような地位をいう。」（65段）と解釈した。これが確立した解釈となっている（Case 85/76, Hoffmann-La Roche [1979] ECR 461）。この定義と経済学での「市場力（market power）」は必ずしも同一ではない。ある事業者の市場力は、特定の市場で当該事業者が自分の顧客を失うことなく競合他社から独立に製品やサービスの価格を引き上げる力をもつことが指標となる。ところが本件でいえば、UBCはデンマークでのバナナ価格の下落を抑制できず、またEC域内のバナナ市場全体についても連続5年も赤字を計上するほどであった。このように価格を独立に引き上げる力がなかったUBCであっても法的には「支配的地位」にあるとされた。

EU裁判所が重視する点は、第一に市場占拠率である。支配的と評価される確定した市場占拠率はないが、アクゾー事件（Case C-62/86, Akzo Chemie BV [1991] ECR I-3359, para. 60.）では、50％の占拠率がそれだけで支配的地位を推認するに十分とされた（同様の例として、Case T-228/97, Irish Sugar [1999] ECR II-2969, para.70.）。本件ではUBCのEC6か国での市場占拠率は40－45％であったが、それだけでは支配的と評価されず、他の

要素も加えて支配的地位が認定されている。第二に、そこで他の追加的要素として、ホフマン・ラロッシュ事件〔本書32番事件〕では、市場占拠率第1位の事業者と第2位以下の事業者との占拠率の格差、技術的な先導性、販売網の充実度、潜在的競争力の有無などが挙げられていた（para.48.）。本件では、バナナの栽培から販売までの垂直統合された、規模の経済がある事業者であり、かつ商品開発の先端技術をもっていること、UBCと実効的に対抗しえたのは「ドール」を生産販売する他社一社にすぎなかったこと、UBCと当該他社との占拠率格差は20％程度開いていたことなどが、支配的地位の認定において追加的要素になっていた。

濫用行為　　102条2項後段は、支配的地位にある事業者が行ってはならない違法な地位濫用行為として、不当な対価または取引条件の強制（a号）、消費者にとって不利益となる生産、販売または技術開発の制限（b号）、取引の相手方の差別的取扱い（c号）、抱き合わせ販売（d号）を例示的に列挙している。本件の【事実・争点】に述べた①青バナナの販売者間の転売制限はb号に該当し、②燻蒸販売業者間の同じチキータ取引の価格差別はc号に該当する違法行為とされた。もっとも価格差別についての本件の理由づけは学説の厳しい批判を浴びている（特に後掲【文献案内】Bishop論文）。なお、本件の欧州委員会決定で、③不公正な価格設定も濫用行為とされていたが、EU裁判所は、この点は欧州委員会の認定を取り消した。過去20年間近くの間UBCバナナの価格は上昇しておらず、UBCと主要競争者の販売価格の差は約7％に過ぎないことを理由に、UBCバナナの価格は不当に高いと評価はできないという理由からである。

供給拒否　　最後に、④UBCの競争相手業者の製品（ドール）の広告キャンペーンに参加したことを理由とするオレセン社へのバナナの「供給拒否」という行為は102条2項の例示にはないが、同条1項で一般的に禁止される濫用行為の一形態である。本件のEU裁判所は、一方でUBCに自己の商業的利益が他社の攻撃に晒されたとき防御する権利があると認めたが（189段）、他方で、反撃は利益擁護目的に比例した範囲に留めるべきであるという見解を表明した（190段）。支配的地位

の事業者の行動に「比例性」を求めるという特有の法理を示した点に純粋の法的な側面では注目すべきである。

しかし本件の現実を考えた場合、UBC にはオレセン社に対する供給拒否以外の方法で敵対するドールの取り扱いをやめさせる実効的な方法はなかったように思われる。他の方法として考えられるのは、UBC はまずオレセン社に対して警告書を発し、それでもドールの販売促進をやめないならば、オレセン社側に重大な契約違反があったとして販売契約を解除するという方法である。だが長期的契約関係にある顧客との契約の解除の正当性は、特に本件の EU 裁判所のように中小企業の「独立性」から他社製品を取り扱う権利が暗に含まれるという立場（193段）をとる限り容易に認められないであろう。となるとやはり UBC は「バナナ合戦」の最中の実効的な手段としては、一時的な警告として供給拒否を行わざるをえなかったのではなかろうか。本件の EU 裁判所が市場競争よりも中小企業の存立の保護を優先させたと有力学説が評する（Valentine Korah, *An introductory guide to EC competition law and practice*, 8th ed. (2004)）のもこのためである。

なお、供給拒否は支配的地位の事業者が扱う製品Aを使って別の製品Bをつくる事業者との関係でも、支配的地位の濫用行為として違法とされる場合がある（Case C-418/01, IMS Health GmbH & Co. [2004] ECR I-5039）。

（多田英明・中村民雄）

✢文献案内
Richard Whish, *Competition Law*, 9th ed. (Oxford, 2018), pp 25-49.
Simon Baker and Lawrence Wu, 'Applying the Market Definition Guidelines of the European Commission' (1998) 19 ECLR 273.
William Bishop, "Price Discrimination under Article 86" (1981) 44 MLR 282.

32 ●ホフマン・ラロッシュ事件

運営条約102条 「支配的地位」の「濫用」

Case 85/76, Hoffmann-La Roche & Co. AG v. Commission [1979] ECR 461.

◆事実・争点

　欧州委員会は、1976年6月9日の決定（IV/29.020 – Vitamins, [1976] OJ L223/27、以下、本決定）において、スイスの製薬会社である原告ホフマン・ラロッシュ（Hoffmann-La Roche、以下、ロッシュ）によるEEC条約86条〔運営条約102条〕違反を認定し、30万計算単位〔通貨Euroの前身〕の制裁金を課した。原告は本決定と制裁金の取消を求めEU裁判所へ提訴した。

　欧州委員会は本決定において、ロッシュがビタミンA、B_2、B_3、B_6、C、E、Hの7市場において、運営条約102条にいう支配的地位にあると認定した。そのうえで、同社がとくに1970年から1974年にかけてビタミン購入22社に対し、必要とするビタミンの全量または大半をロッシュから排他的または優先的に購入する義務を課したこと、および忠誠リベート（fidelity rebates）の提供を内容とする契約（以下、本契約）を締結したことを濫用行為と認定した（本決定1条）。本決定はまた、ロッシュに対し上記違反行為の終結を求め（同2条）、上記制裁金の支払いを命じた（同3条）。

　ロッシュが取消訴訟で主張した本決定の違法性は多岐にわたったが、支配的地位の概念の解釈、およびその濫用の概念の解釈の誤りの有無、それらの概念の本件への適用に誤りの有無（各ビタミン市場におけるロッシュの支配的地位の認定の妥当性、およびロッシュによる忠誠リベートの提供の濫用行為への該当性）が中心的な争点となった。

　EU裁判所は、ビタミンB_3市場におけるロッシュの支配的地位の認定と違反行為期間の認定については欧州委員会の誤りを認め、ロッシュが欧州委員会の手続開始時には本契約を修正していた点を考慮して、制裁金を30万計算単位から20万計算単位へ減額したが、他の訴えは棄却した。

◆判決

支配的地位の認定

〔EU 裁判所は、ロッシュが支配的地位にあるかを判断するに先立ち、関連市場を画定する必要があるとし（判決 21 段、以下段落は判決のもの）、地理的市場については EC（当時）全体（22 段）、製品市場についてはロッシュ自らが製造するビタミン 8 種類のうち 7 種類（A、B_2、B_3、B_6、C、E、H）のビタミンごとに市場を画定した欧州委員会の認定を支持した（23-30 段）。〕

支配的地位とは、ある事業者がもつ経済的な力の状態であって、自分の競争相手の事業者、自分の顧客そして最終的には消費者から認知可能な程度に独立して行動する力を得て、関連市場において有効な競争が維持されることを妨げうるような地位をいう（38段）。支配的地位は、独占ないし準独占の場合を除いて、ある程度の競争（some competition）を排除するものではないが、支配的地位を有する事業者が競争条件を決定しないまでも、少なくとも競争条件に認知可能な影響を与えることを可能にし、またいかなる場合でも自己を犠牲にすることなくこのような行為を実行し、競争を考慮に入れずに行動することを可能とする。支配的地位の存在は、個別にみると必ずしも決定的ではない複数の要素によりもたらされ、中でも圧倒的な市場占拠率は非常に重要な要素である（39段）。市場占拠率の重要性は市場により異なるが、圧倒的な市場占拠率は、例外的な状況を除き、それ自体で支配的地位が存在する証拠となる（41段）。

本決定では、市場占拠率と併せた場合に、ロッシュの支配的地位を確たるものとする多くの要素が述べられている。すなわち、(a)市場占拠率が高いことに加え、次位以下の競争者の市場占拠率との間に大きな較差があること、(b)競争者に比して多種多様なビタミンを製造していること、(c)他の全製造業者の売上高の合計を上回る世界最大のビタミン製造業者であり、世界における主導的な製薬会社として多国籍企業グループの頂点にあること、(d)ビタミンの製造に関する特許失効後も、本分野では競争者に対して技術上優位に立つこと、(e)高密度かつ専門化した販売網を有すること、(f)潜在的な競争がないことの 6 点である（42段）。

〔EU 裁判所は、上記のうち(a)、(d)、(e)、(f)について関連性を認め、各ビタミン市場におけるロッシュの地位をこれらの要素に照らして検討することとした（43-49 段）。その結果、ロッシュがビタミン A、B_2、B_3、B_6、C、E、H の各市場において支配的地位を有しているとの欧州委員会による認定を支持した（50-56 段、59-67 段）。しかしながら、ビタミン B_3 市場については、欧州委員会は 1973 年において 30％の市場占拠率を有していた日本の競争者による輸入を考慮しておらず、また市場占拠率以外の追加的要素を示していないため、ロ

ッシュには支配的地位が認められないとした（57-58段）。なお、各ビタミン市場における1972年から1974年にかけてのロッシュの市場占拠率は、ビタミンA市場47％、B_2市場75－87％、B_3市場41％、B_6市場84－90％、C市場63－66％、E市場54％、H市場93－100％であった。〕

濫用行為

ある市場において支配的地位にある事業者が、購入者の要請に基づくものであっても、購入者に必要量の全てないし大半を自己から購入することを義務づけること、または約束させることは、〔102条〕にいう支配的地位の濫用となる。同様に、当該事業者が正式な義務により購入者を拘束することなく、購入者との間で締結した契約条件により、または一方的に忠誠リベート制度、すなわち顧客が必要量の全てないし大半について支配的地位を有する事業者から購入することを条件とする値引きを適用することも、購入量の多寡にかかわらず、支配的地位の濫用となる（89段）。

特定の事業者から排他的に供給を受ける義務は、それと引換えに支配的地位の事業者から得るリベートや、購入者に排他的供給を受けるインセンティブを与える忠誠リベートの有無にかかわらず、共同市場における歪みのない競争の確保という目的と両立しない。というのは、〔101条〕3項により事業者間の合意が許容される例外的な状況がない限り、このような義務は上記負担または利益を正当化する経済的取引によるものではなく、購入者から供給源の選択を奪うか制限するものであり、他の製造業者による市場へのアクセスを否定することになるからである。忠誠リベートは、製造業者からの購入量のみに関連する数量リベートとは異なり、金銭的利益の供与を通じて、顧客が競業他者から供給を受けることの阻止を目的としている。さらに忠誠リベートには、支配的地位にある事業者から排他的に供給を受けるか複数の供給源を有するかにより、二つの購入者が同じ量の同じ製品に対して異なる価格を支払うという点で、他の取引相手に対し同等の取引に異なる条件を適用する効果も有している（90段）。

〔EU裁判所は、Beechamとの契約を例として挙げ、ロッシュが提供するリベートについては、最大30万ポンドと見積もられた必要量に対する売上高が60％、70％、80％に達した場合、それぞれ1％、1.5％、2％とされていた。本リベートは、一見すると数量リベートのように見受けられるが、実際には購入者ごとに設定された必要量に対する購入割合により増加するところ、購入者が最大の購入割合の達成を目指す強力なインセンティブとなっている点で数量リベートとは異なる。ゆえに欧州委員会が忠誠リベートの供与を含む本契約を支配的地位の濫用と認定したのは、正当である（97-101段）。〕

◆解　説

本件の意義　本判決は、ユナイテッド・ブランズ事件〔本書31番事件〕で判示された支配的地位の解釈を敷衍した上で、各ビタミン市場におけるロッシュの支配的地位の有無について、市場占拠率のほかに考慮される要素を提示して具体的に判断した点に意義がある。また、リベートを数量リベートと忠誠リベートに区別し、支配的地位を有する事業者による後者の供与を濫用行為として認定した点でも意義がある。

支配的地位の概念　EU裁判所は、ユナイテッド・ブランズ事件判決において示された支配的地位の定義を確認し（38段）、続けて「支配的地位は、独占ないし準独占の場合を除いて、ある程度の競争を排除するものではないが、支配的地位を有する事業者が競争条件を決定しないまでも、少なくとも競争条件に認知可能な影響を与えることを可能に〔する〕」とした（39段）。「支配的地位」の定義は、本判決で確立され、以降の欧州委員会決定、裁判所判決で引用されている。

地位判断の要素　EU裁判所は、市場占拠率のほか、市場によっては他の追加的要素も考慮に入れて、ロッシュの各市場における支配的地位の有無を判断した。

まず、市場占拠率が75％を超えるビタミン B_2 市場（75－87％）、B_6 市場（84－90％）については、他の要素を考慮することなく支配的地位を認定した欧州委員会決定を支持し（56段、60段）、H市場（93％）については独占状態にあることを認定した（68段）。

次に、市場占拠率が47％から60％超であったA市場、およびC市場については、追加的要素として、①競争者との市場占拠率の較差（A市場についてはロッシュの市場占拠率が47％であるのに対し、競争者は27％、18％、7％、1％、C市場ではロッシュの市場占拠率が64.8％であるのに対し、競争者は14.8％、6.3％）、②技術上の優位性、③潜在的競争の欠如を考慮して、支配的地位を認定した欧州委員会決定を支持した（51段、63段）。他方、B_3 市場については、市場占拠率が1974年では販売額ベース51.0％、販売量ベースで41.2％であったものの、1972年と1973年においては販売額ベースで28.9％、34.9％、販売量ベースで18.9％、23.4％であったため、ロッシュの支

配的地位を認めるための追加的要素を示していないとして、欧州委員会による支配的地位の認定を否定した（57-58段）。

その後、アクゾー事件判決（Case C-62/86, AKZO v. Commission [1991] ECR I-3359）において EU 裁判所は、事業者が50％以上の市場占拠率を有しており、一定期間に亘り支配的地位が保持され、競争者の市場占拠率との間に大きな較差がみられる場合には、支配的地位が認められるとの見解を示した（同判決59-61段）。本件に先立つユナイテッド・ブランズ事件では、40－45％の市場占拠率を有していたユナイテッド・ブランズ社について、追加的要素も考慮して支配的地位が認定されているが、一般に45％を超える場合には支配的地位の存在が推定され、同規模の競争者が市場に存在する等の事情がない限り推定を覆すのは困難である。（なお、同規模の競争者が市場に存在する場合には、共同の支配的地位（a collective dominant position）が認定される可能性がある。）また、英国航空事件判決（CaseT-219/99, British Airways v. Commission [2003] ECR II-5917）において欧州第一審裁判所（現 EU 一般裁判所）は、市場占拠率が40％を下回る39.7％であった英国航空について、次位事業者の市場占拠率が5.5％に過ぎないこと、同社が英国を発着する多くの航路を運航しており、また同国の主要空港において多くのスロットを保有していること等を考慮して支配的地位を認定した。EU 裁判所も同判決を支持している（Case C-95/04P, British Airways v. Commission [2007] ECR I-2331）。

他方、事業者の立場からは、支配的地位にないとされる「安全港（safe harbour）」の基準が重要である。この点、運営条約102条と同じく支配的地位の認定が議論される、企業結合を規制する「合併規則」（Council Regulation No 139/2004 [2004] OJ L21/1）の前文32段では、市場占拠率が25％を下回る事業者については、一般に支配的地位を有しているとはみなされないと述べられている。また、欧州委員会競争総局が運営条約102条による排除的濫用行為に対する規制の見直しの過程で、2005年12月に公表した「排除的濫用行為に対する〔運営条約102条〕の適用に関するディスカッション・ペーパー」第31段でも、同様の見解が示されている。もっとも、同ペーパーでは「25％以下の市場占拠率を有する事業者は、関連市場にお

いて、(単独の)支配的地位を有する可能性は低い」とされており、市場占拠率が25％以下の事業者について支配的地位が認定される可能性が完全に否定されているわけではない点は注意を要する。

濫用行為としてのリベート制度　運営条約102条は、濫用行為として、不当な対価または取引条件の強制（a号）、消費者にとって不利益となる生産、販売または技術開発の制限（b号）、取引の相手方の差別的取扱い（c号）、抱き合わせ販売（d号）を例示列挙している。

リベートは、①客観的な数量に基づいて全顧客に平等な条件で提供される数量リベートと、②顧客が供給者から必要量の全てないし大半を購入することを条件に提供される忠誠リベートとに区別され、値引きとともに価格競争の一面も有するものである。しかしながら、リベートが提供される場合、取引先事業者はリベート提供者との取引内容に必ずしも満足していなくとも取引を続ける動機付けを与えられる。その結果、取引対象の商品・サービスの優劣といった本来的な競争によらず、リベート提供者との取引が継続されることでリベート提供者の競争者が取引の機会を失う市場閉鎖効果が問題となる。ことに支配的地位を有する事業者による②の忠誠リベートの供与は、c号に規定される差別的取扱いとなる（ただし、リベートについては、提供されるリベートのほとんどは競争過程の現れに過ぎず、また顧客がリベートによる低価格の恩恵を明らかに受けているから、リベートを原則違法とするのは問題であり、支配的事業者と同等に（またはそれ以上に）効率的な競争者を排除する場合に限り違法とすべきとの批判もある（後掲【文献案内】Whish 747-748頁））。本件においてEU裁判所は、数量リベートは自動的に運営条約102条の適用範囲外となるとしつつ、支配的地位を有する事業者による忠誠リベートは濫用行為として禁止されると判示した。

欧州委員会は2009年2月に「支配的地位を有する事業者による排除的濫用行為に対するEC条約82条〔運営条約102条〕の適用に関する欧州委員会の執行における優先事項に関する指針」（以下、102条指針）を公表し、排除的濫用行為ごとに102条を適用する際の基本的な考え方を明らかにした。その中で、忠誠リベートを含む「条件付リベート（conditional rebates）」については、支配的地位を有する事業者が実施する場合には排

他的購入義務に類似した現実ないし潜在的な市場閉鎖効果を有すると考え（37段）、リベートの102条違反を認定する際には同等に効率的な競争者が個々の顧客に必要量の一部を供給することを困難にし、取引の拡大ないし新規参入を妨げるものであるか否かを検討する（いわゆる「同等効率的競争者テスト（as-efficient-competitor test）」の実施）としていた（41段）。

その後の展開　支配的事業者によるリベートの供与については、2017年9月のインテル事件判決により判例法が新たに展開した。本件の欧州委員会は、コンピューター用CPUの世界市場において支配的地位を有していたインテルがPCメーカーに対する忠誠リベートや資金を供与して競争者AMD社を排除した行為を支配的地位の濫用と認定し、同社に10億6000万ユーロの制裁金を課した（Intel COMP/C-3/37.990 [2010] OJ C227/13. 2009年5月）。欧州委員会は、インテルによる本件（忠誠）リベートはその性質からして競争制限的で「同等効率的競争者テスト」を使うまでもなく支配的地位の濫用にあたると考えたものの、現実にはそのテストを用いて競争者排除的効果を検証し、インテル社のリベートは反競争的な閉鎖効果を有すると結論づけた（決定1002-1576段）。

　インテルは本決定の取消訴訟をEU一般裁判所に提起した。同裁判所は、リベートを①数量リベート、②必要量の全てまたは大部分の購入を条件とするリベート（欧州委員会のいう忠誠リベート）、③第三類型のリベート（①、②のいずれにも該当しないが忠誠心を構築する効果（fidelity-building effect）を有するもの）に三分類し、①の数量リベートは一般的に市場閉鎖効果を有さないが（75段）、②の忠誠リベートは支配的事業者により提供される場合は域内市場の競争歪曲をもたらし（76-77段）、③の第三類型のリベートの供与は、それが支配的地位の濫用にあたるか否かの検討においては事案のすべての状況（とりわけリベート供与基準と規定）を検討する必要があるとした（78段）。そのうえで、インテルの供与したリベートは②の忠誠リベートであるから、濫用該当判断の際に事案のすべての状況を評価する必要はなく（79-84段）、「同等効率的競争者テスト」も実施不要とした（142-146段。Case T-286/09, Intel Corp. v Commission, EU:T:2014:547）。

　インテルの上訴を受けたEU裁判所は、破棄差戻判決をした（Case

C-413/14P, Intel v. Commission, EU:C:2017:632）。EU 裁判所は、忠誠リベートと第三類型リベートの区別を否定し、忠誠リベートであっても、それを供与した支配的事業者が欧州委員会の行政手続において自己の行為は競争を制限せず市場閉鎖効果を有さないとの証拠を提出しているときは、忠誠リベートについてもあらゆる関連事情を評価する必要がある。よって、欧州委員会は、(i)市場における支配的事業者の地位の程度、(ii)問題の慣行が対象とする市場占拠率、(iii)当該リベートを供与する条件と取り決め、(iv)同等に効率的な事業者を市場から排除する目的の戦略が存在する可能性を検証する必要があるとした（138-139段）。なお、当該リベートに同等に効率的な事業者を市場から排除する可能性があっても、支配的事業者は自己の供与するリベートが客観的に正当化されるか、消費者の利益に合致する効率性をもたらすと主張することも可能であるとした（140段）。

　本判決において EU 裁判所は、欧州委員会が本件において「同等効率的競争者テスト」を実施したことが、本件リベート制度の市場閉鎖効果を評価するうえで重要な役割を果たしていたことを指摘した（142段）。これは、欧州委員会が上述の102条指針において示していた、忠誠リベートの評価において「同等効率的競争者テスト」を実施するとの方針を支持するものである。本判決により、支配的事業者による忠誠リベートの供与について、画一的に支配的地位の濫用に該当すると評価するのではなく、経済分析を実施したうえでの評価が求められるとの判断が示された。

（多田英明）

✤文献案内

Brian Sher, "Price Discounts and Michelin II; What Goes Around, Comes Around" (2002) 23 ECLR 482.

John Kallaugher & Brian Sher, "Rebates Revisited: Anti-Competitive Effects and Exclusionary Abuse Under Article 82" (2004) 25 ECLR 263.

Alison Jones & Brenda Sufrin, *EU Competition Law*, 6th ed. (Oxford U. P., 2016), pp.434-473.

Richard Whish and David Bailey, *Competition Law*, 9th ed. (Oxford U. P., 2018), pp.746-753.

● テリアソネラ事件

33 運営条約102条「支配的地位の濫用」
―― マージン・スクイーズ

Case C-52/09, Konkurrensverket v TeliaSonera Sverige AB [2011] ECR I-527.

◆**事実・争点**

　テリアソネラ（TeliaSonera、以下、TS）は、スウェーデンの固定電話事業者である。同社は、同国のほぼ全世帯が接続する電話回線網をもち、加入者線（local loop、加入者宅と最寄り電話局の接続回線）も所有していた。同社は加入者線について、①EC理事会規則2887/2000号（[2000] OJ L336/4）に定める義務に従い、他の通信事業者にアンバンドル・アクセス（接続回線の機能を細分化することによる接続）を認めて開放した。また②法的義務ではなかったが、TSはADSL（非対称デジタル加入者線）商品をADSL事業者に提供した（当該事業者はADSLをもちいてブロードバンド・サービスを末端利用者に提供する）。なお、TS自身も末端利用者にブロードバンド・サービスを提供した。

　スウェーデン競争当局は、TSが2000年4月から2003年1月にかけて設定したADSL事業者向けのADSL卸売料金が高く設定されたために、ADSL事業者にマージン・スクイーズが生じ、ADSLを用いたサービス市場の競争排除効果が生じたため、TSは支配的地位を濫用したと判断した。具体的には、TS

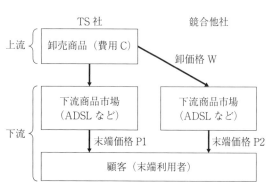

TSマージン＝P1－C　競合他社マージン＝P2－W
出典：Biro et al (2011)〔後掲〕にもとづく

の末端利用者向けブロードバンド・サービス料金（P）からADSL事業者へのADSL卸売料金（W）を引いた差額（P－W）では、TS自身が末端利用者にブロードバンド・サービスを提供する費用（C）をカバーできなかったと指摘した。当局はTSをストックホルム地方裁判所に訴え、2000年4月から2003年1月までの期間についてはスウェーデン競争法違反、2001年1月1日から2003年1月までの期間についてはさらにEU運営条約102条違反も理由に、制裁金の支払命令を求めた。

同裁判所は、EU裁判所に先決裁定を請求した。争点は、垂直統合された固定電話事業者の設定するADSL事業者向けADSL卸売料金（W）と、末端利用者向け小売接続料金（P）との間に見られる差額（P－W）におけるマージン・スクイーズを支配的地位の濫用と判断する方法であった。

◆**先決裁定**

マージン・スクイーズ
　マージン・スクイーズは、支配的事業者と少なくとも同等に効率的である競争者〔以下、同等に効率的な競争者〕を排除する効果をもち、客観的な正当化事由を欠くとき、それ自体で濫用行為となる（31段）。ADSL卸売料金（W）と末端利用者への小売料金（P）の差（P－W）が、マイナス（P－W＜0）または末端利用者に小売接続サービスを提供するテリアソネラ自身の費用（C）を十分カバーできない場合（P－W＜C）には、同等に効率的な競争者であっても末端利用者への接続サービス競争ができなくなるため、マージン・スクイーズが存在する（32段）。この状況では、同等に効率的な競争者であっても、小売市場においては赤字を余儀なくされるか、人為的に縮小された利益水準でしか事業活動ができなくなる（33段）。価格設定の不公正さは、マージン・スクイーズの存在にあって、卸・小売価格の厳密な差額にあるのではないから、事業者に対する卸売料金または末端利用者への小売料金それ自体が濫用的であることを示す必要はない（34段）。

濫用認定上の考慮要素
　価格と費用　　支配的事業者の価格設定の適法性評価においては、通常、支配的事業者自身の小売サービス市場での価格と費用に照らして判断する。本基準により、支配的事業者が媒介サービスに卸売料金を支払う義務があった場合でも、赤字を出さずに小売サービスを末端利用者に提供で

きるほど効率的であったかを検証できる（41-42段）。

マージン・スクイーズとされる価格戦略が濫用的かどうかを評価する際、まずは小売サービス市場における支配的事業者の価格と費用を検討し、それが次に掲げるような例外的に不可能なときは、競合他社の費用と価格を検討する。たとえば、①客観的理由により支配的事業者の費用構造を正確に特定できないとき、②競合他社に対するサービスの提供が既に製造費用が償却されている施設（例：インフラストラクチャー）を使用するに過ぎないとき、③市場に特有の競争条件により支配的事業者の費用と価格を基準に使えないときなどである（45-46段）。

反競争的効果　支配的事業者によるマージン・スクイーズを濫用的と認定するためには、当該行為が市場に反競争的効果を与えることを要する。ただし、市場に支配的事業者がいること自体が市場競争を弱めているから、反競争的効果は具体的である必要はなく、少なくとも同等に効率的な競争者を潜在的に排除しうることを示せば足りる（27、64段）。

本件では、末端利用者のブロードバンド接続市場でのTSと同等に効率的な競争者との競争において、TSの価格戦略が同等に効率的な競争者を阻害する可能性があるかどうかを、あらゆる具体的な事実関係から検討しなければならない（67-68段）。

第一に、卸売商品と小売商品の機能上の関係を検討すべきである。卸売商品が不可欠であるかどうかが、マージン・スクイーズの影響の評価に関係しうる。小売商品販売上、卸売商品へのアクセスが不可欠の場合には、同等に効率的な競争者が赤字や縮小利益での競争を強いられるならば、小売市場での競争上の不利を被るのであり、マージン・スクイーズについて少なくとも潜在的な反競争的効果がありうる（69-71段）。

第二に、同等に効率的な競争者のマージン・スクイーズの程度を決定しなければならない。マージンがマイナスの場合〔末端価格P2－卸売価格W＜0〕、競合他社は、支配的事業者と同等またはそれ以上に効率的であっても赤字販売を強いられるから、少なくとも潜在的な競争排除効果が存在しうる。他方、マージンがプラスの場合は、支配的事業者の価格実務のために利益縮小が生じるなどの理由により、競合他社の活動が少なくともより困難となりうることが立証されなければならない（73-74段）。

とはいえ、支配的事業者側は、自らの価格戦略に排除効果があるとしても、経済的に正当であることを立証することは許される。この正当性判断は、事案のあらゆる事実関係にもとづいて判断する。その点で、当該価格戦略の排除効果を補いまたは補って余りある効率性の利点があって、ひいては消費者にとっても利益となるものがあるのかどうかを判断しなければ

ならない。当該排除効果が市場と消費者の利益と無関係であるか、あるいは当該利益の獲得に必要な範囲を超えたものであるときは、当該価格戦略は濫用行為とみなされねばならない（75-76段）。

〔以上のほか、EU 裁判所は、マージン・スクイーズによる支配的地位の濫用の認定判断において考慮すべきでない要素についても検討して、次のように回答を総括した。〕

マージン・スクイーズを支配的地位の濫用と評価する際には、個別の事案のあらゆる事実関係を考慮する。その際、小売サービス市場における支配的事業者の価格と費用を考慮することを原則とする（これが不可能な場合にのみ、同一市場における競争者の価格と費用を検討する）。そして、支配的事業者の価格実務が、卸売商品の不可欠性を考慮した上で、小売市場に少なくとも潜在的な反競争的効果をもたらすものであること、かつ経済的に正当化できないことが立証されねばならない（113段）。

他方、以下の点は濫用評価においては関係がない。①支配的事業者が競争事業者に ADSL 接続サービスを提供する法的義務を負うかどうか。②支配的事業者の卸売市場における市場支配力の程度。③支配的事業者が下流の小売市場においては支配的地位をもっていないこと。④当該価格実務の対象となる顧客が支配的事業者にとって新規の顧客か従来からの顧客かの区別。⑤支配的事業者が当該価格実務により被りうる損失を回収できないこと。⑥係争の市場がどれほど成熟市場であるか、また係争の市場が新技術に関わり多額の投資を要するものかどうか（114段）。

◆解　説

本件の意義　本先決裁定は、電気通信分野におけるマージン・スクイーズを運営条約102条違反とした EU 裁判所の先例ドイツ・テレコム事件（Case C-280/08 P, Deutsche Telekom AG v Commission [2010] ECR I-9555）の判旨を踏襲し、マージン・スクイーズの有無は「同等効率競争者テスト（as efficient competitor test）」により判断されるとした。本裁定の意義は、先例よりも踏み込んで、マージン・スクイーズは支配的事業者の提供する商品またはサービスが不可欠でない場合にも認定される場合があること、また支配的事業者が競合する他の通信会社への接続提供義務を負わない場合でも認定されるとの判断を示した点にある。また本裁定は、マージン・スクイーズの認定において考慮してはならない事項

も示した（114段）。

マージン・スクイーズ　マージン・スクイーズ（プライス・スクイーズ、価格圧搾）とは、上流市場と下流市場を垂直統合する支配的事業者が、下流市場の商品・サービスを下流市場の競争者に販売する場合、競争者が収益を上げて事業活動を行いえない価格を設定して競争者の利益を圧迫することをいう。マージン・スクイーズは、運営条約102条第2文(a)にある「不当な購入もしくは販売価格または不当な取引条件を間接または直接に課すこと」に該当する。

本件では、マージン・スクイーズは、ADSL卸売料金（W）と末端利用者への小売料金（P）の差（P－W）がマイナスとなるか、TS自身が末端利用者に小売接続サービスを提供するのに要する費用（C）をカバーするのに不十分な場合に存在するとされた（32段）。本裁定でのマージン・スクイーズの定義とその認定基準（競合事業者を排除する行為の違法性判断基準の一つ「同等効率競争者テスト」）は、ドイツ・テレコム事件判決と同等である。「同等効率競争者テスト」を用いる背景には次の考慮がある。支配的な垂直統合された企業により卸売価格（W）が小売価格（P）と同等程度まで引き上げられると、小売価格と卸売価格のマージン（P－W）はほぼゼロとなる。このため、仮に小売段階の競争者が垂直統合企業と同程度に効率的であったとしても、利潤を得ることは不可能となる。よって、支配的企業が競争者を市場から排除したか否かは、支配的企業が競争者に課した卸売価格では支配的企業自身の小売部門も損失を被るかどうかから判断でき、そこで損失があるときは競合他社へのマージン・スクイーズが認定される（後掲【文献案内】伊永・岡村）。

濫用認定：費用・価格　支配的地位の濫用の認定の過程で「同等効率事業者テスト」を用いる際に、支配的事業者自身の小売サービス市場における価格と費用を考慮するとEU裁判所はドイツ・テレコム事件では判断していた（同195-204段）。その理由についてEU裁判所の説明では、支配的事業者は運営条約102条のもとで競争を歪曲しない特別の責任を負うのであるから、その市場行動の適法性を評価するうえで自らの費用と価格を考慮されることは法的安定性の一般原則に合致し正当であるし、

支配的事業者は自らの費用や価格を把握しているが、競争者の費用と価格は一般に把握していないからである（同202段）。本裁定のEU裁判所もこれを踏襲している。ただし、支配的事業者の費用と価格を基準とできない場合にのみ、競争者の費用と価格を基準とするとした（45-46段落）。

濫用認定：　　　　　EU裁判所は、支配的事業者によるマージ
潜在的な反競争的効果　ン・スクイーズを濫用的と認定するには、当該行為が市場に反競争的効果を与えていることを要するが、反競争的効果は具体的である必要はなく、少なくとも同等に効率的な競争者を潜在的に排除する可能性があることを示せば足りると判示した（64段）。

他方、EU裁判所は、支配的事業者の提供する商品の不可欠性については、支配的事業者の提供する卸売商品が不可欠である場合に限らず、当該卸売商品が小売商品の供給に不可欠ではない場合も、卸売市場における支配的事業者の地位を考慮して、マージン・スクイーズとなる価格設定が潜在的な反競争的効果を生む可能性があるとした（70-72段）。この点、支配的事業者の提供する卸売商品が小売商品の供給に不可欠であるとしていたドイツ・テレコム事件判決よりも、マージン・スクイーズとされる価格設定行為の射程を拡大するものである。

法的義務は　　　ドイツ・テレコム事件では、ドイツ・テレコムは競争
関連するか　　　関係にある通信会社への接続提供義務を負っていた。これに対し本件TSの場合、ADSL接続サービスを卸売市場の競合他社へも提供していたが、これは同社自身の判断であってスウェーデン国内法のもとでの提供義務は課されていなかった。これはマージン・スクイーズによる責任の成否を左右する点であるのか。

この点、マザク（Mazák）法務官は、支配的事業者に不可欠ではない接続を提供させる国内法上の義務がない場合、支配的事業者は原則としてマージン・スクイーズの責任は問われるべきではないとした。その理由として法務官は、マージン・スクイーズが価格の抽象的な計算のみに基づいて禁止されるものに過ぎず、また当該商品が当該市場における競争にとって不可欠であると評価できない場合、支配的事業者の投資意欲は減退するか、またはマージン・スクイーズが認定されないように末端利用者価格を

引き上げることとなることを挙げた。したがって、支配的事業者が当該商品の供給を合法的に拒絶できた場合には、同社の競争者に不利な条件で当該商品を供給したとしても責任を問われるべきではないとしていた（意見21段）。また、本件の TS 社は、支配的事業者の経済的自主性を確保すべく、支配的事業者と契約を結ぶ際の取引条件が、相手方事業者にとって、ブロンナー事件先決裁定（Case C-7/97, Bronner [1998] ECR I-7791）の基準（当該拒否が、①消費者の潜在的需要のある新商品の出現を妨げること、②正当な理由を欠くこと、③派生市場の競争を消滅させること）に照らして供給拒絶となるほど不利なものでなければ、支配的事業者は取引条件を自由に決定できるべきであると主張していた（54段）。

　しかしながら、本件の EU 裁判所は、TS の主張に従うと支配的事業者の取引条件は供給拒絶に該当しない限り濫用行為として認定できなくなり、運営条約102条の実効性を損ねるとして退けた（58段）。さらに、運営条約102条は、支配的事業者が（法的義務ではなく）自発的に行う行動に対して適用されるものであるから、市場競争の歪曲防止に「特別の責任」を負っている支配的事業者（TS など）が下流市場の競争者と取引することを自発的に選択した場合には102条は適用されてしかるべきだとして、法務官意見も退けた（52-53段）。したがって、TS が卸売市場において競争者に接続を提供する義務を欠いていることは、本件価格設定が濫用的であるという結論に影響を与えるものではないと EU 裁判所は判断した（59段）。

本件の背景と結末　本件の背景には、EU において1980年代後半から電気通信市場の自由化が開始されたことがある。1996年3月に採択された「電気通信市場の完全自由化指令」（Commission Directive 96/19/EC, [1996] OJ L74/13）により、1998年1月より電気通信市場の完全自由化が実現した。欧州委員会は、電気通信市場の完全自由化後は、電気通信事業者間のアクセス協定が中心的課題となるとの認識のもと、「電気通信分野におけるアクセス協定への競争規則の適用に関する告示」（[1998] OJ C265/2）を公表し、通信事業者が対象となる商品・サービス市場において支配的地位を有する場合には、マージン・スクイーズが濫用行為となりうることを指摘していた（同告示117-119段）。

電気通信市場の自由化が開始された1980年代後半においては、英国を除くEU諸国の電気通信事業者は国営ないし公社の形態をとっており、いずれも独占的事業者として市場支配的地位を有していた。その後の自由化進展により、多くの電気通信事業者が市場に参入した。しかしながら、旧国営ないし公社であった電気通信事業者の支配的地位は、本件で問題とされたブロードバンドによるインターネット接続サービスの提供が開始された2000年代になっても揺らぐことはなく、支配的地位を有する通信事業者による濫用行為が認定された事例が相次いだ。本件に先立つ事例として、前出のドイツ・テレコム事件のほか、ブロードバンド・インターネット接続サービスについて略奪的価格設定が認定されたフランス・テレコム事件（Case C-202/07, France Télécom SA v Commission [2009] ECR I-2369）がある。
　なお、本先決裁定を受け、ストックホルム地方裁判所は2011年12月2日、マージン・スクイーズによる市場支配的地位の濫用を理由に、TSに対し1億4400万スウェーデン・クローネ（約1500万ユーロ）の制裁金の支払いを命じた（同裁判所2011年12月2日付報道発表）。

（多田英明）

✤文献案内

Alison Jones, "Identifying an Unlawful Margin Squeeze: The Recent Judgment of the Court of Justice in Deutsche Telekom and TeliaSonera" (2012) 13 Cam. Ybk Eur. Legal Stud. 161-193.

Niamh Dune, "Margin Squeeze: Theory, Practice, Policy — Part I & II" (2012) Eur. Comp. L.Rev. 29-39; 61-68.

Richard Whish & David Bailey, *Competition Law*, 9th ed. (Oxford U. P., 2018) 754-757.

Wolfgang Wurmnest, "Case C-52/09, Konkurrensverket v. TeliaSonera Sverige AB" (2012) 40 Com. Mkt. L. Rev. 771-782.

伊永大輔・岡村薫「第11章　マージン・スクイーズによる私的独占　NTT東日本事件」岡田羊祐・林秀弥『独占禁止法の経済学——審判決の事例分析』（2009年、東京大学出版会）238頁。

Z. Biro, G. Houpis, and M. Hunt, "Applying Margin Squeeze in Telecommunications: Some Economic Insights" (2011) 2 J. Eur. Comp. L & P., 588-595.

34 ●クレハン事件
EU 競争法の私的執行

Case C-453/99, Courage Ltd. v. Crehan [2001] ECR I-527.

◆事実・争点

　カレッジ社（以下、C社）は、イギリスのビール販売市場で19%のシェアを有する酒造会社である。C社とホテル・ケータリング業会社の両社は1990年、その保有するパブ店舗を統合し、折半で出資した合弁会社 IEL にこれら店舗を譲渡した。IEL は、パブ店舗の賃借人との契約を、個別交渉の余地を殆ど残さない定型化した標準契約書で行っていた。

　1991年に、クレハン氏は IEL との間で期間20年のパブ店舗二件の賃貸借契約を締結した。その際に、クレハン氏は、パブ店舗の賃借料については交渉を許されたが、一定量のビールを IEL の指定酒造会社（C社）だけから IEL 価格表価格で購入するビール拘束購入条項については交渉を許されず、標準契約書通りに締結させられた。その一方でC社は同じビールを一般のパブ店舗には IEL 価格表価格より安く卸していた。

　クレハン氏のパブは利益をあげず、1993年には二店とも閉店した。クレハン氏はビール代金の一部をC社に払わなかったため、1993年、C社はクレハン氏に対し未払いビール代金（£15,266）の支払いを求めてイギリスの裁判所に提訴した。クレハン氏は、前述のビール拘束購入契約は EC 条約81条〔旧 EEC 条約85条、現運営条約101条〕に違反すると反訴を提起し、差別的高価格の強制に基づく損害賠償としてC社に対し、ビール拘束購入契約での指定価格と一般店舗への卸価格の差額の賠償を請求した。

　当時のイギリスの先例では、イギリス法上、違法な契約の一方当事者から他方当事者に対する損害賠償請求は許されなかった。さらに、本件と類似する損害賠償を求めた別件において、イギリス控訴院（Court of Appeal）は、〔運営条約101条〕1項違反の損害賠償請求の訴えでは損害回避注意義

務を誰が負うかが問題となるが、それは同条違反の行為者（問題の契約の双方当事者）が第三者（他の競争者や消費者）に対して負う注意義務であると解されるから、同条違反の契約の一方当事者が他方当事者に損害賠償を請求することはできないと判断していた。

イギリス控訴院は、これらの先例に触れてイギリス法上は救済がないことを確認したうえで、①自らの違法行為に基づく損害賠償請求権を否定する国内法上の準則は EU 法に反しないか、②かりにこの種の国内法準則が EU 法に反するため排除されるとき、実体面の評価はどのような要素を考慮しなければならないかについて、先決裁定を EU 裁判所に請求した。

◆**先決裁定**

賠償請求権

EU 裁判所は、何人も〔運営条約101条〕1 項違反について構成国の裁判所で主張することができ、それは、当人が競争制限または歪曲の原因となった違法契約の一方当事者である場合も同様と判示した（24段）。

その理由は、第一に、EC 条約〔＝ EU 基本条約〕の形成する独自の法秩序にある。この法秩序は構成国の法制度と不可分一体となり、国内裁判所もこれを適用しなければならず、構成国のみならずその国民もこれに服さなければならない。EU 法は個人に義務を課すと同時に権利をも付与し、この諸権利は〔EU 基本〕条約が明文で付与する場合に生じるだけでなく、同条約が個人ならびに構成国および EU 諸機関に明確に課す義務からも生じる（19段）。第二に、EC 条約 3 条 g 号〔現在対応規定はないが同旨は、EU 条約 3 条 3 項、運営条約 3 条 1 項 b 号〕によれば、〔運営条約101条〕は域内市場運営の達成に不可欠な基本的規定であり、その重要性は、その禁止する合意や決定は同条 2 項で自動的に無効と定められているところに現れている。この自動的無効の原則を何人も主張することができ、国内裁判所はこの原則に拘束される（20-22段）。第三に、〔運営条約101条〕1 項および〔運営条約102条〕は、個人間に直接効果をもち、関係諸個人に権利を生じさせ、国内裁判所はこの権利を保護しなければならない（23段）。

実効的な賠償

次に EU 裁判所は、EU 競争法違反となりうる契約の一方当事者が提起する損害賠償請求訴訟を国内法が全面的に禁じることは EU 法の実効性を害するので EU 法違反になると示した（28段）。

EU 裁判所によれば、EU 法上の確立された判例からして、各国の裁判所はその管轄において EU 法の諸規定を適用する任務を負い、EU 法規の完全な実効性を確保し、EU 法規が個人に付与する諸権利を保護しなければならない（シンメンタール事件〔本書2番事件解説〕およびファクタティム事件〔本書7番事件〕）。しかも EU 競争法上、競争を制限または歪曲する原因となった契約や行為により個人に生じた損害を賠償請求することが許されなければ、〔運営条約101条〕の完全な実効性、特に同条1項の禁止条項の現実の効果は危うくなり、しかも、このような損害賠償請求の権利の存在は、しばし隠然と行われる EU 競争法違反の合意や行為を抑止する。この観点から、各国裁判所における損害賠償請求訴訟は、EU 内での実効的な競争維持に対して多大な貢献ができる（25-26段）。従って、EU 競争法違反となりうる契約の一方的当事者が提起する損害賠償請求訴訟に対し、これを全面的に禁ずることはあるべきではない。

請求権の行使・制限

　しかしながら、EU 裁判所によれば、この問題を扱う EU 法が存在しない以上、各国法に従って、管轄権のある裁判所および審判所を特定し、かつ EU 法から直接に個人が得る権利を保護するための詳細な訴訟手続の準則を示すのが相当である。ただし、当該準則は、同様の国内訴訟を規律する準則よりも不利であってはならず（同等性原則）、かつ EU 法が付与する権利の行使を現実に不可能または著しく困難にするものであってはならない（最低限の実効性原則）（29段）。

　この点で、EU 裁判所の先例によれば、EU 法上の権利を保護することで当該権利主体が不当な利得を得ることがないよう各国裁判所が対策をとることは EU 法に反しない。同様に、同等性および最低限の実効性の原則が保証されることを条件としつつ、競争歪曲に対して重大な責任（significant responsibility）を負うと判断された一方当事者から契約の他方当事者に対して損害賠償を請求する権利を各国法が否定することも EU 法に反しない。原告が自らの違法行為から利益を得てはならないという原則は、ほぼすべての構成国法において認められており、EU 裁判所においても過去に適用した例があるからである（30-31段）。

　ゆえに、国内裁判所が考慮すべきは、両当事者が置かれた経済的状況と法的状況、各自の交渉力と行状などである。特に、競争制限または歪曲の原因となった契約を締結したために損害を被ったと主張する一方当事者が、他方当事者よりも際立って弱い立場にあり、契約交渉の自由を重大または完全に奪われていなかったかを確認すべきである。また、契約が同様の契約のネットワークの一部をなしていて、この契約群の競争への累積効

> 果だけを理由として競争法違反とされることもありうる。そのような場合、特にこのネットワークを支配する者から一方当事者が契約条項を実際に押し付けられたような場合は、当該一方当事者に〔運営条約101条〕違反の重大な責任を負わせることはできない（32-35段）。

◆解　説

本件の意義　　本件の第一の意義は、EU競争法違反により損害を被った個人が（たとえEU競争法違反の契約の一方当事者であっても）、違法契約の他方当事者に対して損害賠償を請求するEU法上の権利をもちうることを認めた点である（24・28段）。何人にもEU法上の賠償請求権を認めた点（類例、フランコヴィッチ事件やブラッスリ事件〔本書8番事件〕）、そして特に、違法行為当事者についても賠償請求の権利を認めうることを明確にした点において画期的である。

本件は直接には運営条約101条違反事件での判断であるが、裁定19-23段に示された論理が同条約102条にも応用可能であることは明白である。この結果、EU競争法の執行は、欧州委員会や各国競争法当局の手によるばかりでなく、判例上、私人による賠償請求の途が開かれた。本件の第二の意義は、私人によるEU競争法の執行（私訴）の途を開いた点である。

第三の意義は、EU競争法違反の契約の一方当事者Aが他方当事者Bに損害賠償請求権をもちうるとしても、違反行為に「重大な責任（significant responsibility）」を負うAはBに賠償請求をできないという立場も示し、その「重大な責任」の判断方法を略説している点である。

EU法上の賠償請求権の創造　　本件裁定は、「何人もEC条約85条1項違反について国内裁判所において主張することができる」（24段）と述べ、運営条約101条1項に違反する契約の当事者であると否とを問わず、101条違反の契約による損害賠償を請求する権利を、EU法上の権利として正面から認めた。その理由として、まず、初期の判例であるファン・ヘント・エン・ロース事件〔本書1番事件〕やコスタ対エネル事件〔本書2番事件〕で確立されたEU法秩序の基本的性格について触れ、EU法が個人に権利を直接に付与する性質をもつことを再確認した（19

段)。そしてこのとき、1991年のフランコヴィッチ事件先決裁定〔本書8番事件解説〕にも触れている。次に、EUにおける競争法の重要性、すなわち101条1項は、それに違反する契約が101条2項で自動的に無効とされているほど重要な、域内市場活性化のため不可欠な規定であると述べる(20-22段)。最後に、前記二点の論理的な帰結である101条1項の直接効果について述べている(23段)。

　この理由づけから、あらゆる個人の101条1項違反行為に対する損害賠償請求権が論理必然的にEU法上の権利として導かれるかのような印象をもたされる。しかしこれは本質的にEU裁判所による目的論的な判例法形成である。この視点からでないと、何故に2000年代になってようやく、かくも基本的な論点に対する判断が出てきたのかという疑問は解けない。というのは、たとえばイギリスでは1970年代前半からすでに同じ論点が傍論ながら議論されていたからである(*Eg.*, Application des Gaz SA v. Falks Veritas Ltd. [1974] Ch. 381; Garden Cottage Foods Ltd. v. Milk Marketing Board [1984] 1 AC 130)。

　本裁定がでてきた背景には、1990年代後半からのEU競争法の執行が欧州委員会の集権的体制から各国への分権的体制へと転換した「現代化」改革がある。この改革により、理事会規則1/2003号〔[2003] OJ L1/1〕に基づき2004年5月1日から運営条約101条3項(適用免除)にも直接効果が付与され、各国裁判所においても101条の事案を全面的に審理できることになった。本件裁定中の「国内裁判所における賠償請求訴訟は〔EU〕における実効的な競争の維持に対して多大な貢献をなすことができる」(裁定27段)という政策的な表現はこの動きに呼応する。

　だがより広く、EU法の自律的な発展があったことが本裁定を可能にした主因である。本裁定でEU法秩序の基本的性格に触れた部分で、先例として1991年のフランコヴィッチ事件先決裁定を引いていた。当該裁定では、EU指令の実施義務を怠った構成国に対する私人からの損害賠償についてEU法上の請求権を認めた。その結論にいたる理由づけにおいてEU裁判所は、EU法秩序は各構成国法と一体化し、各国裁判所もこれを実効的に保障する義務を負うと述べ、構成国の責めに帰す違反により個人が権

利を侵害されたときに救済を得ることができないならばEC法秩序の完全な実効性は損なわれ、個人の権利保護も弱められるだろうという、ある「べき」実効性確保の観点から、構成国「自らの責めに帰する〔EU〕法違反の結果、個人に生じた損失や損害に対する賠償責任の原則が〔EU基本〕条約の制度に内在する」という結論を導いた。これは、1963年のファン・ヘント・エン・ロース事件先決裁定以来繰り返されてきたEU裁判所によるEUの基本条約の空白部分への目的論的な読み込みであり、積極司法による憲法創造である（本書1番事件解説参照）。

　1996年のブラッスリ事件〔本書8番事件〕でさらに一般的に構成国によるEU法違反の作為および不作為から生じた損害について個人の賠償請求権を認めた。そこで1990年代後半から、これらの判例の展開に立脚して、EU運営条約が明確な禁止をもって私人に特定の行為の違法性を明示している101・102条についても、違反行為による個人の損害の賠償請求権が「〔運営〕条約に内在する」と主張することが当事者にも十分可能になった。こうした判例展開は、実効的なEU法秩序を築くという推定上の条約起草者意思を根拠とする目的論的な展開である。ゆえに本件はEU裁判所の憲法創造的な判例法の流れ（本書1〜2、4〜8番事件など）に位置づけうる。

違法行為者の訴え禁止の排除　本件では、イギリス法は個人の損害賠償請求を認めなかった（【事実・争点】参照）。「裁判所は違法行為者の訴えを助けない（ex turpi causa non oritur actio）」、「裁判所は違法な契約にもとづく強制履行その他の訴えを認めない（in pari delicto potior est condition defendentis）」という法諺に示される政策的配慮であって、これはヨーロッパ諸国の多くに共通する。しかし、いずれも一定の例外がある。本件のEU裁判所も、イギリス法上の全面的な訴訟禁止の実務はEU法に反するが、他方で、ヨーロッパ諸国の共通の法伝統がEU法にも取り込まれていると指摘して、競争歪曲に対して「重大な責任」を負うと判断された一方当事者からの契約の他方当事者に対する損害賠償請求権は、各国法も否定することを認めた。

損害賠償請求権の行使制限　そこでEU競争法違反の損害賠償請求権の行使の局面については、EU法上の権利の保護のための手

続は、EU法上の定めのない場合、構成国の法に委ねられるというのがEU法の基本的立場である（本書8番事件解説参照）。すなわち、①当該国内手続法がEU法上の権利を国内の同種の権利よりも不利に扱うものではなく（同等性原則）、かつ、②EU法上の権利の行使を実際上不可能とするものではないこと（最低限の実効性原則）の二つの要件をみたす限り、国内手続法の自律が認められる。本件裁定は、EU競争法の私人による損害賠償請求権がEU法上の権利であることを鮮明に宣言した後、現実の権利執行手続についてはこの従来の原則を基本的に踏襲した。

しかし同時に、この二要件の充足を前提に、競争制限に「重大な責任」がある契約当事者からの賠償請求は認めないとして一定の権利行使に制限を課した（裁定31段）。EU裁判所は、「重大」の判断指標として、比較考量的な要素、すなわち問題となる契約の各当事者の置かれた経済的および法的状況、契約条件の交渉力、当事者の実際にとった行動、損害回避能力の喪失の程度を挙げる。またこれとは別に、ビール拘束契約のように、ひとつのビジネス・ネットワークで多数の同じ契約が使用され、その蓄積が競争制限効果を生む場合には、ネットワークを支配する者の相手方である契約当事者にはこの重大な責任はないと判示した。

私訴の実態　判例法上EU競争法における私訴の権利が認められたとはいえ、その具体的な手続や実体要件等は各国法に委ねられた。EU次元での私訴に関する統一法の立法も望まれたが、コモン・ロー系や大陸法系などの各国の法伝統の違いがあるため、実際には立法に十年以上を要し、各国法を前提とした部分的な法の調和にとどまった。2014年の指令2014/104号（[2014] OJ L349/1）は、EU競争法違反の損害賠償私訴における証拠開示の準則など手続面の一定部分についてのみ統一法を示し（その余は各国法に委ねたまま）、それに即した国内法整備を構成国に義務づけた。かくして昨今の大型国際カルテル事件の度重なる摘発にもかかわらず、EU域内で私訴（クラスアクション含む）が一挙に増加する現象はみられない。相変わらず、以前からみられた特定の管轄地（イングランド、ドイツ、オランダ等）での訴訟の集中傾向が続いている。

CDC 事件　　このような実務の流れの中で注目を集めたのが、2015年のCDC事件（Case C-352/13, CDC Hydrogen Peroxide, EU:C:2015:335）であった。これはEU競争法事件の私訴における裁判管轄に関するEU裁判所の初判断である。事案は、EU各国に設立された6社による過酸化水素等のカルテル事案であり（Commission Decision 2006/903/EC）、6社のうち1社（E社）がドイツで設立されドイツに裁判管轄を有していたため、2009年3月に私訴がドイツで提訴されたが、同年9月にE社は裁判外の和解により訴訟から離脱したというものである。

　EUの国際裁判管轄に関するブラッセルⅠ規則6条1項は、複数被告に対する訴えが緊密に関連しかつ異なる裁判手続の結果異なる判決が言い渡されるリスクを回避するため一括審理が望ましい場合にのみ、複数被告のうち一被告が住所を有する裁判地において提訴できると定める。同規則5条3項は、一構成国に住所を有する者を、不法行為または準不法行為の損害発生またはその可能性ある場所の存在する他構成国の裁判所に提訴できると規定する。同23条1項は、一構成国に住所を有する者による約定管轄の合意は、文書化など一定の条件に従い専属管轄として認められると定める。

　こうした条文の解釈に関して先決裁定を求められたEU裁判所は次のように判断した。①該当管轄地に住所を有する唯一の共同被告に対する訴えが取り下げられたときであっても、各自異なる場所と時点で競争法違反行為に参加していた他の共同被告について欧州委員会が単一かつ継続的な競争法違反を認定したときは、当該他の共同被告にブラッセルⅠ規則6条1項は適用される。ただし、意図的に管轄を集中させるために原告と和解した被告と原告が共謀して和解の成立を遅延させていた場合はこの限りでない（CDC先決裁定33段）。②欧州委員会が単一かつ継続的な競争法違反を認定し、各被告が異なる場所と時点において当該違反行為に参加した場合、被害者たる原告は、カルテルの最終実行地、カルテルの合意地または被害者が登記上住所を有する場所のいずれかを裁判管轄として選択できる（同56段）。③EU競争法違反を原因とする損害賠償請求訴訟において、係争の製品供給契約中の約定管轄規定が競争法違反の結果生じる責任に関す

る紛争について定める場合には、それによる管轄権指定がブラッセルⅠ規則5条3項または6条1項を適用した場合と異なる結果となるとしても、同規則23条1項により当該約定管轄を考慮することが許される(同72段)。

この裁定は、広く私訴における裁判管轄に関する選択肢を原告側に認めてEU競争法違反における損害賠償請求権の行使を容易にする。同時にその濫用も戒めている。また、約定管轄を広く認めることで、私訴の最初の数年間争われる可能性の高い裁判管轄に関する争いを防ぎ、以て私訴裁判の迅速化にも寄与するといえよう。

グローバルな実務問題 EU域外まで視野を広げるなら、競争法域外適用の実務が定着し、国際競争法ネットワーク(ICN)を通じた各国競争法執行当局間の調査協力も発展するにつれ、複数管轄での国際カルテルの同時摘発が増え、私訴における和解交渉では当事者がEUの枠を超え世界の関連する管轄内での一括的解決を望む場面も増えてきた。この和解交渉でカルテル関与の一企業が被害者とグローバルに単独和解する場合、後日被害者に損害賠償をした他カルテル関与企業による求償権(Contribution Claim)(共同不法行為債務に関する米欧法制の相違および欧州各国の求償権制度の相違に起因する)行使からの保護が、新たに問題となる。

またグローバルな訴訟では他国当局の管轄の法との衝突も起こり、EUとEU域外とで法制度の差異をどのように調和できるかも新たに問われてきている。たとえば、アメリカの訴訟で求められるEU内の証拠開示請求とEUデータ保護法制との調整、アメリカとEUの弁護士秘匿特権制度の差異と米欧での証拠開示請求対象の例外など枚挙にいとまがない。

(由布節子)

✠文献案内

Clifford A. Jones, *Private Enforcement of Antitrust Law in the EU, UK and USA* (Oxford U.P., 1999).
Assimakis Komninos, "New Prospects for Private Enforcement of EC Competition Law: Courage v. Crehan and the Community Right to Damages" (2002) 39 CMLRev. 447-487.

第Ⅲ部
対外関係法

35 EUの通商政策権限とWTO
●WTO事件・第一三共事件
──リスボン条約以前と以後の変化

① *Opinion 1/94, WTO [1994] ECR I-5267.*
② *Case C-414/11, Daiichi Sankyo and Sanofi-Aventis Deutschland v. DEMO, EU:C:2013:520.*

◆事実・争点

**①リスボン条約以前の事件
──WTO加盟事件（1994年）**
　ECがGATTのウルグアイ・ラウンド交渉（1986-1994年）に参加するに当たり、閣僚理事会は、欧州委員会に対して「ECおよび構成国の名において」交渉する権限を与えた。その際には、しかし「特定の〔交渉〕主題に関するECと構成国の権限問題に予断を与えるものではない」という留保を付した。上記交渉の成果のWTO協定は、閣僚理事会議長と通商担当欧州委員が閣僚理事会の名において署名したが、EU各国の代表者も各国政府の名において署名した。以上のように閣僚理事会とEU諸国は、貿易協定の締結権限が完全にはECに委譲されていないという立場を一貫して譲らなかった。

　上記交渉の成果であるWTO協定は国際経済に広く法的規律を及ぼした。同協定はいくつかの多角的貿易協定からなり、物品貿易の協定（GATT）だけでなく、サービス貿易に関する一般協定（GATS）および知的所有権の貿易関連の側面に関する協定（TRIPS）などを含み、規律内容も人の移動や各国の財産権秩序にまで及んでいた。しかし当時のECの通商政策権限規定（EEC条約113条）は、サービス貿易や知的財産権について規定していなかった。そのため、ECが伝統的に権限対象とされてきた物品貿易をこえてGATSとTRIPSを締結する権限をもつか否かが問題となった。

　欧州委員会は、ECの通商政策の権限または黙示的権限に基づいてECがWTO協定を締結できると主張し、その法的裏付けを得るためにEC裁判所に意見を求めた。閣僚理事会およびEU数か国は、ECの対外経済政

策に関する包括的排他的権限を否定し、構成国もWTO協定の締約国となるべきだと主張した。こうしてECがWTO協定を単独で締結する排他的対外権限をもつか否かが争点となった。

②リスボン条約以後の事件
──第一三共事件（2011年）　リスボン条約（2009年12月発効）によるEU基本条約改正の結果、あらたに「サービス貿易に関する貿易協定」、「知的財産権の貿易的側面」および「対外直接投資」がEUの通商政策の対象事項に規定された（運営条約207条1項）。その規定の発効時点でTRIPS協定の解釈権は構成国からEUに移るのか、それとも知的財産権に関するEU立法が成立するまでは依然として構成国側に残るかが、以下の事案において争われた。

原告の第一三共社は抗菌薬レボフロキサシンを発明した。同社は当該医薬品の化合物と製法の特許をギリシャにおいて申請した。上記特許の保護期間は2006年に終了する予定であったが、EU規則1768/92号13条にもとづき2011年まで延長された。この延長期間中に被告のデモ社はレボフロキサシンの後発薬を販売した。原告は特許権侵害の救済を求めてギリシャの国内裁判所に提訴した。

ギリシャ特許法は、医薬化合物の物質特許を認めず、その製法特許のみを認めていた。そのためギリシャの裁判所は、原告の医薬品の物質特許が成立していなかったと判断した。しかしTRIPS協定は「新規性、進歩性及び産業上の利用可能性のあるすべての技術分野の発明」を特許の対象に含め（協定27条1項）、さらに医薬品に関しては明示的に特許権の保護を与えるべきだとする（協定70条）。ゆえに同裁判所は、TRIPS協定規定の解釈次第では原告の発明が保護対象となると考えた。その前提問題として、同協定の解釈権が国内裁判所とEU裁判所のどちらにあるのかを問うた。TRIPS協定がEUの通商政策の範囲内にあるならその解釈もEU裁判所の排他的権限に服することになる。ギリシャの裁判所はEU裁判所に先決裁定を求めた。

◆裁判所の判断

①〔リスボン条約以前〕 WTO加盟事件のEC裁判所意見（1/94意見）
通商政策
　ECは通商政策権限に基づいてGATSを締結できるか。GATSにいうサービス貿易は、人の越境移動を伴わずサービスだけが越境取引される形態と、人の移動を伴う諸形態とに大別できる（GATS1条2項）。前者は物品貿易と同視できるのでECの通商政策権限の範囲内といえるが、後者は人の移動を伴うため純粋の物品貿易と同視できず（44-45段）、また、人の移動とサービスの移動を域内について区別するEC法の体系からしてEC通商政策の範囲外と解される（46段）。
　ECは通商政策権限に基づいてTRIPS協定を締結できるか。同協定は知的財産権侵害品に対する水際措置を定める。すでにECは通商政策の枠内において水際措置立法を採択した（知的財産権侵害品の域内自由流通を禁止するEC規則3842/86号）。ゆえに同規則に対応するTRIPS協定規定は通商政策の対象に含めてよい（55-56段）。しかしそれ以外のTRIPS協定規定は、各国の知的財産権制度の調和を必要とする。そうした調和はEC内では域内市場立法権限〔運営条約114・115条〕等に基づいて行うべきである。もし通商政策の権限に基づいて知的財産権制度の調和を内容とする国際協定を対外的に締結してよいとすると、それは対内的に関連立法権限規定の潜脱を生じさせるだろう。よって水際措置以外の事項は通商政策の対象外と判断すべきである（58-60段）。

黙示的権限
　欧州委員会は、以上に加えて、GATS・TRIPS両協定を締結する排他的権限が基本条約から導かれると以下に主張するが、いずれも失当である。
　第一に、両協定の規定内容に関してECが対内的な立法権限を有しているから、対外的にもECが上記協定を締結する排他的な権限を有すると主張する（74、102段）。しかし、対外的な条約締結権は、単なるECへの立法権限付与からは生じない。AETR判決（Case 22/70 [1971] ECR 263〔本書初版・第2版38番事件〕）によれば、ECが対内的に制定した共通法規が構成国の国際条約の影響を受ける範囲においてのみ、構成国は国際条約締結権を失い、その反面としてECが対外的に排他的条約締結権を得る（77段）。ECは、しかし域外国とのサービス貿易を共同で規律するための共通法規を定めていない。サービスの自由移動に関する基本条約規定は構成国民の権利を保障するにすぎず、かかる規定からECの排他的条約締結権は生じない（78-81段）。TRIPS協定の規律分野において、EC内で達成された調和は部分的にすぎず、ECの排他的条約締結権は生じない（102、

105段)。

　第二に、欧州委員会は裁判所意見1/76（[1977] ECR 741）を援用して次のように主張する。同意見によれば、EC法が特定の目的を達成するための対内的権限をEC機関に付与している場合、関連規定からECの対外的権限が黙示的に生じる。この法理を本件に適用すれば、域内市場の一体性維持の目的からECの協定締結権が導かれる、と（82-83、99段）。しかし、上記法理が適用されるのは、たとえば海洋生物資源の保全の場合のように、対内的・対外的な権限行使が互いに不可分に結合しあう関係にある場合である。かかる関係は、域内市場におけるサービスの自由移動の実現と、域外国とのサービス貿易の規律との間には認められない（85-86段）。域内における知的財産権制度の調和と、域外国との協定締結との関係についても同じである（100段）。よって本件に上記法理の適用はない。

　第三に、EC条約100a条〔運営条約114条〕および同235条〔運営条約352条〕に基づいて、ECが上記協定の締結権を有すると欧州委員会は主張する（87、99段）。たしかに、これらの立法権限規定に基づいて対外関係を規律する共通法規が制定された場合、ECの協定締結権が生ずる。しかし、本件はそうした場合には当たらない（95-96段）。

協力義務

　国際協定の規定事項が部分的にECの権限に属し、部分的に構成国の権限に属することが明らかな場合、交渉、締結および義務の履行において、構成国とEC機関の緊密な協力を確保することが不可欠になる。そのような協力義務は、ECの国際的な活動における統一の要請から導かれる（108段）。

――――― ○ ―――――

② 〔リスボン条約以後〕　第一三共事件の先決裁定
排他性

　通商政策におけるEUと構成国の権限配分は現行規定に基づいて判断する。WTO加盟事件意見1/94〔上記①〕等の旧判例は、旧規定に基づいてTRIPS協定締結権がEUと構成国に共有されていると判断したもので区別され、本件に適用されない。〔リスボン条約以後の〕現行規定では通商政策はEUの排他的権限である（46-48段）。

通商政策

　通商政策は「知的財産権の貿易的側面」に及ぶ（運営条約207条1項）。同政策は「EUの対外的行動」（運営条約5部）の一部をなし、域外国との貿易を対象とする（49-50段）。EUの法的行為および国際協定が国際貿易に対する一定の影響を生ずるとしても、それだけの理由から当該行為を

通商政策における国際協定の範疇に含めるべきではない。むしろEUの法的行為が本質的に貿易を促進、容易化もしくは規制する趣旨であり、かつ貿易に対して直接的かつ即時の影響を及ぼすがゆえに、国際貿易に具体的に関連する場合、当該行為は通商政策の一部をなすと解すべきである（51段）。ゆえに、EUの知的財産権の分野における行為のうち、国際貿易に具体的に関連するものだけが通商政策に含まれる（52段）。

TRIPS協定

　TRIPS協定は国際貿易に対する具体的関連性の基準を満たす。同協定は、WTO制度の一部であり、また多角的協定における重要協定に当たる（53段）。TRIPS協定上の紛争の解決にはWTOの紛争解決了解が適用されるが、同了解は、貿易協定違反に対する救済のひとつとして関税譲許の停止を定める。ゆえにTRIPS協定は貿易との具体的関連性を有する（54段）。「知的財産権の貿易的側面」という基本条約の文言はTRIPS協定から採られた文言であるから、基本条約起草者がTRIPS協定を通商政策に含めたことは明らかである（55段）。

　TRIPS協定の定める知的財産権保護は、EU内では運営条約114条および118条の立法対象事項である。このことはTRIPS協定と国際貿易との具体的関連性を否定しない（56段）。なぜなら、対内的なEU立法は、TRIPS協定の定めるとおりに知的財産権保護を与えることにより国際貿易の容易化と自由化という目的に資するものだからである（59-60段）。

TRIPS協定の法的効果

　医薬品の発明はTRIPS協定27条にいう特許の対象に当たる（65-69段）。しかし、TRIPS協定27条および70条は、同協定の発効前に特許の対象ではなかったものを発効時点から保護対象に変更する義務をWTO加盟国に課すものではない（70-83段）。

◆解　説

本件の意義　　紹介した2件は、リスボン条約発効（2009年12月）以前と以後のEUの対外通商権限の違いを示し、それに伴う通商政策権限の及ぶ範囲の判断基準の変化を示す。

条約締結権　　EUの権限は、基本条約に基づいて構成国が委譲した範囲に限定される（EU条約5条）。この「権限付与の原則」はEUの対外関係法にも妥当する（Opinion 2/94, ECHR I [1996] ECR I-1759〔本書初版・第2版39番事件〕）。EUによる条約締結は、基本条約上

の明示的権限か、基本条約から導出されうる黙示的権限のいずれかに基づかなければならない。それゆえ WTO 加盟事件において条約締結権の有無が争点となった。同事件の EC 裁判所は、明示的権限だけでなく、黙示的な条約締結権限が EC に生じる場合を分けてそれぞれ検討した結果、GATS と TRIPS の大部分について EC に条約締結権限を認めず、WTO 協定全体としては混合協定〔EC［現 EU］と構成国の両者が締約主体となる国際協定〕として締結するように求めた（混合協定については本書36番事件解説も参照）。閣僚理事会は、WTO 協定の批准期限の1994年末直前に、決定94/800号（[1994] OJ L 336/1）により EC が権限内において WTO 協定を締結することを承認した。こうして EC は WTO の加盟主体となった（WTO 協定11条1項、WTO での EU の活動は WTO のウェブサイト 'Member Information – european union' 参照。現在は EU が EC の地位を承継している）。

条文化　　本件①事件意見は、EU の黙示的条約締結権が生ずる要件を厳格に解釈した例である。現在の EU 運営条約216条1項および EU 条約3条2項は、EU の条約締結権の発生原因を四つに分けて条文化するが、その解釈に際して本件①事件は参照されうる。

第一は「基本条約において条約の締結を定める場合」である（運営条約191条4項が例）。第二は、「条約の締結が EU の政策の枠内において基本条約の定める目的のひとつを実現するために必要な場合」（Cases 3, 4 and 6/76, Kramer [1976] ECR 1279, paras. 30 and 33と意見1/76の判例法理）である。本件①意見は、この法理の適用範囲を、対内的・対外的な権限行使が互いに不可分に結合しあう関係にある場合に限定した。第三は「EU の拘束力のある法的行為において条約の締結を定める場合」（＝本件①意見95段）である。第四は、構成国の条約締結が「EU の共通法規を害するか、もしくはその範囲を変更しうる限りにおいて」EU の条約締結権が認められる場合である（＝AETR 法理〔本書初版・第2版38番事件〕。本書36番事件解説も参照）。本件①意見によれば、「共通法規」は二次立法でなければならず、基本条約規定だけでは EC の排他的条約締結権は生じない。

通商政策　　通商政策はいかなる範囲に及ぶか。運営条約207条1項は「関税率の変更」等の対象事項を例示的に列挙す

る。通商政策の淵源は、EEC が1969年末までの過渡期間中に関税同盟を確立させるため、域内関税の撤廃と対外共通関税の導入を行ったことに遡る。こうした沿革のゆえに関税が同政策の核心的対象に当たることは疑いない。しかし、それ以外の通商政策の対象範囲は、国際社会における時々の国際経済問題の影響を被らざるをえず、また旧 EEC 条約113条と現在の運営条約207条を対照すれば明らかなように、実際に貿易通商問題の範囲拡大は著しい。このように通商政策においては、動的な政策実施の要請と権限付与の原則と緊張が強く生じる。しかも通商政策の実施においては、条約締結権限を有する閣僚理事会と、対外的に EU を代表する欧州委員会との間で通商政策の範囲についての見解対立が生じやすい（通商政策における条約締結手続は運営条約207条3・4項）。

動的性質　　それゆえ EU（当時 EC）裁判所は、通商政策権限に基づいて EC が国際天然ゴム協定を締結できるか否かが争われた事件において、通商政策の動的性質を前提とする判断を下した。すなわち同協定が天然ゴム市場調整機構の設立という関税以外の手段を用いること、および発展途上国の開発という貿易自由化以外の目的を追求することは、いずれも同協定が通商政策の対象に当たることを否定しないとした（Opinion 1/78, Natural Rubber Agreement [1979] ECR 2871, paras. 43-45）。後続判例は、通商政策の範囲を限定的に解した本件①意見を経て、国際貿易に対する特定的関連性の基準を示すことによって一定範囲内での動的な通商政策を許容する本件②裁定の判例に回帰した。

具体的関連性基準　本件①意見（WTO 加盟意見）の段階では、通商政策の範囲は、EU 立法（水際措置）がすでに存在するか（①意見55-56段）、また TRIPS 協定の対内的実施権限が基本条約において通商政策以外の政策権限として定められているか（①意見58段）という事由に左右されていた。他方、本件②事件（第一三共事件）の段階では、通商政策が EU の対外貿易に具体的に関連する自律的な政策であるという見方を EU 裁判所は打ち出した。現在では、EU の法的行為が通商政策の措置に当たるか否かの判断は、それが国際貿易と具体的関連性をもつかどうかという基準（②裁定51段）に基づいて判断されるのであり、既存 EU 立法の

有無や国際条約の対内的実施権限の所在には左右されない（②裁定56段）。
　その後の事案でも具体的関連性の基準が用いられている。たとえば、アクセス制限付放送サービスの法的保護のための欧州協定（[2011] OJ L 336/2）に関する事案（Case C-137/12, Commission v. Council, EU:C:2013:675）では、その協定が不正受信機の輸出入を禁ずるEU指令98/84号（運営条約114条に基づく域内市場立法）を国際条約化してEU非加盟国にも及ぼす内容であったため、閣僚理事会と構成国は、通商政策権限に加えて域内市場立法権限も根拠にすべきだと主張した。しかしEU裁判所は、同協定の重心は域内法規を対外的に拡張してアクセス制限付放送サービスの保護をヨーロッパ大陸全体に及ぼすところにあり（重心論については、本書12番事件解説参照）、かつ同協定はそのような国際的なサービス貿易と具体的関連性をもつから、EUは通商政策権限に基づいて上記協定を締結すべしと命じた（paras. 56-65）。

WTO協定の EU対内効果　WTO協定はEU法秩序においていかなる効果を有するか。国際果実会社事件（Cases 21-24/72, International Fruit Company [1972] ECR 1219）のEC裁判所は、GATTが「『相互的かつ互恵的な取極』を基礎として担われる交渉の原則に基づくものであり…柔軟性を特徴とする」という理由を挙げ（paras. 20-21）、GATTの直接効果を否定した。その後、GATTからWTOへの発展において、国際法上は貿易に対する法の規律が強化された。しかし、ポルトガル対閣僚理事会事件（Case C-149/96, Portugal v. Council [1999] ECR I-8395〔本書初版・第2版41番事件〕）のEC裁判所は、国際果実会社事件裁定を踏襲し、さらに別の理由を加えてWTO法のEC内での援用可能性を退けた。すなわち、①WTO法の裁判規範性を認めると、貿易相手国との交渉に当たるEU機関から行動の余地を奪うこと（40段）、②主要貿易国の国内裁判所はWTO法を国内法規の適法性を審査する際の基準として認めておらず、もしWTO法のEU内における直接効果を認めるならば、貿易相手国との関係において相互主義が崩れること（43-45段）、③WTO協定はEU内の裁判所において直接に援用しうる性質を有しないという解釈を閣僚理事会が決定94/800号の立法理由に示したことである（48段）。本件②裁定もTRIPS

協定に基づく権利主張を否定したが、これは以上の判例の帰結である。

ただし、EU 法秩序において例外的に WTO 法を援用できる場合も、判例では二つ認められている。一つは、審査対象となる EU の行為が明示的に WTO 法を参照している場合である (Case 70/87, Fediol [1989] ECR 1781)。二つは、EU が WTO の枠内で引き受けた特定の義務を実施する場合である (Case C-69/89, Nakajima [1991] ECR I-2069)。なお、EU が WTO 紛争解決機関の勧告を実施する場合はそれに当たらない。EU 裁判所は、損失補償の法理が EU 法上の原則として確立していないという理由から、WTO 加盟国の報復関税による損失の補償請求を認めていない (Case C-120/06P, FIAMM [2008] ECR I-6513)。

(小場瀬琢磨)

✤文献案内

L. Ankersmit, 'The Scope of the Common Commercial Policy after Lisbon' (2014) 41 LIEI 193-209.

P. Koutrakos, *EU International Relations Law*, 2nd ed. (Hart, 2015), Chapters 2 and 8.

P. J. Kuijper et al., *The Law of EU External Relations*, 2nd ed. (Oxford U. P., 2015), Chapters 7 and 12.

36 EU の条約締結権限（通商協定）
●EU シンガポール FTA 事件
―― 意見2/15

Opinion 2/15 (EU-Singapore Free Trade Agreement), EU:C:2017:376.

◆**事実・争点**

　EU は共通通商政策を実施するために、第三国（域外国）との通商協定締結の排他的権限をもつ（運営条約3条1項e号、206、207条）。2010年3月、欧州委員会は、閣僚理事会の認可を得て、シンガポールとの自由貿易協定（以下、本件FTA）の交渉を開始した。交渉は2014年10月に完了し、2015年6月、全17章の協定が確定した。本件FTA は、いわゆる「新世代の自由貿易協定」であり、伝統的な関税・非関税障壁の除去だけでなく、貿易に関連する様々な事項（知的財産権保護、投資、政府調達、競争、持続可能な発展等）の規定を含んでいる。

　本件FTA の締結にあたり、閣僚理事会が任命した通商政策委員会（運営条約207条3項）と欧州委員会に意見の対立が生じた。そこで欧州委員会は、2015年7月、EU 裁判所に意見を求めた。（運営条約218条11項は、構成国およびEU 機関は、EU が締結する国際条約とEU 基本条約との整合性につきEU 裁判所に意見を求めうると定める。）

　争点は、本件FTA を EU が単独で締結する権限をもつか、EU と構成国が共同で締結しなければならないかである。それを決するために、本件FTA の規定のどれが EU の排他的権限に属するか、どれが EU の共有権限や構成国の排他的権限に属するかの細かい検証が求められた（意見1段）。

　欧州委員会は、本件FTA を EU が単独で締結できると考えた。委員会によれば、越境的輸送サービスと非直接外国投資の規定以外は、すべて共通通商政策＝EU の排他的権限に属する（意見13段）。また越境的輸送サービスの規定は当該分野の多くの EU 立法に影響し、非直接外国投資の規

定も構成国と第三国との資本・支払の自由移動（運営条約63条）に影響するので、運営条約3条2項によりやはりEUの排他的権限に属するといえる（意見16段）。（当該3条2項は、国際協定の締結がEU域内の共通準則に影響を及ぼしもしくは当該準則の範囲を変更しうる範囲において、国際協定の締結についてEUが排他的権限をもつと規定する。）欧州議会は、欧州委員会の見解を支持した。他方、閣僚理事会と構成諸国は、本件FTAの一部の条項はEUと構成国の共有権限または構成国の排他的権限に属するので、EUと構成国が共同で（「混合協定」として）締結すべきだと主張した。

◆意見

共通通商政策の範囲

EUが締結する協定などEUの行為がEUの共通通商政策に帰属するには、通商を促進または規律することを本質的に意図し、通商に直接かつ即時の効果を生じることにより通商と明確に具体的に関連することを要する（36、37段）。共通通商政策は、特に関税率の変更、物品・サービスの貿易および知的財産権の商業的側面に関する関税・通商協定の締結、外国直接投資、自由化措置の統一、輸出政策、ダンピング・補助金に対する保護貿易措置に関して共通の原則にもとづき（運営条約207条1項）、かつ、EUの対外行動の原則と目的に即して実施されるべきものである（34段）。

この基準に照らすならば、本件FTA第2章「内国民待遇および物品の市場アクセス」、第3章「貿易救済」、第4章「貿易の技術的障害」、第5章「衛生植物検疫措置」、第6章「関税と貿易促進」は物品貿易に関連するのでEUの排他的権限に属する（40-49段）。第7章「再生可能エネルギー生産分野での貿易・投資への非関税障壁」、第10章「政府調達」も共通通商政策の排他的権限の対象である（74、77段）。

EUが締結した知的財産に関する国際約束は、国際通商を促進または規律し、国際通商に直接かつ即時的な効果が生じることを本質的に意図し、国際通商と具体的関係を示すときは知的財産の「商業的側面」に該当する（112段）。第11章の知的財産権の諸規定は、EUとシンガポールの企業が、同質な知的財産権の保護基準を享受することを可能にし、EU・シンガポール間の物品・サービスの自由貿易への対等な参加に貢献し、物品・サービスの特に違法な貿易との戦いにも貢献するので、EUとシンガポール間の通商に直接かつ即時の効果を生じる（122、127段）。

2009年12月発効のリスボン条約により、共通通商政策は、持続可能な発

展のための環境の保護・改善、自然資源の持続可能な管理も考慮して実施されるべきものへと範囲が拡大した（運営条約205条、207条1項、EU条約21条3項）。したがって、持続可能な発展の目的は、今日、共通通商政策の不可欠の一部をなす（141、143-147段）。また、本件協定13章の社会的保護および環境保護についても、EU・シンガポール双方が労働者の社会的保護および環境保護に関する国際的義務に従うという条件に服して通商を自由化し通商を規律するものであるから、共通通商政策に該当し、EU の排他的権限に属する（148-167段）。

範囲外の事項

　第8章「サービス・開業・電子商取引」もサービス貿易の促進を意図し（52段）、WTO が分類したサービス供給の四形態すべてが共通通商政策に属する（54段）。ただし、第8章の輸送サービスは、共通通商政策の範囲外となる（56段）。なぜなら運営条約が共通輸送政策を別途設けており、運営条約207条5項は輸送分野を共通通商政策から除外しているからである（57段）。そこにいう輸送サービスは、輸送のみならず人または物品をある地点から別の地点へ移動させる物理的行為に内在的に結合する他のサービスを含むと先例は解している（61段）。ゆえに国際海上輸送、鉄道輸送、道路輸送、内水路輸送は輸送サービスであって共通通商政策の範囲外である（62段）。ただし、航空機の修理・整備、航空輸送サービスの販売・マーケティング、コンピューター予約システムサービスは輸送サービスと結合していないから、共通通商政策の範囲内である（66-68段）。

　第9章は直接投資その他の形態の投資に関連する。直接投資とは、経済活動実行のために、資本提供者と資本利用者間の永続的かつ直接的連結の確立または維持に有用である、自然人または法人によるあらゆる種類の投資である。株式会社である事業者の持ち分取得は、株主が保有する株式が、当該会社の運営又は管理への株主の実効的参加を可能にする場合は直接投資である（80段）。運営条約207条1項に「外国直接投資」が用いられていることは、直接ではない外国投資を共通通商政策に含ませない起草者意思を表している（83段）。

運営条約3条2項

　同条項は、国際協定の締結が EU 域内の共通準則に影響を及ぼしもしくは当該準則の範囲を変更しうる範囲において国際協定の締結について EU が排他的権限をもつと規定する。いま、海上や鉄道運送など各種の運送サービスについては、EU の共通準則に影響しうるので、同条項により EU の排他的権限に属すると判断できる（171-217段）。輸送サービスの政府調達の約束も同様である（224段）。

しかし、直接ではない投資（非直接投資）は排他的権限とはならない。たしかに非直接投資も運営条約63条の資本の自由移動の対象である（227段）。しかし同3条2項の基礎にあるEU裁判所の判例法にいうEU域内の共通準則は、EUの立法（派生法規）をいうのであり、しかもEU基本条約がEU法秩序の頂点にある以上、国際協定が基本条約に影響することはありえない。よって運営条約63条は同3条2項にいう「EU域内の共通準則」には当たらず（230-235段）、したがってEUは非直接投資の保護に関して排他的権限をもたず、その点の協定締結権限は、構成国とEUの共有となる（238、241段）。よって本件FTAは、EU単独では締結できない（244段）。

制度・手続規定

　本件FTAが定める制度や手続については、その多くが実体規定に付随する性質であるから実体規定と同一の権限に属する。よって第2章から第8章まで、また第10章から第13章までのすべての実体規定は排他的権限に属するので、それらに含まれる制度と手続の規定も同様である（276、277段）。

　ただし、紛争解決については事情が異なる。投資に関する第9章は、両当事者間の紛争解決とともに、投資家対国の投資紛争の仲裁による解決を定める（285-288段）。本件FTAの9.17条は、仲裁による解決のために満たすべき条件を定めるが、その一つは、仲裁申立人が提起した国内訴訟の取下げである（289段）。紛争を構成国の裁判所の管轄から排除するこの種の仕組みは、純粋に付随的な性質とはいえず、構成国の同意なしには設立できない（292段）。よって投資仲裁の規定は、EUの排他的権限ではなくEUと構成国の共有権限である（293段）。また、紛争解決一般を定める第15章の当事者間の仲裁は、非直接投資にも関係するので、これもEU単独では締結できない（304段）。

結論

　以上から、本件FTAの第9章の非直接投資に関する規定、第9章の投資仲裁に関する規定、第9章に関係する他の章の規定は、EUと構成国の共有権限に属する。他はすべてEUの排他的権限に属する（305段）。よって、本件FTAはEU単独では締結できない。

◆解　説

本件の意義　EU は、構成国から主権的権利の一部を移譲され成立した法人格をもつ国際組織であり国際法上の行為能力（条約締結権限など）をもたされた主体である（権限付与の原則、EU 条約 5 条、47 条、運営条約 216-218 条）。EU は第三国と多くの国際条約を締結してきたが、EU が単独で締結できるのか、構成国とともに締結しなければならないのか（後者の形態を「混合協定（mixed agreement）」と呼ぶ）は、しばしば争われてきた。どちらの形態をとるかは、条約の内容が EU の排他的権限に属するか否かに関係する。

　本件 FTA は、「新世代の自由貿易協定」として、伝統的な通商事項だけでなく幅広い政策事項を対象としており、そのため EU の排他的条約締結権限の範囲が争われた。WTO による自由化交渉の停滞を契機に、EU は二当事者間協定による自由化の推進に方向転換しており、今後も幅広い通商協定の締結を進めるであろうが、全員法廷による本意見は、リスボン条約発効後の EU における共通通商政策の範囲の画定の基準を示した点、また EU の排他的権限を認める運営条約 3 条 2 項の解釈も示した点で重要な意義をもつ。EU 裁判所は、本件 FTA のうち、①非直接投資に関係する投資保護の規定、②非直接投資に関係する制度・紛争解決に関する規定、および③投資仲裁に関する規定は、EU の排他的権限に属さないが、他は属すと判断した。

共通通商政策の範囲　リスボン条約以前の共通通商政策は、EC 条約 133 条によって規定されていたが、同条の指導的判例は WTO 協定に関する意見 1/94 号であった〔本書 35 番事件〕。同意見が、サービス貿易と知的財産権に関して共通通商政策の範囲を限定したので、133 条は改正され、一部のサービスを除き、欧州委員会が WTO の全分野につき交渉し、EC が単独で WTO 協定を締結できるようになった。2009 年発効のリスボン条約は、サービス貿易および知的財産の商業的側面、外国直接投資を共通通商政策の対象事項として明確に追加した（運営条約 207 条）。これにより EU の共通通商政策権限は拡張された。これを反映してリスボン条約発効後に交渉が開始された本件 FTA は投資に関する規定をおく。ただ

し拡大された共通通商政策の権限の限界はなお明確ではなかった。

　本件 FTA に関する EU 裁判所意見は、冒頭で、従来の判例法をもとにした共通通商政策の範囲画定基準を確認し、それを適用して判断を下した。すなわち通商を促進または規律することを本質的に意図し、通商に直接かつ即時の効果を生じることにより通商と明確に具体的に関連することを要するという基準である。これにもとづいて、協定の個々の内容を検討し、物品貿易とともに、輸送サービスを除くサービス貿易一般、知的財産権に関する協定の内容を共通通商政策の範囲内と判断し、排他的権限を認めた。ここまでは、法務官と EU 裁判所の意見に差異はない。

　差異がみられたのは、本件 FTA の第13章「貿易と持続可能な開発」の諸規定である。これは伝統的な通商に関する内容ではなく、労働・環境基準に言及する諸規定であった。本件の法務官は、これは通商への効果と関係なく、共通通商政策の範囲外と考えた（法務官意見490-491段）。しかし EU 裁判所は、当該諸規定は EU とシンガポールの通商と具体的関係を示し、直接かつ即時の効果の要件を満たすと判示した（意見155、157段）。両者間の通商が他の国際条約上の義務を遵守して行われ、国際条約による措置が差別的または保護貿易的に適用されないことを保障する意図があり（156段）、一方当事者の労働者保護および環境保護規定の違反により、他方当事者は、本件 FTA の他の規定による自由化を停止できるから、通商への直接的な効果も認められるからである（161-162段）。EU 裁判所の共通通商政策の範囲の判断は、法務官より広い。

対外行動の基本原則・目的　EU 裁判所は、EU の排他的権限を広く肯定する。それは、EU 対外政策の一般目的を明確に考慮しているからである。リスボン条約は、共通通商政策を EU の対外政策の一環として位置づけた。すなわち EU 条約21条は、外交、安全保障、通商、開発援助などにいたる EU の対外行動全般を指導する基本原則・目的を定めた（同条２項 f 号は、持続可能な発展に言及している）。共通通商政策は、当該基本原則・目的に整合的に実施すべきものとされる（運営条約205条、207条１項）。加えて、EU は政策を立案し遂行するにあたりつねに社会的保護や環境保護にも配慮しなければならない（運営条約９条、11条）。EU 裁判

所は、これらの規定の意義を積極的にとらえ、共通通商政策の範囲はEUの対外行動の原則と目的に即して解釈すべきものと述べ、同政策の範囲の広い解釈を導いた。

外国直接投資 　共通通商政策の範囲について本件で注目されるのは、投資に関連するEU権限の限定である。EU裁判所は、リスボン条約で共通通商政策に新たにEUに追加された「外国直接投資」に関する権限（運営条約207条1項）について、本件で初めて判断を下した。結論としては、EU裁判所も法務官も、ポートフォリオ投資を含む非直接投資が共通通商政策の範囲外であり、共有権限に属することで一致した。

投資保護・投資仲裁 　投資家対国家の投資紛争については、本件FTAは、伝統的な投資仲裁制度を採用する。実体規定による義務履行のための制度に関する規定は、一般に付随的性質であり、実体規定の根拠となる権限に含まれる（意見275-276段）。そこで法務官は、本件FTAの投資仲裁にもこの考え方をとり、それを付随的としていた（法務官意見525-526段）。しかしEU裁判所は、構成国の裁判所の管轄権から紛争を排除する仕組みは付随的性質ではないと判断し、投資仲裁の権限はEUと構成国の共有権限と判示した（意見292-293段）。

なお本意見は、EUにどの種の権限があるかだけを検討しており、本件FTAの内容がEU法に適合するかについては判断していない。そのため、本件FTAの内容（とくに投資家対国家の投資仲裁制度）がEU法に整合するか否かは不明である。投資保護については、EU・カナダ包括的経済通商協定（CETA）は、本件FTAと異なり、投資裁判所による解決を定めたが、それのEU法整合性を争う事案がEU裁判所に係属している。

運営条約3条2項 　共通通商政策の範囲外にある事項であっても、運営条約3条2項によりEUの排他的権限が認められる余地がある。この運営条約3条2項およびEU基本条約に具体的明文がない場合にもEUに条約締結権限を認める同216条1項の起源は、EU裁判所の判例法（黙示的条約締結権限の法理）にある。1971年のAETR事件判決（Case 22/70 Commission v. Council, [1971] ECR263〔本書初版・第2版38番事件〕）が

端緒となった。同判決は、ECの条約締結権限は、明示的な権限付与規定がある場合だけでなく、他のEC条約規定や規定の枠組の中でEC機関が採択した措置からも生じうると解し、共通運輸政策実施のためのEUの対内的な共通準則の採択により、構成国は共通準則に影響する条約締結権限を失い、ECだけが第三国との条約締結権限をもつと判示した（判決16-18段）。これが「黙示的条約締結権限の法理」であり、後続判例により、対内権限の行使に必要なときは、対内権限が行使されていなくても基本条約の規定から条約締結権限が生じると認められた。

リスボン条約は、この法理を運営条約3条2項と216条1項に成文化した。とくに前者は、EUの排他的権限が認められる場合を三つ規定している。第一に、国際協定の締結がEUの立法行為によって規定されている場合。第二に、国際協定の締結が、EUの対内権限行使を可能にするために必要である場合。第三に、国際協定の締結が、共通準則に影響しもしくはその範囲を変更する場合である。これらの規定とリスボン条約以前の判例法との関係、また各場合の関係には明確ではない部分があったが、上記の本件のEU裁判所は、第三の場合の解釈を明らかにした。意見の検討の中心は、協定が、「共通準則に影響するかもしくはその範囲を変更するか」であり、意見は、共通準則への影響、その範囲の変更を比較的緩やかに解釈して、この要件がどのように判断されるかを示した。とくに、AETR事件判決から、EU立法の規定が共通準則を構成することは明らかであったものの、EU条約・運営条約も共通準則であるかは必ずしも明確ではなかったが、意見はこれを明確に否定した。

共有権限であることの効果 意見は、非直接外国投資につきEUと構成国の共有権限であるから本件FTAはEU単独では締結されえないとした（244段）。素直に読めば、この判示は、対外的に共有権限の分野では、国際協定は必然的に混合協定の形態となることを意味するであろう。しかし、従来の実務では、共有権限に属する事項についても、多くの場合EUが単独で国際協定を締結してきたし、そのことに構成国側から異論もなかった。EUが、共有権限でも、協定の全体に権限を有する場合、混合協定とするかどうかは政治的選択であったからである。本件のEU裁判所

はこの点を明確に示していなかったが、2017年12月の別件で、義務的な混合協定を認めた趣旨ではないと認めた。すなわち、EU 単独で承認できないとは、共有権限に関わる分野について EU が単独で締結するために必要な閣僚理事会での多数を得られる可能性がないという事実を認めたに過ぎないと説明している（Case C-600/14, Germany v. Council, EU:C:2017:935, para.68）。

今後の EU の FTA　本件 FTA に関する EU 裁判所の見解は、EU がその後締結する通商協定に影響した。たとえば2018年 7 月に締結された日 EU 経済連携協定は、EU 単独で締結できるようにするため、本件裁定を受けて、投資紛争解決制度を切り離し（日 EU EPA 第8.9条 4 項）、輸送サービス・非直接投資も除外した。今後、EU は、通商協定と投資協定を分離して進める可能性が高く、その場合、前者は EU 単独協定、後者は混合協定として締結されるだろう。

（須網隆夫）

✠ 文献案内

Marise Cremona, "Shaping EU Trade Policy post-Lisbon: Opinion 2/15 of 16 May 2017", (2018) 14 Eur. Const. L. Rev. 231-259.

37 ● ATAA 事件
国際法に照らした
EU 立法の効力審査

Case C-366/10, Air Transport Association of America and Others v. Secretary of State for Energy and Climate Change [2011] ECR I-13833.

◆**事実・争点**

　国連気候変動枠組条約と京都議定書は、温室効果ガスの排出削減のための国際枠組を定めた。EU と構成国は、京都議定書の締結主体として温室効果ガスの排出削減義務を負った。その履行策のひとつとして、EU は指令2003/87号（[2003] OJ L 275/32）を採択し、排出枠取引制度を導入した。その際、航空運輸は排出枠取引制度の対象外とされていた。後に、EU 指令2008/101号により改正された指令2003/87号（以下、新指令）は航空運輸に対して排出枠を課した。新指令により、各航空運輸会社は、自社の温室効果ガス排出量に相当する排出枠を EU 各国に納付し、割当排出枠を超えて排出した場合は、排出枠取引市場において排出枠を購入して納付すべき義務を負った。

　新指令は、EU 各国の空港を発着するすべての民間航空運輸を対象としたため、EU 域外の航空会社はとくに排出規制の導入に反発した。原告の米国航空会社業界団体と主要航空会社は、イギリスのエネルギー・気候変動省を相手取り、新指令と国内実施措置の効力を争った。

　原告は、まず、新指令が慣習国際法に違反すると主張した。慣習国際法によれば、国家は自国空域に対する主権を有するが、公海上の空域に対して国家主権は及ばない。同空域の航行は自由であり、そこでの航空機は登録国の排他的管轄権に服する。ところが新指令は、公海上の空域および EU 域外国の領空における排出活動に対しても EU の管轄権を及ぼした。ゆえに慣習国際法に反する、と。

　原告はまた、新指令が国際条約違反に当たるとも主張した。①国際民間航空条約（以下、シカゴ条約）1条・11条・12条、および EU・米国航空運

輸協定（[2007] OJ 134/1、以下、オープンスカイ協定）7条は、各国空域に対して国内法令規則を及ぼしてよいとするが、新指令のような管轄権の域外拡張は許していない。②シカゴ条約15条・24条、オープンスカイ協定11条1項・2項は、航空機積載燃料の課税免除を定めるが、新指令による温室効果ガス排出規制は燃料に課税したのと同じ結果をもたらす。③オープンスカイ協定15条3項は、締約国が国際民間航空機関の規則を尊重しつつ、航空運輸を不当に制限しない環境基準を定めるとしたが、新指令はこの要件をみたさない。④京都議定書2条2項は、締約国が国際民間航空機関の枠組において航空分野における排出削減の努力を継続すると定めるが、新指令は国際ルールの策定を待たずに一方的に規制を及ぼすものである。以上の理由から新指令は無効である、と。

イギリスの裁判所は、新指令が国際法違反ゆえに無効か否かについてEU裁判所に先決裁定を請求した。争点は、第一に、個人はどの慣習国際法、またはどの国際条約をEU立法の効力審査の根拠にできるかである。第二に、EU裁判所がとくに慣習国際法に照らしてEU立法の効力審査を行うときには、いかなる審査枠組をとるべきかである。

◆**先決裁定**

一般論：条約
　EUの締結した条約は、EU機関を拘束し（運営条約216条2項）、EU立法に優位する（50段）。EU立法が条約違反ゆえに無効であるとの主張が国内裁判所においてなされた場合、先決裁定手続を通して当該EU立法の有効性を統一的に判断することは、EU裁判所の任務である（48、51段）。この判断は次の三要件がみたされる場合に行う。第一に、主張の根拠となる条約がEUを拘束すること、第二に、当該条約の性質と構造が、当該条約に照らしたEU立法の審査を妨げないこと、第三に、主張の根拠とされた条約規定の内容が無条件かつ十分に明確であることである（51-55段）。

シカゴ条約
　EUは1944年採択のシカゴ条約の正式の締約主体ではないが、全構成国がその締約国である（60段）。構成国が国際条約の適用範囲において行使してきた権能をEUが後に基本条約に基づいて獲得した場合、構成国に代

わって EU が当該国際条約に拘束されるようになる（62-63段）。しかし、航空分野の EU 立法を概観すると、EU 立法が当該分野を完全に規律したとはいえず、シカゴ条約に関して EU が構成国の権能を完全に獲得したとはいえない。ゆえに EU は同条約に拘束されない（65-71段）。

京都議定書

　他方、京都議定書は EU が締結したものゆえ EU はこれに拘束される。同議定書に照らした EU 立法の効力審査の可否は次の二つの基準によって判定する。第一に、同議定書の性質と構造が効力審査を妨げるか否かである。第二に、同議定書の規定内容は、EU 内の個人が国内裁判所において権利主張の根拠としうる程度に無条件かつ十分に明確であるかである（74段）。京都議定書は、温室効果ガス削減の共同実施制度のように義務の履行において一定の柔軟性を認める（75-76段）。同議定書は航空分野では国際民間航空機関において温室効果ガス対策に取組む旨を定めおり、個人の権利を創設するものではない（77段）。京都議定書の性質と構造は柔軟なため、それに照らした EU 立法の効力審査は行うことができない。

オープンスカイ協定

　EU の締結したオープンスカイ協定は、航空運輸の自由化のため航空会社に対して直接に権利を与える（81-82段）。同協定には協議や仲裁裁判など紛争解決制度も定められているが、このことは国内裁判所が同協定を適用することの妨げにはならない（83段）。同協定の次の規定は十分に明確であり、個人が権利主張の根拠にできる。同協定7条（国際航空運輸に従事する航空機に対する法令規則の適用）、11条（航空燃料等に対する課税の免除）、15条3項1文（シカゴ条約附属書の環境基準を尊重すべき義務）、15条3項2文（一方的に航空輸送量および便数を制限しないように環境措置をとるべき義務）（86-100段）。以上の理由からオープンスカイ協定に照らした EU 立法の効力審査は妨げられない。

一般論：慣習国際法

　EU は国際法の厳格な遵守と発展に寄与する（EU 条約3条5項2文）。よって EU 機関は慣習国際法に拘束され、EU の立法権限行使においてもこれを遵守しなければならない（101段）。慣習国際法にもとづく EU 立法の効力審査をするには、次の判断を要する。第一に、国内裁判所の掲げた諸原則が慣習国際法にあたるかどうか。第二に、個人が EU 立法の効力を問うために慣習国際法を主張の根拠にできる場合にあたるかどうか（102段）。

本件の慣習国際法

　領空主権の原則、公海自由の原則、および公海上空飛行の自由の原則

は、慣習国際法である。これらはシカゴ条約1条等の条約規定においても確認されている（103-104段）。他方、公海上の航空機が登録国の排他的管轄権に服するという原則は、その存在を示す証拠が乏しい（106段）。

慣習国際法による効力審査

　個人がEU立法の効力審査のために慣習国際法の諸原則を主張の根拠にできるのは、当該慣習国際法が係争のEU立法の立法権限の存否を疑わせる場合で、かつ当該EU立法が個人のEU法上の権利義務を害する場合である（107段）。主張の根拠にされた慣習国際法は、国家間の義務しか創設しないものではあるが、新指令はEU法上の義務を原告に課すものであるから、その効力を争う際に原告は慣習国際法を主張の根拠にでき、当裁判所も当該慣習国際法に照らして指令を効力審査できる（109段）。ただし慣習国際法の原則は条約規定と同程度の具体性を有するものではないので、EU立法の効力審査基準は、EU機関が当該立法の採択にあたり、慣習国際法の原則の適用条件の判断において明白な誤り（manifest errors）をおかしたかどうかに限定されるべきである（110段）。

新指令の審査

　EUの権限は国際法を遵守しつつ行使すべきであるから、新指令の解釈と地理的適用範囲の画定は、関連する海洋および航空の国際法に照らして行う（122-123段）。

　航空機がEU構成国内にある場合、当該機は構成国およびEUの完全な管轄権に服するから、その運航会社にEU規制を及ぼしてよい。新指令は、EU構成国の空港における航空機発着という事実に基づいて当該機の運航会社に適用されるから、EU域外国の主権や航空機の公海上空の飛行の自由を害するものではない（124-126段）。

　EU環境政策は高い水準の保護を目的とする（運営条約191条2項）。それゆえEU立法機関は、EU域内における商業活動の条件としてEUの環境保護基準の遵守を求めうる。とくに環境保護の目的が気候変動枠組条約や京都議定書のようにEUの服する国際条約と結びつく場合はそうである（128段）。構成国外でその一部分が生じた事象が構成国の大気等の汚染原因となっている場合、構成国におけるEU法の完全な適用は妨げられない。そうしたEU法の適用は慣習国際法原則に照らしても許容される（129段）。

　オープンスカイ協定にもとづいても新指令の効力は否定できない。EU域外への管轄権拡張の主張については慣習国際法についての上記判示が当てはまる（134段）。排出規制は、市場に基礎を置く仕組みであり、国家が一方的に課す税に当たらない（143段）。国際機関において航空分野の環境

> 基準は未成熟であり、EU が違反を問われるような基準は存在しない。そして新指令は環境保護を目的とした無差別的な措置である（149-157段）。

◆解　説

本件の意義　　国際法に照らした EU 立法の効力判断は、国際法と EU 法の両者にまたがる問題であるうえ、その判断過程にいくつかの争点を抱える。すなわち、①EU はいかなる範囲の国際法に拘束されるか（国際法の EU に対する拘束力）、②国際法は EU 法秩序内に妥当するか（国際法の EU 内効力）、③EU 法秩序内における個人は、どのような要件をみたす国際法を主張の根拠にできるか（国際法の援用可能性）、④EU 裁判所は、国際法不適合とされる EU 立法の有効性をいかなる審査基準を適用して判断すべきか（審査基準）、である。このうち①は国際法の問題であり、②以下は EU 統治法の問題である。②と③は国際法に照らした EU 立法の効力審査を行うための要件に対応する。本件の意義は、以上の諸点について概ね先例を踏襲しつつ、国際条約と慣習国際法のそれぞれについて、国際法に照らした EU 立法の効力審査枠組を明らかにしたことである。

慣習国際法　　慣習国際法とは、国際社会において法的確信に基づく一般慣行が集積することによって成立する国際法である（国際司法裁判所規程38条1項b号参照）。EU は法人格を有し（EU 条約47条）、国際法主体として国際社会に参加する。ゆえに EU は、国際平面において国際社会一般に妥当する慣習国際法に拘束される。EU 内平面における慣習国際法は、それを EU 内において受容する EU 機関の行為（変型行為）がなくとも、直ちに EU 法の一部として妥当する。それゆえ EU 機関は立法権限行使に当たって慣習国際法を尊重しなければならない（Case C-286/90, Poulsen & Diva [1992] ECR I-6019, paras. 9-10）。本件の EU 裁判所は、EU が「国際法の厳格な遵守と発展に寄与する」ことを宣言する EU 条約3条5項2文を慣習国際法尊重の理由に加えつつ、先例を再確認した（裁定101段）。

　EU 裁判所が慣習国際法を適用した例は少なくない。条約解釈規則（Case

C-70/09, Hengartner [2010] ECR I-7233, para. 36)、条約は第三者を益しも害しもせずの原則（Case C-386/08, Brita [2010] ECR I-1289, para. 44ff）、条約の効力発生前の条約目的阻止行為禁止義務（Case T-115/94, Opel Austria [1997] ECR II-39）、事情変更の原則（Case C-162/96, Racke [1998] ECR I-3655, para. 46）、属地主義に基づく管轄権行使の許容性（Cases 89/85 et al., Ahlstrom Oy v. Commission [1988] ECR 5193, para. 18）、自国民を自国領域に再入国させるべき義務（Case 41/74, Van Duyn [1974] ECR 1337, para. 22）、国籍の得喪に関する国家管轄権（Case C-200/02, Chen [2004] ECR I-9925, para. 37; Case C-135/08, Rottmann [2010] ECR I-1449, para. 39）、国家の長の特権免除（Case C-364/10, Hungary v. Slovakia, EU:C:2012:630, para. 44）が例である。慣習国際法の主たる認識方法として、慣習国際法を法典化した国際条約と国際司法裁判所の判例がしばしば用いられてきた。

効力審査：慣習国際法　慣習国際法がEU法として妥当するからといって、直ちにEU立法の審査が行われるわけではない。個人が慣習国際法を主張の根拠にすることは「当該慣習国際法が係争のEU立法の立法権限の存否を疑わせる場合で、かつ当該EU立法が個人のEU法上の権利義務を害する場合」に限定される（裁定107段）。もっとも慣習国際法を実施するEU立法が個人の権利義務に影響を与えていれば足りるので（同109段）、本件では審査に進んだ。ここでEU裁判所は、さらに「EU機関がEU立法を採択するに当たり、慣習国際法の原則の適用条件の判断において明白な誤り（manifest error）をおかしたかどうか」という謙抑的なEU立法の審査基準を設定した（同110段）。この基準をとる理由は、係争EU立法の複雑性と慣習国際法上の概念の不明確性を前提とすると、先決裁定手続におけるEU裁判所の審査は限定されてしかるべきだからとされている（Case C-162/96, Racke [1998] ECR I-3655, para. 52）。以上のような慣習国際法の援用制限と謙抑的な審査基準のために、EU裁判所の審査は抑制的にしか行われない。

効力審査：条約　他方、国際条約に照らしたEU立法の効力審査は、まず当該条約がEUに対して拘束力を有することを前提とする。EUの締結した条約は国際平面においてEUを拘束し、EU内平面

ではEU法の一部としての効力を生じ（Case 181/73, Haegeman [1974] ECR 449, para. 5）、EU機関を拘束する（運営条約216条2項）。ここで問題となるのは、EUは正式に締結していないが、すべての構成国の締結した国際条約（本件のシカゴ条約など）がEUを拘束するかという点である。EU裁判所は、構成国条約の規律事項に関して、EUが後に排他的権限を確立した場合、本来の締約国の地位をEUが承継するので、EUが当該条約の拘束を受けるとする機能的承継論を採った（先例としてCase C-308/06, Intertanko [2008] ECR I-4057, paras. 48-49）。このEU法理は、問題の条約の適用範囲におけるEUの排他的権限の確立という厳しい要件を課すものであり、1947年のGATTが唯一の適用例として知られるにとどまる。

　EU裁判所は、EU立法の審査において根拠にできる国際条約を絞り込む基準を設けた。すなわち、①条約の「性質と構造」が効力審査を妨げるか否か、②根拠にされた条約規定が無条件かつ十分に明確であり個人の権利義務を創設するかの二基準である（51-55段）。たとえばGATT/WTO法と京都議定書は柔軟性のゆえに基準①をみたさない。国連海洋法条約は海洋利用における国家間の権利義務の均衡を実現する趣旨であり、個人の権利義務を創設せず、基準②を充足しない。また本件のEU裁判所は、①②の両基準をみたすオープンスカイ協定と新指令については、両者を狭く解釈して相互の抵触を回避した（とくに裁定133、144、152-4の各段）。以上のように、条約にせよ慣習国際法にせよ、国際法に照らしたEU立法の効力審査は抑制的にしか行われない。こうした判例に通底するのは、国際法からEU法の自律性と実効性を守るという考え方である（本書38番事件解説参照）。

EU内権限配分　EUは価値外交や多国間主義を標榜し（EU条約21条1項）、国際法の厳格遵守を謳う。このことと上記の抑制主義は矛盾しないか。EU法の解釈権がEU裁判所に専属するのとは対照的に、国際法の第一次的解釈権は各国とEUにあり、EU内において国際法を解釈し実施する権限は主にEU立法機関にある。国際法の解釈適用におけるこうしたEU裁判所の地位に照らせば、EU裁判所が、本件のような事案において従来判例に依拠しつつ審査権行使を抑制することによっ

て、他の EU 機関の判断に対して謙抑を保ち、また EU 法の実効性と自律性を守ろうとすることはある程度理解が可能である。

管轄権の範囲　EU の排出枠取引制度の「枠組は〔同〕制度の世界的な利用に向けた模範」となり、他国制度と連結して世界的協定に発展すると EU 立法者は構想した（指令2008/101号前文17段）。本件は、航空運輸分野での温室効果ガス対策措置の当不当をめぐる世界的な争いの一面を成した。国際法上、国家は管轄権行使に当たり自国との連結点を示さなければならない。本件では、そのひとつは航空機が「EU 構成国の空港を発着する」という点に管轄権行使の根拠を求める考え方である（属地主義）。もうひとつは、構成国外でその一部分が生じた事象が EU 内の汚染原因となる場合に環境保護のための管轄権行使が許されるという考え方である（保護主義）。もっとも国際的に十分に保護されていない地球環境財を保護するために、他国船舶航空機等に管轄権を及ぼしてよいかという点は、なお国際的に争われている。

対抗立法　こうした EU の動きに対して、国際社会においては対抗立法をとる国も現れた。米国は自国航空会社の EU 排出枠取引制度への参加を禁止した。EU は、EEA 域内における航空運輸に対しては EU 排出枠取引制度を適用したが、域外の航空会社に対する新指令の実施は延期した（Decision 377/2013/EU [2013] OJ L113/1）。

（小場瀬琢磨）

✦文献案内

G. De Baere and C. Ryngaert, 'The ECJ's Judgment on Air Transport Association of America and the International Legal Context of the EU's Climate Change Policy' (2013) 18 Eur. Foreign Affairs Rev. 389-409.

J. Wouters, et al., 'Worlds Apart? Comparing the Approaches of the European Court of Justice and the EU Legislature to International Law' in M. Cremona and A. Thies (eds), *The European Court of Justice and External Relations Law* (2014), pp. 249-279.

38 ●カディ事件

国連の法と EC 法の関係
―― 国連決議を実施する EC 措置の司法審査

Joined Cases C-402/05P and C-415/05P, Kadi and Al Barakaat International Foundation v. Council [2008] ECR I-6351.

◆ 事実・争点

　アフガニスタンのタリバン組織は、1999年以降、同国の実効的支配を失った。そこで国連の安全保障理事会(安保理)はアフガニスタンに対する経済制裁決議を改め、特定の第三国とは関係のない、オサマ・ビンラディンやアルカイダ組織やタリバン組織のメンバー、これらと関係する個人や団体が直接または間接に支配する金銭的資源を凍結することを全世界の諸国に要請する決議を国連憲章第7章にもとづき採択した。国連憲章第7章にもとづく安保理決議は国連加盟国に履行が義務づけられる。資産凍結の対象となる個人や団体は国連安保理のもとに設置された制裁委員会が特定するが、本件の原告も2001年に制裁対象者に特定された。

　本件当時の EU は、安全保障問題を EC とは法的に区別された共通外交・安全保障政策協力制度(EU 第二の柱)で扱っていた。ただし EU は一貫した単一の枠組みをなすように運用すべきものとされ(EU 条約3条〔現在削除〕)、たとえば EC 条約301条・60条〔運営条約215・75条〕は、EU 第二の柱における第三国への経済制裁合意を法的拘束力のある EC の手段(規則等)で実施できると定めていた。なお EC 条約308条〔運営条約352条〕は、共同市場を運営するうえで EC の目的のいずれかを達成するために EC の行動が必要であるが、EC 条約に必要な権限を明文で定めていないとき、閣僚理事会は全会一致により適切な措置をとれると定めていた。

　本件において EU 諸国はまず EU 第二の柱において国連安保理決議を EU 域内で実施する旨の「共通の立場」を採択し、次いで EC 条約301条・60条・308条〔運営条約215・75・352条〕にもとづいて2002年 EC 規則を採択し、国連安保理決議で特定された(原告＝上訴人を含む)対象者の資産

凍結処分を行った。国連安保理決議およびEC規則の制裁対象者リストは、それぞれ国連安保理制裁委員会とEU閣僚理事会とで定期的に見直されるものとされていた。また国連安保理決議も本件EC規則も、構成国が制裁対象者の資産凍結を人道的な理由から一部解除する余地は認めていた。

　本件の原告＝上訴人は、スウェーデンに居住するEU市民とその関係団体である。原告は、2002年EC規則の制裁対象リストに当初から掲載され、定期的な見直しにおいても掲載されつづけた。そこで原告は2002年EC規則のうち原告に対する資産凍結処分の部分について取消訴訟を欧州第一審裁判所（現在のEU一般裁判所）に提起した。原告は、第一にECの権限欠如を主張した。すなわちECには特定の第三国と関係のない原告（個人や団体）に対する資産凍結処分を行う権限はない。なぜならEC条約301条と60条〔運営条約215・75条〕が定める経済制裁権限は「第三国」への制裁権限であり、第三国と無関係の個人や団体への権限ではないからである。それゆえ2002年EC規則はEC条約308条〔運営条約352条〕も立法根拠にするが、本件の制裁措置はECの目的ではなくて EU 第二の柱の目的のための手段であるから、EC条約308条〔運営条約352条〕を用いることも許されない。原告の主張の第二は、基本権侵害による違法である。かりにECに原告への制裁権限があるとしても、2002年EC規則自体も、それにもとづく資産凍結処分も、原告のEC法上の基本権、とくに聴聞を受ける権利や財産を尊重される権利を侵害するので違法無効だと主張した。

　原審の欧州第一審裁判所〔現EU一般裁判所〕は、次の理由により、訴えを棄却した。第一に、ECに第三国と無関係の個人や団体への経済制裁権限が認められる。たしかに「第三国」への経済制裁権限を定めるEC条約60条と301条〔運営条約75・215条〕だけでは第三国と無関係の個人や団体への制裁は行えない。しかしEU条約3条〔現在削除〕がEUの対外活動は一貫した単一の枠組みをなすように運用すべきと定めるので、EC条約308条〔運営条約352条〕もそれに照らして解釈すべきである。EU第二の柱の目的をEC条約60条と301条〔運営条約75・215条〕だけでは十分に実現できないとき、EC条約308条〔運営条約352条〕も重畳適用して実現できると解釈することは許される。

第二に、EC 司法部には、本件の EC 規則による EC 法上の基本権侵害の有無を審査する管轄権がない。国連憲章103条は国連憲章上の義務は、抵触するあらゆる国内法または他の国際条約上の義務に優先すると定める。EC は各構成国が国連加盟国として EC 設立以前に引き受けた国連憲章上の義務を継承するから、EC も国連憲章上の義務（国連安保理決議の実施義務を含む）に拘束される。本件の EC 規則は国連安保理決議をそのまま実施する措置であって、EC に実施上の裁量はない。ゆえに EC 法上の基本権に照らして EC 規則の効力を審査すれば国連安保理決議の効力を審査するのと実質的に同一になり、国連憲章上の義務の優先原則に反する。したがって本件の EC 規則も国連安保理決議も EC 法上の基本権に照らした司法審査は許されない。

　ただし、第三に、国連安保理といえども国際法上の強行規範（ユス・コーゲンス）には拘束される。ゆえに国際法上の強行規範をなすような一部の基本権に照らし本件の EC 規則の効力を審査する、限定的な司法審査は許される。しかし本件ではそのような基本権侵害はない。このような理由づけにより原告の訴えは棄却された。

　原告は EU 裁判所に上訴した。第一の争点は、EC の制裁権限に関する原審の解釈の妥当性、第二は、EC 法上の基本権に照らして本件 EC 規則の効力を審査する管轄権がないとした原審の解釈の妥当性であった。

　EU 裁判所は、第一の争点については原審と理由づけを異にしたが結論を支持した。第二の争点については原審を破棄し、EU 法上の基本権の侵害の有無を自判した。

◆**判決**

個人制裁権限

　EC 条約60条と301条〔運営条約75・215条〕は「第三国」に対する経済制裁権限を EC に与える。「第三国」には第三国政府や支配者ならびに彼らと直接または間接に関係がある個人や団体までは含みうるが、そのような関係がない本件の原告は含まれない（166段）。

　しかし「EC 条約60条および301条〔運営条約75・215条〕が EU 第二の柱において決定した行動を実施するための EC の経済制裁権限を定めるか

らには、両条は黙示的な背後目的（an implicit underlying objective）、すなわち EC の手段を効率的に利用して EU 共通外交・安全保障政策の実施のための措置を採択できるようにするという目的を表している。この目的が EC 条約308条〔運営条約352条〕の適用において EC の目的の一つとなるとみなしうる。」（226-227段）

　この解釈は EC 条約60条２項〔現在削除〕からも支持される。同項は EC 次元の制限措置が採られていない間に限って各構成国が第三国への資本移動の制限措置を取りうると定めているからである（228段）。しかも EC 手段を使って経済制裁措置を実施することは必ずや「共同市場の運営」に関連するから、EC 条約308条〔運営条約352条〕の発動要件も満たされる（229-230段）。

　本件 EC 規則を EC 条約308条〔運営条約352条〕も根拠に加えて採択するのが正当化されるのは、EU 共通外交・安保政策の目的を達成するための措置だからというのではなく、当該規則が EC の目的の一つを達成する措置であり、かつ共同市場の運営に関連する措置だからである。しかも EC 条約308条〔運営条約352条〕を本件の EC 規則の立法根拠に加えるならば、欧州議会が個人への制裁措置の採択手続に参加できるが、EC 条約60条および301条〔運営条約75・215条〕だけなら参加できない（235段）。以上から EC は、第三国政府や支配者と無関係の個人および団体も制裁する本件 EC 規則を採択する権限を有していたといえる（236段）。

EC の司法審査権

　EC は法の支配にもとづく共同体である。構成国も EC 諸機関もその行為が基本的憲法的憲章である EC 条約に適合しているかどうかの司法審査は免れられない。EC 条約は、完結した司法的救済制度を作り、EC の裁判所が EC 機関の行為の適法性を審査する手続を定めている（281段）。他方、一般の国際協定は、EC 条約が定めた権限配分も EC 法制度の自律性も変更できない。EC 条約220条が EC の裁判所に付与した、EC の権限配分を監視する排他的な管轄権は EC の基礎である（282段）。また、確立した EC 判例によれば、基本権は EC 法の一般原則の一部であり、EC の裁判所は、構成国の憲法の共通の伝統と、構成国が協力あるいは署名した国際的人権保護協定、とりわけ欧州人権条約が提供するガイドラインに着想を得ながら、基本権を保障する（283段）。基本権および人権の尊重は EC の行為の適法性要件である（284段）。

　以上から、国際協定が課す義務が EC 条約の憲法的諸原則を害する効果をもつことは認められない。EC 条約の憲法的諸原則には、EC の行為はすべて基本権を尊重すること、その尊重が EC の行為の適法性の要件であ

ることなどが含まれ、EC 裁判所が EC 条約の設けた完結した司法的救済制度においてこれを審査する（285段）。なお、EC における司法審査は、係争の EC の行為についてのみ及ぶ（286段）。国連憲章第 7 章にもとづいて国連安保理が採択した決議の効力を司法審査する管轄権は、たとえ国際法上の強行規範（ユス・コーゲンス）に照らした限定的な司法審査だとしても、EC にはない（287段）。

　係争の EC 規則が国連憲章第 7 章にもとづく安保理決議を実施する目的の措置ゆえに当該 EC 規則の対内的な適法性の司法審査が排除されるというのは、国連の国際法秩序の諸原則の必然的な帰結とはいえない（299段）。なぜなら国連憲章は同第 7 章にもとづく安保理決議の加盟国における実施の方式を特定しておらず、国内実施の方式の選択の自由を認めているからである（298段）。

　EC 条約から見ても司法審査を排除する根拠はない（300段）。基本権の保護および EC 措置と基本権との適合性について EC の司法部が適法性を審査することは EC 法秩序の基礎である。〔EC 設立前からある既存条約の尊重を定める〕EC 条約307条〔運営条約351条〕もこの EC 法の基礎を覆すものではない（304段）。また国連憲章上の義務が EC 法規範よりも上位であるから、係争の EC 規則と基本権との適合性審査の管轄権が免除されるという考え方も EC 法に根拠は見出せない（305段）。EC 条約300条 7 項〔現在削除〕は、同条が定める条件で締結された国際協定は EC の機関と構成国を拘束すると定める。かりに国連憲章にも EC 条約300条 7 項〔現在削除〕が適用されるとして、国連憲章が EC の派生法規〔EC 機関が採択する法規〕に対して優越するとはいえようが、EC の基本法規、とくに基本権を含む EC 法の一般原則に優越するとはいえない。なぜなら EC 条約300条 6 項〔現在削除〕は、国際協定が EC 条約に適合しないとの意見を EU 裁判所が述べたときは、EC 条約が改正されない限り当該国際協定は発効しないと定めるからである（306-309段）。

　したがって EC の司法部は、EC 法の一般原則の不可欠の一部をなす基本権に照らしてすべての EC 行為の適法性を原則として全面的に審査しなければならない。本件の EC 規則のように、国連憲章第 7 章にもとづく安保理決議を実施するための措置もこの審査に服する（326段）。ゆえに原審は司法審査権に関する法解釈を誤っていた（327段）。

聴聞権・実効的司法的保護

　本件のような国家安全保障およびテロ活動対策措置について、EC 司法部は正当な安全保障上の利害と個人への十分な手続的正義の保障とを両立させるよう審査を行う（343-344段）。上訴人が本件 EC 規則による資産凍

結措置を受けたことにより、防御権、とくに聴聞を受ける権利と実効的な司法審査を得る権利を侵害されたことは明白である（333-334段）。

　実効的な司法的保護の原則は、構成国に共通の憲法の伝統に由来するEC法の一般原則であり、欧州人権条約6条・13条にも掲げられ、EU基本権憲章47条も再確認している（335段）。本件においては、実効的な司法審査を可能にするために、関係EC機関は、上訴人が資産凍結対象者と決定された時点で、または少なくとも決定後可及的速やかに、処分理由を上訴人に伝達し、裁判を求める権利を上訴人が一定期間内に行使できるようにする義務があった（336段）。決定理由の伝達義務の遵守は、制裁対象者が可能な限り最善の条件で自らの権利を防御可能とするためにも、全関連事実を知ったうえでEC司法部に訴えるべき点があるかどうかを判断するためにも、さらにはEC司法部が問題のEC措置の効力審査を全面的に実行できるようにするためにも必要である（337段）。

　ただし制裁対象者リストに初めて掲載される個人または団体については、氏名の掲載前に理由を伝達する義務はない（338段）。なぜなら本件EC規則の制裁目的を達成するには、不意打ち効果と制裁の即効性が必要であり、制裁前に理由伝達をすればそれらが失われるからである（339-340段）。同様の理由から、初めての制裁対象者についてEC諸機関は氏名掲載前に聴聞する義務もない（341段）。「さらに、テロリズム対策に関連する国連安保理採択の決議を実施するためのEC措置については、治安またはECおよび構成国の国際関係上の行動という優越的考慮から、関係者への一定事項の通知を拒みうるので、当該事項に関する関係者の聴聞を断ることも許される。」（342段）

　しかし、本件のEC規則もEU第二の柱の「共通の立場」も、関係個人の氏名の掲載を正当化する証拠を関係個人に通知する手続、ならびに関係個人を掲載時またはそれ以後に聴聞する手続を規定していない（345段）。現に閣僚理事会は当該証拠を上訴人にまったく通知していない（346段）。このため上訴人は、自らを弁護できる状況になく、上訴人の防御権、とくに聴聞を受ける権利は尊重されなかった（348段）。防御権と実効的司法的救済を受ける権利は不可分の関係にたつから、上訴人の実効的な司法的救済を受ける権利もまた侵害された（349段）。現に閣僚理事会は、本件の関係証拠はECの司法審査に一切服すべきでなはないとの立場をとり続けており、基本権侵害も続いている（350段）。ひいては裁判所も、上訴人に関する範囲で、係争のEC規則の効力審査ができない。以上から上訴人の実効的な司法的救済を受ける基本権も尊重されていないといえる（351段）。

　〔EU裁判所は、財産権侵害の有無についても審査した。財産権はテロ活動に

対抗するという公益目的を達成することに比例的な範囲で規制を受けうるが、財産権の大幅な制限を受ける上訴人に弁明の機会を与えるべきところ与えなかった違法があり、それゆえ本件の制裁措置は上訴人の財産権への不当な制限となったと判断した（355-370段）。とはいえ、EU裁判所は、上訴人の資産移転の懸念と、適正な手続によっても上訴人が再び資産凍結処分を受ける可能性があることを理由に、EC規則の係争部分の即時無効を認めず、判決時から3か月間は有効とした（373-375段）。〕

◆解　説

本件の意義　　第一の意義は、EU法の国際法からの独立性を国連の法との関係で確認した点である。第二の意義は、自律的なEU法の基礎に人権・基本権保護があることを強調し、実体的な司法審査をした点である。いずれもEU法の基本的性格に関わる。とくに当時は、今日と異なり、EUとECの制度が法的には区別されていた。しかし当時から両制度を横断する事案でEU全体の法のあり方も示した。これらの意味で重要な判決である。以下厳密には当時のEC法の解説となるが、現在のEU法と連続するため、EU法と表記して述べる。

EU法の独立・自律性　　EU法と国連の国際法の関係の捉え方は、本件での争点を解決するうえで前提となる問題である。原審とEU裁判所ではこの捉え方が根本的に異なった。原審は国連の国際法を頂点としてそれとEU法が一元的に連続する国際法観に立ち、国連憲章上の義務が国連憲章以外のあらゆる条約上の義務（EU条約上の義務など）に優先すると考えた。この原審の立場はEU法の独立・自律性を奪い、国連安保理決議をそのまま実施するEU行為（当時のEC行為）の効力をEU法（当時のEC法）にもとづいて審査しえない結果をもたらした。

これに対してEU裁判所は、EU法が国連の国際法からは独立の自律的な法であると捉えた（判決282、285段）。そこで国際法において国連安保理決議の義務が他の条約上の義務に優先することと、EU法において国連安保理決議を実施するEU規則の効力をEU法上の最高法規（基本権保護原則などを含む法の一般原則）にもとづいてEU裁判所が審査することとは別問題であると考えた（判決288段）。EU法においては、国連の国際法はEU

の基本法規より下位でEUの派生法規より上位と位置づけられるという（判決307-308段）。こうしてすべてのEU行為のEU法上の基本権適合性審査を肯定した。

EU裁判所はEC設立初期から、国際法との関係でEU法（歴史的にはEC法）を独立で自律的な法と捉え、国際条約がEU法の独自性と自律性を変更することはできないという立場をとってきた（本件のEU裁判所はこの立場に整合し、原審が特異であった）。

①ECが排他的な締結主体とはならなかった国際条約についていえば、たとえばEEC設立（1957年）以前に構成諸国が加盟していた旧GATT（1947年）の規定や、ECとEC諸国の両方が共同当事者となって締結した現WTO諸協定（1994年）の規定について、それらのEC法上の効力や法的効果は、EC法への類比によって論じられないと判断してきた。そこで旧GATTやWTO協定の規定がEC法令において明示的に言及されてECによる受容が明確であるか（Case 70/87, Fediol v. Commission [1989] ECR 1781)、EC法令により域内で実施される（Case C-69/89, Nakajima v. Council [1991] ECR I-2069）などしていない限りは、旧GATTやWTOの協定の規定に直接効果は認められず（Cases 21-24/72, International Fruit Company v. Produktschap voor Groenten en Fruit [1972] ECR 1219（旧GATT規定の直接効果否定）; Case C-149/96, Portugal v. Council [1999] ECR I-8395（WTO諸協定の直接効果否定））、またEC法令をGATTやWTOの協定に照らして効力審査することも認められず（Case C-280/93, Germany v. Council [1994] ECR I-4973（旧GATTにもとづくEC法令の効力審査否定）; Case C-149/96, Portugal v. Council [1999] ECR I-8395（WTO諸協定にもとづくEC法令の効力審査否定））、さらにはWTOの紛争解決機関がECの行為をWTO協定違反であると認定した後もECが当該違反行為を継続して個人が損害を被った場合もECへの損害賠償請求は認められない（Cases C 120/06 P and C 121/06 P, FIAMM, Giorgio Fedon & Figli v. Council and Commission [2008] ECR I-6513）といった判断を繰り返した。EU裁判所によれば、旧GATTやWTO諸協定は、本質的に互恵的協定であり、当事者の相互交渉により規定内容を実現する柔軟性を残すものであるし、WTOとなって紛争解決

制度が整備されたとはいえ未だに政府間交渉による解決の余地が残るため、構成国の主権的権利の行使を法制度により制約する統合的なEC法と根本的に法の性質を異にするというのである。

②ECが排他的な主体として締結した国際協定についても、それがEC法の独自性・自律性を変更しうる場合はEC条約に反するとEU裁判所は判断してきた。欧州経済圏（EEA）設立協定のEC条約適合性を問題にしたEU裁判所の意見1/91号は、EC法を統合的な独自の法秩序であるが、EEA協定により設立される裁判所がEC法の独自・自律性を侵害する可能性があることを理由にEC条約に適合しないと述べた（Opinion 1/91 (EEA No.1) [1991] ECR I-6079）。その結果、EC法の独自性・自律性を侵害しない形態に変更したEEA協定が締結された。

今回の判決は、以上の先例を継承して、普遍的国際組織としての国連の国際法といえどもEU法の独立性・自律性を変更できないと判断したものである。ゆえに先例の蓄積と本判決をもって国際組織の法や国際条約一般との関係でEU法を独立の自律的な法として捉える立場が確立したとみてよいであろう。EU法の独立性・自律性を強調するEU裁判所の立場は、構成国法との関係で展開された（1963年のファン・ヘント・エン・ロース事件〔本書1番事件〕）のに始まり、本件カディ事件において普遍的国際組織「国連」の法を含む国際法一般との関係でも示されて完結した。その意味で、本件はファン・ヘント・エン・ロース事件と同様に、独立独自のEU憲法秩序を形成するEU憲法形成史上の重要判決と評価できるであろう。

基本権保護と司法審査　本件の第二の意義は、EU裁判所が、独立したEU法秩序においては個人のEU法上の基本権保護のために、あらゆるEU機関の行為について、たとえ当該行為が国連安保理決議を実施する行為であっても、当該EU行為の効力審査が全面的に保障されると強調し、現実に実体審査をした点である。

EC法制度におけるEC行為の司法審査の実効的な保障は、先例を踏襲した判断である（AETR事件〔Case 22/70, Commission v. Council [1971] ECR 263. 本書初版・第2版38番事件〕、緑の党事件〔Case 294/83, Les Verts v. Parliament [1986] ECR 1339. 本書初版18番・第2版17番事件〕）。ただし、国連安保理決議

を実施するEC行為はEU第二の柱での実施決定行為を経て初めて採択可能になる点で、EU第二の柱の行為と不可分一体である。そのような性質のEC行為の司法審査は、間接的にEU第二の柱の行為への司法的統制にもなりうる。そのような性質のEC行為の司法審査を行うべきかどうかが本件で初めて争われ、先例の原則を再確認して司法審査を行った点に本件の新たな意味がある。

本件直前にEU裁判所は、ECを超えてEUの第二・第三の柱にも実効的な司法審査を及ぼすことを志向していた（GPA＆セギ事件〔Case C-354/04P, Gestoras Pro Amnistia and others v. Council [2007] ECR I-1579; Case C-355/04P, Segi et al v. Council [2007] ECR I- 1657. 本書第2版18番事件〕）。本件判決もその流れの一環をなした。

もっともテロ対策措置による基本権侵害の審査は困難も伴う。EU裁判所の本件での審査は、実体的権利の保障そのものではなく、そのための手続的権利の保障という二次的な範囲にとどまり、その範囲でも理由通知の範囲や聴聞の機会について公安当局の広い裁量（判決342段）を認めている。原告は本件判決後、理由の通知と聴聞を経たが、引き続き資産凍結処分を受けた（Commission Regulation 1190/2008 [2008] OJ L 322/25）。

ECの目的の解釈 なお本件判決が当時のECの個人制裁権限を肯定する際に示した、ECの「黙示的な背後目的」に「EC手段の効率的利用を通してEU共通外交・安全保障政策の実施のための措置を採れるようにするという目的」があるという解釈（226-227段）は難が多い。これは制裁手段の規定（EC条約60・301条〔運営条約75・215条〕）からECの活動目的が黙示的に認定できるという論法であるが、EC/EUの権限付与原則（設立条約が付与した範囲でしかEC/EUは権限をもたない）と整合しがたい。

リスボン条約でEC条約はEU運営条約と改称かつ改正され、運営条約215条（EC条約301条の改正）が、第三国へのEUの経済・財政制裁権限を1項で（EC条約301条とほぼ同内容に）定めたのち、新設の2項で次のように定める。「EU条約第5編第2章〔共通外交・安全保障政策規定〕にもとづいて採択された決定にその旨の定めがあるときは、閣僚理事会は、<u>自然</u>

人または法人および国家以外の集団または団体に対して、第１項に述べる手続にもとづいて制限措置を採択することができる。」この新２項は、自然人等の第三国との関係の有無を問わない点が重要である。さらに新３項で、「本条に述べる行為は、法的保護に関する必要な規定を含む」と述べて、制裁対象となる個人・法人の司法的救済の確保を定めている。このリスボン条約での新２項と３項の追加こそ、EC/EU の権限付与原則の建前と併せ考えるならば、本件当時の EC 条約では第三国と無関係の個人への制裁権限が EC にないと構成諸国が考えていたことを強く示唆する。

とはいえもし逆に本件で、第三国と無関係の個人への制裁権限が EC にないという立場をとっていたならば、第三国と関係がある個人は EC が、第三国と関係ない個人は各国が制裁を行うことになり EU 諸国全体の統率がとれず、しかも特定の個人の第三国との関係の有無の判断をめぐり EC（あるいは国連）と各国の間で対立が生じ、銀行業務等の市場取引も混乱したであろう。本件の EU 裁判所が判決228段で、EC 次元の制限措置がとられていない間に限って各構成国が第三国への資本移動の制限措置をとりうる旨の EC 条約60条２項〔現在削除〕を理由づけに持ち出したのは、それを反対解釈して、いったん EC 次元の制限措置がとられたならば、制限措置の採択権限は EC に移るべきだと構成国も考えている意図が読めるという（薄弱な）主張なのであろう。以上から、EC の黙示的背後目的説は、EC/EU 条約の改正方向を織り込み、実務的に妥当な結果を模索した、本件限りの苦肉の解釈であったとみるべきであろう。

（中村民雄）

✤文献案内

Panos Koutrakos, *EU International Relations Law* 2nd ed. (Hart, 2015)

Daniel Halberstam, Eric Stein, "The United Nations, the European Union, and the King of Sweden: Economic sanctions and individual rights in a plural world order" (2009) 46 CMLRev. 13-72.

Martin Nettesheim, "U.N. sanctions against individuals – A challenge to the architecture of European Union governance" (2007) 44 CMLRev. 567-600.

39 ●欧州人権条約加入事件
EU 法の自律性と欧州人権条約

Opinion 2/13 (EU Accession to the ECHR), EU:C:2014:2454.

◆事実・争点

　EU 諸国はすべて欧州人権条約（以下、人権条約）に加入し、欧州人権裁判所（以下、人権裁判所）の管轄権を承認している。また EU 法上も、人権条約が保障し EU 各国に共通の憲法的伝統から生じる基本権は「EU 法の一般原則」をなす（旧 EU 条約 F 条 2 項；現 EU 条約 6 条 3 項）。このように人権条約・人権裁判所は EU と EU 諸国に深く関わるが、EU 自体は人権条約に加入していない。

　この間隙を埋めるために1990年代に当時の EC は人権条約への加入を試みた。しかし当時の EC 裁判所は1996年の意見2/94（[1996] ECR I-1763）で、EC には人権条約に加入する権限がなく加入できないと判断した（本書初版・第 2 版39番事件）。そこでリスボン条約（2009年発効）は、「EU は欧州人権条約に加入する（shall）」（EU 条約 6 条 2 項）と定め、EU に加入権限を付与した。他方、人権条約の側も、国家の加入を前提としていた条約規定を改正し、非国家の EU の加入を可能にした（人権条約59条 2 項）。EU は2010年に加入の交渉を開始し、2013年 6 月に加入条約に合意した。

　もっとも加入条約が EU 条約に適合するかは別問題である。すでに1996年の意見2/94は人権条約加入と EU 裁判所の管轄権（現 EU 条約19条・運営条約344条）が両立するかという論点を指摘していた。またリスボン条約は加入に条件を付していた。第一に、加入条約が EU 基本条約の定める EU と EU 機関の権限に影響しないこと（EU 条約 6 条 2 項、第 8 議定書 2 条）。第二に、EU と EU 法の特質を保全するために、加入条約はとくに(a)人権条約の運営機関に EU が参加する特別の取決め、ならびに(b) EU に加盟していない諸国による手続と個人申立が、EU、構成国または両方を

正しく名宛人とするために必要な仕組を規定すること（同議定書1条）。第三に、加入条約が、運営条約344条（EU 法に関する紛争に対する EU 裁判所の排他的管轄権）に影響しないことである（同3条）。これらの条件を満たすため、加入条約は、EU と構成国の双方が被申立人となる共同被申立人制度や（加入条約3条2・3項）、国内救済完了原則を EU に適用するために EU 裁判所の優先的な事前審査制度（同3条6項）を定めた。

この加入条約の EU 法適合性について、欧州委員会は2013年7月 EU 裁判所に意見を求め（運営条約218条11項）、2014年12月、全員法廷により意見が示された。

◆意見

総論的考察

意見2/94当時の EC 法と異なり、リスボン条約発効後は、EU の人権条約加入には EU 条約6条の法的根拠がある。しかしなお加入には制約がある（153-154段）。「EU 設立諸条約〔= EU 基本条約たる EU 条約・運営条約〕は、通常の国際条約と異なり、新しい法秩序を創設する。EU は固有の機関をもち、それとの関係で構成国は、いっそう広い分野で、主権的権利を制限し、その統治に服するものは構成諸国だけでなく当該諸国民でもある（ファン・ヘント・エン・ロース事件〔本書1番事件〕、コスタ対エネル事件〔本書2番事件〕、意見1/09参照）。」(157段) 新しい法秩序の EU の性質は独特ゆえ、人権条約加入には一定の条件や手続が要請される。第一に、加入は基本条約が定める EU 権限に影響してはならない（EU 条約6条2項）。第二に、加入条約は EU と EU 法の特質を保全しつつ、EU と EU 機関の権限に影響せず、人権条約ならびに EU 運営条約344条との関係での構成国の地位に影響してはならない（第8議定書）。第三に、加入手続は EU 法の特質を保全するように進められなければならない（EU 条約6条2項に関する宣言）（158-162段）。

EU の特質とは、EU の憲法構造の特徴（権限付与原則や EU 諸機関が設置されていること）であり、EU 法の固有の特質は、EU 法が基本条約という独立の法源により生じること、EU 法が構成国の法に優位すること、構成諸国とその諸国民に EU 法規定が直接効果をもって適用されることである。この EU 法の特質から、体系的な諸原則・諸準則が生じ、EU と構成国の間に、また構成国同士に、相互連結的な法的関係が生じ、「ヨーロッパの諸人民の絶えず緊密化する連合を形成する過程」が進む（165-

167段)。この法制度の前提にあるのは、EU の基礎となる一定の共通価値を EU 各国が他の EU 諸国と共有し共有されていると認めることである。この前提があるがゆえに EU 各国間で共通価値が承認され、共通価値を実施する EU 法が尊重されることの相互信頼があるとみることができる。そしてこの法制度の中心には、EU 基本権憲章が認めた基本権がある（168-169段)。

EU 法は、構成国法との関係でも国際法との関係でも、自律性をもつ。ゆえに、EU 基本権憲章が認めた基本権など EU 法上の基本権は、EU の制度構造と目的の中で解釈されなければならない。制度構造でいえば、EU の諸機関だけでなく構成国も EU 法の実施において EU 基本権憲章を尊重する義務がある。EU の目的は、域内の商品・サービス・資本・人の自由移動や EU 市民の地位、自由・安全・正義の領域、競争法などの基本的規定を通して実現される。EU 法の適用について構成国も誠実に協力する義務が課されている。法秩序としての自律性を保全するために EU と構成国の司法制度が備わっており、EU 法を各国において一貫して統一的に実現するために、各国の裁判所と EU 裁判所をつなぐものが先決裁定制度である。EU 基本権憲章が認める基本権など EU 法上の基本権は、以上の憲法構造に従って EU においては解釈適用されるべきものである（170-177段)。

加入条約の基本条約適合性

そこで、加入条約が EU 法の特質ならびに EU 法上認められる基本権の解釈適用に関する EU 法の自律性を害さないかを確認し、また加入条約が予定する制度および手続が EU の人権条約加入条件を満たすかどうかも確認する（178段)。

EU 法の特質と自律性

EU の人権条約加入の結果、人権条約は EU 機関と構成国を拘束し（運営条約216条 2 項)、EU 法の不可欠な一部となる。そして EU は他の人権条約加入国と同様に、人権条約上の権利と自由の保障について人権条約の監視機構とくに人権裁判所による外部統制に服することになる（180-181段)。

国際条約において、当該条約の条文を解釈し、その決定が EU 裁判所を含む EU 諸機関を拘束するような裁判所を創設することは、必ずしも EU 法に反するわけではない。しかし当該国際条約が EU の権限に影響を及ぼすことが認められるのは、EU の権限の必須の性質を保全するために不可欠な条件が満たされ、その結果、EU 法秩序の自律性が害されないときだけである（182-183段)。とくに、EU と EU 機関が対内権限を行使する際

に、人権条約上の決定機関の行為によって特定のEU法規定解釈に拘束される効果が生じることは許されない（184段）。

たしかに外部統制の考え方からは、人権裁判所による人権条約解釈は、国際法上、EUとEU裁判所を含むEU機関を拘束し、EU裁判所による人権条約上の権利の解釈は人権裁判所を拘束しないといえる（185段）。しかし、EU裁判所によるEU基本権憲章を含むEU法解釈は、これと同様にはいえない。とくにEU裁判所が行うEU法の事物適用範囲の認定（その範囲でのみ構成国はEU法上の基本権に拘束される）について人権裁判所が疑義をさしはさむことは許されない（186段）。

この点で加入条約には問題がある。第一に、EU裁判所は、EU基本権憲章53条〔憲章の規定は、EU法、国際法、EUまたはEU構成国すべてが当事者である国際条約（人権条約含む）および構成国の憲法が認める基本権を制限または害するように解釈されてはならないとの定め〕について、基本権保護の各国水準を適用することでEU基本権憲章の求める保護水準またはEU法の優位性、統一性および実効性を害してはならないとの趣旨に解釈してきた（メローニ事件裁定60段〔本書16番事件〕）。一方、人権条約53条は、人権条約よりも高い基本権保護水準を加入国がとる権限をもつことを認める。すると人権条約とEU基本権憲章の両方から重ねて認められる基本権については、EU構成国が人権条約加入国としてもつ人権条約53条上の権限により、EU基本権憲章の求める保護水準やEU法の優位性・統一性・実効性を害する恐れがある。それを防止するために人権条約53条上の権限をEU基本権憲章53条に適合するよう調整する必要がある。ところが加入条約には調整の定めがない（187-190段）。

第二に、構成諸国の相互信頼の原則は、EU法において根本的に重要である。この原則は、とくに〔構成国間の司法・警察協力を推進する〕自由・安全・正義の政策分野などで、特段の状況を除き、基本権を含むEU法をあらゆる構成国が遵守するものと考えるべきことを求める。それゆえ構成国間ではEU法上の基本権が保護されているかどうかの相互監視をしてはならない。ところが、加入条約は、EUを国家として他の加入国と同様に扱い、EUの特質を看過している。とくにEU構成国がEUへ委譲した権限の対象事項については、EU法が求めるときはEU法による排他的規律がなされる点を考慮していない。一方、人権条約のもとでは、加入国は他の加入国の基本権遵守を相互監視することが義務づけられている。これはEU構成国としての加入国にも及ぶ。するとEU法上の相互監視禁止と反することになり、人権条約への加入は、EUの基礎にある均衡を崩し、EU法の自律性を損ないかねない。ところが加入条約にはこれを防止

する規定がない（191-195段）。

第三に、人権条約第16議定書により、構成国の最高裁判所は人権条約上の基本権の解釈または適用につき人権裁判所に勧告的意見を要請できるが、これが人権条約と EU 基本権憲章が共に重ねて保障する基本権について用いられる場合、EU の先決裁定制度の自律性と実効性を害する危険も残る。ところが加入条約はそれを防止する規定をもたない（196-198段）。

以上から、加入条約は EU 法の固有の特質と自律性を損ねる可能性がある（200段）。

運営条約344条

運営条約344条〔EU 裁判所の EU 法紛争に関する排他的管轄権の定め〕には、国際条約が EU 基本条約の定める権限配分と EU 法の自律性に影響してはならないという原則が込められている。EU の人権条約加入の結果、人権条約は EU 法の不可欠の一部となるので、EU 法が争点となっているとき、人権条約の遵守をめぐる構成国間の紛争および構成国と EU 間の紛争について EU 裁判所が排他的管轄権をもつことになる。ところが人権条約33条が定める紛争解決手続は、あらゆる締約当事者に適用されうる。それは EU 法が争点となり人権条約も絡める構成国間の紛争または構成国と EU 間の紛争にも適用されうる。その可能性自体が運営条約344条に反する。運営条約344条は、とりわけ EU 裁判所の管轄権の排他的性質を保全することを意図しているから、事前または事後の外部統制を排除する。よって、構成国または EU が人権裁判所に出訴できるという事実自体が運営条約344条の目的を損ない、EU 法の特質に反する。EU 法の事物管轄権内に生じる人権条約の適用をめぐる、構成国間の紛争または構成国と EU の間の紛争については、人権条約33条にもとづく人権裁判所の管轄権を明文で排除することによってしか運営条約344条への適合を達成できない。このように加入条約は運営条約344条を損ねる可能性がある（201-214段）。

〔このほか意見は、共同被申立人制度、EU 裁判所の事前審査制度、EU 共通外交安全保障政策事項の司法審査を検討し、いずれについても EU 基本条約に反すると認定した。〕

◆**解　説**

EU 法の特質と基本権保護　　本意見により、EU の欧州人権条約加入手続は停止し、加入は現在まで実現していない。本意見の要求のすべてが欧州人権条約の本質と両立しうるかは疑問である。そのため加入

条約の再交渉は困難であり、EU の人権条約加入の実現は不透明である。多くの評釈は、人権重視の立場から本意見に批判的であり、とくに、構成国間の相互信頼を理由に、人権裁判所の介入を排除した部分は批判が強い。EU の人権条約加入が企図されたのは、EU 基本条約改正によって多くの権限が EU に移譲され、しかも EU 法は直接効果と優位性をもつため、EU の権限行使を人権裁判所の外部統制に置く必要が生じたからである。人権条約の側でも、EU の加入により、人権条約制度を強化し、ヨーロッパにおける基本権保護の一貫性を高められる。人権条約の立場からは、加入後は、EU 法は他の締約国の国内法と同等の存在とみなされ、EU 法および EU 裁判所の解釈は人権条約に照らした人権裁判所の審査対象となる。各当事者の権限行使を審査するのが欧州人権条約の本質であり、人権裁判所は、構成国にも EU にも人権に関する最終裁判所となるはずである。

しかし本意見は、それを素直には承認せず、EU 法の特殊性への配慮を要求し、EU 法に対する人権裁判所の審査の排除や限定、また EU 裁判所の事前審査の範囲拡大（意見247段）を要求した。そのため本意見は、EU 裁判所が自らを過剰に防衛したとも評価されている。

とはいえ本意見が提示した人権条約加入への懸念に根拠がないわけではない。人権条約は主権国家の参加を予定した制度であるから、非国家の EU が参加する場合、EU 法秩序の独自性の維持の要請が生じざるをえない。加入条約は、基本権保護と EU 法秩序の独自性の維持という異なる要請に応える必要がある。ゆえに本意見の評価は詳細な検討を要する。

EU と欧州人権条約　EU は条約締結権限を有し、多くの国際条約を締結しているが、そこには司法的な解釈機関が存在するものも少なくない。たとえば、EU は世界貿易機関（WTO）に加入している。WTO はパネルと上級委員会という準司法的紛争解決機関を備えている。ところが EU の WTO 加入に際し、その EU 法適合性が問われたことはない。今回の人権条約加入について EU 法適合性が問われたのは、多くの基本権について EU 法と人権条約が重複し、複雑に絡み合うためであろう。人権条約はすでに EU 各国と各国間に適用されるが、EU の人権条約加入

以後は、EUと各国の間にも適用される。そして、加入によりEU法の一部となった人権条約にはEU裁判所の管轄権がおよぶ一方で、EU法の人権条約適合性は人権裁判所でも争われるから、EU法に関し双方の裁判所が異なる判断を下す可能性が生じる。これまでも、EU法を実施する構成国の行為は人権裁判所の審査対象であり、間接的にEU法が審査される可能性は存在した。しかし人権裁判所は、2005年のボスポラス事件判決（Bosphorous v. Ireland (Application no. 45036/98) Grand Chamber, 30 June 2005）で、EUが人権条約と同等の保護を提供する限り、構成国の行為は原則として人権条約に適合すると推定されると判示し、人権条約上の権利保護の「明白な欠如」が存在しない限り、EU内の基本権保護はEU裁判所に委ねてきた（同等の保護理論）。人権裁判所が、実質的にEU法の審査を控えた結果、両裁判所の審査対象は重複せず、両者は対立なく並存できた。しかし、EUの加入により、両裁判所間の平和な関係は変化すると予想されたのである。

EU法の自律性　　本意見の加入条約に対する懸念の中心は、EU法およびEU法制度の自律性にある。意見はEU法の特質を維持するためには、EU法の自律性の維持が不可欠であると考えている。EU法の自律性は、これまでEU法と国際法の関係の文脈で強調されてきた。たとえばEEA裁判所の創設に否定的判断を示した1991年の意見1/91（[1991] ECR I-6079）は、EEA条約が「〔EU〕法秩序の自律性」に悪影響を及ぼすことを理由に同条約をEC法と両立しないと判示した（同意見35段）。2008年のカディ事件判決（本書38番事件）も同様に、国際条約は「〔EU〕法制度の自律性」に影響できないと判示した（282段）。これらの判断はいずれも、EU法の自律性は、EU裁判所の排他的管轄権によって保障されることを重視する。本意見は、こうした先例を継承しているが、進んで人権条約もEU法となる以上、EU法の適用範囲はあくまでEU裁判所が決定すべき事項であり、EU法の範囲内の基本権については、人権裁判所が判断してはならないという（意見184・186段）。換言すれば、人権条約への加入にもかかわらず、本意見は人権裁判所の審査を排除または限定しようとする。

この点を、多くの評釈は、EU法の自律性を過度に保護すると批判する。基本権に関しEUの権限行使を外部規範の統制下に置くことが人権条約加入の目的である以上、加入により、EU法秩序は従来と同様の自律性は維持できないはずである。ただしEU統合を支えてきたEU法秩序の重要性を考慮すれば、加入によりEU法秩序の憲法的性質を犠牲にすべきではないともいえる。となると問題は両者の要請をどう均衡させるかであり、本意見の示した内容がEU法の自律性の保全にとって必要最低限なのかが問われることになろう。その観点からみると、本意見には疑問がある。なぜなら、本意見が述べる以外の選択肢もありうるからである。たとえば、本件の法務官意見は、EU法に関する紛争につき、EUと構成国が人権裁判所に付託しないことを一方的に宣言するなど、より緩やかな手段を提示していた（法務官意見120・135段）。

基本権保護水準と相互信頼　本意見は、EU法の自律性に関する具体的論点を検討している。第一は、EU基本権憲章53条と人権条約53条の関係であり、EU内の基本権保護水準の決定者は誰かである。両規定の文言は類似しているが、解釈は異なる。人権条約53条は最低限の保護水準を設定すると解釈され、条約当事国にはより高い水準の設定が認められる。他方、EU基本権憲章53条については、2013年のメローニ事件裁定（本書16番事件）が、構成国は「EU基本権憲章の保護水準およびEU法の優位性、統一性および実効性を損なわない」という条件のもとで、国内水準を適用できるに止まると判示し（同裁定57-60段）、構成国がEU法の設定する水準より高い水準を設定することはできない。このように、両規定が矛盾するため、メローニ事件裁定以来、EU裁判所は、構成国がEU法からの逸脱の根拠として人権条約53条を援用することをEU法の統一的適用への脅威とみなしてきた。本意見は、メローニ事件裁定を継承し、EU内の基本権保護水準をEU裁判所が決定すべきだとする。この立場は、EU法の基本要素を守るためにEUの共通価値たる人権を軽視したと批判されるが、その批判はメローニ事件裁定にも妥当する。

　第二は、EU各国間の相互信頼の原則である。人権裁判所の判例法では、締約国はその領域外での人権侵害に加担してはならない義務を負う

(M.S.S. v. Belgium and Greece (Application No. 30696/09), Grand Chamber, 21 January 2011)。そこで EU 各国も人権条約締約国としては、相互に人権条約の遵守を監視しなければならない。しかし本意見は、EU 各国間の関係でも EU 法が適用される限りでは相互信頼原則が働き、各国相互の EU 基本権遵守の監視は原則として禁じられるとする（193段）。この判示への批判は強い。一部の構成国に基本権侵害が存在することは EU 裁判所も確認しており（Case C-411/10, N. S. and Others [2011] ECR I-13905, 86-89段）、「無批判に推定された相互信頼は、実効的な基本権保障を損なう」との批判には説得力がある。もっとも、相互信頼の原則のもとでも特段の状況があるときは構成国による例外的審査が肯定されるので、例外の解釈次第では、人権裁判所と EU 裁判所の差異は調整可能である。実際、本意見後の C. K. 事件裁定は例外の範囲を拡大し、実質的に両裁判所の立場は接近している（Case C-578/16 PPU, C.K., EU:C:2017:127, 91-93段）。EU 裁判所は、人権条約適合的な EU 人権規範の発展を否定したわけではなく、むしろ現状の延長線上に人権条約との整合性を強化しようとしている。

本意見の射程　「EU 法の自律性」は、その後も国際条約の EU 法適合性を判断する重要な指標である。2018年の Achmea 事件裁定は、構成国間の二国間投資協定の仲裁条項を、EU 法の自律性を害するとして排除した（Case C-284/16, EU:C:2018:158, 58-59段）。EU 法の自律性は、EU 裁判所が EU 法の最終判断者であることを前提とするので（本意見236-248段）、国際法のもとでの義務的な紛争解決制度と緊張関係を生じる。そのため同裁定に対しては、EU が締結する通商・投資協定のとくに投資仲裁制度の設計に限界を設定したとの評価が見られたが、EU 法の自律性が、どこまで紛争解決手続を制約するかはなお明確ではない。EU・カナダ包括的経済通商協定（CETA）の投資裁判所制度に関する判断が待たれる（意見1/17、係属中）。

EU 法秩序と国際法秩序　本意見のより一般的な側面としては、EU 法を、国際法とも国内法とも異なる自律的な法秩序と自己規定する位置づけ方がある。EU 法と EU 各国の国内法との関係は、EU 内において相当に安定的な関係が成立しているが（本書1・2・3番事件）、EU 法

と国際法の関係は未だ議論の余地が多い。本意見は、EU法秩序の自律性保全を重視しているが、それは国際法との距離に不確実な部分が残るEU法秩序の現状の表れでもある。誕生後70年経ってもEU法秩序は壊れやすい存在であり、過度に警戒的にならざるをえない部分があるのであろう。

(須網隆夫)

✣文献案内

小場瀬琢磨「EU の欧州人権条約加入事件」法律時報88巻3号（2016年）117-120頁

中西優美子「欧州人権条約加入に関する EU 司法裁判所の判断」一橋法学14巻3号（2015年）1213-1241頁。

Steve Peers, "The EU's Accession to the ECHR: The Dream Becomes a Nightmare" (2015) 16 German L. J. 213-222.

Koen Lenaerts, "La Vie Après L'Avis: Exploring the Principle of Mutual (Yet Not Blind) Trust" (2017) 54 C.M.L.Rev. 805-840.

判例索引

A. EU 裁判所および EU 一般裁判所

1. Case（EU 裁判所判例 ; 25. 7. 1952-31. 10. 1989）

事件番号	事件名・判例集
25/62	Plaumann v. Commission of the EEC [1963] ECR 199; EU:C:1963:17 ······ 89, 92-94
26/62	Van Gend en Loos v. Administratie der Belastingen [1963] ECR 1; EU:C:1963:1 ······ 3-13〔本書1番事件〕, 38, 44, 50, 52, 156, 283, 285, 325, 329, 336
28 to 30/62	Da Costa en Schaake NV and Others v. Administratie der Belastingen [1963] ECR 31; EU:C:1963:6 ······ 71
75/63	Unger v. Bedrijfsvereniging voor Detailhandel en Ambachten [1964] ECR 347; EU:C:1964:19 ······ 178
6/64	Costa v. E.N.E.L. [1964] ECR 585; EU:C:1964:66 ······ 8, 10, 13, 14-22〔本書2番事件〕, 38, 50, 156, 283, 285, 329, 336
56 and 58/64	Consten and Grundig v. Commission of the EEC [1966] ECR 299; EU:C:1966:41 ······ 224-232〔本書28番事件〕, 245-248, 250, 252
56/65	Société Technique Minière v. Maschinenbau Ulm [1966] ECR 235; EU:C:1966:38 ······ 229, 250
4/69	Lütticke v. Commission [1971] ECR 325; EU:C:1971:40 ······ 105
48/69	ICI v. Commission [1972] ECR 619; EU:C:1972:70 ······ 233-243〔本書29番事件〕
9/70	Grad v. Finanzamt Traunstein [1970] ECR 825; EU:C:1970:78 ······ 7
11/70	Internationale Handelsgesellschaft mbH v. Einfuhr- und Vorratsstelle für Getreide und Futtermittel [1970] ECR 1125; EU:C:1970:114 ······ 17, 112
22/70	Commission v. Council (AETR) [1971] ECR 263; EU:C:1971:32 ······ 293, 296, 306-307, 325
80/70	Defrenne v. Belgian State [1971] ECR 445; EU:C:1971:55 ······ 40
5/71	Zuckerfabrik Schöppenstedt v. Council [1971] ECR 975; EU:C:1971:116 ······ 20, 91, 103-108〔本書13番事件〕
43/71	Politi v. Ministero delle finanze [1971] ECR 1039; EU:C:1971:122 ······ 7

21 to 24/72	International Fruit Company and Others v. Produktschap voor Groenten en Fruit [1972] ECR 1219; EU:C:1972:115	298, 324
4/73	Nold KG v. Commission [1974] ECR 491; EU:C:1974:51	112
40 to 48, 50, 54 to 56, 111, 113 and 114/73	Suiker Unie and Others v. Commission [1975] ECR 1663; EU:C:1975:174	240
181/73	Haegemann v. Belgian State [1974] ECR 449; EU:C:1974:41	314–315
2/74	Reyners v. Belgian State [1974] ECR 631; EU:C:1974:68	180, 182
8/74	Dassonville [1974] ECR 837; EU:C:1974:82	157–159, 162, 169–173, 176
33/74	Van Binsbergen v. Bedrijfsvereniging voor de Metaalnijverheid [1974] ECR 1299; EU:C:1974:131	180–181
36/74	Walrave and Koch v. Association Union Cycliste Internationale and Others [1974] ECR 1405; EU:C:1974:140	185–186
41/74	Van Duyn v. Home Office [1974] ECR 1337; EU:C:1974:133	7, 42, 220–221, 314
32/75	Cristini v. S.N.C.F. [1975] ECR 1085; EU:C:1975:120	183–184
36/75	Rutili v. Ministre de l'intérieur [1975] ECR 1219; EU:C:1975:137	112
43/75	Defrenne v. SABENA [1976] ECR 455; EU:C:1976:56	7–8, 10, 13, 33–40〔本書4番事件〕, 51–52, 95, 285
48/75	Royer [1976] ECR 497; EU:C:1976:57	180, 189
3, 4 and 6/76	Cornelis Kramer and Others [1976] ECR 1279; EU:C:1976:114	296
27/76	United Brands v. Commission [1978] ECR 207; EU:C:1978:22	254–263〔本書31番事件〕, 267
33/76	Rewe v. Landwirtschaftskammer für das Saarland [1976] ECR 1989; EU:C:1976:188	58
45/76	Comet BV v. Produktschap voor Siergewassen [1976] ECR 2043; EU:C:1976:191	58
71/76	Thieffry v. Conseil de l'ordre des avocats de la Cour de Paris [1977] ECR 765; EU:C:1977:65	191
83 and 94/76, 4, 15 and 40/77	HNL v. Council and Commission [1978] ECR 1209; EU:C:1978:113	105
85/76	Hoffmann-La Roche v. Commission [1979] ECR 461; EU:C:1979:36	261–262, 264–271〔本書32番事件〕
30/77	Regina v. Bouchereau [1977] ECR 1999; EU:C:1977:172	190, 220–221
106/77	Amministrazione delle finanze dello Stato v. Simmenthal [1978] ECR 629; EU:C:1978:49	17, 20, 50, 57–60, 74, 282
120/78	Rewe v. Bundesmonopolverwaltung für Branntwein (Cassis	

	de Dijon) [1979] ECR 649; EU:C:1979:42 ·················· 37, 155-160〔本書19番事件〕, 162, 165-166, 170-176, 179, 190-191	
148/78	Ratti [1979] ECR 1629; EU:C:1979:110 ························· 42	
258/78	Nungesser v. Commission [1982] ECR 2015; EU:C:1982:211 ···231, 244-253〔本書30番事件〕	
44/79	Hauer v. Land Rheinland-Pfalz [1979] ECR 3727; EU:C:1979:290 ······························· 112	
68/79	Just [1980] ECR 501; EU:C:1980:57 ························· 59	
104/79	Foglia v. Novello [1980] ECR 745; EU:C:1980:73 ············ 74-75	
811/79	Amministrazione delle finanze dello Stato v. Ariete [1980] ECR 2545; EU:C:1980:195 ···························· 39	
96/80	Jenkins v. Kingsgate [1981] ECR 911; EU:C:1981:80 ············ 39-40	
100 to 103/80	Musique Diffusion française v. Commission [1983] ECR 1825; EU:C:1983:158 ···························· 240	
155/80	Oebel [1981] ECR 1993; EU:C:1981:177 ························· 159	
246/80	Broekmeulen v. Huisarts Registratie Commissie [1981] ECR 2311; EU:C:1981:218 ···························· 75-76	
8/81	Becker [1982] ECR 53; EU:C:1982:7 ························· 42	
53/81	Levin v. Staatssecretaris van Justitie [1982] ECR 1035; EU:C:1982:105 ···························· 13, 37, 177-184〔本書22番事件〕	
249/81	Commission v. Ireland [1982] ECR 4005; EU:C:1982:402 ············ 151	
261/81	Rau v. De Smedt [1982] ECR 3961; EU:C:1982:382 ············ 158	
283/81	CILFIT v. Ministero della Sanità [1982] ECR 3415; EU:C:1982:335 ···························· 69-78〔本書9番事件〕	
199/82	Amministrazione delle finanze dello Stato v. San Giorgio [1983] ECR 3595; EU:C:1983:318 ···························· 58	
239 and 275/82	Allied Corporation and Others v. Commission [1984] ECR 1005; EU:C:1984:68 ···························· 92	
286/82 and 26/83	Luisi and Carbone v. Ministero dello Tesoro [1984] ECR 377; EU:C:1984:35 ···························· 181	
14/83	Von Colson and Kamann v. Land Nordrhein-Westfalen [1984] ECR 1891; EU:C:1984:153 ···························· 49-52, 59	
293/83	Gravier v. Ville de Liège [1985] ECR 593; EU:C:1985:69 ············ 183, 199	
294/83	Les Verts v. Parliament [1986] ECR 1339; EU:C:1986:166 ············ 81, 91-92, 325	
152/84	Marshall v. Southampton and South-West Hampshire Area Health Authority [1986] ECR 723; EU:C:1986:84 ············ 7, 13, 37, 41-47〔本書5番事件〕, 51-52, 113, 285	
178/84	Commission v. Germany [1987] ECR 1227; EU:C:1987:126 ·····62, 158, 161-168〔本書20番事件〕, 190	
222/84	Johnston v. Chief Constable of the Royal Ulster Constabulary [1986] ECR 1651; EU:C:1986:206 ························· 59	

89, 104, 114, 116, 117 and 125 to 129/85	Ahlström Osakeyhtiö and Others v. Commission (Woodpulp I) [1988] ECR 5193; EU:C:1988:447	242-243, 314
314/85	Foto-Frost v. Hauptzollamt Lübeck-Ost [1987] ECR 4199; EU:C:1987:452	79-86〔本書10番事件〕, 91, 95
24/86	Blaizot v. Université de Liège and Others [1988] ECR 379; EU:C:1988:43	39, 183, 199
39/86	Lair v. Universität Hannover [1988] ECR 3161; EU:C:1988:322	184, 200, 205
80/86	Kolpinghuis Nijmegen [1987] ECR 3969; EU:C:1987:431	53
157/86	Murphy v. An Bord Telecom Eireann [1988] ECR 673; EU:C:1988:62	50
197/86	Brown v. Secretary of State for Scotland [1988] ECR 3205; EU:C:1988:323	184, 200, 205
263/86	Belgian State v. Humbel and Edel [1988] ECR 5365; EU:C:1988:451	182
302/86	Commission v. Denmark [1988] ECR 4607; EU:C:1988:421	159
70/87	Fediol v. Commission [1989] ECR 1781; EU:C:1989:254	299, 324
81/87	The Queen v. Treasury and Commissioners of Inland Revenue, ex parte Daily Mail and General Trust PLC [1988] ECR 5483; EU:C:1988:456	186
186/87	Cowan v. Trésor public [1989] ECR 195; EU:C:1989:47	184

2. Case C-（Cour = EU 裁判所判例；1. 11. 1989-）

C-89/85, C-104/85, C-114/85, C-116/85, C-117/85 and C-125/85 to C-129/85	Ahlström Osakeyhtiö and Others v. Commission (Woodpulp II) [1993] ECR I-1307; EU:C:1993:120	240-242
C-62/86	AKZO v. Commission [1991] ECR I-3359; EU:C:1991:286	261, 268
C-3/88	Commission v. Italy [1989] ECR 4035; EU:C:1989:606	182
C-70/88	Parliament v. Council [1990] ECR I-2041; EU:C:1990:217	99
C-143/88 and C-92/89	Zuckerfabrik Süderdithmarschen and Zuckerfabrik Soest v. Hauptzollamt Itzehoe and Hauptzollamt Paderborn [1991] ECR I-415; EU:C:1991:65	85-86
C-145/88	Torfaen [1989] ECR 3851; EU:C:1989:593	172
C-262/88	Barber v. Guardian Royal Exchange Assurance Group [1990] ECR I-1889; EU:C:1990:209	39-40
C-69/89	Nakajima All Precision v. Council [1991] ECR I-2069; EU:C:1991:186	299, 324
C-104/89 and C-37/90	Mulder and Others v. Council and Commission [1992] ECR I-3091; EU:C:1992:217	105-106
C-106/89	Marleasing v. Comercial Internacional de Alimentación	

	[1990] ECR I-4135; EU:C:1990:395 ·················· 7, 20, 46, 48-55〔**本書6番事件**〕, 114, 285
C-188/89	Foster and Others v. British Gas [1990] ECR I-3313; EU:C:1990:313 ·· 45
C-213/89	The Queen v. Secretary of State for Transport, ex parte Factortame [1990] ECR I-2433; EU:C:1990:257 ·············· 13, 47, 56-61〔**本書7番事件**〕, 95, 212, 282, 285
C-221/89	The Queen v. Secretary of State for Transport, ex parte Factortame [1991] ECR I-3905; EU:C:1991:320 ································· 57, 62
C-260/89	ERT v. DEP [1991] ECR I-2925; EU:C:1991:254 ························· 120, 149
C-292/89	The Queen v. Immigration Appeal Tribunal, ex parte Antonissen [1991] ECR I-745; EU:C:1991:80 ······························· 179-180
C-306/89	Commission v. Greece [1991] ECR I-5863; EU:C:1991:463 ················ 182
C-309/89	Codorniu v. Council [1994] ECR I-1853; EU:C:1994:197 ·················· 92-93
C-312/89	Union Departmentale des Syndicats CGT de l'Aisne v. Sidef Conforama [1991] ECR I-997; EU:C:1991:93 ··································· 172
C-332/89	Marchandise [1991] ECR I-1027; EU:C:1991:94 ······························· 172
C-358/89	Extramet Industrie v. Council [1991] ECR I-2501; EU:C:1991:214 ··· 92
C-6/90 and C-9/90	Francovich and Bonifaci v. Italy [1991] ECR I-5357; EU:C:1991:428 ·· 46, 51, 60, 62-63, 65-66, 283-284
C-208/90	Emmott v. Minister for Social Welfare and Attorney General [1991] ECR I-4269; EU:C:1991:333 ································· 60-61
C-286/90	Anklagemindigheden v. Poulsen and Diva Navigation [1992] ECR I-6019; EU:C:1992:453 ··· 313
C-165/91	Van Munster v. Rijksdienst voor Pensioenen [1994] ECR I-4661; EU:C:1994:359 ··· 50
C-169/91	Stoke City Council v. B & Q plc. [1992] ECR I-6635; EU:C:1992:519 ·· 172
C-267/91 and C-268/91	Keck and Mithouard [1993] ECR I-6097; EU:C:1993:905 ········ 158, 169-176〔**本書21番事件**〕, 190
C-271/91	Marshall v. Southampton and South West Hampshire Area Health Authority [1993] ECR I-4367; EU:C:1993:335 ····························· 47
C-19/92	Kraus v. Land Baden-Württemberg [1993] ECR I-1663; EU:C:1993:125 ·· 191
C-42/92	Thijssen v. Controledienst voor de verzekeringen [1993] ECR I-4047; EU:C:1993:304 ··· 182
C-49/92 P	Commission v. Anic Partecipazioni [1999] ECR I-4125; EU:C:1999:356 ·· 240
C-91/92	Faccini Dori v. Recreb [1994] ECR I-3325; EU:C:1994:292 ············ 44, 113-114
C-292/92	Hünermund and Others v. Landesapothekerkammer Baden-Württemberg [1993] ECR I-6787; EU:C:1993:932 ························· 173-174

C-334/92	Wagner Miret v. Fondo de garantía salarial [1993] ECR I-6911; EU:C:1993:945	52
C-46/93 and C-48/93	Brasserie du pêcheur v. Bundesrepublik Deutschland and The Queen / Secretary of State for Transport, ex parte Factortame and Others [1996] ECR I-1029; EU:C:1996:79	10, 13, 20, 52, 62–68 〔本書 8 番事件〕, 77, 95, 106–107, 212, 283, 285
C-280/93	Germany v. Council [1994] ECR I-4973; EU:C:1994:367	324
C-415/93	Union royale belge des sociétés de football association and Others v. Bosman and Others [1995] ECR I-4921; EU:C:1995:463	39, 158, 179, 185–193 〔本書23番事件〕
C-465/93	Atlanta Fruchthandelsgesellschaft and Others (I) v. Bundesamt für Ernährung und Forstwirtschaft [1995] ECR I-3761; EU:C:1995:369	85
C-470/93	Verein gegen Unwesen in Handel und Gewerbe Köln v. Mars [1995] ECR I-1923; EU:C:1995:224	174
C-5/94	The Queen v. Ministry of Agriculture, Fisheries and Food, ex parte Hedley Lomas (Ireland) [1996] ECR I-2553; EU:C:1996:205	66–67
C-55/94	Gebhard v. Consiglio dell'Ordine degli Avvocati e Procuratori di Milano [1995] ECR I-4165; EU:C:1995:411	191
C-84/94	United Kingdom v. Council [1996] ECR I-5755; EU:C:1996:431	99
C-178/94, C-179/94, C-188/94, C-189/94 and C-190/94	Dillenkofer and Others v. Bundesrepublik Deutschland [1996] ECR I-4845; EU:C:1996:375	66
C-194/94	CIA Security International v. Signalson and Securitel [1996] ECR I-2201; EU:C:1996:172	47
C-18/95	Terhoeve [1999] ECR I-345; EU:C:1999:22	190
C-73/95 P	Viho v. Commission [1996] ECR I-5457; EU:C:1996:405	241
C-74/95 and C-129/95	X [1996] ECR I-6609; EU:C:1996:491	53–54
C-168/95	Arcaro [1996] ECR I-4705; EU:C:1996:363	53–54
C-188/95	Fantask and Others v. Industriministeriet [1997] ECR I-6783; EU:C:1997:580	61
C-334/95	Krüger v. Hauptzollamt Hamburg-Jonas [1997] ECR I-4517; EU:C:1997:378	85
C-368/95	Vereinigte Familiapress Zeitungsverlags- und vertriebs GmbH v. Bauer Verlag [1997] ECR I-3689; EU:C:1997:325	174
C-85/96	Martínez Sala v. Freistaat Bayern [1998] ECR I-2691;	

	EU:C:1998:217 ··· 195, 198, 205
C-129/96	Inter-Environnement Wallonie v. Région wallonne [1997] ECR I-7411; EU:C:1997:628 ··· 46, 54
C-149/96	Portugal v. Council [1999] ECR I-8395; EU:C:1999:574 ······················· 298, 324
C-162/96	Racke v. Hauptzollamt Mainz [1998] ECR I-3655; EU:C:1998:293 ··· 314
C-274/96	Bickel and Franz [1998] ECR I-7637; EU:C:1998:563 ································ 197
C-7/97	Bronner [1998] ECR I-7791; EU:C:1998:569 ·· 278
C-212/97	Centros [1999] ECR I-1459; EU:C:1999:126 ·· 191
C-302/97	Konle [1999] ECR I-3099; EU:C:1999:271 ·· 66
C-378/97	Wijsenbeek [1999] ECR I-6207; EU:C:1999:439 ······································ 199
C-424/97	Haim [2000] ECR I-5123; EU:C:2000:357 ·· 66-67
C-224/98	D'Hoop [2002] ECR I-6191; EU:C:2002:432 ·· 206
C-240/98 to C-244/98	Océano Grupo Editorial and Salvat Editores [2000] ECR I-4941; EU:C:2000:346 ··· 54, 114
C-254/98	TK-Heimdienst [2000] ECR I-151; EU:C:2000:12 ······························ 174-175
C-281/98	Angonese [2000] ECR I-4139; EU:C:2000:296 ·· 189
C-352/98 P	Bergaderm and Goupil v. Commission [2000] ECR I-5291; EU:C:2000:361 ··· 104, 106-107
C-376/98	Germany v. Parliament and Council [2000] ECR I-8419; EU:C:2000:544 ··· 96-102〔本書12番事件〕, 160
C-405/98	Gourmet International Products [2001] ECR I-1795; EU:C:2001:135 ··· 174
C-443/98	Unilever [2000] ECR I-7535; EU:C:2000:496 ··································· 7, 46-47
C-456/98	Centrosteel [2000] ECR I-6007; EU:C:2000:402 ·· 54
C-184/99	Grzelczyk [2001] ECR I-6193; EU:C:2001:458 ·············· 13, 179, 184, 194-201〔本書24番事件〕, 205, 211-212
C-387/99	Commission v. Germany [2004] ECR I-3751; EU:C:2004:235 ·················· 168
C-413/99	Baumbast and R [2002] ECR I-7091; EU:C:2002:493 ················ 198-199, 211-212
C-453/99	Courage and Crehan [2001] ECR I-6297; EU:C:2001:465 ·········· 20, 280-288〔本書34番事件〕
C-50/00 P	Unión de Pequeños Agricultores v. Council [2002] ECR I-6677; EU:C:2002:462 ··· 89, 93-95
C-60/00	Carpenter [2002] ECR I-6279; EU:C:2002:434 ·· 149
C-112/00	Schmidberger [2003] ECR I-5659; EU:C:2003:333 ··········· 146, 148-149, 151, 159
C-129/00	Commission v. Italy [2003] ECR I-14637; EU:C:2003:656 ························ 20
C-150/00	Commission v. Austria [2004] ECR I-3887; EU:C:2004:237 ···················· 168
C-453/00	Kühne & Heitz [2004] ECR I-837; EU:C:2004:17 ······································ 20
C-192/01	Commission v. Denmark [2003] ECR I-9693; EU:C:2003:492 ················ 168
C-224/01	Köbler [2003] ECR I-10239; EU:C:2003:513 ·· 66-67
C-322/01	Deutscher Apothekerverband [2003] ECR I-14887;

	EU:C:2003:664 ·· 175	
C-397/01 to C-403/01	Pfeiffer and Others [2004] ECR I-8835; EU:C:2004:584 ······························· 114	
C-413/01	Ninni-Orasche [2003] ECR I-13187; EU:C:2003:600 ······································ 205	
C-418/01	IMS Health. [2004] ECR I-5039; EU:C:2004:257 ·· 263	
C-482/01 and C-493/01	Orfanopoulos and Oliveri [2004] ECR I-5257; EU:C:2004:262 ·· 221, 223	
C-36/02	Omega [2004] ECR I-9609; EU:C:2004:614 ·································· 146, 148, 151	
C-41/02	Commission v. Netherlands [2004] ECR I-11375; EU:C:2004:762 ·· 168	
C-138/02	Collins [2004] ECR I-2703; EU:C:2004:172 ··· 184, 206	
C-148/02	Garcia Avello [2003] ECR I-11613; EU:C:2003:539 ······························· 211, 213	
C-200/02	Zhu and Chen [2004] ECR I-9925; EU:C:2004:639 ···················· 211, 213-215, 314	
C-201/02	Wells [2004] ECR I-723; EU:C:2004:12 ·· 45	
C-263/02 P	Commission v. Jégo-Quéré [2004] ECR I-3425; EU:C:2004:210 ············· 90, 93-94	
C-209/03	Bidar [2005] ECR I-2119; EU:C:2005:169 ···························· 184, 199, 206, 213	
C-95/04 P	British Airways v. Commission [2007] ECR I-2331; EU:C:2007:166 ·· 268	
C-144/04	Mangold [2005] ECR I-9981; EU:C:2005:709 ·························· 54-55, 109-116 〔本書14番事件〕	
C-212/04	Adeneler and Others [2006] ECR I-6057; EU:C:2006:443 ························· 55, 115	
C-344/04	IATA and ELFAA [2006] ECR I-403; EU:C:2006:10 ··· 74	
C-354/04 P	Gestoras Pro Amnistía and Others v. Council [2007] ECR I-1579; EU:C:2007:115 ·· 326	
C-355/04 P	Segi and Others v. Council [2007] ECR I-1657; EU:C:2007:116 ·· 326	
C-110/05	Commission v. Italy [2009] ECR I-519; EU:C:2009:66 ······························ 175-176	
C-142/05	Mickelsson and Roos [2009] ECR I-4273; EU:C:2009:336 ······························· 175	
C-341/05	Laval un Partneri [2007] ECR I-11767, EU:C:2007:809 ···························· 148, 151	
C-402/05 P and C-415/05 P	Kadi and Al Barakaat International Foundation v. Council and Commission [2008] ECR I-6351; EU:C:2008:461 ············· 317-327 〔本書38番事件〕, 334	
C-411/05	Palacios de la Villa [2007] ECR I-8531; EU:C:2007:604 ··························· 112, 116	
C-438/05	The International Transport Workers' Federation and The Finnish Seamen's Union [2007] ECR I-10779; EU:C:2007:772 ·· 144-152 〔本書18番事件〕	
C-120/06 P and C-121/06 P	FIAMM and Others v. Council and Commission [2008] ECR I-6513; EU:C:2008:476 ··· 299, 324	
C-308/06	Intertanko and Others [2008] ECR I-4057; EU:C:2008:31 ······························· 315	
C-158/07	Förster [2008] ECR I-8507; EU:C:2008:630 ··· 206	
C-202/07	France Télécom v. Commission [2009] ECR I-2369; EU:C:2009:214 ·· 279	

C-555/07	Kücükdeveci [2010] ECR I-365; EU:C:2010:21	112, 115
C-22/08 and C-23/08	Vatsouras and Koupatantze [2009] ECR I-4585; EU:C:2009:344	206
C-58/08	Vodafone and Others [2000] ECR I-4999; EU:C:2010:321	101-102
C-118/08	Transportes Urbanos y Servicios Generales [2010] ECR I-635; EU:C:2010:39	68
C-127/08	Metock and Others [2008] ECR I-6241; EU:C:2008:449	212-213
C-135/08	Rottmann [2010] ECR I-1449; EU:C:2010:104	211, 214, 314
C-229/08	Wolf [2010] ECR I-1; EU:C:2010:3	113
C-280/08 P	Deutsche Telekom v. Commission [2010] ECR I-9555; EU:C:2010:603	275-277, 279
C-325/08	Olympique Lyonnais [2010] ECR I-2177; EU:C:2010:143	192-193
C-386/08	Brita [2010] ECR I-1289; EU:C:2010:91	314
C-34/09	Ruiz Zambrano [2011] ECR I-1177; EU:C:2011:124	196, 210-217 〔本書26番事件〕
C-45/09	Rosenbladt [2010] ECR I-9391; EU:C:2010:601	112-113
C-52/09	TeliaSonera Sverige [2011] ECR I-527; EU:C:2011:83	272-279 〔本書33番事件〕
C-70/09	Hengartner and Gasser [2010] ECR I-7233; EU:C:2010:430	313-314
C-137/09	Josemans [2010] ECR I-13019; EU:C:2010:774	220
C-145/09	Tsakouridis [2010] ECR I-11979; EU:C:2010:708	220, 223
C-348/09	I, EU:C:2012:300	218-223 〔本書27番事件〕
C-429/09	Fuß [2010] ECR I-12167; EU:C:2010:717	67
C-434/09	McCarthy [2011] ECR I-3375; EU:C:2011:277	216
C-447/09	Prigge and Others [2011] ECR I-8003; EU:C:2011:573	113
C-221/10 P	Artegodan v. Commission, EU:C:2012:216	108
C-282/10	Dominguez, EU:C:2012:33	52
C-364/10	Hungary v. Slovakia, EU:C:2012:630	314
C-366/10	Air Transport Association of America and Others [2011] ECR I-13755; EU:C:2011:864	309-316 〔本書37番事件〕
C-411/10 and C-493/10	N. S. and Others [2011] ECR I-13905; EU:C:2011:865	336
C-617/10	Åkerberg Fransson, EU:C:2013:105	117-124 〔本書15番事件〕
C-256/11	Dereci e.a. [2011] ECR I-11315; EU:C:2011:734	216-217
C-367/11	Prete, EU:C:2012:668	206
C-399/11	Melloni, EU:C:2013:107	125-133 〔本書16番事件〕, 331, 335
C-414/11	Daiichi Sankyo and Sanofi-Aventis Deutschland, EU:C:2013:520	291-299 〔本書35番事件〕
C-583/11 P	Inuit Tapiriit Kanatami and Others v. Parliament and	

	Council, EU:C:2013:625	87-95 [本書11番事件]
C-86/12	Alokpa and Moudoulou, EU:C:2013:645	215
C-87/12	Ymeraga and Ymeraga-Tafarshiku, EU:C:2013:291	217
C-131/12	Google Spain and Google, EU:C:2014:317	134-143 [本書17番事件]
C-137/12	Commission v. Council, EU:C:2013:675	298
C-140/12	Brey, EU:C:2013:565	201, 204, 207
C-378/12	Onuekwere, EU:C:2014:13	222
C-206/13	Siragusa, EU:C:2014:126	120-121
C-333/13	Dano, EU:C:2014:2358	201, 202-209 [本書25番事件]
C-352/13	CDC Hydrogen Peroxide, EU:C:2015:335	287-288
C-416/13	Vital Pérez, EU:C:2014:2371	113
C-62/14	Gauweiler and Others, EU:C:2015:400	29
C-67/14	Alimanovic, EU:C:2015:597	204, 208-209
C-72/14 and C-197/14	X, EU:C:2015:564	76-77
C-105/14	Taricco and Others, EU:C:2015:555	30, 123-124
C-160/14	Ferreira da Silva e Brito and Others, EU:C:2015:565	68, 77
C-165/14	Rendón Marín, EU:C:2016:675	216
C-299/14	García-Nieto and Others, EU:C:2016:114	204, 208
C-304/14	CS, EU:C:2016:674	217
C-308/14	Commission v. United Kingdom, EU:C:2016:436	204, 209
C-362/14	Schrems, EU:C:2015:650	142-143
C-413/14 P	Intel v. Commission, EU:C:2017:632	270-271
C-441/14	DI, EU:C:2016:278	45, 115
C-600/14	Germany v. Council, EU:C:2017:935	308
C-168/15	Tomášová, EU:C:2016:602	67
C-337/15 P	European Ombudsman v. Staelen, EU:C:2017:256	108
C-404/15 and C-659/15 PPU	Aranyosi and Căldăraru, EU:C:2016:198	132-133
C-413/15	Farrell, EU:C:2017:745	45-46
C-524/15	Menci, EU:C:2018:197	121-122
C-284/16	Achmea, EU:C:2018:158	336
C-316/16 and C-424/16	B, EU:C:2018:256	222-223
C-331/16 and C-336/16	K., EU:C:2018:296	220-221
C-537/16	Garlsson Real Estate and Others, EU:C:2018:193	122-123
C-578/16 PPU	C. K. and Others, EU:C:2017:127	336
C-42/17	M.A.S. and M.B., EU:C:2017:936	123-124
C-507/17	Google Inc. v. Commission nationale de l'informatique et des libertés (CNIL) [本書出版時係属中]	140
C-621/18	Wightman v. Secretary of State for Exiting the European	

Union, EU:C:2018:999 ·· 22

3. Case T- (Tribunal = EU 一般裁判所判例 ; 1. 11. 1989)

T-115/94	Opel Austria v. Council [1997] ECR II-39; EU:T:1997:3 ································	314
T-25/95, T-26/95, T-30/95 to T-32/95, T-34/95 to T-39/95, T-42/95 to T-46/95, T-48/95, T-50/95 to T-65/95, T-68/95 to T-71/95, T-87/95, T-88/95, T-103/95 and T-104/95	Cimenteries CBR v. Commission [2000] ECR II-491; EU:T:2000:77 ··	240
T-228/97	Irish Sugar v. Commission [1999] ECR II-2969; EU:T:1999:246 ··	261
T-112/99	M6 and Others v. Commission [2001] ECR II-2459; EU:T:2001:215 ··	250-251
T-219/99	British Airways v. Commission [2003] ECR II-5917; EU:T:2003:343 ··	268
T-177/01	Jégo-Quéré v. Commission [2002] ECR II-2365; EU:T:2002:112 ··	94
T-28/03	Holcim (Deutschland) v. Commission [2005] ECR II-1357; EU:T:2005:139 ··	107-108
T-47/03	Sison v. Council (Sison I) [2007] ECR II-73; EU:T:2007:207 ····················	107-108
T-429/05	Artegodan v. Commission [2010] ECR II-491; EU:T:2010:60 ····················	107-108
T-341/07	Sison v. Council (Sison III) [2011] ECR II-7915; EU:T:2011:687 ··	107-108
T-286/09	Intel v. Commission, EU:T:2014:547 ··	270
T-18/10	Inuit Tapiriit Kanatami and Others v. Parliament and Council [2011] ECR II-5599; EU:T:2011:419 ······················· 87-95 〔本書11番事件〕	
T-217/11	Staelen v. European Ombudsman, EU:T:2015:238 ·························	107-108

4. Opinion

1/76	Agreement establishing a European laying-up fund for inland waterway vessels [1977] ECR 741; EU:C:1977:63 ·······················	294, 296
1/78	International Agreement on Natural Rubber [1979] ECR 2871; EU:C:1979:224 ··	297
1/91	Draft agreement between the Community, on the one hand, and the countries of the European Free Trade Association,	

1/94	on the other, relating to the creation of the European Economic Area [1991] ECR I-6079; EU:C:1991:490	325, 334
1/94	Competence of the Community to conclude international agreements concerning services and the protection of intellectual property [1994] ECR I-5267; EU:C:1994:384	291-299〔本書35番事件〕, 304
2/94	Accession by the Community to the European Convention for the Protection of Human Rights and Fundamental Freedoms [1996] ECR I-1759; EU:C:1996:140	295, 328-329
1/09	Draft agreement creating a unified patent litigation system [2011] ECR I-1137; EU:C:2011:123	329
2/13	Accession of the European Union to the European Convention for the Protection of Human Rights and Fundamental Freedoms, EU:C:2014:2454	328-337〔本書39番事件〕
2/15	Free Trade Agreement between the European Union and the Republic of Singapore, EU:C:2017:376	300-308〔本書36番事件〕
1/17	Comprehensive Economic and Trade Agreement between Canada and the European Union and its Member States〔本書出版時係属中〕	336

B. 欧州委員会の決定例

事件名	年月日	官報	
IV/26.699 - Chiquita	Commission Decision of 17 December 1975 (76/353/EEC)	[1976] OJ L 95/1	255
IV/29.020 - Vitamins	Commission Decision of 9 June 1976 (76/642/EEC)	[1976] OJ L 223/27	264

C. 欧州人権裁判所の判例

申立番号	事件名・判例集	
45036/98	Bosphorous Hava Yolları Turizm ve Ticaret Anonim Şirketi v. Ireland (Grand Cham) [2005] ECHR 440, (2006) 42 EHRR 1, IHRL 3264 (ECHR, 2005)	334
30696/09	M.S.S. v. Belgium and Greece (Grand Cham) [2011] ECHR 108, [2011] ECHR 748, (2011) 53 EHRR 2, IHRL 153 (ECHR, 2011)	335-336

D. 各国国内裁判所の判例

ドイツの判例

事件名	裁判所名、年月日	判例集
Europäischer Haftbefehl II	Bundesverfassungsgericht, Beschluss vom 15. Dezember 2015 (2 BvR 2735/14)	BVerfGE 140, 317 ··················· 30, 132-133
Honeywell	Bundesverfassungsgericht, Beschluss vom 06. Juli 2010 (2 BvR 2661/06)	BVerfGE 126, 286 ········ 29, 115
Honeywell Bremsbelag GmbH.	Urteil des Bundesarbeitsgerichts vom 26. April 2006 (7 AZR 500/04)	BAGE 118, 76 ················· 115
Lissabon	Bundesverfassungsgericht, Urteil vom 30. Juni 2009 (2 BvE 2/08, 2 BvE 5/08, 2 BvR 1010/08, 2 BvR 1022/08, 2 BvR 1259/08, 2 BvR 182/09)	BVerfGE 123, 267 ····· 21, 23-32 〔本書3番事件〕, 336
Maastricht	Bundesverfassungsgericht, Urteil vom 12. Oktober 1993 (2 BvR 2134, 2 BvR 2159/92)	BVerfGE 89, 155; [1994] 1 CMLR 57 ··········· 28-29, 115
Outright Monetary Transactions (OMT)	Bundesverfassungsgericht, Urteil des Zweiten Senats vom 21. Juni 2016 (2 BvR 2728/13, 2 BvR 2729/13, 2 BvR 2730/13, 2 BvR 2731/13, 2 BvE 13/13)	BVerfGE 142, 123 ··············· 29

フランスの判例

事件名	裁判所名、年月日	判例集
Nicolo	Conseil d'État, 20 octobre 1989	Recueil des arrêts du Conseil d'État, p. 190; [1990] 1 CMLR 173 ························ 21
Syndicat général de fabricants de semoules de France	Conseil d'État, 1er mars 1968	Recueil des arrêts du Conseil d'État, p. 149; [1970] CMLR 395 ··············· 21

イタリアの判例

事件番号	裁判所名、年月日	官報
Sentenza 115/2018	Corte Costituzionale, 10 aprile - 31 maggio 2018	GU 1ª Serie Speciale - Corte Costituzionale n. 23 del 6 giugno 2018 ············· 124

スペインの判例

事件番号	裁判所名、年月日	官報・判例集
Declaración [DTC] 1/2004	Tribunal Constitucional, 13 de diciembre de 2004	BOE núm. 37. Suplemento, de 12 de febrero de 2004; [2005] 1 CMLR 39 ······ 128-129, 131
Sentencia [STC] 26/2014	Tribunal Constitucional, 13 de febrero de 2014	BOE núm. 60, de 11 de marzo de 2014 ············ 129-131

イギリスの判例

事件名	判例集
Application des Gaz SA v. Falks Veritas Ltd	[1974] Ch. 381; [1974] WLR 235 (CA) ··························· 284
Garden Cottage Foods Ltd. v. Milk Marketing Board	[1984] 1 AC 130; [1983] WLR 143; [1983] 3 CMLR 43 (HL) ························ 284
London Boroughs Transport Committee v. Freight Transport Association Ltd and Others	[1991] 1 WLR 828; [1991] 3 All ER 915 (HL) ·············· 78
M v. Home Office	[1994] 1 AC 377; [1993] 3 All ER 537 (HL) ·············· 61
Pham v. Secretary of State for the Home Department	[2015] UKSC 19 (SC) ············ 30
R. v. Ministry of Agriculture, Fisheries and Food, ex parte: Portman Agrochemicals Ltd and Others	[1994] 3 CMLR 18 (QB) ········ 78
R. v. Secretary of State for Transport ex parte Factortame	[1990] 2 AC 85; [1989] 3 WLR 997; [1989] 3 CMLR 1 (HL) ······························· 21
R. (on the Application of HS2 Action Alliance Ltd) v. Secretary of State for Transport and Another	[2014] UKSC 3 (SC) ············· 30

カナダの判例

事件名	判例集
Sagen v. Vancouver Organizing Committee for the 2010 Olympics and Paralympic Winter Game	(2009) BCSC 942 (SCt (BC)) ······································ 188

アメリカ合衆国の判例

事件名	判例集
Martin v. International Olympic Committee	740 F.2d 670 (9th Cir. 1984) ······································ 188
Standard Oil Company of New Jersey v. United States	221 U.S. 1; 31 S. Ct. 502 (1911) ······································ 249

事項索引

あ 行

アイデンティティ
  憲法―― ……………………29-31, 132
  国民―― ……………………31, 131-132
「新しい法秩序」………………5, 8-12, 17
域外適用 ……………………239, 241-243
域内市場 ………………99, 102, 156-160,
  179, 189, 228, 270
  ――統合白書 ………………………160
一般情報保護規則 → GDPR
違法性の抗弁………………………………91
永住権 …………………201, 205, 207, 222
欧州委員会 …………20, 73, 101, 143, 160, 230,
  241-242, 251-252, 268-271,
  284, 287, 297, 304
欧州議会……………………9-10, 23, 99, 197
欧州憲法条約………………………23-24, 94
欧州人権裁判所 ………100, 130-131, 334-336
欧州人権条約 …………100, 128, 130, 332-336

か 行

開業の自由 →自営業者の自由移動
閣僚理事会 ……10, 99, 159-160, 296-297, 308
合併規則 ……………………………259, 268
環境保護 …………149, 159, 165, 171, 305
慣習国際法 ………………………313-315
関税同盟 ……………………………156, 297
間接効果 →適合解釈義務
間接的差別 …………………………37-39
関連市場 →市場
規則……………………………7, 44, 92-94, 140
規則的行為 …………………………90-91, 94-95
基本権
  ――保障 …………38, 99-100, 112, 119-124,
  128-133, 138-140, 143,
  323-326, 333-336
  ――保障と自由移動原則 ……148-152, 159
  EU――憲章 …………23-24, 100, 112, 115,
  119-123, 128-133
供給拒否 ……………………262-263, 278
供給代替 ……………………………260

強行的規制の法理 →合理性の理論
強行的な要請 ………………155-156, 159, 165
競争制限 ……………………………229-230
競争法
  ――の分権的執行（現代化）…251-252, 284
  ――の目的 ……………………228, 230
協調行為 ……………………235, 238-241
共通外交安全保障政策 →第二の柱
共通通商政策 ………………295-298, 304-306
協定、競争法における事業者間の …239-240
  垂直的―― …………………228-229, 232
  水平的―― …………………228-229
共同市場（単一市場）………7, 9, 37, 157, 166,
  179, 189, 228, 230, 241, 259
共有権限 ……………………………307-308
「国」（指令の直接効果が及ぶ）………45-46
決定 …………………………………7, 44, 92
権限 - 権限（Kompetenz-Kompetenz）
  ……………………………………29, 31
権限付与の原則 ………………29, 99-100, 295,
  304, 326-327
権限踰越………………………………29, 115
権利消尽法理 ………………………224-225
合意（競争事業者間の）→協定
効果理論 ……………………………241-243
工業的および商業的所有権 →知的財産権
公共の安全 …………113, 149, 190, 219-223
公権力の行使に関わる活動 …………181-182
公衆衛生 ……………………………………190
公序 …………………………149, 190, 219-223
構成国に対する違反確認訴訟………………73
公務の雇用 ………………………………181
合理性の理論
  競争法における―― ……230, 247, 249-251
  自由移動原則における―― ………158-160,
  165-166, 171-176, 191
国際仲裁
  域外国との―― ………………306, 336
  EU 域内の―― ………………………336
国際法 …………313-316, 323-325, 336-337
国際連合 ……………………………323, 325
国籍差別の禁止 ………181-184, 189, 198-200,

352

204, 213
個人情報 …………………135-136, 138-143
国家賠償責任 →損害賠償責任
混合協定 ………………296, 304, 307-308

さ　行

サービス
　　――の自由移動 →自由移動
　　――貿易 …………………298, 304-305
裁判官対話 ……………………21, 31, 131
削除請求権 ……………………138-141
差別的措置、自由移動原則における ……157,
159, 166, 189-190
市場
　　関連―― …………………259-261
　　――参入 ……………………174-175
　　――占拠率 ………261-262, 267-269, 271
　　――統合 ……………………228
　　――力 ………………………261
　　製品―― …………………259-261
　　地理的―― ………………259-261
実効性確保 ……13, 47, 50, 58-60, 65, 284-285
実効性原則、最低限の…………58-61, 68, 286
執行停止 ………………………85-86
実効的司法的保護 ………………90-91, 94-95
自動執行性、国際条約の ………………8
支配的地位 ………257, 259-263, 265, 267-271
　　――の濫用行為 ………262-263, 267-271,
276-279
社会的利益 ……………………183-184, 200
社会扶助 ………………………200-201, 204-209
社会保障給付 …………180, 183-184, 198,
200-201, 204-209
「自由・安全・正義」領域 …………………78
自由移動
　　学生の―― ………………182-184, 196-197,
199-201, 206
　　家族の―― ………149, 180, 182-183, 196,
199-201, 212-215
　　サービスの―― ………………149, 158
　　サービス受領者の―― …………181-184,
196, 198
　　サービス提供者の―― …………180-182,
189-190, 196

自営業者の―― …………148-152, 180-182,
189-190, 196
資本の―― …………………………190
商品の―― …………………………190
　　カシス法理 →合理性の理論
　　基本構造 …………………156-160
　　ケック基準 ………………172-174
　　正当性審査 …158-159, 164-168, 170-172
　　ダッソンヴィル基準 …………157-158,
171-173, 176
労働者の―― …………179-182, 189-190,
196, 205-206
EU 市民の―― ………149, 179, 183-184,
196-201, 204-209, 212-215
主権国家結合体………………………28
主権的権利 …………10-11, 28-29, 31, 99, 215
受動的販売 …………………………231-232
需要代替 ……………………………260
「純粋に国内的状況」 ………………213-214
消極的統合 …………………………159
消費者保護 ………101-102, 159, 165-167, 171
条約締結権限（EU の） ……295-297, 304, 333
　　黙示的――の法理 ………296, 306-307
自律性
　　各国裁判手続の――……58, 60-61, 285-286
　　EU 法の―― ………………17-19, 132, 142,
323-325, 334-337
指令 ……………………7, 44-47, 50-55, 60, 66,
111, 113-115, 140
　　――の付随的効果 ………………7, 46-47
数量制限 ……………………………157, 171
　　――と同等効果措置 ……………151, 157,
170-171, 175
誠実協力義務 …………………20, 50, 132
製品関連規制 ………………………173-175
製品市場 →市場
製品用法規制 ………………………175-176
「政府間協力型」法秩序………………10-11
積極司法 …………………………11-12, 230, 285
積極的統合 …………………………159
積極的販売 …………………………231
先決裁定 ……………58, 72-78, 82-85, 91
　　緊急――手続………………………78
　　――の裁量的付託……………………82

事項索引　353

——の迅速処理手続……………………78
　　——の遡及効制限…………………37, 39-40
　　——の付託義務……………76-78, 82-85, 91
　　——を請求できる各国の裁判所 ……75-76
潜在競争 …………………………………………260
相互承認原則 ……………………158, 160, 167
相互信頼原則 ……………………………335-336
損害賠償請求権（競争法違反の）…………20,
　　283-288
損害賠償責任
　　構成国の—— ……20, 46, 51-52, 60, 65-68,
　　77, 106-107, 212, 284-285
　　EU機関の—— ……20, 73, 91, 104-108, 324
損失補償 …………………………………………299

た　行

第三の柱、EUの …………………………………23
第二の柱、EUの ……………………………23, 326
脱退権、構成国の………………………………22
単一経済体理論 …………………239, 241-242
地域保護
　　開放的—— ……………………231, 247-248
　　絶対的—— ……227-228, 230-231, 247-249
知的財産権 …………………………………304-305
「超国家型」法秩序 …………………………10-12
直接かつ個人的関係 ………………………92-93
直接効果 ……………6-9, 12-13, 20, 37-38,
　　50, 52, 58, 333
　　競争法規の—— …………………………284
　　国際条約の—— ………………298-299, 324
　　自由移動原則規定の—— …………180, 189,
　　198, 212
　　指令の—— ………7, 44-46, 51-53, 113-115
　　垂直的—— ………7, 44-46, 51, 113-114, 189
　　水平的—— …7, 37, 44, 51-53, 113-115, 189
　　他の救済手段との関係 ………………65-66
　　——の発生要件 ……………………………7-8, 38
直接訴訟 ……………………58, 72-74, 83-85, 90
直接的差別…………………………………34, 38-39
直接適用可能性…………………………………8, 38
地理的市場 →市場
通常立法手続 →立法手続
適合解釈義務 ………7, 20, 46, 50-55, 113-115
適用免除

　　一括—— ……………229, 232, 252-253, 259
　　個別—— ………………………………250-251
同一賃金原則、男女労働者の …37-38, 40, 51
投資
　　外国直接—— ……………………………304, 306
　　——紛争 …………………………306, 308, 336
　　非直接—— ………………………304, 306-308
同等効率的競争者テスト …270-271, 275-276
同等性（EU法上の権利の国内保障における）……………………………58-59, 68, 286
同等の保護理論（人権の）……………………334
独占的販売契約 ……………………231-232, 247-248
取消訴訟 ……………………………73, 83-84, 91-95
　　——の原告適格 …………………………90-95

な　行

二次立法（＝派生法）………7, 82, 85, 113, 324
日EU経済連携協定 ……………………………308
年齢差別………………………31, 111-112, 115-116

は　行

ハードコア競争制限 ……………………231-232
排他的権限……………………11, 296, 304-307, 315
排他的ライセンス契約 ……………………247-250
派生法 →二次立法
販売態様規制 ……………………………170, 173-175
人（公衆）の健康保護 ……159, 165, 167-168
平等待遇 ……37, 51, 54-55, 111-116, 180-184,
　　189, 196, 199, 205-208
比例性原則 ………100-101, 112, 122, 149-152,
　　159, 165-166, 172, 188,
　　190, 205-209, 214, 223
不作為違法確認訴訟 …………………………73, 91
付随的制限 ………………………………………249
並行行動 ……………………………………238, 240-241
法人格、EUの ……………18, 23-24, 304, 313
法の一般原則……………………53, 111-116, 120, 323
法の支配…………………………………………………39
補完性原則 ………………………………………100-102

ま　行

マージン・スクイーズ ………………………275-279
民主主義の原則………………………………………24, 29
民主的正統性………………………………………………22

無効確認訴訟 …………………73, 83-85, 91
無差別的措置（自由移動の）…157-159, 166, 173-175, 189-190
「明確かつ無条件」→直接効果の発生要件
明白な行為の法理 ……………………76-77
黙示的条約締結権限の法理 →条約締結権限

や 行

優位性原則、EU 法の ……13, 16-22, 50, 115, 128-129, 131-132, 333, 335

ら 行

リスボン条約 ……23-31, 90, 94, 100-101, 193, 196-197, 295, 304-307, 326
立法行為 ……………………………88, 91, 94-95
立法根拠規定………………………99-102, 160
立法手続 …………………………………88, 99
　通常―― ……………………………88, 95
　特別―― ………………………………88
リベート
　条件付―― …………………………269-270
　数量―― ………………………267, 269-270
　忠誠―― ………………………267, 269-271

わ 行

「忘れられる権利」→削除請求権

A-Z

EU 一般裁判所 ……………………72-73, 91
EU 基本権憲章 →基本権
EU 市民の地位（Citizenship）…179, 183-184, 196-200, 205, 211-217
EU 法
　――の統一的解釈・適用 ………………335
　――の独立性・自律性 →自律性
　――の優位性原則 →優位性原則
FTA ………………………………………304-308
GATS ………………………………………296
GATT ……………………………298, 315, 324
　――の裁判規範性・直接効果 ……298-299, 315, 324
GDPR …………………………135, 138-143
SSNIP テスト ……………………………260
TRIPS ……………………………………296-297
WTO ……………296-299, 304, 315, 324, 333
　――諸協定の裁判規範性・直接効果
　　………………………………298-299, 315, 324

事項索引　355

編者略歴

中村民雄
1983年　東京大学法学部卒
1986年　東京大学大学院修士課程修了（法学修士）
1987年　（英）ロンドン大学法学修士課程修了（LL.M.）
1991年　東京大学大学院博士課程修了（博士（法学））
1991年　成蹊大学法学部助教授
1999年　東京大学社会科学研究所助教授
2006年　東京大学社会科学研究所教授
2010年　早稲田大学法学学術院教授
主著：『EU とは何か（第 2 版）』（信山社、2016）、『イギリス憲法と EC 法――国会主権の原則の凋落』（東京大学出版会、1993）
編著：『EU 研究の新地平――前例なき政体への接近』（ミネルヴァ書房、2005）など

須網隆夫
1979年　東京大学法学部卒
1981年　弁護士登録
1988年　（米）コーネル大学ロースクール（LL.M.）
1988-94年　ベルギーにて弁護士活動
1993年　（ベルギー）カトリック・ルーヴァン大学大学院修士（LL.M.）
1994年　横浜国立大学大学院助教授
1996年　早稲田大学法学部教授
2004年　早稲田大学大学院法務研究科教授
主著：『グローバル社会の法律家論』（現代人文社、2002）、『ヨーロッパ経済法』（新世社、1997）
編著：『英国の EU 離脱と EU の未来』（日本評論社、2018）、Global Constitutionalism from European and East Asian Perspectives (Cambridge University Press, 2018) など

執筆者（五十音順）

大藤紀子	獨協大学法学部教授
小場瀬琢磨	専修大学法学部准教授
西連寺隆行	大阪大学大学院国際公共政策研究科准教授
須網隆夫	早稲田大学大学院法務研究科教授
多田英明	東洋大学法学部教授
中西　康	京都大学大学院法学研究科教授
中村民雄	早稲田大学法学学術院教授
橋本陽子	学習院大学法学部教授
山岸和彦	弁護士（あさひ法律事務所パートナー）
由布節子	弁護士（渥美坂井法律事務所・外国法共同事業シニアパートナー）

―――――――――――――――――――――――――――――――
EU法基本判例集（第3版）
ほう き ほん はん れいしゅう

2007年1月20日　第1版第1刷発行
2010年3月25日　第2版第1刷発行
2019年3月25日　第3版第1刷発行

編著者　中村民雄・須網隆夫
　　　　なかむらたみお　すあみたかお

発行所　株式会社 日本評論社
　　　　〒170-8474　東京都豊島区南大塚3-12-4
　　　　電話 03-3987-8621（販売）　　-8631（編集）
　　　　FAX 03-3987-8590（販売）　　-8596（編集）
　　　　振替 00100-3-16　https://www.nippyo.co.jp/

印刷所　平文社
製本所　難波製本
装　幀　百駱駝工房

検印省略　© T. Nakamura, T. Suami 2019
ISBN978-4-535-52346-3　Printed in Japan

―――――――――――――――――――――――――――――――
JCOPY ＜（社）出版者著作権管理機構　委託出版物＞
本書の無断複写は著作権法上での例外を除き禁じられています。複写される場合は、そのつど事前に、（社）出版者著作権管理機構（電話 03-5244-5088、FAX 03-5244-5089、e-mail: info@jcopy.or.jp）の許諾を得てください。また、本書を代行業者等の第三者に依頼してスキャニング等の行為によりデジタル化することは、個人の家庭内の利用であっても、一切認められておりません。